オーストラリアで作成されたアメリカ軍のビラ（本文 765，781 ページ参照）　撮影：土屋礼子

誘ひ出されて
つき合ふ羽子に
髷の重味が恥しい
謹賀新年
元旦

北ビルマで撒かれたアメリカ軍のビラ
（本文 716，728 ページ参照）
撮影：土屋礼子

新春の御祝詞めでたく申納めます
旧年中の皆様方の御奮戦は流石皇軍勇士の熱誠の
迸りと唯感嘆いたして居ります
今年も亦砲火の中に相見えますことお互に国と国
との要請によることながら何の怨みもない私たち
個人と個人の間では実に残念で皆様と手を
握り肩をたゝいて心からほゝゑみあへる日の
一日も早く来よかしと只管願つてゐます
陣中御見舞をかね新年の御多幸をお祈りして
昭和二十年元旦

聯合軍兵士一同

延安リポート

上

延安リポート

アメリカ戦時情報局の対日軍事工作

上

山本武利　編訳
高杉忠明　訳

岩波書店

目　次

下巻目次

延安リポートの性格

山本武利

一　アメリカ軍事視察団の派遣

一九四四年七月にアメリカはその後の中米関係に深刻な影響を及ぼすことになった重大な選択をした。それは中国共産党の毛沢東が蔣介石の妨害にもかかわらず長征を経て、堅固な拠点を築いていた陝西省延安へのアメリカ軍事視察団(United States Army Observer Group)の派遣であった。それが遠因になって、五年後に毛率いる中国共産党軍(以下、中共軍と略称)は蔣の中国国民政府軍(以下、国府軍と略称)を中国大陸から放逐することになった。

ミッション派遣の頃、アメリカ軍は日本軍を太平洋上や南西アジア戦域で敗退させ、日本本土に近づきつつあったが、中国戦域では日本軍は点と線とはいえ中国の主要地域の支配を継続していた。米軍の援蔣ルートの開拓など必死のテコ入れにもかかわらず、国府軍は奥地の重慶を脱出して、揚子江を下る見込みが立たなかった。アメリカ空軍基地の破壊のために、華北、華南をとぎれなく支配する強気の作戦(打通作戦)を日本軍が敢行しているのが、一九四四年前後の状況であった。とくに桂林など華南での攻防が激化し、アメリカ軍の拠点がある雲南省昆明、さらには重慶までもが緊張感につつまれていた。アメリカ援助の近代装備を施されているにもかかわらず、国府軍は各地で制空権のない日本陸軍に敗退していたからである。

一方、延安を中心に山西省、河北省、山東省などの華北では、中共軍の主力八路軍が遊撃戦を通じて日本軍を追いつめる健闘を示していた。とくにアメリカ軍のスティルウェル将軍や国務省派遣の大使館若手キャリアは、中共軍と国府軍の軍事上の協力関係、すなわち国共合作を再度行い、共同で日本軍と戦うべしとの声を高めていた。とくに国府軍に比し、中共軍の規律やモラールは高いとの情報が、延安を訪ねるアメリカ系ジャーナリストによって伝えられていた。だが一方、アメリカ側でも、国共合作は短期的に日本軍に打撃を与えるが、長期的に見れば、中共軍の大陸支配を促すとの危機感が根強くあり、アメリカ軍による中共軍支援に猛反対する蔣介石の主張に耳を傾ける幹部が少なくなかった。

そうした状況のなか、一九四四年六月にウォーレス副大統領が重慶を訪問し、蔣を説得して延安へのミッション派遣の許可を得ることになった。つまりルーズベルト大統領が、毛沢東の力量をある程度認知し、国府軍に圧力をかけ八路軍との共闘を行わせるという方向へシフトしたのである。

南北戦争の際、ルイジアナなど南部諸州をディキシーなる反乱地域と北部側が呼んだのにちなんで、アメリカは重慶から見て反乱地域である延安へのアメリカ軍事視察団にディキシー・ミッションなるコードネームをつけた。陸軍のダヴィッド・バレット(David Barrett)大佐がミッションの団長に任命された。彼は一〇年近く北京のアメリカ大使館の代理武官を務めた中国語に堪能な情報将校であった。CBI(中国・ビルマ・インド戦域方面軍)のスティルウェル司令部の諜報部責任者のディッキィ大佐はバレットにミッションの任務の範囲を次のように列挙し、その範囲での軍事情報収集を指示した。

敵の戦闘序列・隊形

敵空軍の戦闘序列・隊形

敵傀儡軍の戦闘序列・隊形
中共軍の兵力、編成、配置、装備、訓練、戦闘効率
敵、占領地域についての共産党諜報機関の利用、拡大
共産党幹部の全リスト(人名録)
華北の敵空軍の戦域と防御
攻撃目標の諜報
爆撃被害
気象
経済情報
中共軍の作戦
戦争遂行への共産軍の現在の貢献度の評価
現在の共産党支配地域(地図付き)
共産党の戦闘力を向上させるための最も有効な手段
海軍の諜報
中共軍の戦闘序列・隊形

これらの項目を見てもわかるように、中国共産党を通じて日本軍のあらゆる諜報を延安で入手することは無論のこと、中国共産党の戦力、指導者などの情報を幅広く収集することがミッションの目的であった。とくに軍事視察団と

言われるように、戦争遂行への中共軍の将来の貢献度の評価、またアメリカ軍の弱点で八路軍の売り物である華北の日本軍の情報収集が主要任務であった。しかしアメリカ側は毛沢東との友好関係を固めつつも、八路軍への武器援助といった蔣側への無用な刺激策は慎重に回避していた。

実際に、陸海空軍、国務省、OWI(戦時情報局)、OSS(戦略諜報局)などの各機関は情報将校のみを派遣し、バレット大佐の統制下で行動するとの内部協定ができていた。各機関の競合や統率の乱れによって、国府軍からの反発が起こることを懸念していたからである。そこで重慶などへの通信もバレット団長を通じて送るとの取り決めがミッション内部でできていた。暗号通信、気象観測、諜報、サボタージュなどの専門家が送りこまれた。また日本軍に撃墜されたり、日本軍支配地域に墜落したりして、華北で生存しているアメリカ軍パイロットの救出も大きな狙いで、そのための陸軍航空隊や歩兵隊の専門家もかなり参加していた。以下が第一陣の主要メンバー名とその所属、階級である(1)。

ダヴィッド・バレット大佐　陸軍諜報部
ジョン・サーヴィス　大使館二等書記官、CBI司令官付
メルヴィン・ガァスバーグ少佐　陸軍医療隊
レイ・クロムリー少佐　陸軍航空隊
ジョン・コリング大尉　歩兵隊
チャールス・スティール大尉　陸軍航空隊
ポール・ドンク大尉　通信隊

ヘンリー・ウィットルジー中尉　歩兵隊
アントン・レムニー二等軍曹　通信隊

七月二二日の第一陣総勢一四名は無事に延安飛行場に到着し、毛沢東、朱徳らの党軍部の熱烈な歓迎を受けた。続いて八月七日に次のメンバーの第二陣が到着した。(2)

レイモンド・ルーデン　大使館二等書記官、CBI司令官付
レジナルド・フォス中佐　陸軍航空隊
ウィルバー・ピーターキン少佐　歩兵隊
チャールス・ドール少佐　陸軍航空隊
ブルック・ドーラン大尉　歩兵隊
サイモン・ヒッチ中尉　海軍
ルイス・ジョーンズ少尉　陸軍航空隊
ウォルター・グレス軍曹　通信隊
ジョージ・ナカムラ四等技官　下士官支隊

その後は各機関が断続的に、派遣専門家を増員するようになった。それはアメリカ軍と中共軍との関係が険悪化する一九四四年末まで続いた。なお、一九四五年に入ると、ミッションの人員は急減したが、終戦まで絶えることはな

かった。

二　ＯＷＩ、国務省のねらい

日本との戦争は、勝利の見通しが明るくなったとはいえ、日本軍の抵抗は頑強で、彼らの特攻隊的な玉砕がアメリカ軍を悩ませ、その被害も少なくなかった。とくに日本兵の投降者が極めて少なく、ＯＷＩが各前線にバラまくチラシ、新聞などのメディアも日本兵捕虜の増加につながらなかった。またアメリカ軍は近づく本土上陸作戦での被害を恐れていた。

ところが中共では八路軍の捕虜の扱いが巧みで、捕虜数の多いこと、そして彼らを教育し、プロパガンダ戦士として使っていることがアメリカ側ではわかってきた。そこで中共の敵軍工作部(敵工部)の幹部に会って、そのノーハウを学ぼうとした。中共とディキシー・ミッションとが〝ハネムーン〟の状態であった一九四四年末までは、中共も八路軍もその戦略、戦術や日本軍の諜報をかなりオープンにアメリカ側に提供した。たとえば第六〇号にでる敵工部の日本兵捕虜の扱いの歴史は現在もその原本ばかりか概史さえも公開されていない貴重なものである。毛はじめ最高幹部らがミッションの全員に個別に面会し、求められた情報を積極的に公開する姿勢をとっていた。中共側は連合国軍側ジャーナリストにもそうであったように、ミッション要員を通じて中共の世界へ向けた勢力誇示や清新イメージの宣伝を行うことをねらっていた。したがってその時期までが「延安リポート」の内容は最も充実している。

また野坂参三(延安では岡野進。他に野坂鉄、林哲と名乗ったことがある。以下岡野と略)なる日共幹部が日本兵捕虜を指導し、その思想改造に成功していることを知って、アメリカ側は彼への接触を重ねた。岡野も日本労農学校や日本人民解放連盟(以下、解放連盟)で集団生活をしている捕虜も、中共側の意向を体して、ミッション要員への情報提供を怠らなかった。岡野らは授業での彼らの参観を認めるだけでなく、個人的なインタビューや座談会などの集団的な討論がなされ、世論調査の実施も認めた。アメリカ側作成のビラ、新聞、ラジオの宣伝内容へのコメントを岡野も捕虜も行った。また現地日本軍や本土日本人のモラールについても、新しい捕虜に積極的に情報提供を勧めた。

OWI、OSSなどのアメリカ側情報機関の要員が彼らに喜んで接触したことは当然のことであり、アメリカ、中共ともに相手との協力関係が相互の利益となることを認識していた。第一次ディキシー・ミッションにはブラック・プロパガンダや諜報・謀略担当のOSSの要員が各機関のなかで抜きん出て多かった。クロムリー、コリング、スティール、ドールはミッションでは陸軍航空隊に所属する形をとりながら、実際の所属はOSSであったし、彼らの他にもアントン・レムニー下士官がOSSのメンバーであったことは、派遣時の内部資料からわかる。(3)

OSSの中心メンバーであるクロムリー少佐は戦前日本で『ジャパン・タイムス』記者や『ウォール・ストリート・ジャーナル』特派員などで六年間過ごし、開戦後スパイの疑いで日本の警察に逮捕、抑留されていたが、交換船で帰国、その直後G2に入り、さらにOSSに転じた。(4) 日本軍情報の収集、分析で能力を認められた彼は、ミッションでも日本軍の華北でのさまざまな情報を入手した。その幅の広さは日本兵捕虜から得た情報で梅機関分析をまとめたことに示される。(5) しかしミッション情報をバレット団長の許可を得ずに勝手にワシントン陸軍本部に送るといった逸脱行為も見られた。(6) たとえばコリングとスティールは日本への工作員派遣を岡野から提案されたとき、その電報をバレットに無断で重慶のOSSへ送った。(7)

OSSに対し、ホワイト・プロパガンダのOWIの正式要員はいなかった。しかしOWIと組織上関係の深い国務省のサーヴィスやルーデンがOWIの任務を肩代わりしていたことはたしかである。OWIと組織上関係の深い大使館のスタッフが参加していた。国共合作の推進派であるアメリカ大使館書記官ジョン・サーヴィス(John Service)

が第一陣に、そしてレイモンド・ルーデン（Raymond Ludden）が第二陣に加っていた。両人は中国語がしゃべれる中国通であったが、とくに精力的に毛らと接触したサーヴィスの行動が目立った。彼は以前からミッション派遣の推進者で、機会ある毎に、スティルウェル司令官やワシントンの国務省に延安での情報収集と共産党との合作を提案していた。(8) 四四年七月二八日から一〇月二一日までに五一篇、また四五年二月一四日から四月二一日までに二六篇のリポートを重慶の米大使館や米軍本部に送っている。その他にもメモや急信電報も多い。そこには延安や華北の政治情勢、中共の主張、中共機関紙『解放日報』、延安放送局など中共側マスコミの記事など盛り沢山だ。中共軍情報は主として毛、周恩来への会見を通じて得ていた。たとえば『解放日報』の紹介記事や延安の英語放送テキストなどについてのサーヴィスのリポート活動はＯＷＩの活動に寄与するとの計算も入っていたと思われる。

それらは『アメラジア・ペーパーズⅠ』にまとめられている。(9) なおサーヴィスは帰国後、ミッションで得た機密指定の情報を雑誌『アメラジア』に提供したため、ＦＢＩ（連邦捜査局）に逮捕され、スパイ容疑を問われるアメラジア事件を生む原因を作った。(10)

サーヴィスの第一二回リポートには、八月一二日の日本兵捕虜の教育機関である解放連盟のディキシー・ミッション歓迎会の報告が含まれている。また岡野との会見と日本共産党の方針をまとめた第二四号も、国務省ばかりかＯＷＩにとっても興味深い内容であった。

ところでＯＷＩは一九四二年七月に組織されたアメリカのプロパガンダ機関で、ワシントンに本部が置かれエルマー・デービスが長官を務め、ニューヨークとサンフランシスコに支部を置いていた。サンフランシスコの支部はＶＯＡ放送に代表されるアジア向けの活動を行い、その責任者はオーウェン・ラティモアであった。ワシントンには海外部が置かれ、ロバート・シャーウッド部長の下に、一九四三年二月の時点では七つの地域別に課が設置されていた。

海外部は戦線や世界の情報を各地の支局から収集したり、支局活動を指示していた。第七課は日本、中国、インドネシア、フィリピンを対象にしていた。もちろん日本には支局がなかったので、重慶の支局が幅広い地域を受け持っていた。ジョージ・テーラーが第七課の責任者で、後のハーバード大学教授のジョン・フェアバンクもそこに所属していた。(11)

マクラッケン・フィッシャー(McCracken Fisher)はOWIの前身のCOI(情報調整局)時代の一九四一年一二月に重慶支局に現地採用されていた。(12)太平洋戦争が始まり、CBI戦線にアメリカ軍が増強されるに比例して、重慶支局の活動範囲が広まった。一九四三年にはフィッシャーの下に日本課が新設され、日本語ビラと週刊新聞『時勢』を発行したり、同盟ニュースも傍受したり、さらには昆明にも出張所ができるほどに支局活動は強まった。(13)サーヴィスのリポートなどの情報から延安訪問がOWI重慶支局の活動に不可欠との認識が高まったのであろう。その責任者のフィッシャーは一九四四年八月末に延安に到着し、(14)約二週間で岡野や日本兵捕虜に積極的な接触を試み、リポートをまとめている。(15)

フィッシャーは八路軍による日本兵捕虜の宣伝工作への利用に注目した。(16)彼は、処刑、拷問されないどころか好待遇をうけた捕虜が、八路軍に協力し、日本軍のモラールを低下させる第五列的活動を進んで行っている理由を幹部からの提供資料や岡野、捕虜へのインタビューを通じて考察した。とくにその根因を中共敵工部による心理戦争の試行錯誤の歴史から学ぼうとした。またビラの書き方を彼らから聞いたり、ビラのサンプルや日本で禁止された大衆歌曲などの情報を集めたりした。またリーダー岡野の宣伝の方法、行動だけでなく、かれの履歴や戦後の日共の革命方針なども聴取した。

さらにフィッシャーは日本軍や日本占領地、さらにはアメリカ軍の日本上陸時における日本側の対応を心理面、行動面から把握しようとした。その主なねらいはホワイト・プロパガンダ戦、心理戦争の推進に役立つ情報を岡野や捕虜たち日本人から収集することであった。

フィッシャーは短期間に本書の第一号から第一〇号分をまとめた。それは内容やスタイルでその後のOWIの「延安リポート」の基調となった。フィッシャーは重慶にいるエマーソンやジョン・デービス(John Davies)に自分の「延安リポート」を読むことを指示している。[17] またエマーソン自身がフィッシャーのリポートを当時、現地で読んだ記憶があると議会で証言している。

フィッシャーに続いて、OWIの要員として次に延安に来たことがはっきりしているのはコージ・アリヨシ(有吉幸治)である。彼はハワイ出身の日系二世で、ジョージア大学を出た後、アメリカ共産党に参加した前歴があった。開戦後、OWIにスカウトされ、ビルマでビラづくりや捕虜工作などの活動を行っていた。彼は一九四四年一月にCBIに派遣された国務省キャリアのジョン・エマーソン(John K. Emmerson)とビルマ北部で出会った。エマーソンは彼の能力を認め、OWIの了解を得て、同年六月に重慶へ同行。そして一〇月二二日にエマーソンやアリヨシは延安に到着した。その後、エマーソンは二ヶ月間延安に滞在したが、アリヨシは一年以上も同地やその周辺に留まった。両人は協力しながら、岡野や捕虜と精力的に会って、その会見・見聞・印象記を多数の「延安リポート」にまとめた。

私が延安に着いて三日目に岡野に会った……岡野は、彼の住居の背後上方にある洞窟内につくられている書斎に私を案内した。[18]

われわれは、岡野の学生たちの態度を探るためにアンケートを実施した。九八人が回答した。[19]

このようにエマーソン回想録『嵐のなかの外交官』には、随所に岡野や捕虜との彼一人、あるいはアリヨシと二人による会見の模様が記述されている。エマーソン滞在時の「延安リポート」の背景が同書からかなり把握できる。ただしこの本から見るかぎり、フィッシャーの要請・指示に応えて、岡野らの心理戦争の行動をまとめたというよりも、エマーソン自身の関心・目的がフィッシャーのそれと合致していたといった方がよかろう。

またアリヨシは当時を次のように回想している。

私はその使節団ではなく、四四年十月に心理作戦要員として延安に行った。それから十八、九ヵ月ほど延安やその他の解放区に留まった。最初、私はあまり延安について政治的報告をせず、心理作戦は民衆の状態をいろいろと知る必要があるので、まず生活状態を報告した。アメリカ人が延安にいった最初の頃は「米中蜜月時代」であったと思う。我々の方から、中国共産党(以下、中共と略称)の指導的人物、例えば毛沢東、葉剣英、周恩来の所に行って飲み食いをした。我々は長期間、延安で種々のものを調査し、見学した。その中には医療施設とか心理作戦の関連施設とか、学校とか、マッチや紙を生産する小工場とか、もちろん軍隊とか、延安にあるものは全て見学した。……延安には、最も多い時でアメリカ人は五十人位いた。その多くが無線技師のような仕事をしていた。[20]

アリヨシは長く延安に滞在し、共産党幹部や岡野、日本人捕虜とも親密になった。彼はもともと共産党のシンパであったため、中国や日本の共産党員の考えや行動を比較的理解出来た。一方、彼らはアリヨシを信頼し、彼がその施設に自由にアクセスするのを許したとも言える。バレットの後任のミッション団長イートン大佐もアリヨシを信頼し、彼を広範に用いた。「ディキシー・ミッションで彼は最も重要な人物とイートンは信頼していた[21]」。

三 「延安リポート」の種類

ＯＳＳやＯＷＩにかぎらず、延安に派遣されていたアメリカ各機関の要員は一九四四年から一九四五年にかけてせっせと延安から重慶やワシントンへ、あるいは重慶からワシントンや各地のアメリカ軍機関へリポートを送っていた。しかし管見の限りでは、同時期に「延安リポート」(Yenan Report)と称するものは、ＯＷＩとエマーソンが送ってきたものだけである。

アメリカ国立公文書館(ＮＡＲＡ)ではこの「延安リポート」はレコード・グループ一六五[22]、二〇八[23]、二二六[24]などに分散して所蔵されている。このリポートが各レコード・グループに発見されるということは、同時代にその価値が評価され、活用されていた証左であるが、まとまった形では所蔵されていない。二二六グループでは複数のファイルで発見されるが、それを自らの機関で利用し易いように編集し直している場合がある。その際に原本からタイプ印刷されたものも見られる。また欠号が多く、まとまった形で整理されてはいない。筆者の調査では、第七一号まで確認されている。全号が原本通りにまとまっているのは、二〇八グループのものであり、それを本書の底本とした。表1「エマーソン・リポート」には発行年月日や執筆者が不明のものもあるが、それは最初のリポート発行時に記入されなかったためである。また印刷数や配布先などが記載されているものは少ない。

戦後にアメリカで編集された資料集には、「Yenan Report」と記されたものがある。ジョン・サーヴィスは膨大な数のリポートを延安あるいは重慶からワシントンに送ったが、その彼のリポートは後に『アメラジア・ペーパーズ

I』のタイトルがついてまとめられているが、その中の章タイトルではいくつかのリポートが「Yenan Reports」とある。また本書第三三号は、"Yenan Report #33"と記され、この『アメラジア・ペーパーズI』の二一六号に、本書第四〇号が第二四〇号に収録されている。同様に本書第一〇号が『アメラジア・ペーパーズII』の第二四号に相当する。さらに本書第七号〜九号が『アメラジア・ペーパーズI』の巻末の「エマーソン聴聞会」の資料として登場している。つまり本書収録のリポートのうち六本が『アメラジア・ペーパーズI、II』と重複している。

この他に日本で出版された岡野関係の文献の中に、本書のリポートの六本が、英語、中国語のものは日本語に翻訳されて、また原文が日本語だったものはそのまま収録されている。

このように本書に翻訳した「延安リポート」のいくつかが『アメラジア・ペーパーズI、II』や岡野関係文書に収録されている。なお本書の「延安リポート」はレコード・グループ一六五では、"Restricted"、同二〇八、二二六では"Confidential"という機密扱いのスタンプが押されている。

ところでこの「延安リポート」の他に、本書には収録しなかったOWI作成の類似リポートがある。そのうち"Suggestions for Psychological Warfare"(「心理戦争への提言」)は、エマーソンが主として延安滞在中に岡野や解放連盟からアメリカ軍の日本への心理作戦に参考となる意見をもとめたり、重慶帰還後にまとめた五回シリーズのものである。[25]

また、Yenan Leaflet は延安の解放連盟作成の五〇枚のビラの英訳シリーズである。これらのビラの原文は実際に華北の日本軍に対して撒かれた日本語のもので、OWIは重慶でマイクロ化してワシントンに送付した。解放連盟ではアメリカ側の反応を期待していると記されている。[26]

Yenan Radio Leaflet は延安の解放連盟がビラ用の原稿を日本語で作成し、ローマ字コードで各前線の同盟支部

表1　エマーソン・リポート

号数	タ　イ　ト　ル	発行年月日
1	日本への声明	1944.11.7
2	※連合国の心理戦争に対する日本側の危惧(延安リポート第15号)	1944.11.7
3	※1944年8月の東京朝日新聞の批評(延安リポート第16号)	1944.11.7
4	日本工作プロジェクトの提案	1944.11.7
5	※八路軍の捕虜の処遇(延安リポート第21号)	1944.11.10
6	※日本向けプロパガンダのテーマ(延安リポート第25号)	1944.11.21
7	第18集団軍参謀長葉剣英将軍へのインタビュー	1944.11.21
8	※日本人戦争捕虜の心理(延安リポート第26号)	1944.11.21
9	山東キャンペーン記事の要約	
10	※日本の天皇に対する連合国の政策(延安リポート第19号)	1944.12.4
11	※心理戦争に対する提言(延安リポート第20号)	1944.12.5
12	国民党幹部交代への延安の反応	1944.11.24
13	心理戦争への提言	1944.11.28〜12.2
14	中国共産党および軍の141人の主要人物一覧	1944.11.25
15	※日本人捕虜の一般的意識調査(延安リポート第22号)	1944.11.25

※は「延安リポート」と重複

にラジオで送付し、同盟支部ではこれを参照して現地でビラを制作したり、日本兵への肉声での呼びかけに使ったりしていたものの英訳である。(27)

さらに「延安リポート」の範疇把握を混乱させるのは、エマーソンが独自に作成した一五本のリポートが彼自身の手によって Emmerson Report としてまとめられていることである。(28) 延安の現地から送られてくるリポートを重慶で「延安リポート」のシリーズ(本書収録のもの)として編集していたフィッシャーは、このエマーソン・リポートのうちフィッシャーの作成分と内容が重複したものや直接心理戦争と関係しないものを除外し、八本のみを彼の編集したものに収録した。そのためフィッシャーが除外した延安時代のエマーソン作成のリポートをエマーソン自編のエマーソン・リポートに収録したわけである。表1はエマーソン・リポートの一覧で、「延安リポート」との八本の重複関係を表示している。ただし「延安リポート」第二〇号は本書が底本とした二〇八グループのエントリー三七〇ボックス三七七のものには一ページの欠落があるため、同じグループのエントリー三七八ボックス四四五で補った。なお表1のリポートが彼の著書『嵐のなかの外交官』に活用されていることは言うまでもない。

なおこの「延安リポート」は大半がフィッシャーの手によって編集されたが、後半とくに六〇台のものはOWI重慶支局の彼以外の人物によってまとめられたかもしれない。ただしフィッシャーの履歴そのものがはっきりしないし、支局の組織、スタッフを示す資料が見つからないので、解説者の勘の域を出ない。後半部分が時系列になっていないのは、後述の延安とアメリカ側との〝ハネムーン〟が一九四四年末に終わりを告げ、冷戦関係が重慶と延安との交信や往来を困難にしたことに原因があるかもしれない。

四　作成者、作成年月、作成方法

他機関に比べディキシー・ミッションへの参加は一ヶ月ほど出遅れたが、フィッシャー支局長の一九四四年九月に行った意欲的な調査、分析によってOWIは大きな収穫をえることができた。彼は重慶帰還後も大使館の国務省若手、とくにエマーソンの協力を得て、四四年一〇月二二日から継続的な調査を岡野や日本兵捕虜に対して行うことができた。エマーソンはフィッシャーの期待を超えたリポートを一二月一七日までの二ヶ月足らずで重慶に送ってきた。さらにエマーソンの口ききでフィッシャーの部下となったアリヨシは、延安に約一年も滞在し、リポートの最大の執筆者であり、一九四五年五月の第七一号までかなり体系的にリポートをまとめた。

「延安リポート」はこうしてほぼ時系列的にまとめられているが、作成年次別では、四五年は約三分の一である。それは国共合作が一九四五年に入って危機を深めたためである。ハーレー大使に代表されるアメリカの中共排除の姿勢が露骨となり、それに中共側が強く反発したためである。ディキシー・ミッションは形だけは存続していたが、

「延安リポート」も表1に見られるように、発行間隔が延びていった。アリヨシの登場回数も少なくなっていった。そして一九四五年二月からはアリヨシに代わり、アディー・スーズドルフ(Adie Suehsdorf)が作成者として六回あらわれた。彼についてこれまでわかっていることは、ナカムラとともにミッション第二陣に参加した日系二世ショー・ノムラの滞在記に「ジョン・エマーソン、コージ・アリヨシ、アディー・スーズドルフは米軍の宣伝機関のOWI(戦時情報局)所属で野坂に深く浸透していた」という記述[29]だけである。

また第四一号をまとめたシマムラ・イサオは名前から見て日系人か日本人であるが、経歴は不明である。

日本の敗戦が濃厚となった一九四五年六月以降の「延安リポート」は見当たらない。NARAで見る限り、一九四五年五月の七一号で「延安リポート」は終わっている。その最後のリポートの作成者はアリヨシであるが、戦後、彼はアメリカと延安との〝ハネムーン〟は戦争末期には完全に崩壊しており、アメリカ側では「延安を含めての対日共闘のために、延安側の資料を集める必要はもはやなくなったのである[30]」と回想している。

五　発行部数、配布先、利用状況

当初は記載がなかったが、「延安リポート」の表紙や最初のページでの配布先記載が次第に恒常化される。ただし本書で使った底本には表紙部分が残っていないことが多いため、配布先の全訳が出来なかった。ともかくリポートはOWI重慶支局で印刷され、各戦域に送られたが、初期の頃はOWIの本部、支局を中心に配布されていた。一九四四年一一月の第二一号は七部つくられ、ワシントンのOWI本部に二部、レド(東北インド)、ニューデリー、オーストラリア、ホノルルと陸軍心理作戦部ディッキィ大佐(重慶)に各一部が配布されていた。ところが一九四五年一月の第四二号では、一二部が作られ、ワシントン本部二部、昆明、ニューデリー、レド、オーストラリア、ホノルル、フィリピン、陸軍、OSS、スーズドルフの他、ファイル用に一部となっている。この部数と配布先は一九四五年三月の第七〇号まで変らなかった。ところが第七一号は一一部が作られ、ワシントン二部、昆明、カルカッタ、ホノルル、G2、マニラ、OSS、USAOS、大使館、ファイル用となっている。

OWIが「延安リポート」の最大の活用機関であったことは言うまでもない。たとえばサンフランシスコ支部長の要職にあったラティモアはフィッシャーのリポートを見た後、フィリピンなどアメリカ軍の戦闘地域や支配地域で捉えた捕虜を延安のように慎重に扱い、心理戦争に活用すべきとの意見を本部第七課のジョージ・テーラーに送っている。(31) 同じくサンフランシスコ支部のジョン・フィールド主任はラジオ番組への岡野のコメントは適切かつ有益で、全員が参照しているとの感謝状を岡野あてに送っている。(32)

OSSでは延安リポートを積極的に活用した。日本むけブラック・ラジオを制作していたサンフランシスコのプロダクションでは、このリポートがすぐに役立ったと評価している。(33) このリポートがOSS資料群に散在していることからして、OSSがこれを独自に複製し、(34) 各地のOSSの支部や前線でも重宝がられたことは確かである。

またCBIや太平洋戦線で展開するアメリカ軍全体がOWIやOSSの供給する各種定期リポートを収集、整理し、その内容に応じて各前線で活用していたが、その中には一九四四年末からは「延安リポート」が付け加えられるようになった。(35)

六　内　容

(1)　八路軍の捕虜の扱い

日本軍の特攻攻撃や玉砕に大きな被害を受け、その対策を心理戦争の面から講じようとしていたアメリカ側、とくにOWIは、延安で八路軍が多くの日本兵捕虜を獲得し、労農学校で反戦教育を施し、その卒業生の解放連盟への組織化によって日本軍への宣伝工作がシステマティックに実施されているのに驚いた。

バレット団長は「諜報のソースとして最も価値があったのは、延安の日本人捕虜であった」[36]と回想している。太平洋戦域ではアメリカは日本兵捕虜から有用な情報を入手していたので、延安でも同様な期待をいだいた。OWIの現地責任者のフィッシャーはリポート第一号「延安旅行——概要」[37]で、八路軍の心理戦争組織の形成過程を四つの段階にまとめている。捕虜の捕捉失敗の初期の方針を根本的に修正し、友人として日本兵を扱うことを兵士、農民に徹底的に教育し、捕虜を処刑せず、希望する者は釈放するといった方針をとったのが第一段階である。第二段階では、捕虜の反戦組織をつくり、さらに第三段階ではトーチカや前線の日本兵に投降呼びかけの工作を行う。そして現在は、岡野の提唱した解放連盟が中国ばかりか日本でも反戦活動を行う準備を進めている第四段階である。岡野や解放連盟の動きを最後尾から見守っているのが、八路軍の組織であると簡潔にまとめている。

第四六号「捕虜の扱い方」は八路軍総政治部敵軍工作部編「敵軍工作ハンドブック」第五版の全訳である。一九四一年のものであるが、第一〜第三段階の推移を簡潔にまとめた貴重な資料である。失敗を総括しながら、前線、後方での捕虜の教育法、釈放の仕方、管理法を実践的に集約している。フィッシャーもこの資料の提供を受け、これに基づいて第一号をまとめたのであろう。ここに表現された捕虜の扱いのホンネは、ゲリラ戦中心の八路軍の戦術、戦略にとって日本兵捕虜がきわめて重要であったことを明示している。第一一号「八路軍による戦争捕虜の処遇」や第二八号「冀南地区における八路軍の心理戦争」にも捕虜の厚遇は日本人兵士への人道的配慮ではなく、捕虜利用こそが八路軍の宣伝、宣撫活動、さらにはその勝利に不可欠との冷徹な志向が八路軍幹部に終始働いていたことを如実に示している。

第二、三、一四、二一、二六、二七、二九、四六、四八、五五、六〇も各論的にこの点に触れている。なお第五九号「八路軍に捕えられた日本人捕虜の統計」は年次的な資料として便利である。

(2) 日本労農学校

OWIやエマーソンらは、日本軍への反戦活動を行う宣伝工作員に百八十度転向させる場としての労農学校(中国語では工農学校)に注目した。そこでは常に百名前後、帝国主義的教育や教練を受けた日本兵捕虜を再教育していたからである。アメリカ軍は太平洋戦域では多数の日本兵を捉えながら、彼らへの教育活動は実施していなかった。労農学校を主として扱っているリポートは第一一、二二、二四、二六、四一、四二、四五、四七、五三、五四、五六、五七、六四、六五、六九号である。

この内、第四五号「日本労農学校――一つの研究」が総論にあたる。本書で五〇ページに及ぶこの長文のリポートはコージ・アリヨシの授業参観や取材に基づく労作である。同校の学生管理の総則、細則に始まり、小史、組織図、教師、日常活動が紹介され、A、B、Cの三つのレベルの学級がカリキュラム観察や学生の反応を織り交ぜながら説明される。自己批判や集団討論も社会主義的人間養成の場として注目される。さらにスパイ摘発のノーハウやスパイの告白までの苦悩、葛藤が事例に基づいて語られる。反発する捕虜を特別に拘置する形で教育する第二学校の存在はこのリポートによって初めて明らかにされた。さらに主要な学生幹部や教師の名前と履歴が付録に出ている。

リポート第二二号「日本人捕虜の一般的意識調査」は九八人の捕虜を対象にした一種の世論調査である。第二六号「日本人戦争捕虜の心理」はこの結果の質的な分析である。日本の近い将来での敗戦が見通せる時期になされたこの調査は、占領期の日本人の「出口調査」の意味合いもあった。この調査を実施したエマーソンは天皇制廃止、天皇統治批判の数字が高いことから、日本人の天皇崇拝も教育によって破壊できることに驚きを示している。第二二号と似た世論調査は第五四号「捕虜の思想の無記名アンケート調査」にもある。

エマーソンは自伝やその他のリポートでも、共産党や岡野によるこの捕虜の意識変革工作を「教化」であると見ている。国府軍も日本軍も攻略できない要塞が延安である。逆に、捕虜や脱党者にとってそこからの逃走がほとんど不可能である。本書には潜入スパイや反抗的捕虜の脱走事例が出てくるが、成功した記録は本書にも他の回想録などにも見当たらない。自由の環境で捕虜は学校生活を送ったとされるが、かなり厳しい環境で教育工作がなされたことは明らかである。それは下は解放連盟や共産主義者同盟の幹部から、上は毛沢東まで共産党支配者が抜かりなく監視の目を光らせていた。実際、中国共産党内部で整風運動というイデオロギー闘争が激化していたことは周知の事実である。アメリカ国立公文書館で最近公開された「第十八集団軍組織系統[38]」という資料では、八路軍では総司令朱徳、副総司令彭徳懐、参謀長葉剣英、政治委員毛沢東という序列が記されている。毛が党内や八路軍での激しい整風運動で王明などのソ連派を押さえて実権を獲得したのがこの時期であった。そうした闘争が岡野を通じ労農学校や解放連盟に暗影を投げかけていたことはたしかである。ともかく本書はこうした敏感な問題を議論する材料を提供している。

(3) 日本人民解放連盟

労農学校で教育を終了した捕虜は、解放連盟でビラを作ったり、各前線の工作に派遣されたりした。連盟員の前線での工作の経験談や観察もアメリカ側にとって貴重な情報であった。さらに連合軍の本土上陸作戦に同行し、宣撫工作の担い手となることも想定した座談会を行っている。さらに日本上陸時での日本国民の抵抗の程度にも関心をいだいていたことがわかる。したがって面接できる捕虜の数は少なかったが、労農学校よりも解放連盟の方が捕虜の「反戦」的意識、軍隊構成員としてのモラールの高さや日本人としてのナショナリズムの強度を検分できる格好の場であった。

エマーソンやアリヨシが彼ら連盟員に、日本本土への上陸時のアメリカの作戦に対する参考意見や、各戦域におけるアメリカの宣伝活動へのコメントを求めたのは当然である。リポート第三五号「連合国軍の日本上陸に関する座談会の記録」と第三五―A号「第三五号の分析」は、エマーソンが一〇人の捕虜と座談会を開き、抵抗の度合、解放連盟の協力の姿勢や役割を尋ねている質と量との調査である。

八路軍が日本人反戦同盟を日本人民解放連盟に改称することを承認したことは中国戦線だけを解放連盟に担当させるつもりではなかったことを示唆している。四五年末にも予定される連合国軍上陸に解放連盟は八路軍とともに上陸し、連携した宣伝・宣撫の戦術、戦略を練っていたことに注目したい。第四四号「日本兵士代表者大会及び華北日本人反戦団体代表者大会の諸決定」には反戦同盟の上に意識の高い者を集めた共産主義者同盟があることを示している。また第四五号の組織図や文章からも解放連盟時代にも同じ組織が存在していることがわかる。「革命は輸出しない」と言いながらも、毛沢東が好機の到来があれば、解放連盟の共産主義者同盟員を第五列に仕立て、連合国軍の一翼となった八路軍による日本占領の戦略を念頭に入れていたとも考えられる。

表1のエマーソン・リポート第四号「日本工作プロジェクトの提案」は、エマーソンが解放連盟型の組織をアメリカ、オーストラリア、インドなどに収容されている日本兵捕虜の中にもつくり、相互の連携、つまり国際的な〝自由日本運動〟推進の核にしたいとの構想を延安滞在時に抱いていたことを示している。実際「延安リポート」にも鹿地亘夫妻や国府軍に捕まった日本兵捕虜との座談会である第五二号「民主日本と連合国の勝利に関するシンポジウム」などでその可能性が論じられている。

第三六号「日本人民解放連盟綱領草案」には解放連盟の結成過程、組織、綱領、宣伝、労農学校、八路軍との関係が詳述されている。第三七号「日本兵士の要求書(全文)——一九四二年八月華北日本兵士代表者大会第一回大会」、第四四号「日本兵士代表者大会及び華北日本人反戦団体代表者大会の諸決定」は解放連盟結成以前に作成されたものであるが、中国前線で苦闘する日本軍兵士の悩みを捕虜が集約している。なおリポートの第四〜六、一二、一三、二五、二七、二九、三四、三八、五一、六二、六四、六八号が解放連盟に部分的に触れたリポートである。

なお図1「日本人民解放連盟組織図」[39](巻末)はアメリカ国立公文書館のレコードグループ二二六で見つかったものである。OSSが終戦直後に解放連盟関係者にインタビューしてまとめたものと思われる。これは各地に散在する支部とその指導者や発行メディアまでも記載している点で貴重であるが、原資料の印刷が不鮮明であるため全てを復刻できないのは残念である。本書とくに解放連盟の箇所の理解に裨益するところ大と考え、その判読可能部分を収録することにした。

(4) 岡野進(野坂参三)

延安の中国共産党や毛沢東は穏健な改革派とミッション・メンバーから見られていた。彼らの岡野観も同様であった。岡野はミッションの団長はじめあらゆるメンバーから訪問を受けたといってよい。彼は捕虜の教育や捕虜を使った工作の実質的指導者としての能力が、中共側だけでなくアメリカ側にも評価されていた。また比較的最新の日本本土の新聞・雑誌や毎日のラジオへの接触から日本情報を豊富に入手し、適確な分析を行う能力でも注目されていた。岡野は新鮮な日本情報の提供者、分析者としても重宝がられたのである。

戦後改革の中心は天皇制の問題であった。岡野が語る天皇温存による改革構想がアメリカ側に好感をもたれた。第一〇号「日本共産党の計画――岡野進の見解」、第一九号「日本の天皇に対する連合国の政策――岡野進へのインタビュー」、第七一号「民主的日本の建設」は岡野の考えとその変化を知るのに重要である。

第一九号は一九四四年一二月四日にエマーソンへのインタビューに答えたものである。短いが簡潔に天皇観を語っている。一九三二年のコミンテルンのテーゼでは、共産党の目的の一つが天皇制の廃止であったし、岡野はこれに署名しているが、現在も天皇攻撃はすべきではないし、日本降伏時でも「現天皇を廃止する行動を急いでとることは必要ではない」し、「天皇制と日本の皇室を区別すべきであり、また、皇室と現天皇の裕仁とは区別すべきである」という。天皇制が存続する限り、民主主義は日本では発達しないことはたしかである。とくに天皇は人民の代表機関である国会を阻害し、「権力集団」や「戦争機関」による支配を許している点を問題とする。第一〇号に言っているように、戦争を許可した以上、イタリアに倣い、天皇は息子に譲って退位すべきである。しかし天皇や皇室に対する日本人の強い宗教的崇拝は排撃できないし、すべきでないと主張する。

第七一号は、一九四五年五月の中国共産党第七回大会に日本共産党を代表して参加した岡野が報告したものである。天皇制の定義が明確になっているし、それと天皇ないし天皇家(皇室)との識別がより強調されている。天皇制は天皇の手中に制度上絶大な政治的独裁権が握られた封建的専制独裁政治機構と定義されている。そして第一九号で宗教的崇拝と言っていたものを日本人民の「半宗教的」信仰と呼んでいる。しかし「人民は天皇または皇室に対して信仰をいだくが、しかし、この独裁機構を崇拝しているのではない。我々は、専制機構としての天皇制は、直ちに撤廃して、民主主義を実現しなければならぬ」と断言する。それと同時に人民の「半宗教的」な天皇観を軽視し、天皇打倒のスローガンを掲げると、「我々は大衆から孤立する危険がある」。したがって「天皇存続の問題は、戦後、一般人民投票によって決定」すべきで、「投票の結果、たとえ天皇の存続が決定されても、その場合における天皇は、専制権をもたぬ天皇でなければならぬ」という。

第五四号は一九四五年一月一三日にエマーソンが実施した「捕虜の思想の無記名アンケート調査」である。

岡野は一九四四年九月の第一〇号で社会主義の第三段階に日本が入るのは数十年かかると述べ、「自分が生きている間に民主国家・日本が実現されれば良い」と述べている。したがって天皇制廃止は民主主義革命で実現するが、「半宗教的」天皇崇拝の除去は社会主義段階を待たねばならないと見ていた。逆にそれが除去されないと社会主義は日本では実現しないと見ていたわけである。つまり戦術的に戦後初期に天皇制をロボットのような機関(第一九号)にし、徐々に民主化の速度に合わせて天皇制を廃止する戦略を描くわけである。そしてその後の社会主義でその宗教的基盤を完全に払拭することを想定していたが、それは戦略というよりは夢物語に近かった。[40]

この天皇論に見られるように、戦後の諸改革や日本共産党の運動方針についても岡野は民主主義的な姿勢を示した。したがって「延安リポート」の作成者のフィッシャー、エマーソン、アリヨシらは延安滞在時にいつも岡野に密着し、観察、取材を行った。彼は日本共産党の歴史、綱領、現有勢力などについてもあけすけに語っている。第九号「日本共産党ノート」、第一〇号「日本共産党の計画」では弾圧されながらも、労組のなかに潜在する勢力が侮れないし、連合軍の上陸作戦だけでなく、占領下で日本の民主化を推進するパワーを持っているという。第一八号「日本国民に訴う」や第一八号—A「国民読本」は労働者、農民、知識人に反戦に立ち上がることを呼びかけたものである。

岡野は第八号「岡野進　伝記ノート」で簡潔に、そして第四三号「岡野進(野坂鉄)小伝」で詳細に自身の生い立ちから延安入りまでの履歴、活動を述べている。日本時代から英米、ソ連時代、そして延安時代の各段階において戦後の彼の自伝、伝記にはない証言が随所に挿入されている。したがって彼の伝記や日本共産党史、労働組合史研究にとって、このリポートは無視できないものと思われる。

第一二号「宣伝の作成方法」、第一六号「一九四四年八月の東京朝日新聞の批評」では有力紙の記事や論説を分析している。第三九号「日本宣撫のための若干の提案——岡野進の見解」、第四〇号「日本の労働者への宣伝と彼らの連合国軍との協力の可能性——岡野進の見解」は本土上陸時での日本人の抵抗勢力と協力勢力とを比較分析している。第六六号「鈴木内閣と日本の進路——岡野進の分析」は戦争末期の政情分析である。

なお前出の第七一号は岡野の延安での諸活動、解放連盟、日本分析を総括したものだけでなく、本書を総括したものと言ってさしつかえない。

(5) 宣伝、宣撫工作活動

遊撃戦を得意とする八路軍は前線での宣伝工作に力を入れた。敵軍との接近戦では、ビラ、メガホンでの口コミなどが有効であった。だからこそ日本兵捕虜が活用された。したがって解放連盟の歴史は八路軍の敵軍工作部の歴史であり、両者は表裏一体の関係にあった。しかし中共や八路軍の組織、歴史についての記述は「延安リポート」では少ない。その中で第六〇号「八路軍の敵軍工作」は現在でも未公開の敵軍工作部(敵工部)についての貴重な資料である。

宣伝のメディアとして駆使されたのが、ビラである。ＯＷＩも宣伝機関であったため、ビラについて関心を寄せ、その関連のリポートは多い。第六八号「延安および前線で制作されたビラ——二つの付表」は解放連盟宣伝工作部がまとめたものである。各支部別の発行部数が興味深い。また中国共産党機関紙『解放日報』とビラ活動が連動していたこともわかる。第五号「良いビラの書き方」、第一二号「宣伝の作成方法」もビラとそれを作るためのノーハウをやさしく説明している。

第一七号「岡野によるアメリカ軍作成ビラへの概括的批評」はアメリカ軍の宣伝へのコメントを行っている。岡野や労農学校の捕虜はアメリカが他の戦域で実施している宣伝工作に忌憚のない批判、コメントをたびたび行っていた。アメリカ側ではビラを個別に提示し、そのコピー、イラストなどへの意見を謙虚に聞いた。それは第五六号「ホノルルのビラに対する延安の批評」、第六四号「ビルマのアメリカ軍制作ビラの分析」、第六九号「南西太平洋のビラに対する批評」に見られるように、各戦域のものにつぎつぎと広がって行く。ビラに近い投降通行証(パス)についても第四七号「戦時情報局のビラに対する延安の批評――(付)投降通行証の翻訳」がある。さらに対象とするメディアはラジオにまで拡大し、第六五号「サンフランシスコ、ハワイの日本向けラジオ放送の批評――(付)日本のラジオ受信機調査」が登場する。

戦略軽視という岡野によるアメリカ宣伝工作への批判は労農学校や解放連盟の捕虜の批判には見られぬ鋭さがある。アメリカ側がいかに彼の意見を真剣にうけとめ、実効のある宣伝活動に修正しようとしていたかがわかる。

なお本書で言及されて所在の判明したビラの実物の資料的な性格、とくに書誌的意味合いについては本書収録の土屋礼子「延安リポートの宣伝ビラについて」を参照されたい。

(6) 日本軍と日本本土情報

アメリカは中国とくに華北の日本軍、傀儡軍、日本占領地域の情報を求めるために、重慶の蔣介石の反対を押し切って延安にミッションを出した。日本本土での日本人の生活状態や日本軍のモラールの情報も重慶では欠乏していたが、アメリカの期待には、中共側だけでなく、岡野、日本兵捕虜が十分に応えてくれた。

日本軍のモラールを多角的に検証したものは、第六三号「華北に駐留する日本軍の士気低下の変遷――一九三七年～一九四三年」である。このリポートは解放連盟日本軍調査班の成果で、労農学校の学生も作成に協力した。とくに注目されるのは、付録にある「討伐」(日本軍の八路軍と支配村民に対する残虐行為)と「華北における特別警備隊」(共産党撲滅を目的とする憲兵隊と兵士の部隊の行動)にかんする記述で、そこには鹵獲した日本軍の内部資料が駆使されている。第一五、一六、二〇、三〇、三五、四九、七〇が日本軍情報を扱っている。

第七号「日本における心理戦争の標的に関する概略的分析」、第二四号「日本労農学校における捕虜による座談会」は、本土の日本人各階層のモラールをもっぱら扱っている。また第六号「日本で禁止された流行歌」、第六七号「日本の反戦歌」は、流行歌が宣伝に利用され、影響が強いこと、モラールを素直に反映していることを示している。

第二三号「アメリカ軍の残虐行為に関する日本軍部の欺瞞的な宣伝」では一九四四年に本土から出征し捕虜となった者が、比較的新しい日本側の宣伝について証言している。そこではサイパン島での玉砕を自らの責任でなくアメリカ軍の残虐行為と宣伝したり、敗北すれば日本人はアメリカの奴隷となるといった敵意高揚作戦が奏功していることが記されている。第三一号「「連合国軍の日本抹殺計画」なる日本軍の宣伝路線」も同様な日本側宣伝への連合軍側の憂慮から作成されたものである。

(7) その他

第三二、三三、五八号で中国や朝鮮半島での朝鮮人の生活状態や中国での朝鮮独立連盟の情報も扱っている。朝鮮人を第五列として活用したいとのアメリカ軍の意図が読み取れる。

また国府軍と協力している重慶の鹿地亘の調査活動については第五二号が扱っている。

(1) David D. Barrett ; *Dixie Mission : The United States Army Obserber Group in Yenan*, 1944, University of California, Ber-

keley, 1970, P. 28

(2)　(1)と同じ。

(3)　T. G. Hearn ; *Special Orders*, 1944. 7. 18

(4)　Memorandum for Colonel Coughlin from 109, 1944. 4. 1, RG226 Entry148 Box7 Folder36. クロムリーの日本時代を知り、延安で再会したガンサー・スタインは彼が日本で記者をしながら「極秘情報の蒐集」にあたっていたという(野原四郎訳『延安一九四四年』みすず書房、一九六二年、二四五ページ)。

(5)　SAINT, Ume Kikan-Jap Super-Spy Organization, 1945. 1. 25, RG226 Entry182 Box4 Folder34

(6)　Colonel John G. Coughlin, Major Croml, 1944. 9. 19, RG226
Entry148 Box44 Folder659, Mauchun Yu, *OSS in China*, Yale University, 1966, p. p. 169-170

(7)　山本武利『ブラック・プロパガンダ—謀略のラジオ』岩波書店、二〇〇二年、二三七〜二三九ページ参照。

(8)　Carolle J. Cartor, *Mission to Yenan*, University Press of Kentucky, 1997, p. p. 20-21.(中国語訳『延安使命』)。

(9)　U. S. Congress ; *The Amerasia Papers : A Clue to the Catastrophe of China.*[Edited and Introduction by Anthony Kubek.] 91st Cong., Ist. Sess. Washington : Government Printing Office, 1970. 2vols. 1819pp(本解説では『アメラジア・ペーパーズⅠ』と呼ぶ)。John S. Service, *The Amerasia Papers : Some Problems in the History of US-China Relations*, University of California, Berkley, 1971, Appendix A(本解説では『アメラジア・ペーパーズⅡ』と呼ぶ)。

(10)　CF. Harvey Klehr and Ronald Radosh, *The Amerasia SPY case : Prelude to McCarthyism*, University of North Carolina Press, 1996

(11)　OWI, Washington, Establishing Regional Divisions in the Immediate Office of the Director of the Overseas Branch, 1943. 2. 19, RG208 Entry1 Box4

(12)　OWI, History of News and Features Bureau, RG208 Entry6H Box1

(13)　青山和夫『謀略熟練工』妙義出版株式会社、一九五七年、二二〇〜二二一ページ参照。

(14)　(10)の一五四ページ。

(15)　McCracken Fisher, "Yenan Reports" Series, 1944. 10. 16. RG 165 Entry "P" File Box 2614. これによると、フィッシャーは「延安リポート」第一号を滞在の終わり頃に延安の現地でまとめたという。

(16) 有吉幸治「ワルツのうまかった毛沢東」『潮』一九七四年一二月号。

(17) (15)と同じ。

(18) ジョン・エマーソン、宮地健次郎訳『嵐のなかの外交官——ジョン・エマーソン回想録』朝日新聞社、一九七九年、一五三ページ。原題は以下のようになっている。*The Japanese thread : a life in the U. S. Foreign Service*/John K. Emmerson.

(19) 同上、一五三ページ。

(20) 「日系アメリカ軍人有吉コージ氏の講演」菊池一隆『日本人反戦兵士と日中戦争——重慶国民政府地域の捕虜収容所と関連させて』お茶の水書房、二〇〇三年、四六一～四六二ページ。

(21) (8)の二〇二ページ。なお、日本人捕虜に好感を持たれたことは「がっしりした身体つきで、とつとつとした日本語を話し、非常に素朴な感じの親しみのもてる人」との表現に示されている(香川孝志、前田光繁『八路軍の兵士たち』サイマル出版会、一九八四年、九九ページ)。

(22) RG165 Entry79 "P" File Box2614. NARAのレコード・グループ一六五は陸軍参謀本部の資料群である。

(23) RG 208 Entry370 Box377. NARAのレコード・グループ二〇八はOWIの資料群である。

(24) RG226 Entry139 Box103 Folder1297, Entry139 Box157 Folder2095. NARAのレコード・グループ二二六はOSSの資料群である。

(25) RG226 Entry148 Box 15 Folder 224. 第一号は一九四四年一一月二八日付、第二号は一一月三〇日付、第三号は一二月二日付、第四号は一二月一二日付、第五号は一二月二八日付である。日付から見て第一号～四号は延安で、第五三号のみ重慶でまとめられた。

(26) F. McCracken Fisher, Note, RG 165 Entry 79 "P" File Box 2616

(27) OWI, China Division, Note, RG 165 Entry 79 "P" File Box 2616

(28) Haarley C. Stevens, Yenan Reports, 1944. 1. 6, RG 226 Entry 139 Box 103 Folder 1298

(29) Sho Nomura ; *The Dixie Mission : The Story of a Little-Known Group of Nisei GIs, Japanese American Soldiers ; John Aiso and the M. I. S.*, MIS Club of Southern California, 1988

(30) (16)と同じ。

(31) Owen Lattimore, Fishers Report on Chinese Communist Psychological Warfare, 1944. 12. 1, RG208 Entry6G Box12

(32) John E. Fields, Dear Mr. Okano, 1945. 7. 23, RG 319 Box 163 C22-6

(33)（7）の一五六ページ参照。

(34) Haarley C. Stevens, Yenan Reports, 1945. 3. 1, RG 226 Entry 148 Box 15 Folder 133

(35) Albert L. Seely, Project Report on Psychological Warfare-Intelligence Materials, 1944. 12. 15, RG226 Entry148 Box13 Folder184

(36)（1）の三四ページ。

(37) 山本武利『日本兵捕虜は何をしゃべったか』文春新書、二〇〇一年参照。

(38) RG226 Entry210 Box179

(39) RG228 Entry182 Box16 Folder95

(40) 山本武利「野坂参三の天皇論の戦術、戦略」『Intelligence』六号、二〇〇五年参照。

延安リポートの宣伝ビラについて

土屋礼子

延安リポートでは、心理戦の主要なメディアであった宣伝ビラ（leaflet）がしばしば主題として取り上げられている。第四号「日本人民解放連盟が作成したビラのサンプル」や第五号「良いビラの書き方」、第一二号「宣伝の作成方法」などは、延安で岡野進らが日本人捕虜を組織して作ったビラや、その作成の過程や方針を紹介するものであり、これら日本人民解放連盟のビラについては、山極晃『米戦時情報局の『延安報告』と日本人民解放連盟』（大月書店、二〇〇五年）に図録とともに詳述されている。

一方、アメリカ合衆国の戦時情報局（OWI）や連合国軍の下で作成されたビラについても、岡野をはじめとする日本人民解放連盟による批判が行われ、その評価がいくつかの報告書にまとめられている。第一七号「岡野によるアメリカ軍作成ビラへの概括的批評」をはじめとして、四二号、四七号、五三号、五六号、五七号、六四号、六九号の八つがそれにあたる。第一七号以外には、具体的なビラの内容への言及があり、重複を除いて約一六六点のビラに関する批評が含まれている。本書では、これらのうち約七割にあたる、一二一点の画像を白黒写真で掲載した。これらは、筆者が二〇〇三年に在外研究員としてアメリカ合衆国メリーランド大学に滞在した間に、米国国立公文書館で撮影した画像を元にしている。その資料出典は以下の通りである。

Record Group 208 Entry61 Box 5-6

Record Group 493 Entry 340 Box 51–52

Record Group 496 Entry 441 Box 2709

Record Group 496 Entry 442 Box 2732–3, 2737–9, 2742–43, 2745–7, 2765

これら延安リポートに登場する米軍側のビラは大きく三つのグループに分けられる。一つは、インド・ビルマ・中国戦域(China-Burma-India theater)で作成されたビラである。第四二号「ボウェイの反日ビラの批評」、および第六四号「ビルマのアメリカ軍制作ビラの分析」は、インドのアッサム州レド近郊のボウェイに設けられた戦時情報局の心理戦班によって作成されたビラのシリーズ、すなわち識別番号の最初に付けられる記号が、XJM(士気低下をねらいとしたビラのシリーズ)、XJA(投降を促す目的のビラのシリーズ)およびXJN(ニュースを主体とした新聞形態のビラのシリーズ)の三系統のビラを対象として、あわせて五二点について批評している。(なお第六四号では、XJMがXTM、XJNLがATMと誤記されている他、イギリス軍が支配していた東南アジア軍司令部(SEAC)のもとで岡繁樹が協力して作成していたSJシリーズの一点がSTと誤記されて入っているので、注意されたい。[1]) アッサム心理戦班が作成したビラの点数は総計二百ほどあると推測されるので、その四分の一ほどがここで検討されている計算になる。

また、第五七号「アメリカ軍によって発行された昆明のビラの分析」では、一九四四年一〇月にインド・ビルマ戦線から分離した中国戦域を対象に、昆明の心理戦班で作成されたビラが批評されている。ここでは、OWI/JM(または単にJM)またはOWI/JN(または単にJN)という識別の記号が付されたシリーズが、あわせて二百点以上作成されたが、この報告書では「時勢」という新聞形態のビラを含めた七点が言及されている。

二つ目は、ニミッツ海軍大将の管轄下にあった北中部太平洋戦域向けに、ハワイ島ホノルルで作成されたビラである。ここで作られたビラには、識別番号として一〇〇番台から二〇〇〇番台までの間の数字が付されているが、ビラの総点数は二千を超えているわけではなく、おそらく二百点ほどではないかと推測される。そのうち、第五三号「ハワイで制作されたビラに対する解放連盟宣伝委員会の批評」では一一点、また第五六号「ホノルルのビラに対する延安の批評」では、五八点のビラが俎上に載せられている。二つの報告書を合わせて六九点というビラの数は、ハワイで作成されたと推定される総数の約三分の一にのぼる。これらの報告書が作成されたのは一九四五年の一月から四月であり、当時すでに日本本土空襲が本格化し、その際に撒かれたビラの多くがハワイで作成されていたことを考えれば、この点数の多さは、差し迫った必要と関心度の高さを示していると思われる。

三つ目は、マッカーサー陸軍大将率いる西南太平洋戦域総司令部(GHQ, SWPA＝General Head Quarter of South West Pacific Area)の下で作成されたビラである。第六九号「南西太平洋のビラに対する批評」が対象としているものである。インドネシア諸島、ニューギニア島からオーストラリアに至る太平洋の島々を含むこの戦域では、早い時期からオーストラリア軍やイギリス軍が中心となって、連合軍情報局(AIB＝Allied Intelligence Bureau)の一部として組織した極東連絡局(FELO＝Far Eastern Liaison Office)が、一九四四年六月まで、イギリス及びオランダ植民地域で独占的に情報宣伝活動を行っていた。米国の戦時情報局は、当初これに協力するという形だったらしい。そこで作られたビラは、Jを頭に付けた識別番号を持ち、J-1からJ-307までを筆者は実物で確認している。そのうち二〇〇番台の一〇点が、この第六九号で取り上げられている。

しかし、米軍は一九四四年六月にはフィリピン上陸に備えて心理戦班をあらためて確立し、一一月にレイテ島で印刷を開始してから以降は極東連絡局とは別個にビラを作成、一九四五年三月にはマニラに本拠を移動した。この心理戦班の下で作成されたビラの識別番号は、「××-J-1」という形式になっていて、最初の「××」が通し番号、最後の数字が作成を担当した軍を示している。たとえば、「12-J-6」とあれば、「第六軍作成の日本語ビラ一二番」を意味する。この米軍心理戦班によるビラは、同じ第六九号で二四点挙げられ、うち一三点が第一軍の作成、残り一一点が第六軍の作成したビラである。このシリーズは一〇〇番台以上作成されているので、報告書で触れられているのは、比較的早い時期のビラだけということになる。

この他に、第四七号「戦時情報局のビラに対する延安の批評」では、各戦域で用いられた投降ビラが五点ほど検討されている。この内、最初に具体的に触れられている二点は、インド・ビルマ戦域で作成されたビラで、「赤、黄、黒の縞模様の表紙」の通行証は識別番号XJA-39、「NCAC最初の通行証」はXJA-15を指している。二番目に挙げられているJ-208は、極東連絡局が作成した投降ビラで、朱と青の線が目印である。以後、西南太平洋地域では、朱と青の線が入ったデザインの大型の投降ビラが何種類か作られた。識別番号八一〇はハワイで作成されたビラであるが、筆者は未見である。ただし、沖縄戦で大量に撒かれた識別番号八一一の投降ビラがあり、それと類似したものではなかったかと想像できる。この八一一の投降ビラは、「命を助けるビラ」と題されて、「両手を上に高く挙げてこのビラの他には何も持たないでアメリカ軍の方へゆっくり進んで来なさい」というような指示が六項目記され、やはり朱と青の色でデザインされたものである。[(2)] 延安リポートの意見を受けて、改定したのが八一一であったのかもしれない。最後にサイパンでの通行証が挙げられているが、これも筆者は未見である。日本語と朝鮮語で書かれているというが、識別番号がないとあるので、サイパン専用に作成されたものであろう。こうした投降ビラは、連合国軍が圧倒的に優位な戦闘の最終局面で、日本軍兵士の投降を増やし、日本側のむやみな攻撃による連合国軍側の犠牲を少なくするために、ビラの機能として最も重要視されていたので、何種類も各戦場の状況にあわせて作られた。紙のサイズや絵、「捕虜」や「投降」といった語を避けたことばづかいなどについて、細心の注意を以て投降ビラが作成されていた過程が、延安リポートの記述からはよくわかる。

このように、延安リポートでは、連合国軍が心理作戦を展開していた全戦域のビラが一通り検討されており、アメリカ側が日本人による真摯な批評を欲していたことが伺える。筆者の一人であるコージ・アリヨシが記しているように、再教育の程度などでいくつかのグループに分けられた日本労農学校の学生(日本人捕虜)約百名が、回覧されたビラに対して、かなりの時間をかけて、不躾なまでに率直な意見を述べたものを、まとめて訳出した(第四二号)これらのリポートは、それまで各戦域で日本語が多少できる連合国軍の兵士と日系人とが協力して何とか作成してきたビラを全面的に見直す大きな刺激となったにちがいない。

そこで重要なのは、延安リポートにおける宣伝ビラ批評には、ビラの作り手であったカール・ヨネダなどによる回想録等の視点を相対化する記述が含まれていることである。たとえば、多くのビラに対して、ことばが難解である、美文調や古歌などすぐに理解できない、くずし字が読めない、という批判が寄せられていたのがこのリポートではわかる。「一般の読み手には、難しすぎる言葉や表現が数多くある」(第五六号)というのが、ビラ全般に共通して指摘されるところであり、岡野進が記しているように、平均的な兵士、すなわち「初等、中等教育を受けたものには高度すぎる」(第一七号)というのが、宣伝ビラの実態であった。つまり、連合国軍作成のビラの作り手たちは日系人を含めて、ほとんどが知識人といっていい人々であり、その読み手である実際の兵士たちとは教養の差がかなり大きかったのである。作り手たちの回想録では、しばしば自分たちが作ったビラが得意そうに紹介され、その効果や評判についても記されているが、それらが真の読み手である日本人兵士の評価とは異なるものであることを、延安リポートは如実に示しているのである。

（1）　SEACの下で作成されたビラについては、拙稿「第二次世界大戦における対日宣伝ビラ研究序説」（『Intelligence』第五号、二〇〇五年一月）を参照。

（2）　沖縄戦における対日宣伝ビラについては、拙稿「沖縄戦における心理作戦と対日宣伝ビラ」（大阪市立大学『人文研究』五六巻、二〇〇五年三月）を参照。

延安リポート　第一号

延安旅行――概要

延安への私の旅行の目的は八路軍の主導のもとで行われている心理戦争を調査することであった。その際特に力点を置いたのは、八路軍の経験や方法を学び、それらがアメリカの対日心理戦争に使えるかどうかを見定めること、また日本軍や日本国内の状態にかんする情報のソースやチャンネルを確保することであった。

二週間の短い調査ではあったが、当地での心理戦争の成功は主として次の五つの要因によることが明らかとなった。

(一)　八路軍は、初めのうちは手探り状態であったが、やがて対日戦争の性格や目的に明確な概念をもち、この心理戦争に活動の基盤を全面的に置いてきた。

(二)　上記の線に沿って、八路軍は敵に対する正しい対処の仕方を自分の軍隊に徹底して教え込んだ。

(三)　八路軍は実際に役立つとわかると、日本軍への心理戦争のそのほとんど全てを、捕えたり降伏してきた日本兵に任せて、八路軍からはいくぶん独立した日本人の組織である日本人民解放連盟(ＪＰＥＬ)を動かした。

(四)　八路軍は一般兵の生活や考え方など、華北の日本軍の内部状態に関してうらやましいほどの詳細な情報を握っている。また八路軍は大量の日本の刊行物や捕獲文書、さらには日本軍の内部向けの諜報リポートなどを恒常的に得ている。

(五)　八路軍の遊撃戦術や、日本軍の要塞やトーチカでの駐屯状態、日本陣営内での傀儡中国軍の存在、全ての「前線」での中国農民の恒常的な行き来など――こうした現状は心理戦争の工作に大きく寄与している。

組　織

敵軍工作部門は以下のように各段階の軍の単位にそれぞれの組織をもっている。

各師団あるいは旅団に一個の工作部
各連隊に一個の工作課
各中隊に一個の工作班

対日心理戦争の大規模作戦の方針や計画の全体的方針は延安の本部で作成され、その指示や命令が師団、旅団の工作部に伝達され、その工作部を通じ下部の部隊にさらに伝達される。中隊の工作班は敵への対応を兵士に指示し、日本人捕虜の行うあらゆる面での活動を監督し、ビラやパンフを配り、(簡単な日本語で)戦場スローガンを叫んだり、その他の工作を前線で実行したりする。工作細胞は日本軍の刊行物、文書、日誌、手紙、命令書などの収集にも責任をもつ。こうしたやり方で膨大な量の諜報が延安に送り返される。

日本軍に対する工作の大部分は日本人民解放連盟なる日本人のみの組織によって扱われる。これらの多様な組織の機能を理解するためには、八路軍の心理戦争の歴史的な発展を概観するのが最善であろう。*

＊ 本リポート第六〇号「八路軍の敵軍工作」にその詳しい歴史が記されている。

第一段階

対日心理戦争の初期の展開・発展は、当然のことながら共産党主導の軍に負うものである。国共内戦の時期における八路軍の成功は、どんな小さなものに至るまで、国民政府軍への政治的アプローチや宣伝の手法によらないものはなかった、と言ってもよい。八路軍の政治部は強力でよく訓練されていた。包囲した国民政府軍へのビラ、チラシ、ポスター、壁スローガン、メガホンでのスローガンの絶叫などがよく使われた手法であった。

かくして、八路軍自身が一九三七年、山西省北部で日本軍と戦ったときには、政治的戦争に対する経験と自信ができていた。日本軍への最初の工作は明らかに同じような方針に沿っていた。一九三七年秋の山西省北東部での有名な平型関の戦い*では、心理戦争が試みられた。ある日本軍の部隊が包囲された。その後、政治工作者と兵士が日本軍に近づいて、「武器を捨てよ！　降伏せよ！　我々は危害を加えない」と叫んだ。これは全部中国語でなされた。私にこの出来事を語った李初梨**は、そのような戦術やスローガンは国民政府軍を包囲したときにいつも使ったものだと悲しげに笑った。しかしこの時は、武器を奪い、予定通り捕虜をつかまえようとしたところ、日本兵たちは発砲し、八路軍の部隊をほとんど皆殺しにした。「一人も投降しなかったし、一人の捕虜も捉えられなかった」。

＊ 太原から四〇〇キロ北方の要害平型関での日本軍第五師団と八路軍第一一五師団の戦闘。日本軍は大きな打撃を被った。

＊＊　一九〇〇～九四年。四川省の人。来日して第一高等学校、京都帝国大学で学ぶ。帰国後創造社に加わり、マルキシズム文学運動に参加。このインタビューの当時は、八路軍敵軍工作部副部長であった。一九四八年以降、中共中央東北宣伝部副部長などを務めた。

そこで前線を指揮していた林彪将軍はただちに命令を出し、自分の師団の全兵士に「負傷兵は医療を受けられる」、「投降する者は殺さない」、「武器を捨てよ」という三つの日本語の文章を憶えさせた。これは少し役立ち、若干の捕虜がつかまったが、その数は非常に少なかった。ときどき日本兵がこれらのスローガンに日本語で返答したが、中国兵はだれも理解できなかった。また中国兵が日本語で叫ぶと、日本軍の方から怒ったような砲火のお見舞いを受けることもわかった。

要領を得ないまま、また成果をあげることなく、しばらくこの方針に沿って心理戦争は続いた。若干のビラは使われたが、結果には見るべきものがなかったと、誰もが認めている。

政治的方針

初期のビラや他の印刷物はある方針に従わなければならなかった。当初、その方針は、延安では「過激すぎる」と今では非難されるようなものであった。典型的なものは、「日本で革命を起せ！」、「天皇制を打倒せよ」、「軍国主義者を打倒せよ」、「将校を殺せ」、「戦争は不当だ――この戦争は軍国主義者と大ブルジョアの戦争だ、わが陣営に投降せよ」などであった。このスローガンは結果的に日本兵をいらつかせ、疑いと憎しみをかきたてただけであった、と岡野進〔野坂参三〕は説明した。そのビラには八路軍の署名があったので、日本兵には正当な理由もなく国賊になれと敵から強制されたものと受けとめられた。ビラを見た捕虜や、捕まった後にビラを見せられた捕虜も同様な感想を述べた。

当時、中国共産党では公式な方針の確立という別の動きがあった。一九三八年一一月の第六回中央委員会拡大全体会議で、戦争は日本、朝鮮、台湾の兵士や庶民に辛いどころか、彼らの利益に反していると毛沢東が指摘した。彼の統一戦線の呼びかけに沿って、その会議は侵略戦争に対する中国、日本、朝鮮、台湾の人民の統一戦線を樹立し、日本ファシスト軍国主義者との共通の闘争を行うことを決議した(リポート第三号の譚政*の「敵軍工作の目的と方針について」を参照)。

* 湖南省の人。八路軍総政治部軍政学院院長を経て、一九四二年頃八路軍留守兵団司令部政治委員。四五年、中共第七期候補中央委員。五六年人民解放軍総政治部主任。

これによって、中国の兵士と人民が、同じように踏みにじられた日本の人びとに同情を寄せること、つまり日本軍の侵略行為は日本人民の責任ではない、という認識が固まった。この方針に沿った教育工作が、大規模に八路軍や華北の農民になされた。同時に、敵軍工作部は熱烈にその方針を採用し、この重要な認識を図解したビラやパンフを作成して、この戦争観を日本兵に受け入れさせる努力を開始した。戦争の真実の性格は何か、それが彼自身や彼の国家の本当の利害にいかに影響を与えているかを説明しながら、日本兵を反戦陣営に転換させるように努めた。反戦的な抵抗や破壊が日本軍自身や日本本土で続々と起るとの期待が高まった。

しかしそんなことは起らなかった。捕まった日本兵はたとえそのビラを見たり、その主張を耳にしたりしたことがあった者でも、まったくといってよいほどその主張に理解を示さなかった。この方法では成果を出せないことが明らかとなった。さらに彼らは日本人捕虜の反応を研究して、捕虜を教育するのは至難であることが分かった。捕虜が彼らから学ぶよりも早く、彼らが捕虜から学んだことは明らかである。彼らは捕虜が友好的、同情的な扱いに驚くほど敏感に反応することがわかった。部分的には、これは敵の手に落ちたら、捕虜は処刑、拷問を受けるという日本軍隊の自軍兵士向けの公的な宣伝のせいである。そこで彼らは結論を出した。日本兵を味方につけるには、敵つまり日本人と、彼らの言う「劣等」民族つまり中国人との双方で基本的な不信感と敵対感情を除去することが先決であると。一般的な方針の転換は先の譚政の文章に要約されている。

この方針に沿って、八路軍は捕虜の処遇の基本的な方針を打ち出した。(その年次は分からないが)以下の命令が出され*、それは八路軍の「戦闘規律」の一部となった。

* 命令が出たのは一九四〇年七月七日。本リポート第六二号参照。命令は日本語で書かれている。

日本兵士は、勤労民の子弟であり、軍閥財閥にだまされ、きょうせいされて、われらに銃をむけている。故に、

一　日本兵士の捕虜は、殺傷、侮辱、其所持品の没収な

すべからず、われらの兄弟として待遇すべし。違反者は処罰する。

二　傷病の日本兵士には、特別の注意をはらひ、治療せしむべし。

三　所属又は原隊に帰る事を欲する者には、出来るだけ便宜をあたふべし。

四　中国で働くことを欲する者には仕事をあたへ、勉学を欲する者は学校に入学せしむべし。

五　家族友人と文通を欲する者には便宜をあたふべし。

六　戦病死者〔は〕埋葬し、墓標を建つべし。

総司令　朱徳

副総司令　彭徳懐

この命令は公布されるだけでなく、八路軍の全ての部隊で積極的に宣伝され、教え込まれた。八路軍の兵士が明確で積極的な福音伝導者になってからは、彼らを通じ全ての地区の農民や人民全体に広く普及していった。兵士、人民がともにそれらの原則を実行に移したことは間違いない。私は多数の日本人捕虜と話し合った。彼らは農民、ゲリラ、兵士のだれかに捕まった。全員が口を揃えて、捕まった時に受けた扱いに驚嘆したと言った。八路軍支配地域を徒歩で八五日かけて延安にたどりついた一人のアメリカ戦闘機パイロットの証言がこれを裏づけた。[*] 彼は日本軍が捕まえた中国兵や農民をどう扱ったか、また急襲した村落を腹いせのように破壊するさまを多数実見してきた。驚きに耐えられないかのように、彼は言った。

「私は彼らが日本兵を捕えるときだけでなく、捕虜にしてからも大事に扱う理由がまったく理解できない。たとえ私が彼らの立場であったとしても、私には日本人捕虜をあんな風に扱えない。しかし八路軍兵士たちは、捕虜をあたかも心の底から愛しているかのように扱っている。私にはそれが理解できない。しかしそれは現実に確かに行われているのだ！」

＊　パイロットはJ・D・バグリオ中尉。事故は一九四四年六月九日に起きた。山西省太原市の近郊に不時着したバグリオ中尉は、八路軍にめぐり会い、彼らの案内で延安まで辿り着いた。ディキシー・ミッションの派遣は、日本軍支配地域で増加しているこうしたアメリカ軍機の事故を減らすこと、そのための正確な気象情報を得ることが派遣目的の一つであったという。(C. J. Carter, *Mission to Yenan*〔『延安使命』(中国訳) 一〇六〜一一三頁)

こうした捕虜の扱い方、希望すれば釈放し、原隊や日本に帰すという方針によって、日本兵の敵対感情は根本的に崩されていった。そして八路軍は捕虜を厚遇し、一般兵を敵兵でなく、軍部によって誤って導かれ、強制的に戦争に駆り出された友人、隣人として見るということを日本兵に証明するのに役立った。李初梨が私にこう言った。

「我々への敵対感情をやわらげることによって、はじめて我々は宣伝を彼らに届ける橋をかけることができる」と。また八路軍は有用な副産物として、彼らの中から本当に信頼できる効率のいい心理戦争の工作者を集めることができると分かった。

第二段階

これらの捕虜の自発的な工作者の中核勢力が発展して、一九三九年に「覚醒連盟」を結成した。これは一九三九―四〇年に鹿地亘によって重慶につくられた「日本人反戦同盟」という組織に合体し、その支部となった。* これ以降、次第に元捕虜が八路軍の心理戦争に参加していった。この期の一般的方針と目的も譚政の文章にまとめられている。

＊ 杉本一夫らが山西省で「覚醒連盟」を結成した一九三九年一一月から一ヶ月後に、鹿地亘が桂林において、「反戦同盟西南支部」を結成した。鹿地は翌四〇年七月、重慶に「反戦同盟総本部」を設立。これ以後、覚醒連盟と反戦同盟の支部が前線の諸地域で結成された。四二年八月の大会で「反戦同盟華北連合会」が結成されると、各地の覚醒連盟支部は反戦同盟支部に改称していった。

一九四二年八月、華北の日本人反戦同盟の各支部代表が延安に集まり、彼らの工作の成果を総括した。同時に一八の異なる日本軍の師団や旅団に属していた捕虜の「日本兵士代表者大会」が開催された*(おそらく同じ人物が両方の会議に出席した)。経験、方針、手法、成果について、盛んな論議がなされた。捕虜は自分たちのつくったビラやスローガンの効果だけでなく、以前所属していたさまざまな日本軍部隊の兵士の状態、態度、特殊な不満や「悩み」を論議したり、詳細なリポートを出したりした。これらの論議に基づいて、各階級の日本兵が上官につきつけたいと思っていた二二八の特別な「要求」を選んだ。これらは「日本兵士の要求書」というパンフにまとめられた。** ほとんどの要求は給養の改善、厳しい軍隊の刑罰とかビンタの中止といった単純なものであった。投票の要求といった政治的なものもあった。それらの大部分の要求は華北にいる平均的な兵士の緊急かつ個人的な関心事を反映している。それら全ては捕虜が自身や他の兵士の体験に基づいてまとめたものであった。

＊　本リポート第四四号にその記録が収められている。

＊＊　本リポート第三七号にこのパンフの全文が収録されている。

ある箇所を引用してみよう。

「この会議で決議されたのは、宣伝工作の基本原則は日本兵の現在の要求を汲み上げて、軍隊生活での彼らの苦情や、上官への不満を煽り、日本軍内部に内部闘争を起させることであった」。この線に沿って遂行された宣伝工作は著しい成果を生んだ。パンフ「日本兵士の要求書」は日本軍国主義者への恐怖の爆弾である。そのパンフを読んでいることが見つかった兵士を厳罰に処するとの日本軍捕獲文書が手に入った。その文書の存在こそがその成果であると評価できよう。

第三段階

この会議の時期までは、日本人の参加が増えてきたものの、心理戦争の大部分は中国人によってなされていた。この会議の後には、中国人から日本人への交代が加速して、日本労農学校の「卒業」点に到達した捕虜を工作員として十分に確保できない若干の場所を除いて、今や日本人が全ての前線で工作を行うようになった。彼らは今や工作の大部分を担っている。また経験や結果に基づいて、日本人自身が個人として、あるいは連盟として全てのビラやパンフを作る。日本労農学校が一九四〇年一一月に延安に作られ、捕虜のいる他の場所でも類似の教育努力がなされ、この時までに訓練された心理戦士の集団を形成しはじめた。こうして工作は日本人に実質的に一層任されるようになる。

この段階での八路軍の心理戦争は大雑把にいって次の要素があった。

1、目標——日本軍の戦力の土台くずしと弱体化を図ること。この目標のために軍内部の闘争を促すこと。そして戦闘時の日本兵の「土壇場での頑強さ」を崩すこと。

2、手がかり——日本兵は誤って導かれた友人であるので、特別に親切に扱わねばならないということ。八路軍兵士、中国人民と日本兵は日本軍国主義者や「財閥」打倒という共通の利害をもっているとの信念を八路軍や人民のなかに植えつけること。それゆえ日本人への敵愾心を弱め、「友好の橋を作り」、日本兵の心に別の考え方に対する寛容な気持を醸成させること。この手がかりを八路軍は「友愛工作」と呼んでいる。

3、手法——日本人個々人の活用の増加、彼ら自身の日本人組織名による工作、八路軍からの外見上の独立。高尚な政治的方針や主張を放棄して、日本兵の実状や不満を注意深く研究し、それに基づいて全ての宣伝工作を行うこと。これらを使って、日本軍内部の不満や闘争を煽ること。捕虜の厚遇、釈放、敵のトーチカや要塞の日本兵士あての手紙、夜間孤立した要塞にいる兵士との会話や歌声、日本のトーチカや要塞への贈物、食品入りの慰問袋による交歓*、その他の多様な手法。

* トーチカにたてこもる日本兵への贈答作戦を反戦同盟の側では、日本兵からの直接的なお返しはなかったが、「交歓」と呼んでいた(四〇六頁参照)。

4、範囲——華北、華中で展開する日本軍に限定。

5、成果——これらの宣伝に接触したことが見つかった兵士への日本軍のきびしい処罰の増加。投降者や捕まる者の数の増加(彼らはこの原因として華北における日本軍の弱体化があることも認めている)。八路軍に投降しても、また捕捉されても、虐待されないとの一般的な知識(日本軍の逆宣伝にもかかわらず、これは日本兵に今やよく浸透していると、全ての捕虜が証言している)。包囲された軍隊の絶望的な抵抗の減少。トーチカの兵士からの手紙は多くがまだ弾劾調ではあるが、しだいに友好的となり、さしせまった日本軍の攻撃を我々に警告するまでにいたった。

この段階は一九四三年中続いた。しかし一九四三年春に日本共産党中央委員会、コミンテルン元委員岡野進(野坂鉄)が延安に到着した。*彼の人柄、能力、指導力が反戦同盟の支部や心理戦争の工作を全体的に活気づけた。この刺激によって、反戦同盟の多様な支部の工作がより連携し、連盟が「八路軍のために工作する捕虜の集団」を超えて、独立した日本革命組織の中核となりうる勢力にまで育ってきたことが明らかになった。

* 岡野が延安に到着したのは、実際は四〇年三月二六日。岡野自身の回想については八七頁注参照。

現段階

盧溝橋事件の六周年の一九四三年七月七日に、岡野は「日本国民に訴う」なる文章*を書いた。そのアピールは、日本人民は自分自身や母国のために現戦争に反対し、日本の支配勢力としての軍部を打倒し、人民の民主的政府を樹立させねばならないと述べた。これらの目的を達成するために、彼は母国、軍隊、外国にいる日本人民の「幅広い大衆」が団結し、共同行動をとらねばならないと主張した。

＊　本リポート第一八号に全文収録。『野坂参三選集　戦時編』に、「なぜ戦争に反対したか——「支那事変」六周年に際して日本国民に訴う」とのタイトルで収録されている。

華北、華中の反戦同盟の支部に延安での中央委員会会議(華北連合会拡大執行委員会)への呼びかけが発せられた。一九四四年一月にその会議が開催された。その目的は一九四二年の会議以来の工作の成果を検証し、点検すること、新しい方針を決定すること、そして岡野の提案を検討することであった。その実際の成果は反戦同盟を解消し、「日本人民解放連盟」を結成するとの決議であった。言いかえれば、その工作は日本軍への心理戦争から中国在住日本人居留民、日本本土の日本人への政治的接近へと拡大することをねらっていた。

この工作は母国、外国、捕虜収容所、日本陸海軍にいる全ての日本人を惹きつけ、包含する組織作りを考えていた。日本の目標にむけ積極的に働こうとする全ての日本人を引き込むものであった。

日本人民解放連盟のプログラムを反映した主なスローガンは次のようなものであった。

ただちに戦争を止めよ！

公正な講和を締結せよ！

この戦争を始めた軍国主義者を打倒せよ！

言論、出版、集会、組織の自由を要求する！

働く大衆の生活(生活水準)を改善せよ！

東条の好戦政府を打倒せよ！

人民の平和、民主的政府を組織せよ！

これらの決議は日本人民解放連盟の下部組織となった全ての支部で採用された。八路軍の心理戦争工作への捕虜や彼らの影響の大きさは、上述したような工作の前段階の障壁を乗り越えようとした。しかし、以下のことがもっと重要であることが、まもなく判明した。八路軍の援助者としてだけでなく、日本人として日本人の熱中と支持を集める工作を行うこと、つまり日本自身のための積極的計画を見通せるより広い政治的基盤を作ることによって、全ての工作の効果を大きく高めることがわかった。日本兵の反応が著しく改善された。諸悪への戦いだけでなく、積極的目標のための工作の高まりが、工作者により大きな結果を求める動機を与えたし、より大きな反応を呼んだ。

岡野によれば、その直後に八路軍の総政治部が心理戦争の方針、決定、計画、実際の工作を解放連盟に委任する決定を行った。八路軍は解放連盟を支持し、その工作を容易にした。そして幅広い基本的な方針が共同で決定されている。しかし全ての実際的な目的にかんしては、解放連盟は独立した完全なる日本人の組織として機能している。

李初梨によると、八路軍は「革命は輸出できない」との信条をもっており、したがって日本の政治的計画は中国人ではなく、日本人の専任領域である。八路軍は支援する立場にいるだけである。八路軍は解放連盟の方針や計画をどのように支配するのかとたずねると、李はその必要を感じたことはないと答えた。というのは解放連盟の政治的計画は八路軍の考えや計画と一般的に合致しているし、時々ビラをチェックしても、日本軍の敗北や中国からの撤退について、八路軍の目的と解放連盟の宣伝情報には不一致が見あたらないからである。李の言うところでは、実際的な観点からみて、解放連盟の工作は日本人以外ではとても達成できないほどにきわめて効率的で、効果的である。日本人として彼らは日本兵への呼びかけ、提案、要求を出すことができる。彼らは平均的な日本兵にもっとも訴える言葉や慣用的な使い方を知っているからである。それらが「敵」(つまり日本人以外)の情報源から発信したものだと分かれば、日本兵はすぐに拒否するだろう。

八路軍の総政治部の敵軍工作部は解放連盟を支援し、物資を供給し、補佐しているし、解放連盟の班が弱体の地区では実際の前線工作を遂行している。解放連盟が当面の心理戦争工作だけでなく日本本土の準備工作を行うのに対し、八路軍は自らの目的を中国の日本軍に限定している。したがって敵軍工作部と解放連盟は完全に融和が取れているように見える。

指令

解放連盟の心理戦争の中枢は延安の日本労農学校の一八人の「学生」の宣伝委員会である。そこで計画、幅広い方針を出し、いくつかの宣伝文を書く。これらのテキストはより広い政治方針とともに各地の解放連盟の支部にローマ字で電送される。延安で書かれたテキストの内容は幅広く、かつ一般的な性格をもっている。ほとんどのビラは、その一般的方針を参照しつつ、現地の特殊な実情に応じ、前線の支部によって考案され、書かれる。岡野は前線に送ったメッセージのテキストを我々に見せてくれた。彼はまたその一般的な方針については、敵軍工作部が時々指令を出すが、いつも解放連盟と協議していると語った。

李初梨は敵軍工作部が週二回、師団や旅団の宣伝部に電信を送ると述べた。これらの電信の冒頭は日本の立場や華北日本軍の動向の要約である。たとえば、最近のものは、連合軍の日本軍に対する一週間の勝利を簡略に伝え、東条内閣の崩壊がもつ意味に触れていた。こうした出来事をどう扱うかが電文にのせられている。各メッセージの後半では他の全ての班のために、個々の心理班が採用した新しいプロジェクトや手法の特殊な経験や成功の事例を説明するのが通常である。

一九四四年九月二五日

マクラッケン・フィッシャー

延安リポート　第二号

八路軍による対日心理戦争の進展

序　文

このリポートおよびすべてのリポートに見られる「八路軍」という用語は、一般的な意味で使用されているもので、中国共産党指導部の指揮下にあるすべての軍隊を意味している。それは正確には第一八集団軍と呼ばれるべきであり、八路軍と新四軍の両方を包括したものである。

共産党指導下にある各軍隊の基本的特徴のひとつは、その政治的性格にある。当初から、すべての兵士に対する政治教育と教化は重要な課題であった。兵士らは政治とはまったく無関係な戦闘集団と見なされているわけではなく、それ故に共産党率いる軍隊は現在に至るまで、政治的理想に燃える人々から構成されるのが常である。敵に対して極めて効果的な政策である宣伝工作は、彼らの最強の武器のひとつであり、それは個々の兵士によって巧みに実践されてきた。現在、八路軍がよく用いる戦術のひとつに「政治的攻勢」というものがあるが、そこでは八路軍兵士が教育を支援した兵士や農民すべてが傀儡軍への思想的攻撃に参加している。また限られてはいるものの、彼らは日本軍への思想的攻撃にも参加している。

総政治部は、何よりもまず軍の政治教育を担当する組織である。軍の各部内に存在するいくつかの班を通じて総政治部は、敵兵に接するにふさわしい態度がしっかりと教え込まれているかどうか監督する責任を負っている。彼らは、高度な政策を兵士たちが理解しうる言葉に置き換えて説明をする。また総政治部と八路軍兵士らは同じ姿勢で人民の教育にあたる。かくして心理戦争の核心部分である捕虜に対する適切な態度ならびに捕虜の取り扱い方法に関して充分に対応できる状態にあるのである。

八路軍による心理戦争の進め方および組織に関する次のような情報は、主に敵軍工作部副部長の李初梨と、日本人民解放連盟準備委員会の岡野進(野坂鉄)、そして八路軍野戦政治部主任の羅瑞卿*との間で数日にわたり丸一日かけて開かれた拡大会議において得られたものである。

* 一九〇六〜七八年。四川省出身。三七年延安の抗日軍政大学政治委員。四四年、中共中央委員と八路軍野戦政治部主任を兼任。四九年、公安部部長。六五年、国務院副総理。

日本軍と傀儡軍という二つの敵に対して行う心理戦争は、「敵軍工作部」として知られる総政治部内の一部門に与えられた任務である。一般にこの部門は、略称を用いて「敵軍工作部」、あるいはもっと簡略化して「敵工部」とも呼ばれる。敵軍工作部は、対日工作部と傀儡工作部という二つの部から構成されている。これは組織面や人事面からの区分というよりも、職務面から説明したものだとの印象を私は抱いている。敵軍工作部の任務は、日本軍への心理的攻撃を計画し実行することである。一方、傀儡工作部の任務は傀儡軍への攻撃を遂行するだけではなく、日本軍を支援するあらゆる中国側の組織を弱体化するために、傀儡政権や官吏、さらには傀儡が支援する人民組織に攻撃を加えることである。華北の八路軍支配地域においてアメリカが独自の心理戦争を遂行することについて八路軍側が反対することはないであろう。ただしこの点について我々は八路軍側から明確な約束を求めることはしなかった。

出版物や心理戦争に関する諜報資料の定期的な提供はすでに約束されており、それらは重慶に転送されることになっている。もし我々が延安に諜報・翻訳班を開設し維持できれば、資料の入手後ただちに翻訳作業を開始したり、重慶に直接送付することはできないものの延安で利用可能な幅広い情報の提供を行うなど、計り知れない効果が期待できるであろう。延安のアメリカ軍事視察団団長も、その種の部門の設置を承認しており、八路軍の関係組織も我々がそうすることを強く求めている。

さらなる専門的調査が実施されるまでの間、日本軍の中波放送傍受班を当地に設立しておくことが有益かと思われる。

彼らの支援の見返りとして、八路軍の心理戦遂行組織に対してなし得る限りの援助を行うことを提案したい。当面は、情報と資料の交換ならびにあまり重要でない設備の供給に限定して援助を行うべきであろう。またそうした設備は、政治的理由により、反国民党宣伝工作を進める際にあまり即効的効果のないものにする必要がある。

最後に、彼らの心理戦争の方針と政策がアメリカの心理戦争政策と何らかの点で矛盾していないかどうか慎重に検討することを提言したい。矛盾していない場合、華北での共同作戦がいずれ組織化されるよう我々は強く期待すべきである。それは、概ね二つの形を取ることになろう。(一)八路軍と新四軍の支配地域にある日本軍陣地内の目標地点にアメリカ空軍機が八路軍の心理戦争用ビラを投下する。それらのビラは八路軍が準備し、我々が印刷してアメリカ空軍に届ける。(二)ラジオ中波放送局の開設については何回か試験を行い、その有用性が証明されれば、それを共産軍支配地域に開設する。

心理戦争において八路軍と積極的協力をなすべきか否かの問題は、当然のことながら、アメリカ上層部の政策決定を待ち、それに則って進めてゆくべきことが確認されている。

一九四四年九月二五日

延安リポート　第三号

「敵軍工作の目的と方針について」

譚　政

『八路軍軍政雑誌』、第九巻、一九三九年九月二五日発行

本論説では対日本軍工作について議論を行うが、この工作の目的と一般的方針に限定して議論を進めることにする。何故に対象をこのように限定するのだろうか。その理由は、工作の目的と一般的方針がこの工作の一般的特徴を決定づけるからである。明確に規定された目的と適切な方針なくしては我々が、真の成功を収めることなどまったく望めないのである。枝葉末節の事柄や方法論に集中すると、その努力は徒労に帰すことになる。我々は過去二年間、敵軍工作に多大な努力を払ってきた。しかし一定の成功と若干の戦術的改善は達成したものの、工作全体では顕著な改善は見られない。工作は真の活力を失ってしまった。つまりこの工作は形骸化してしまったのである。このことは、これ以上の戦術的改善を進めていっても工作全体になんら影響が及ばないことを示している。それどころか、基本目的と方針が確立すれば、戦術的改善は重要な意味を持つようになる。それ故、二年を経た今、敵軍工作の基本目的と方針を見直すことはけっして意味のないことではない。

中国共産党拡大中央委員会第六回総会の報告書の中で毛沢東同志は、以下の点を指摘している。「日本帝国主義の侵略戦争は中国民族に危害を加えるだけでなく、同時に日本の全兵士・民衆および朝鮮と台湾などの被抑圧民族にも危害をおよぼすものであり、日本の侵略戦争を失敗させようとするには、中日二大民族の軍民大衆および朝鮮、台湾などの被抑圧民族が幅広く一貫した共通の努力を払い、共同の反侵略統一戦線を樹立しなければならない」。同時に、同総会は以下のような決議も行った。「侵略戦争に反対する中国、日本、朝鮮、台湾の人民の統一戦線を樹立すること。日本ファシスト軍閥に対して共同の闘争を遂行すること」。これは、これらすべての民族の緊急課題の一つとして同総会において提唱されたものである。この課題が実現できるか否かは、我々の努力と具体的な工作の進め方に依拠している。それはまた、日本国内の改善状況や国際情勢

の推移にも左右される。したがって具体的な取り組みにおいて敵軍工作は、我々の目標のうちの一つにされるべきものなのである。

それでは日本のファシスト勢力の侵略に対抗すべく、中日両国の兵士と人民による迅速な統一戦線の形成を敵軍工作の目的にすえるべきだ、との提案をすることは、果たして可能なのだろうか。このような形で提案を行うことは、明らかに漠然とした印象を与えるだけである。しかも現実にこの提案は何の役にも立たない。というのも、このような統一戦線を形成することは、同時に我々の闘争目的そのものだからである。つまり現段階では、この統一戦線をただちに形成できる見込みはまったく存在していないのである。

我々が次のような誤りを犯した場合、対敵宣伝戦略は実効性を欠き、抽象的で形骸化したものとなり、活力を失うことになるであろう。

まず、短期的な宣伝活動において、長期的諸政策を単刀直入に表明することで、それらを直ちに実現しようとすること。

我々の掲げる長期的目標と具体的課題を混同してしまうこと。それによって、我々は日本軍内部に直ちに反戦勢力を生み出せると錯覚し、日本軍内部に蜂起が生じ、我々の側に脱走兵がやって来ると考えること。さらに必要な段階を踏むことなく、すべてを実行しようとすること。

日本のファシストはすでに軍部への統制力を失っており、それ故に軍部と日本人民との関係を改善できないと考えること。

日本軍部の基盤はすでに揺らいでいるなどと考えてしまうと、我々は基本的スローガンを高々と宣言し、その実現に全力を傾注はするものの、しかし同時に、人心を「煽動し」、刺激し、人々の心情に訴える宣伝技術を無視するという過ちを犯してしまうだろう。基本的スローガンを実際的で即時的なスローガンと混同し、両者を同時に適用しようとするのは誤りである。さらに日本人兵士の気持ちや感情の変化を注意深く観察するのを怠ること、そうした変化に刺激を与え、加速化させようとする努力を怠ること、さらにこうした変化に合わせて日本軍内部の階級意識を強める努力を怠ることは重大な誤りである。心理戦工作に関するいくつかの報告書では、「呼びかけ」の回数、設置された工作隊の数、捕虜の適切な処遇に関する軍と一般大衆の教育の問題が強調され、詳述されている。しかし、そのような奮闘努力の目的や目標については、ほとんど言及されていない。さらに我々の努力によって日本軍内部に生じた新たな状況に我々の工作を適合させてゆくことの大切さについても、まったく言及されていないのである。

これが我々の対日本軍工作の弱点であり、対日本軍工作を改善してゆく上で重要なカギとなるのである。

敵軍工作の目的と目標は何なのか？

一般的にいえば、それは日本軍の戦闘能力を弱体化させ、破壊し、軍組織の規律を低下させ、組織の強靭さをできるだけ小さくし、軍事攻撃と連携しつつ、戦争で最終的勝利を収めることである。

この目標を実現するため、明確な計画に則して積極的な宣伝を行う必要がある。我々は、日本軍内部に階級意識と反戦感情を創り出さねばならず、戦争は彼らにとっても、また日本人民にとっても脅威であるという、侵略戦争の持つ真の性格を明確に理解させなければならない。これは、彼らの戦争支持の態度を変化させ、戦争はもうこりごりだという気持ちにさせることである。これによって、戦争に対する消極的な嫌悪感を積極的な反対に変化させねばならないのである。我々は、彼らが抱く戦争早期終結への期待を、日本の敗北に向ける積極的な期待へと変化させねばならないのである。

たとえそれが階級意識、ヒューマニズムあるいは個人的な感情に由来するものであれ、我々は彼らの厭戦気分を刺激しなければならない。同時に、怒り、自殺、脱走、上官への反発など、現在日本軍内部に存在するあらゆる種類の厭戦気分を利用し、これを普及・拡大させなければならない。たとえそれが自然発生的なもので組織化されておらず、消極的で孤立したものであろうとも、我々は長期的に日本軍内部でのこうした心情的な変化を研究し、そこに集中して取り組んでゆかねばならないのである。

我々が宣伝用スローガンを実際的な目標と見なしたり、あるいは工作上の適切な手続きや方策を講じることなく具体的な課題と一般的な政治課題とを混同してしまい、それ故に日本軍内部に反戦勢力を生み出すことができると考えたり、あるいは軍内部では直ちに蜂起が起きて、我々の側に脱走兵がやって来て、彼らが我々と共に戦ってくれるだろうなどと期待しているとすれば、我々は間違っているのである。

これは単なる宣伝上の課題ではない。それは、我々の敵軍工作の現段階における戦略的重要性に関する問題なのである。我々は、自らの宣伝の内容と手法に関する研究に加えて、その戦略をいかに徹底して実行しうるか、という点を注意深く研究すべきである。また日本人兵士の階級意識を啓発し、彼らの戦闘意欲をできるだけ抑制するために我々は、まず日本人兵士の個人的な感情や関心事、そして些細な問題にも目を向け、さらに一見皮相的ではあるが実際には積極的な意味を持つ問題、例えば個人的な憎悪の問題について煽動するところから取り組み始める必要があることを声を大にして指摘しておかねばならない。こうした些細な問題を重要な問題へと発展させ、広く普及・拡大させてゆかねばならないのだ。心理的な混乱は戦闘能力の低下につながる。現在、そうした混乱は増大しつつある。

したがって、我々はその明確な理由を探求し、それに基づいて我々の対敵軍戦術を調節してゆくべきなのである。こうした研究に依拠しつつ、日本人兵士の動きを盲目的で自然発生的な反戦感情の段階から意識的な行動へと導いてゆくために、我々は要求し、計画を立て、スローガンを選択してゆくべきなのである。彼らの戦闘意欲を低下させるために我々は、彼らの故郷を想う気持ちや戦争長期化に伴って生じる悲しみを利用して心の迷いを創り出し、それを精神的混乱状態のレベルにまで引き上げてゆかねばならない。そうすることによって、彼らは自らの辛い経験を通じて高まった不満のはけ口を、我々に好都合な形で求めるよう導かれてゆくのである。このような方法によってのみ我々は、日本軍の頑強さを切り崩し、一般の下士官の間に無秩序状態を創り出してゆけるのである。そうなって初めて我々は、日本軍内部の変化に照準を合わせた煽動工作を通じて、敵軍工作の水準をより高めることができるのである。したがって、我々が現在なすべき戦略は直ちに蜂起が生じるだろうと期待し、さらには日本のファシスト軍が中国人民の友になるだろうと期待して反戦勢力を形成しようとすることではないのだ。何故ならば、日本軍内部にはいまだ根本に関わる基本的変化が見られないからである。日本語による呼びかけのための文章をさらにいくつか覚えるだけでは、我々の目標は到底達成できない。そうした行為は計画を現実の条件から乖離させてしまうだけである。

日本軍の頑強さは、自国への狂信的な愛国心から生じている。日本の帝国主義者はこうした日本人の心情を巧みに利用して、現在の戦争を遂行しているのである。また時として民族的な違いによって生じる偏見の方が階級的憎悪よりも深く激しい場合がある。日本軍の戦闘能力を崩壊させるには、このような日本人の中国民族に対する盲目的敵愾心をできるだけ小さくし、根絶してゆくことが必要である。この点において、我々の宣伝工作は重要な役割を果たしている。しかしこの宣伝工作を効果的たらしめるには、我々は心情に訴えるアプローチをとらなければならない。それによって我々は徐々に政治的理解を得られるようになるのである。ある程度の心情的理解なくしては、政治的意識が芽生えるはずもなく、歴史的偏見を打破することもできない。我々が捕虜や日本の負傷兵たちを優遇する政策をとる理由はまさしくそこにある。日本人捕虜や負傷兵は、我々が日本兵との良好な関係を築く上で格好の媒体となりうるのである。したがって、我々の捕虜工作の目的は、捕虜たちが反戦闘士や工作員になるよう期待することではなく、ひとえに彼らが偏見の打破を目指す我々のメッセージを日本人兵士に伝える担い手になってもらうことなのである。

しかし今日に至るまで我々はこの任務の重要さを認識してこなかった。それ故、対捕虜工作において捕虜を大量に釈放することも容易にはできなかった。何故ならば我々は、日本人捕虜は政治意識が低く、原隊復帰後、彼らが軍内部で反戦グループの形成に着手することなど到底不可能だと感じていたからである。それどころか我々は、彼らが原隊へ復帰した後、再び我々に戦いを挑んでくるのではないか、あるいは日本のファシストが彼らを殺害してしまうのではないかと恐れさえしていたのである。それ故に我々は、日本人捕虜に教育を施すため、彼らを長期間抑留していたのである。しかし今、実際にそうした配慮をする必要はなくなった。日本人捕虜が原隊に復帰する際、どのような態度を有しているのか、あるいは、日本軍が彼らをどのように扱うかについても関心を払う必要はなくなったのである。中国軍が捕虜を釈放することは、日本人兵士に隠しても隠しおおせない厳然たる事実であり、捕虜の釈放自体が、彼らと我々との間に心情的な掛け橋を築くことになるのである。したがって、捕虜を教育して彼らを味方に引きつけるという原則は、当面、この方針に従って進められてゆくべきである。しかし過剰な期待を抱いてはいけない。

実際の例を見ても、釈放された捕虜たちは我々に感謝し、八路軍を高く称賛していることが分かる。それは、八路軍の掲げる主義主張によってそうなったのではなく、彼らが個人的にどのような待遇を受けたかによるのである。我々が準備した初期の宣伝用ビラは捕虜が釈放されることによって、その効果はさらに強まり、その正しさが証明されるにちがいない。釈放された捕虜の数が増えるにつれて、その効果は増大し、彼らの我々に対する気持ちもより親密なものとなってゆく。このような最初からの基盤があって初めて我々は政治的理解に到達できるのである。中国人民と軍隊が日本人兵士の道徳的共感と理解を勝ち取ることができれば、両者の間の障壁は小さくなり、日本人兵士の頑強さを低減させ、我々の敵軍工作を勝利に導いてゆくことになり、ひいては日本のファシスト支配を崩壊させることにつながるのである。これらすべては、将来大きな軍事的強味となるであろう。

日本人兵士と我々との間の密接な関係を促進するため、我々は日常的な個々の活動において彼らを侮辱しないように努めなければならない。現在、敵軍工作のための客観的諸条件はかなり整っているが、この工作を導いてゆく我々の主観的手腕は弱体であるように思える。何故ならば、日本人兵士の間には自殺者が出たり、厭戦気分が蔓延しているにもかかわらず、彼らは我々の側になびいて来ないからである。

これらのことは、彼らが戦争で疲れ切ってはいるものの、戦争に反対しているわけではないことを示している。彼らはたとえ苦境に陥っても、殺されない限り武器を捨てようとはしない。彼らは戦争の早期勝利を期待している。そうなれば彼らは勝者として日本に帰国できるからである。彼らは、長期にわたる平和を享受するために、日本帝国主義の敗北を促進しようなどとは考えていない。これらのことは、彼らが依然として偏見——すなわち中国人の前で弱さを見せたくないという偽りの自尊心を持ち続けている事実を基本的に明らかにしているのである。彼らは、戦争を始めた日本の支配者を非難することはせず、自らの個人的な不運を嘆いているにすぎないのだ。一言で言えば、彼らはいまだ政治的意識に目覚めていないのである。それ故に、彼らは戦争の長期化に不満を示すだけなのである。

したがって、日本人兵士の政治意識を啓発してゆくことが我々の敵軍工作の最重要課題である。日本のファシストによる侵略戦争は、すでにこの課題を実現してゆくための客観的な土台を築き上げた。いまや我々自身の辛抱、忍耐力、自信そして工作を導く技能にすべてがかかっているのである。

注　このリポートで使われている「自殺」という用語は、当然ではあるが、将校らによるひどい仕打ちのために兵舎や駐屯地において日本人兵士がしばしば自殺することを指しているのであって、戦場での絶望的な状況下で彼らが行う玉砕のことをいっているのではない。

一九四四年九月二五日

延安リポート　第四号

日本人民解放連盟が作成したビラのサンプル

以下は、延安の日本人民解放連盟宣伝委員会が同連盟の前線支部へ電信したビラの一つを翻訳したものである。作成されたビラはラジオ無線で送信するため、ローマ字に書き換えられる。この類のビラは一般的な性格を持っており、すべての前線で役立つものである。特定地域の条件に見合った特定のビラは、すべてその地域の前線支部によって作成されている。

アメリカ軍の大空襲迫る

親愛なる在外邦人の皆さんへ　最近、強力無比を誇るアメリカ空軍が河南と湖南の前線地域を爆撃しました。とくに華北では、Talung、三原、新郷、開封などの都市が次々に爆撃を受けました。

しかし、こうした爆撃はアメリカ空軍による偵察のための爆撃にすぎず、今後北京や天津に始まりその他の重要都市で行われる大空襲の前ぶれにすぎないのです。

皆さんもよくご存じの通り、北九州は現在アメリカ軍機による容赦ない空襲に苦しめられています。我々の親、妻、子供、兄弟たちは、空前の悲劇にうめき苦しんでいます。しかし、巨額の金を貯め込んだ軍国主義者や資本家らは、難攻不落の防空壕で自分たちの身の安全を守っています。これら彼らの家族たちは安全な保養地に疎開しています。これらの軍国主義者や資本家らは、涼しい顔をして事態を静観し、人民が受けた被害の全貌を平然と発表しているのです。

これとは対照的に、我が国の人民は悲惨な状況に置かれています。避難できる安全な防空壕もなく、空襲で破壊されたものは元には戻らなくなっています。しかも空襲管制のため、工場労働者は自分の持ち場を離れることを禁止されています。そのため、空襲による被害はすべて人民のみが負うことになるのです。

親愛なる在外邦人の皆さんへ　現在、我々が住んでいる華北でも同じような状況にあります。我々も恐ろしい爆撃の危険から逃げのびなければならないのです。

一　我々は何をなすべきか？

二　政府は自らの負担で強固な防空壕を建設せよ。

三　爆撃で生じたすべての被害を政府に支払わせよう。

この戦争で金儲けをしている資本主義者らにこの費用を負担させよう！

これら三つの要求を実現させるべく、我々は断固として闘わなければならない。

同胞諸君

我々人民は、敵に我々の住居を攻撃させ、日本を戦場に陥れた軍国主義者の大失策を決然として糾弾しなければならない。我々人民は、日本と中国の軍国主義者ならびに我が国を爆撃に曝した恥知らずの軍国主義者らを粉砕しなければならないのだ。

人民の団結力によって、我々は人民の敵である軍国主義者を粉砕しなければならないのである。

日本人民解放連盟

良いビラの書き方

（これは日本人民解放連盟宣伝委員会が作成した指針で、心理戦工作や新工作員の訓練時の経験に基づいて作成されたものである）。

「思想戦における成功は、戦争を勝利に導く最後の決定的条件に依存している」。このスローガンは、我々の敵、翼賛政治会から引用したものである。思想戦において我々は敵を打ち破らねばならないことは明白である。

対敵心理戦争において我々が直ちに実行すべき任務は、敵の戦闘能力を弱めることにより軍事的勝利を速めることである。我々は、敵の兵士（および銃後の人民）の戦意をくじき、彼らの不満をかき立て、それを刺激して不和や争いを煽動し、また軍内部（および国内）で対立を引き起こすことによって、その目的を達成することができる。これは、長期戦において避けることのできない敵の犠牲者の数を少なくすることで、敵のためにもなる。ここにいくつかのルールを示しておきたい。

一　早急な結果を期待しないこと。稔り多き結果を生むには、不変で間断なく、不屈で忍耐強く、そして体系的な工作を実践してゆくことが常に必要である。

二　我々の支配下に入った兵士（戦争捕虜）や民間人から資料や情報を貪欲に収集せよ。彼らは常に我々の最良の教師である。

三　工作の対象とする敵の部隊の現状を注意深く、徹底的に調査せよ。敵の部隊に関する事柄、不満、生活状態、態度、感情、出身地などを熟知せよ。こうした知識は我々の資本である。

四　自らを敵兵の立場に置いて物事を考えよ。敵はいかなる状況下でビラを手にするのか。ビラに対する敵の心理や態度はどのようになるだろうか。また我々に対してはどうであろうか。彼らの教育水準や政治への理解度はどの程度なのか。ビラを書き始める前にこうしたことをよく考えよ。

五　敵兵にとって死活的、かつ個人的な関心事や問題

――その問題の解決方法やそれを議論することに敵が関心を抱いている事柄――について書くこと。諸君が自分の頭のなかで、敵が絶対に知っておかねばならないと考えたようなことを書いてはならない。敵の幸福や利害に関心を向けよ。それによって相手を困惑させたり、相手の関心を引くことができるであろう。

六　長期的、教育的な宣伝と、即時の行動を生み出すための宣伝やスローガンを絶対に混同させてはならない。両者を結合させたり、混在させてはならない。煽動と教育はまったく別物であると考えよ。両者は共に有用なものだが、混同するとまったく役に立たなくなる。

七　具体的で立証可能な周知の事実は我々の最良の武器である。真実より強いものは存在しない。ひとつの小さな嘘が一〇〇枚の優れたビラの効果を台無しにしてしまう。

八　常に敵の宣伝、特に兵士と人民に対する敵の宣伝を研究し、分析せよ。敵を知らずして、敵を打倒することは不可能である。

九　敵の嘘に対して我々も嘘で答えてはならない。常に真実をもって答えよ。敵の宣伝や声明からの引用によって敵の嘘を暴露せよ。我々の論議の正しさを証明するために敵の資料を利用せよ。

一〇　ただ単に問題を提起し、敵の窮状を指摘するだけであってはならない。敵に対し、窮状から逃れる方法や問題解決の道を提示せよ。現在の戦争が彼らにとって、ただ単に不当で不正、かつ有害であることを確信させようとするだけでは十分ではない。彼らに問題の解決方法と行動指針を提示すべきである。目前に迫った日本の敗北は、彼らにとって、また日本の民衆にとって敗北を意味するものではないという点を示さずに彼らを説得しようとしてはならない。

一一　敵の理性のみに訴えてはいけない。彼らの心理や感情にも訴えよ。

一二　連合国側の声明文やニュースをそのまま転載してはいけない。それに解説や説明を付け加えること。兵士は反射的に連合国側のニュースを拒否しがちである。また彼らは、おそらくそれを理解する基礎的知識を持ち合わせていない。例えばリヴォフ(Lwow)*という場所はどこにあるのか。ドゴールとはどういう人物なのか。「カイロ会談の決定」**とはどのような内容をもつものか。

*　ウクライナ共和国西部の都市。Lvovとも書く。

＊＊　一九四三年一一月末、ルーズベルト、チャーチル、蔣介石の三首脳がエジプトのカイロで会談し、宣言を発した。宣言では、日本は、一九一四年の第一次大戦開始後占領した太平洋上の諸島を放棄すること、満州、台湾を中国に返還すること、朝鮮を独立自由の状態に置くこと、を謳い、無条件降服後の日本の取扱いについて基本路線を打ち出した。のちのポツダム宣言の基礎となった。

一三　量よりも質が重要である。一枚の優れたビラは一〇枚の月並みなビラよりも優れている。

一四　一人でビラを書こうとしてはいけない。常に協力して作成せよ。あらゆる人びとの意見と経験を活用せよ。

一五　一枚のビラには一つのテーマを記載せよ。いくつものテーマを盛り込んだ「包括的ビラ」を書いてはいけない。

一六　一般的で理解しやすい表現や言葉を使用せよ。率直に書くこと。婉曲な表現や巧妙で遠まわしの隠喩は避けよ。主張すべき事を主張せよ。平均的な兵士の教養レベルは、小学生程度であることを忘れてはならない。政治的問題について兵士らは、ほとんど何も知らない。

一七　最良のビラは文字数五〇〇字を超えてはならない。七〇〇字は許容範囲内であるが、一〇〇〇字あるいはそれ以上のビラは平均的な兵士には使い物にならない。漢字の使用は最小限に留めよ。

一八　ビラの署名は内容に見合ったものにせよ。署名がビラの効果を台無しにするような反感を呼び起こし、それをかき立てることのないようにせよ。通常、日本人の個人名や日本人組織名を記載するのがベストである。

一九　八路軍の捕虜となった新来の兵士たちから、必ず自分が作成したビラの良し悪しについて学習すること。彼らの意見を受け入れ、彼らに反論しないこと。彼らこそ、我々が作成したビラの読者なのである。

二〇　すべてのビラならびにその他の宣伝の効果を注意深く研究せよ。これが工作の内容を向上させる唯一の手段である。

二一　日本人捕虜のなかから幹部(熟練した心理戦工作員)を大胆に補塡し、彼らを体系的かつ恒常的に訓練せよ。工作員の質がすべてを決定づける。

一九四四年九月二五日

延安リポート　第六号

日本で禁止された流行歌

近年、日本では多くの流行歌や唱歌が禁止処分を受けている。そのいくつかは曲風がアメリカ的であること、あるいは外国風であることを理由に禁止された。さらに重要なのは、それ以外にも兵士や国民の士気低下につながるという理由で禁止されたものが存在することである。また兵士や兵士の生活をからかったもの、あるいは単に哀愁的すぎるという理由で禁止処分となったものもある。

延安滞在中、私は岡野と日本労農学校の学生にその種の歌――特に禁止処分となる前に大流行していたことが分かっている歌――の一覧表を作成するよう依頼した。以下は、そうした歌の一覧表であるが、それぞれの歌に関する簡単な解説を付記しておく。

この種の歌は、我々のラジオ番組をつうじて日本人や日本人兵士向けに大々的に放送すべきである。ワシントンとサンフランシスコの関係者は直ちにこれらの歌のレコードを探し出してアルバムを作成し、対日心理戦争を遂行するすべての部門に早急に送付するよう私は提案する。日本語で書かれた歌の題名の写しをこのリポートに添付する。

I　日本軍を嘲笑した歌

一　兵隊さん

柳家金語楼の音楽漫才(兵隊落語)

解説　この落語は新兵が兵卒の上官や小隊長に虐待される話である。また軍隊生活の実状を描き出している。それ故、一九三七年七月の日中戦争開戦時に、兵士の戦意高揚の妨げになるとしてこの落語は禁止された。

士気低下につながる内容例：

下士官に近寄ると女の匂いがする。賢そうに見える兵卒の上官には金がない。

ハンサムな新兵は休む暇もない。休憩時間にはハンサムな新兵は靴磨きをさせられる。小隊長の目が光っている間は休む間もなく働き続ける。心の中で泣きながら……。陸軍に志願する馬鹿がいるけれど、誰もがそれを蔑んでいる。

また次のような例も扱われている。

ある新兵が基地で司令官に出会ったが……

司令官　お前の名前と階級は何だ?

新兵　私は一等水兵であります。

司令官　ここは陸軍だぞ。

新兵　私の父は一等兵であります。

司令官　お前の親父のことを聞いているのではない。お前の名前を聞いておるのだ。

新兵　私は救世軍の一等兵であります。

Ⅱ　日本の社会体制に悪態をつく歌

一　産めよ増やせよ

柳家権太楼による音楽漫才

解説　時は一九四一年。ある貧困家庭は子供を沢山もうけたが、裕福な夫婦には子供が一人もできなかった。

裕福な家庭の夫　あそこの借家住まいの奴らでも、毎年、子供を作っているじゃないか。我々の生活は豊かだし、何の心配もないのに子供ができない。お前は出来損ないの女房だ。

二　借家人と大家

これは借家人と大家との間で取り交わされた会話に過ぎないが、借家人は永遠に大家の奴隷であることを物語っている。

大家　おい、そこにいる奴。お前はクマじゃないのか?　知らないふりして通り過ぎようたってそうはいかないぞ。こっちに来なさい。

借家人　別に知らないふりをしているわけじゃありませんよ。ここを通るたびにおっかなびっくりなんですよ。

大家　何だって?　まあ、いいから、こっちにきな。

借家人のクマは家の中に入る。

大家　世の中には何も知らないくせに知ったかぶりをしている奴らがいるだろう。おい、クマ、お前はどうなんだ?

借家人　大家さん、私は何も分かっちゃおりません。どうぞ教えて下さい。

大家は、お世辞を言われて上機嫌になる。

大家　それじゃ、私が知っていることをお前にすべて教えてやろうじゃないか。世の中には、まったく字の読めない奴らがいるだろう。それはちょうど何年も家賃を払っていないお前のような人間なのだ。そういった連中は、どいつもこいつも読み書きなど出来はしないんだ。

Ⅲ　禁じられた流行歌*

＊　以下、原文には歌詞は記されていないが、説明の後に小活字で入れた。

一　戦　友　一九三八年に禁止される。

この歌の内容は人間の悲しみと哀愁を描いたものである。

禁止の理由　1　聞く者に郷愁を誘い、孤独感を与える。

2　満州事変の事実関係を隠匿するため。

一　ここは御国を何百里　離れて遠き満州の
赤い夕日に照らされて　友は野末の石の下

二　思えば悲し昨日まで　真っ先駆けて突進し
敵を散々懲らしたる　勇士はここに眠れるか

三　ああ戦いの最中に　隣に居ったこの友の
俄かにはたと倒れしを　我は思わず駆け寄って

四　軍律厳しき中なれど　これが見捨てて置かりょうか
しっかりせよと抱き起こし　仮包帯も弾の中

五　折から起こる突貫に　友はようよう顔上げて
「お国の為だかまわずに　遅れてくれるな」と目に涙

六　後に心は残れども　残しちゃならぬこの身体
「それじゃ行くよ」と別れたが　永の別れとなったのか

七　戦いすんで日が暮れて　探しに戻る心では
どうぞ生きてて居てくれよ　ものなといえど願うたに

八　虚しく冷えて魂は　故郷に帰ったポケットに
時計ばかりがコチコチと　動いているも情けなや

九　思えば去年船出して　御国が見えずなった時
玄海灘で手を握り　名を名乗ったが始めにて

一〇　それから後は一本の　タバコも二人で分けてのみ
着いた手紙も見せ合うて　身の上話繰り返し

一一　肩を抱いては口癖に　どうせ命は無いものよ
死んだら骨を頼むぞと　言い交わしたる二人仲

一二　思いもよらず我一人　不思議に命永らえて
赤い夕日の満州に　友の塚穴掘ろうとは

一三　隈なく晴れた月今宵　心しみじみ筆とって
友の最後をこまごまと　親御へ送るこの手紙

一四　筆の運びは拙いが　行燈の陰で親達の
読まるる心思いやり　思わず落とす一滴

二　開かぬパラシュート　一九四一年に禁止される。

低高度から野中型パラシュートの実験を行うため、民間のハンサムな一八歳の若者がパラシュートを背負って降下した。パラシュートは開かず、この若者は死亡した。この歌はその若者の不運な死をもとに作られたものである。

この歌の歌詞　ハンサムな一八歳の若者は兄に向かって言った。翼を閉じたままの鳩、すなわち、開かなかったパラシュートはないかと。

十八歳の美少年　ニッコリ笑った　魂は
どこに浮かぶか　あの雲か　開かなかった　パラシュート
希望の笛の　高鳴りも　今は血染めの　飛行服
鳩はつばさを　閉じたまま　開かなかった　パラシュート
あわれやさしい　兄だった　弟の目に　いまもあり
ああ兄さんと　呼ばれれど　開かなかった　パラシュート
あれも血染めか　茜富士　洲崎の海は　暮れてきた
あああの星は　君の目か　開かなかった　パラシュート
いつかまた見ん　雲の中　ぱっと開いた　銀の花
その花に乗る　美少年　開かなかった　パラシュート
開かなかった　パラシュート

三　琵琶湖哀歌　一九四〇年に禁止される。

歌の内容　金沢第四高等学校の二人の学生の遭遇した悲劇的な死について取り上げている。

一　遠くかすむは　彦根城　波に暮れゆく　竹生島
三井の晩鐘　音絶えて　なにすすり泣く　浜千鳥
二　瀬田の唐橋　漕ぎぬけて　夕陽の湖に　出で行きし
雄々しき姿よ　今いずこ　ああ青春の　唄のこえ
三　比良の白雪　溶けるとも　風まだ寒き　志賀の浦
オールそろえて　さらばぞと　しぶきに消えし　若人よ
四　君は湖の子　かねてより　覚悟は胸の　波まくら
小松ケ原の　紅椿　御霊を守れ　湖の上

四　湖底の故郷　一九三五年に禁止される。

東京都のある村人たちは家と土地を犠牲にして、政府がその地域を湖に転用出来るようにした。避難した村人たちは生活する手立てがなく、満州へと移住した。

一　夕陽は赤し　身は悲し　涙は熱く　頬濡らす
さらば湖底の　わが村よ　幼き夢の　ゆりかごよ
二　当てなき道を　辿りゆく　流離の旅は　涙さえ
枯れてはかなき　おもい出よ　あゝうらぶれの身はいずこ
三　別れは辛し　胸傷し　何処に求む　ふるさとよ
今ぞ当てなき　漂泊の旅路へ上る　今日の空

五　宛てなき手紙　一九四二年に禁止される。

内容　兵士が塹壕で宛名のない手紙を拾う。この手紙は中学生からである。兵士は一児の父である。

誰が落して　いったやら
塹壕で拾った　この手紙
封も切らなきゃ　宛名も書かぬ
泥にまみれた　角封筒
中を開けば　はらはらと
いとしや　押花　舞いかかる
かなの文字は　子を持つ親か
太い鉛筆　走り書
坊や達者か　父さんも
いよいよ明日は　決死隊
花と散る身の　心を秘めて
綴る言葉が　胸を打つ
俺も故郷じゃ　人の親
思いは同じ　かけ巡る
誰が落した　宛なき手紙
今は何処で　銃を執る

六　皇国の母　一九四三年に禁止される。

内容　その日は雨が降っていたのを思い出す。子供は私(母)の肩を枕にして安らかに眠っている。涙が子供の頬に光っている。

禁止理由　歌の中で涙に言及するのは好ましくない。

一　歓呼の声や旗の波　「あとはたのむ」の　あの声よ
これが最後の　戦地のたより　今日も遠くで　ラッパの音
二　想えばあの日は　雨だった　坊やは背で　すやすやと
旗を枕に　眠っていたが　頬に涙が光ってた
三　ご無事のおかえり　待ちますと　言えばあなたは　雄々しくも
こんど逢う日は　来年四月　靖国神社の　花の下
四　東洋平和の　ためならば　なんで泣きましょう　国のため
散ったあなたの　かたみの坊や　きっと立派にそだてます

七　露営の歌　一九四〇年に禁止される。

内容　(歌詞—勝ってくるぞと勇ましく……)

この歌は軍歌集から削除され、陸軍内では禁止された。

一　勝ってくるぞと勇ましく　誓って故郷を出たからは
手柄立てずに死なりょうか　進軍ラッパ聞くたびに
瞼に浮かぶ旗の波
二　土も草木も火と燃える　果てなき曠野踏み分けて
進む日の丸鉄兜　馬のたてがみなでながら
明日の命を誰か知る
三　弾丸もタンクも銃剣も　しばし露営の草枕

夢に出てきた父上に　死んで還れと励まされ
覚めて睨むは敵の空

四　思えば昨日の戦いに　朱に染まってにっこりと
笑って死んだ戦友が　天皇陛下万歳と
残した声が忘らりょか

五　戦争する身はかねてから　捨てる覚悟でいるものを
鳴いてくれるな草の虫　東洋平和のためならば
なんの命が惜しかろう

八　ほんとにほんとに御苦労ね　一九四〇年に禁止される。

内容　(歌詞―お国の為とはいいながら、ほんとにほんとにご苦労ね)

禁止理由　内容が好ましくない。

一　楊柳芽をふくクリークで　泥にまみれた軍服を
洗う姿の夢を見た　お国の為とは言いながら
ほんとにほんとに御苦労ね

二　来る日来る日を乾パンで　守る前線弾丸の中
ニュース映画を見るにつけ　熱い涙が先に立つ
ほんとにほんとに御苦労ね

三　今日もまた降る雨の中　どこが道やら畑やら
見分けもつかぬ泥濘で　愛馬いたわるあの姿
ほんとにほんとに御苦労ね

四　妻よ戦地の事などは　なにも心配するじゃない
老いたる両親頼むぞと　書いた勇士のあの音信
ほんとにほんとに御苦労ね

九　父よあなたは強かった　一九四一年に禁止される。

内容　戦場での苦難が強調されている。歌の主人公は一〇日間、何も食べておらず、厳しい寒さで骨まで凍えそうだと言っている。

一　父よあなたは強かった　兜も焦がす炎熱を
敵の屍とともに寝て　泥水すすり草を噛み
荒れた山河を幾千里　よくこそ撃って下さった

二　夫よあなたは強かった　骨まで凍る酷寒を
背をも届かぬクリークに　三日も浸かっていたとやら
一〇日も食べずにいたとやら　よくこそ勝って下さった

三　兄よ弟よありがとう　弾丸も機雷も濁流も
夜を日に進む軍艦旗　名も荒鷲の羽ばたきに
残る敵機の影もなし　よくこそ遂げて下さった

四　友よわが子よありがとう　誉の傷の物語
何度聞いても目がうるむ　あの日の戦に散った子も
今日は九段の桜花　よくこそ咲いて下さった

五　ああ御身らの功こそ　一億民のまごころを
ひとつに結ぶ大和魂　いま大陸の青空に
日の丸高く映えるとき　泣いて拝む鉄兜

一〇　島の娘　一九三八年に禁止される。歌は禁止されたが、部分的に変更された。

一　ハアー　島で育てば　娘十六恋ごころ
人目忍んで　主と一夜の　仇なさけ
二　ハアー　沖は荒海　吹いたやませが別れ風
主は船乗り　今じゃ帰らぬ　波の底
三　ハアー　島の灯りも　消えて荒磯のあの千鳥
泣いてくれるな　私ゃ悲しい　捨て小舟
四　ハアー　主は寒かろ　夜ごと夜ごとの波まくら
雪はちらちら　鳴いて夜明かす　浜千鳥

一一　忘れちゃいやよ　一九四一年に禁止される。(注)一九三六年当時、検閲当局は官能的唱歌としてこの楽曲を発売禁止とした。そのため「月が鏡であったなら」と改題したらしい。

内容　歌詞─月が鏡だったら、恋しいあなたの面影を毎夜うつして見るのに…

一　月が鏡であったなら　恋しあなたの面影を　夜毎うつしてみようもの
こんな気持でいる私　ねえ　忘れちゃいやよ　忘れないでね
二　昼はまぼろし夜は夢　あなたばかりにこの胸の　熱い血潮が騒ぐのよ
こんな気持でいる私　ねえ　忘れちゃいやよ　忘れないでね
三　風に情けがあったなら　遠いあなたのその胸に　燃える想いを送ろうもの
こんな気持ちでいる私　ねえ　忘れちゃいやよ　忘れないでね
四　淡い夢なら消えましょに　こがれこがれた恋の火が　なんで消えましょ消されましょ
こんな気持でいる私は　ねえ　忘れちゃいやよ　忘れないでね

一二　蛍の光　一九四三年に禁止される。

禁止理由　蛍の光、窓の雪。この歌は、メロディーがアメリカの歌の盗用であるため禁止された。

一　蛍の光　窓の雪　書読む月日重ねつつ
いつしか年もすぎの戸を　開けてぞ今朝は別れゆく
二　止まるも行くも限りとて　形見に思う千万の
心の端を一言に　さきくとばかり歌うなり
三　筑紫の極み　陸の奥　海山遠く隔つとも
その真心は隔てなく　ひとつに尽くせ国のため
四　千島の奥も沖縄も　八島のうちの守りなり
到らん国に勲しく　努めよ我が背つつがなく

一三　仰げば尊し我が師の恩　一九四四年四月に禁止される。

一　仰げば尊し我が師の恩　教えの庭にも　はや幾年
思えばいと疾し　この年月　今こそ別れめ　いざさらば
二　互いに睦みし　日頃の恩　別るる後にも　やよ忘るな
身を立て名をあげ　やよ励めよ　今こそ別れめ　いざさらば
三　朝夕なれにし学びの窓　蛍のともしび　つむ白雪
忘るるまぞなき　ゆく年月　今こそ別れめ　いざさらば

一四　祇園小唄　一九四二年に禁止される。

内容　東山の上の朧月、夜霧の手提灯、そして祇園が恋しくなる。

一　月はおぼろに東山　霞む夜毎のかがり火に
夢もいざよう紅桜　しのぶ思いを振袖に
祇園恋しや　だらりの帯よ
二　夏は河原の夕涼み　白い襟あしぼんぼりに
かくす涙の口紅も　燃えて身をやく大文字
祇園恋しや　だらりの帯よ
三　鴨の河原の水やせて　咽ぶ瀬音に鐘の声
枯れた柳に秋風が　泣くよ今宵も夜もすがら
祇園恋しや　だらりの帯よ
四　雪はしとしとまる窓に　つもる逢うせの差向い
灯影つめたく小夜ふけて　もやい枕に川千鳥
祇園恋しや　だらりの帯よ

一五　たれか故郷を思わざる　一九四〇年に禁止される。

内容　花摘む野辺に日は落ちて、みんなで肩を組みながら歌を歌った　帰り道　幼馴染のあの山この川、ああ　誰か故郷を思わざる

一　花摘む野辺に　日は落ちて　みんなで肩を　くみながら
唄をうたった　帰りみち　幼馴染みの　あの友この友
ああ　誰か故郷を　思わざる
二　一人の姉が　嫁ぐ夜に　小川の岸で　さみしさに
泣いた涙の　懐かしさ　幼馴染みの　あの山この川
ああ　誰か故郷を　思わざる
三　都に雨の　降る夜は　涙に胸も　湿りがち
とおく呼ぶのは　誰の声　幼馴染みの　あの夢この夢
ああ　誰か故郷を思わざる

一六　初年兵の歌*

一　ひと日ふた日は晴れたれど
三日四日五日は雨に風
道の悪しきに乗る駒も
踏みわずらいぬ野路山路
二　雲こそ降らぬ冴えかねる
嵐やいかに寒からん
氷こそはれこの明日
霜こそおけれこの夕べ

三　ドイツの国もゆき過ぎて
ロシアの境に入りにしが
寒さはいよよ勝りつつ
降らぬ日もなし雪あられ

四　寂しき里にいでたれば
ここはいずこと尋ねしに
聞くも哀れやその昔
亡ぼされたるポーランド

五　かしこに見ゆる城のあと
ここに残れる石の垣
照らす夕日は色さむく
飛ぶもさびしや鶻鵃（しゃこ）の影

六　栄枯衰勢世のならい
その理は知れれども
かくまで荒るるものとしも
たれかは知らむ夢にだに

七　存亡興廃世のならい
その理を疑わむ
人は一度来ても見よ
哀れはかなきこの所

八　咲きて栄えし古の
色よ匂いよいまいずこ
花の都のその春も
まこと一時の夢にして

＊この歌の元の題は「ポーランド懐古」であるが、歌の内容が初年兵にぴったりの内容であるところから、このように呼ばれた。作詞者は落合直文。

一七　もしも月給が上がったら

一　(男)　もしも月給が上がったら
(女)　わたしはパラソル買いたいわ
(男)　僕は帽子と洋服だ
(女)　上がるといいわね　(男)　上がるとも
(女)　いつ頃上がるのいつ頃よ
(男)　そいつが分かれば苦労はない

二　(男)　もしも月給が上がったら
(女)　故郷から母さん呼びたいわ
(男)　おやじも呼んでやりたいね
(女)　上がるといいわね　(男)　上がるとも
(女)　いつ頃上がるのいつ頃よ
(男)　そいつが分かれば苦労はない

三　(男)　もしも月給が上がったら
(女)　ポータブルなども買いましょう
(男)　二人でタンゴも踊れるね
(女)　上がるといいわね　(男)　上がるとも
(女)　いつ頃上がるのいつ頃よ
(男)　そいつが分かれば苦労はない

四　(男女)　もしも月給が上がったら
(女)　お風呂場なんかもたてたいわ
(男)　そしたら流してくれるかい
(女)　上がるといいわね　(男)　上がるとも
(女)　いつ頃上がるのいつ頃よ
(男)　そいつが分かれば苦労はない

一八　二人は若い

内容　「あなた」と呼べば「あなた」と答える。山のこだまの嬉しさよ。あなた、なんだい？(この後は歌詞なし)

一　「あなた」と呼べば　「あなた」と答える

山のこだまの　嬉しさよ　「あなた」「なあんだい」
空は青空　二人は若い

二　「ちょいと」と呼べば　「ちょいと」と答える
山のこだまの　いとしさよ　「ちょいと」「なあによ」
風はそよ風　二人は若い

三　「あのね」と呼べば　「あのね」と答える
山のこだまの　やさしさよ　「あのね」「なにさ」
あとは言えない　二人は若い

一九　バットが一銭　一九四一年に禁止される。

一　(男)　並んでコーヒーはかけてても
(女)　お客はお客　恋は恋
(男女)　ものにはけじめがあるものよ
(女)　ねえ　(男)バットが一銭あがったのさ

二　(女)　きのうはきのう　今日は今日
(男)　花も咲いたり　しぼんだり
(男女)　月も照ったり　曇ったり
(女)　ねえ　バットが一銭あがったのよ

三　(男女)　赤いネオンの花影で　青い故郷の空を見た
泣いていたのは　ありゃ昔
(女)　ねえ　(男)バットが一銭あがったのさ

四　(男女)　ひょんと木が鳴りゃ　幕になる
君と僕とのお芝居さ
ものにはけじめがあるものよ
(女)　ねえ　バットが一銭あがったのよ

二〇　泣かせてね　一九四一年に禁止される。

一　泣かせておいてよ　泣かせてね
泣いて涙が　かれるまで
儚い恋と　あきらめて
ねえ　あきらめて

二　泣かせておいてよ　泣かせてね
遠い昔が　返るまで
つれない恋と　忘れてね
ねえ　忘れてよ

三　泣かせておいてよ　泣かせてね
泣いてこの身が　とけるなら
侘びしい昔の　思い出に
ねえ　思い出に

二一　満州娘　一九三九年に禁止される。

一　私十六　満州娘
春よ三月　雪どけに
迎春花が　咲いたなら
お嫁に行きます　隣村
王さん待ってて頂戴ネ

二　ドラや太鼓に　送られ乍ら
花の馬車に　揺られてく
恥しいやら　嬉しやら
お嫁に行く日の　夢ばかり
王さん待ってて　頂戴ネ

三　雪よ氷よ　冷たい風は
北のロシアで　吹けばよい
晴着も母と　縫うて待つ
満州の春よ　飛んで来い
王さん待ってて　頂戴ネ

二二　そんなの嫌い　一九四一年に禁止される。

一　空は晴れても　心には
朝から悲しい　雨が降る
なんでそんなに　じらせるの
あんまり　そわそわさせるの
そんなのは　もう嫌い

二　行きつもどりつ　並木路
みんな楽しい　二人連
なんでそんなに　じらせるの
あんまり　そわそわさせるの
そんなのは　もう嫌い

三　心のそこが　くすぐったい
嬉しいことでも　あるかしら
なんでそんなに　じらせるの
あんまり　そわそわさせるの
そんなのは　もう嫌い

四　泣かずにいたのに　ごほうびの
やさしい言葉も　なにもない
なんでそんなに　じらせるの
あんまり　そわそわさせるの
そんなのは　もう嫌い

二三　籠の鳥

一　逢いたさ見たさに　怖さを忘れ　暗い夜道を　ただ一人
二　逢いに来たのに　なぜ出て逢わぬ　僕の呼ぶ声　忘れたか
三　貴郎の呼ぶ声　忘れはせぬが　出るに出られぬ　籠の鳥
四　籠の鳥でも　智恵ある鳥は　人目忍んで　逢いに来る
五　人目忍べば　世間の人は　怪しい女と　指さされ
六　怪しい女と　指さされても　誠心こめた　仲じゃもの
七　指をさされちゃ　困るよ私　だから私は　籠の鳥
八　世間の人よ　笑わば笑え　共に恋した　仲じゃもの
九　共に恋した　二人が仲も　今は逢うさえ　ままならぬ
一〇　逢って話して　別れるときは　いつか涙が　おちてくる
一一　おちる涙は　真か嘘か　女ごころは　わからない
一二　嘘に涙は　出されぬものを　ほんに悲しい　籠の鳥

二四　男召されて　一九四一年に禁止される。

内容　兵士が家からの手紙をポケットにしまう。そして銃を手にしたまま白昼夢にふける。父と母の逞しい顔を見て、夢の中の交流を楽しむ。

故郷のたよりをふところに　銃を抱寝の仮の宿
父さん母さん無事な顔　夢に見るのも嬉しいね

明日も残敵匪賊狩り　小癪な奴だよ便衣隊
大した手柄もまだたてず　肩身のせまい思いする

男召されて来たからは　恥は晒さぬ骨晒す
安居楽土の建設に　北支で一肌ぬいでいる

武運あるのかこの身には　擦り傷さえ一つない
生命ささげた日の丸の　旗と生死をともにする

二五　旅笠道中　一九三四年または三五年に禁止される。

内容　夜は寒く心も冷える。自分たちの旅はまるであの渡り鳥のようだ。

一　夜が冷たい　心が寒い　渡り鳥かよ　俺等の旅は
風のまにまに　吹きさらし

二　風が変れば　俺等も変る　仁義双六　丁半かけて
渡るやくざの　たよりなさ

三　亭主もつなら　堅気をおもち　とかくやくざは　苦労の種よ
恋も人情も　旅の空

二六　枯れススキ　一九二八年に禁止される。

この歌が禁止されたのは、国民が世の行く末に悲観的になり、厭世的になりがちだからである。

一　己は河原の　枯れ芒　同じお前も　かれ芒
どうせ二人は　この世では　花の咲かない　枯れ芒

二　死ぬも生きるも　ねえお前　水の流れに　何変ろ
己もお前も　利根川の船の船頭で　暮らそうよ

三　枯れた真菰に　照らしてる　潮来出島の　お月さん
わたしゃこれから　利根川の　船の船頭で　暮らすのよ

四　なぜに冷たい　吹く風が　枯れた芒の　二人ゆえ
熱い涙の　出た時は　汲んでお呉れよ　お月さん
俺は河原の枯れススキ　同じお前も枯れススキ

二七　暁に祈る　一九三二年に禁止される。

禁止理由　外地へ出兵して行く兵士は、残していく家族が心配である。この歌のメロディーが家族を思い出させるため禁止された。

一　ああ　あの顔で　あの声で　手柄たのむと　妻や子が
ちぎれるほどに　ふった旗　遠い雲間に　また浮かぶ

二　ああ　堂々の　輸送船　さらば祖国よ　栄えあれ
はるかに拝む　宮城の　空に誓った　この決意

四　耳の飾りは　やさしく揺れて
明日は仮寝の　夢に見た
昔恋しい　ニャンニャン祭り
胡弓ならして　胡弓ならして
一踊り

二八　胡弓の哀歌

この歌は、満州の人々の侘びしく、悲しい人生を物語るものなので、禁止された。

一　姉は東に　妹は西に
父は何処の　草の露
さめて私は　日の丸たずね
胡弓ならして　胡弓ならして
一人旅

二　曠野果てなく　夕陽の赤さ
浮かぶ瞼の　日の御旗
すがる心に　溢れる涙
胡弓ならして　胡弓ならして
旅を行く

三　知らぬ他国の　さよ街はずれ
揺れる灯影が　目にしみて
さすが旅路の　憂がつのり
胡弓ならして　胡弓ならして
一唄い

二九　天国に結ぶ恋

この歌は三原山での心中が異常なほど相次いであったために禁止された。当時は不景気であった。

せかれて募る恋ごころ　この世で添えぬせつなさを
思いつめては一すじに　あの世で結ぶ死出の旅

今宵名残の三日月も　消えて淋しき相模湾
涙にうるむ漁火に　この世の恋の儚さよ
あなたを他所に嫁がせて　なんで生きよう生きられよう
僕も行きます母様の　お傍へあなたの手を取って

延安リポート　第七号

日本における心理戦争の標的に関する概略的分析

以下の概略的分析は岡野進によって準備されたものである。この概略分析は、政府の戦時計画によって日本の各階層や集団に課せられた異常なまでの困難に関する研究を基礎にしている。その情報は、最新の日本の新聞、雑誌、書籍、同盟ニュース(日本語版)、華北の八路軍に捕らえられた日本人捕虜(その中の一部の者は一九四三年の後半あるいは一九四四年初頭に日本を離れた)への入念な質問、ならびに一九四三年春に東京を離れた日本共産党員*から得たものである。

＊　沢田淳、本名岡田文吉を指す。本リポート第四五号付録参照。

この概略的分析は、包括的というよりも示唆的であることを意図して作成された。今後、我々は日本の国内情勢に関する追加的情報を入手するだろうが、この概略的分析はこうした情報を活用するための便利な分類方法を提供してくれるはずである。アピールやビラで使用する確実な情報を岡野が利用しやすくするために、そのコピーを一部彼の手元に置いておく。

Ⅰ　労働者

一　勤労動員　日本では労働は徴用として行われている。現在、学生や女性までもが国家権力によって強制的に動員され、一定の業務に従事させられている。これから招集される者が政府から「赤紙」を受け取り入隊するように、市民も「白紙」を受け取り、特定の工場や製造所で労働に服するのである。このことに対して国民の間にはかなりの不満が存在している。不満の主な理由は、すでに仕事を持っている者が失職したり、年功による特権を失うこと、家族を残したまま、しばしば他の都市へ移動させられること、現在の仕事よりも技術を必要としない仕事を命じられたり、反対に高度な技術を必要とする仕事を命じられ、そのための見習い期間が必要となること、さらに見習い期間中は大抵の場合、賃金が減らされること、そして新任地の軍需工場は住宅事情が悪く、都市は人で溢れ、娯楽的施設などまったくないこと等である。

彼らをある職から次の職へと移動させる場合、賃金が減額されないように政府が保証すること、少なくとも生活環境を現状より悪くさせないこと、残してゆく家族への適切な生活費の保証(二重生活は経費がかかる)をすること等の要求を労働者が行うよう促し、こうした不平を刺激してゆくべきである。

二　労働環境　公衆衛生、安全性その他の労働条件を規定している日本の工場法は、一時的に停止された状態にある。工場の多く、とくに炭鉱における工場の状況は劣悪である。事故の割合も増加している。女性も炭鉱で働かされ、それは夜間にも及んでいる。

労働者を刺激して工場法の厳密な実施を復活させる要求運動を起こして行くように提案したい。また、すべての工場や製造所における労働条件や労働時間の全般的な改善を要求するよう彼らを促してゆくべきである。

三　賃　金　新しい賃金統制令は、すべての職業分野における賃金の上昇を阻害している。現実には生活費が上昇しているにもかかわらず、この法律は強制的に実施された。さらに強制貯金は「戦時の強制献金」と同様に、すべての人々に強要されている。

賃金統制を撤廃し、生活費に見合った賃金を得られるようにするという理にかなった要求を行うよう促してゆくべきである。また強制貯金と強制献金に対する不満を増大させるよう努力してゆくべきである。

四　組織の自由　労働組合はすべて解散させられた。今ではすべての労働者が「産業報国会」への加入を強要されている。日本では警察の事前許可なしに三人以上の集会を開くことは禁止されている。

戦前の労働者の組合加入率は七パーセントに過ぎなかったので、組合運動の普及は期待しない方がよい。しかし産業報国会に対して労働者はかなり怒りを感じており、今後この怒りは助長され、増大してゆくであろう(当組織に関しては別の箇所の記述を参照せよ)。

五　全般的動向　上記のすべてならびに労働者向けの全てのアピールやビラに関連することだが、常に労働者の労働条件と管理職の労働条件を比較し、また戦争で三菱や住友などの大企業にもたらされた莫大な利益と(労働者の利益を)比較すること。そしてアピールやビラに「彼らは諸君の苦しみから莫大な利益を得ているのだ」と掲載すべきである。

Ⅱ 小作農

一 農産物の強制取引 現在、小作農は自家で消費する最低限の分を除くすべての農産物を厳格な統制の下に置かれており、またきわめて低い価格で半官の協同組合に強制的に売らされている。売買価格が低いだけでなく、小作農家は農産物を自分で協同組合まで運んで行くことを余儀なくされている。しかも大抵の場合、彼らは相当長い距離を運んで行かねばならない。その結果、小作農はかつてない程の生産量を上げているにもかかわらず、自家消費量は減り、今までよりも現金収入が減っていることに彼らは気づいている。

彼らの苦しみに同情の意を示すこと。そしてその苦しみは無用の苦しみであり、食糧は武器弾薬と同じ様に重要であるのに軍需産業だけが莫大な利益を得ていることを指摘せよ。農産物価格は、小作農が購入しなければならない工業製品価格と歩調を揃えるべきであると提案せよ。政府は農家で農産物を収集し、それを運搬して行くべきであること等々を提案すべきである。

二 作物統制 政府は各農家が栽培する作物を指定している。農家は指定作物の栽培方法をほとんど知らないか、自分の土地に適さない作物の栽培を命じられている。小作農たちはこのことに憤慨している。

「各農家は、効率的生産と作物増産のために、自分に一番合った作物を栽培させよ」と煽動してゆくべきである。

三 肥料 作物を増産せよという新たな政府の要求が出されたにもかかわらず、農家はかつてない程少量の肥料しか入手できない。肥料の価格は今までと同じ位であるが、農産物の強制販売価格を考えるとまだ高価である。

より低い価格でより多くの肥料の購入を可能にせよとの要求を促してゆくべきである。

四 馬の徴用 政府は見つけられる限りの良馬を全て軍事用に没収している。一応補償はなされるが、農民の生産は益々困難となり、協同組合への農産物の運搬が一番の重荷になっている。

「馬がいないのにどうやって国が要求するものを生産できるのか？」

五　道具と衣類の不足　現在、小作農は鉄製の農機具や使い慣れている地下足袋を買うことができない。唯一購入できる衣服は、一度水浸しになると二度と着られなくなるスフである。米の作付けをするには、長時間にわたり膝まで泥と水の中に立っていなければならず、彼らは本当に苦境に喘いでいる。またヒルや吸虫類に裸足の足が簡単に攻撃され、健康を害している。

良質の綿の着物、丈夫な地下足袋、鉄製の農機具の供給を要求するよう促してゆくべきである。

六　小 作 料　小作料は以前とほぼ同じ位である。しかし購入しなければならない物品の価格が高く、農作物の強制取引と作物統制によって生じた非能率性は相乗し合って小作農の収入をかなり減少させている。

小作料引き下げの要求を行うよう促してゆくべきである。上記の理由により、政府に小作料の全面的引き下げ規定を発表させるように煽動すべきである。これにより小作農と小地主との摩擦を回避できるだろう。これに成功すれば、地主と政府の関係を悪化させられる。たとえ失敗しても、政府に対する小作人たちの不満は増大するだろう。

七　課　税　(現在、具体的数字はないが)高い税金が課せられている。しかし軍需工場は過剰利益を得、軍需利益に課税されてはいるものの、わずかしか課税されていない。

税金負担の平等性を提言すべきである。

Ⅲ　中学生と大学生

一　学徒動員(勤労奉仕)　学校生活の最初の六年間の段階にいる小学生を除くすべての学生が、現在、軍需工場やその他の場所で勤労奉仕に服している。政府は、これらの勤労奉仕は一年間だけで、その後は学校に戻すと言っているが、本当に一年後に自由になれるのか疑わしい。今のところ確たる情報はないが、学生の賃金は同じ仕事に従事する他の勤労者よりも低いといわれている。学生たちは、同じ学校の生徒が二〇名から三〇名で一つの集団を作り、遠くの工場へ連れて行かれることが多い。適切な宿舎や他の生活施設がないために、学生は自分たちでそれを見つけねばならない。したがって、それは不潔かつ不衛生で極端に劣悪な状況にあるか、非常に高くつくものとなる。

少なくとも一年間の勤労奉仕終了後は、約束通り「学校に戻らせよ」との要求をするよう促してゆくべきだ。また学生たちは「同じ仕事には同じ賃金を」という要求をしてゆくべきである。そして適切な生活環境の実現に向けた要求をするように促してゆくべきである。

二　学校の軍国主義化　これまでも軍事演習は実施されてきたが、現在では軍の将校がほとんどの学校に送り込まれ、学校運営や軍事関係以外の学校行事にも干渉している。また軍事演習の時間も増大した。

今この状況に対して反対運動を行っても効果は望めないだろうが、この疑問は提示されるべきである。

三　学校給食　かつてほとんどの学校では生徒に給食を与えていた。しかし現在、給食をしている学校はほんの一握りだけになっている。きわめて厳しい配給制度のため、数名の子供を学校に通わせている家庭のほとんどは大変苦しい状況に陥っている。少なくとも東京にある「隣組」の一つが、全生徒への無料給食の再開を要求して運動を行い、首尾よく目的を達成した。

学校給食を再開しないと日本の子供たちの健康が危機にさらされるという運動方針を提示すべきである。

四　勉学の自由　統制や規制は教科課程だけに留まらず、各生徒が何を勉強するかという点にまで及ぶことが多くなっている。そこには「実学的」傾向が見られ、教育的というよりは職業訓練的傾向が強く見られる。

大量生産のための熟練工場労働者や兵士のことを考えるよりも、学生やその他の人々に教育の自由や学問の自由について考えさせ、個人の能力や才能を伸ばしてゆくよう努力すべきである。

Ⅳ　中小企業の経営者

このグループには小売店の店主や五〇人以下の従業員しかいない小さな工場の経営者などが含まれる。日本の産業構造を軽工業生産者中心から重工業あるいは武器生産者中心に転換させたことで、このグループの多くの人々が倒産に追い込まれた。

一　政府の援助　戦争経済への転換により事業から撤退を余儀なくされた小規模製造業者への援助対策は、あることはあったが、ほとんど無いも同然だった。

「政府が充分な援助」をするよう彼らを促してゆくべきである。日本の軽工業の著しい発展と繁栄は、結局のところ、彼らがその屋台骨となっていたのである。

二　企業活動の自由　小規模製造業者の多くは本来の製品の製造を中断して、軍事設備の備品や大きな武器の部品組み立てに従事することを余儀なくされた。その結果、消費者向けの製品が不足し、さらには上記の軍需製品の価格が固定価格に設定されているため、これらの製造業者は深刻な経営難に追い込まれた。たとえ彼らに支払能力があったとしても、本来の製品を作り、自由に取引した場合に比べれば、彼らの収益ははるかに少なくなったのである。

本来得られるはずの収益の問題に見られる大きな矛盾を強調し、企業活動の自由を要求する方向へ導いてゆくべきである。

三　工作機械の不足　現在、小規模製造業者は新しい工具や機械をほとんど入手できない状態に置かれている。新しい工具や機械の全ては軍需工場や大企業に回されている。鉄などの原料も同様である。

「もし我々を働かせようと思っているなら原料とそれを製造する工具を与えよ」。

四　人手不足　兵役と大規模軍需工場への勤労動員によって労働力供給の問題が深刻になっている。

「もし我々に物を造らせたいのなら従業員を徴兵するな」。

五　全般的動向　上記すべてに関連することだが、大規模軍需工場と大企業は莫大な利益を得ていること、さらに大規模な軍需工場には原料と労働力が供給されていることを常に指摘すべきである。

V　軽工業ならびにその取引に関する大企業の関心

三井など日本の大企業の多くは、戦前は主に織物や軽工業そして貿易業や海運業に関心があった。彼らの資本の大部分はこれらに投資されていた。政府はこれらの企業に対し、重工業や武器の製造等に切り替えるように強要した。両者の間では直接的な摩擦が生じ、政府は折に触れ報道機関を通じて、これらの財閥は戦争への取り組みに非協力的だと非難して来たのである(東条首相と三井財閥の闘争を参照せよ)。

このグループに対し直接的な宣伝を行うことは勧めない。しかし可能ならば、重工業優先・軽工業軽視の差別政策、産業の細部にわたる政府規制によって生じる非能率性、重工業に認められた特権などへの不満を助長させるべきである。これらの人々の多くは短波受信機を持っていると考えられるので、サンフランシスコのラジオ放送が利用できるかもしれない。

VI　兵士の家族

日中戦争(一九三七年)初期の頃、政府は外地に送られた兵士の家族への財政的援助やその他の支援に関する計画と規則をまったく持っていなかった。一九三七年後半あるいは一九三八年の初めになって、ようやくこうした事態は改革され、太平洋戦争初期の頃には兵士の家族はかなりしっかりとした援助を受け取るようになった。しかし食糧や他の必需品の不足や物価の上昇などにより、この援助ではいまやけっして充分ではなくなっている。さらに政府の多分の形式主義と官僚主義が兵士家族への当然の報酬を受領しにくいものにしている。その上、兵士の扶養家族が援助を受けられることは法律で保証されているにもかかわらず、援助を受け取ることに対し、何かしらの恥ずかしさと非国民とみなされるような雰囲気が一般大衆の間に広まっている。

兵士の家族には「充分な」経済援助と配給、その他の特権の要求を促すべきである。一般的な「兵士の家族の救済」運動は良いかもしれない。

VII　傷　病　兵

帰還した重傷兵は通常、病院や回復期療養所などに送られる。重傷でない負傷兵は自分の家へ帰る。しかし回復すると兵士は全員が勤労動員に駆り出され、軍需工場での勤労に送られる。

このことへの反対は多分、あまりないと思われる。しかしすでに苦しんだ者にこれほど多くを要求するのであれば、少なくとも国の仕打ちは恩を仇で返すものだと指摘できるのではないか。また、回復した兵士に働くことを強要するのは、兵士の愛国心に疑問を投げかけることにもつながる。「負傷兵に勤労を強要するな。働きたい場合は自発的にさせろ」。

Ⅷ　全てのグループに共通する要求

上記の状況やその他の状況を考えると、以下に掲げた要求一覧は、国民運動を刺激し、混乱を生み出すために利用できるのではないかと思われる。

一　経　済

(1) 食費と衣服費を増やす。配給制度を緩和する。日本の子供を栄養不良にしてはならない。

(2) 税金の引き下げ。戦時公債を強制的に購入させて、国民の愛国心を攻撃するな。強制貯金を廃止せよ。

(3) 戦争による不当利得者の税金を上げよ。過剰利益税を制定せよ。税金負担を公平にせよ。

二　政　治

(1) 勤労動員を廃止せよ。自発的にさせよ。

(2) 言論、集会、報道の自由の権利を日本国憲法にて復活させよ。

(3) 運動、旅行、住居の自由に対する不必要な制限を廃止せよ。

(4) 能率を考え、仕事と専門職を我々に選択させよ。

(5) 政党編成の自由を復活させよ。

(6) 現行の頭でっかちの官僚政治による、生活全般への細かい規制に伴う人手の無駄を無くせ。

三　防　空

(1) 我々に充分な防空壕を与えよ。もし政府がやらないのなら、実際に我々の身を守る防護施設建設のための資材と道具を我々に与えよ。

(2) 政府は疎開にかかる経費を全額負担すべきだ。そして家族が疎開により離散した場合も含め、付加経費を保証せよ。

(3) 空襲による被害への政府の全額保証。

(4) 過剰利益税の制定。戦争による不当利得者への課税。それを用いて上記の経費の資金とせよ。

（別のリポートの「防空状況」を参照せよ*（原注））

* 本リポートには該当するものが見当たらない。

日本軍占領下の中国における日本人居留民に関する補足メモ

一　賃金と給与　大抵の場合、諸々の生活条件は日本国内より日本軍占領下の中国の方がはるかに良い。それにもかかわらず、生活費は上昇の一途を辿り、その一方ですべての日本人居留民に対し賃金や給与の上限設定が強化されている。生活費の上昇に見合った給与と賃金の配分を提言すべきである。

二　勤労動員　少なくとも華北では、勤労動員がある程度強化されている。この地域での勤労動員はある一定期間、軍事施設や道路等のために働く形を取ることが多い。

外地の日本企業は、その全てが日本の軍事経済の重要な一部をなしているため、勤労動員の廃止は、その戦争努力を阻害するという理由から奨励されるべきである。

三　配　給　日本人への配給は中国人に比べてはるかに多いので、中国人は不満を感じている。その不満を刺激すべきだ。

四　通貨統制　中国にいる日本人は、日本への送金や日本からの金の受け取りが自由にできない。国のため愛国心を持って外地へ赴いた男たちの家族にとっては困難なことなので、この規制に対して反対運動を起こすべきである。

五　旅行制限　厳しい旅行制限がしかれている。特に日本と中国の間の往来が厳しく制限されている。国のために奉仕している市民に、どうしてこのような苦難を負わせるのだろうか。

マクラッケン・フィッシャー

延安リポート　第八号

岡野進　伝記ノート

日本共産党中央委員会の委員であり、日本人民解放連盟の創始者ならびに主要な指導者である岡野進に関する経歴である。ここに収録した資料は、一九四四年八月二八日、陝西省延安において行われた岡野との談話から得たものである。*それ以外の情報筋との確認は取っていない。

* 本リポート第四三号に、コージ・アリヨシによる更に詳しい岡野の小伝があるが、経歴の年月に関して本号と若干の異同がある。

氏　名　野坂参三(本名)。一九三二年以前は、野坂鉄という通称で執筆活動を行っていた。一九三二年に日本を離れモスクワに渡って以降、岡野進を名乗っている。国際的には主にこの名前で知られている。

経　歴

一八九二年　山口県萩町〔現在の萩市〕に生まれる。

一九〇七年　神戸商業学校入学。

一九一二年　鈴木文治(「日本のサミュエル・ゴンパース」として知られている人物)が主催する友愛会に参加する。

一九一五年　東京の慶応義塾大学に入学する〔『野坂参三選集　戦時編』によれば、一九一二年入学〕。

一九一九年　慶応義塾大学を卒業し、友愛会の有給職員になる〔『野坂参三選集』によれば、慶応義塾大学の卒業は一九一七年〕。

一九二〇年　友愛会の特派員としてロンドンに赴任。

一九二一年　イギリス共産党結成大会に参加する。ロンドン警視庁によってイギリスから国外退去を命ぜられ、フランス、スイス、ドイツを遍歴する。

一九二二年秋　モスクワに行き、一ヶ月半ほど滞在する。日本に帰国し、結成直後の日本共産党に入党する。

一九二三年六月　初めて逮捕され、六ヶ月間投獄される。(帰国後、岡野は友愛会の後身である日本労働総同盟に参加し、同組織に勤務していた。)

一九二三〜二四年　日本労働総同盟内の左翼グループを指導して同盟から分裂させ、新たに日本労働組合評議会を創設する。また「産業労働調査所」を組織する。この組織は合法的組織で、月刊誌『インターナショナル』を発刊する。合法政党である労農党に参加し、その活動に従事する。

一九二五年　六ヶ月間にわたり再投獄される。

一九二八年三月　再び逮捕され、禁固一〇年の判決をうける。

一九三〇年　高度な医療技術を必要とする眼の手術のために仮釈放される。釈放期間は一ヶ月であったが、健康状態不良のため刑務所には戻らなかった。

一九三二年　日本共産党中央委員会の命令により日本を離れモスクワに赴く。以来、日本には帰国していない(岡野の自述による)。

一九三五年　第三インターナショナルにおいて執行委員に選出される(同時に執行委員会幹部会員にも選出される)。

一九四三年春　中国陝西省延安に到着する。中国共産党は岡野を日本共産党中央委員会代表として承認する(第三インターナショナルの解散以降)。

一九三二―四三年　岡野によれば、この期間、彼はモスクワに長期間留まることなく各地を転々と旅行した。一回のモスクワ滞在期間が数ヶ月、あるいは一年以上になることはなく、岡野は各国で日本共産党員と接触した。

生い立ち(岡野の自述による)

私は一八九二年に山口県萩町で生まれた。山口は長州藩の中心地で、武運を重んじる雰囲気が大変強い土地柄だった。著名な指導者らと並んで、伊藤〔博文〕公爵や田中〔義一〕陸軍大将は地元の英雄であった。私はこうした雰囲気の影響を受けて、一度は士官学校に入学しようとしたこともあった。私の両親は貧しい商人であった。以前、父は灰から肥料を作り出す小さな商売をしていたが、肥料の大量生産化が進むに伴い、父の商売は成り立たなくなった。幼い頃のことで思い出すのは、かつては店であったが今は店を閉じてしまった小さな家に家族全員で住んでいたことだった。私は末っ子で、一人の兄、二人の姉がいた。私が幼い頃、家族はいつも借金苦に追われ、上の兄弟たちの仕送りで生活をしていた。兄は神戸の材木置き場で働き、姉の一人は下関に女中奉公に出ており、もう一人の姉は上海に奉公に出ていた。

両親の実家は明治維新以降、かなり裕福だった。私が一五歳の時、母と父の双方が亡くなった。兄はある程度の暮らしをしていたので、私を神戸商業学校に通わせてくれた。神戸では、鈴木文治率いる友愛会という労働組織に入ったが、私は特に活動的ではなかった。また神戸の貧民街で賀川豊彦に出会ったが、私は彼を貧しい人たちの真の友人だと思った。商業学校在学中に私はイーリ*という名のアメリカ人が書いた経済学の本を読んだ。その本のなかに社会主義に関する簡単な記述があった。社会主義は、私が日本で目の当たりにし、また自らも苦しんだ経済的不平等を可能な限り是正できる社会形態として、私に強烈な印象を与えた。私の商業学校の卒業論文は、日本にとって最良の社会形態は社会主義である、と主張した非常に幼稚な論文だった。

* Richard Theodore E'ly (1854–1943)。アメリカの経済学者。ドイツ歴史学派の思想系統に属し、キリスト教社会主義を唱えた。著書に、*The past and present of political economy*, 1887, *Socialism and social reform*, 1894, *Studies in the evolution of industrial society*, 1903 等がある。

第一次世界大戦が始まった頃、兄は羽振りが良く、私を東京の慶応義塾大学に行かせてくれた。慶応を選んだのは、当時国内で社会科学が専攻できる唯一の大学だったからである。大学には多くの金持ちの子弟が通っていて、自由を謳歌し、比較的リベラルな気風があった。一九一八年か一九一九年に、現在の慶応義塾大学塾長である小泉〔信三〕教授がロンドンから帰国し、マルクスの共産党宣言の写しを持ち帰った。私は教授からそれを借り受け、何週間もかけて辞書を片手に研究し、それを書き写した。大学時代、私は優秀な成績を修め、卒業後、鐘ヶ淵紡績工場が私を雇ってくれた。（日本の大企業は、慣例的に大卒に職を提供してきた。時には卒業の何ヶ月も前からほとんどの四年生に雇用の「申し出」があった。）私はその申し出を断り、代わりに一九一二年以降会員であった友愛会において月給四〇円で働くことになった。私は事務職に携わり、この組織のために記事を書き、そこから発行されていた様々な出版物の編集を手伝った。

一九二〇年、兄の援助もあり、私は友愛会の特派員のような形でロンドンに行った。ロンドンでは「イギリス労働組合運動」の研究をし、それに関する記事を書いた。数ヶ月の間、私はロンドン・スクール・オブ・エコノミックスの講義を受けた。また私はロンドンの社会主義運動に参加した。一九二一年にイギリス共産党が結成された時、私は入党し、イギリス共産党マンチェスター会議ではロンドン支部代表に選出された。一九二一年、鉱山労働者のストライキがあったが、私はそれに積極的に関わった。しかしロンドン警視庁が明らかに私を監視しており、一九二一年に私はロンドン警視庁に召喚された。私はバジル・トンプソン(現ロンドン警視庁長官)から、好ましからざる外国人として三日以内にイギリスを退去せよ、と申し渡された。そこで私はパリへ行った。イギリス政府は私の問題でフランスとドイツに警察官を派遣したか、あるいは両国の警察と連絡を取り合っていたと私は確信している。その証拠に、私がパリで尋問を受け、国外退去を命ぜられた後、スイス経由でドイツに入国し、ベルリンで再び警察の尋問を受けることになったが、その時、彼らは、私がイギリスで尋問された時の記録の写しを持っていたのである。

一九二二年の年末にかけて私はモスクワに行き、約六週間滞在した。その間、日本共産党員で、以前アメリカに住んでいたことのある片山潜と出会った。一九二二年、私はモスクワから日本に帰国した。私がいない間に友愛会は名称を変更し、日本労働総同盟となっていた。しかしその仕事と活動は、ほとんど以前と変わっていなかった。私は日本労働総同盟のために働き続けた。そして一九二二年に日本共産党が結成された。私は党の結成には参加しなかったが、党結成後すぐに入党した。

一九二三年六月、警察は我々が開催していた共産党秘密会議の存在を察知し、私を含む三〇人の指導者を逮捕した。私は六ヶ月間投獄され、一九二三年九月の大震災では危うく死にかけたが、九死に一生を得た。釈放後、日本労働総同盟で仕事を再開した。その後、日本労働総同盟内部では、右派と左派の間で分裂が起こった。私は左派グループを率いて日本労働総同盟を去り、新たに日本労働組合評議会を創設した。この時期、私は産業労働調査所も設立した。その小さなオフィスで私は『インターナショナル』という月刊誌を発行した。調査所は財政面では、石本男爵*(『武士の娘』など日本に関する本を数冊執筆した石本静枝の夫)の援助を受けていた。この時期、私は国内のストライキ活動に参加していた。また国会で力を持ち始めた合法政党である労働農民党においても活動をしていた。

* 石本男爵は石本恵吉(一八八七〜一九五一)。新渡戸稲造の弟子。一九一四年三井鉱山に入社。二一年から亜細亜文化協会理事長。石本静枝はのちに加藤勘十と再婚した加藤シヅエ(一八九七〜二

〇〇一)。石本静枝に『武士の娘』という著作は確認できない。

一九二五年、私は再び逮捕され六ヶ月間牢獄で過ごした。一九二八年三月にはまた逮捕された。この時、終身刑ではなく、最高刑である禁固一〇年の判決を言い渡された。その数ヶ月後に実施されるようになった終身刑は、この時まだ存在していなかった。私の健康状態は悪化しており、特に左眼が悪くなっていた。医者は、高度な技術を必要とする手術をしないと完全に失明してしまうとの最終的診断を下した。我々四人は獄中で釈放を激しく要求し、獄外の友人たちもデモを実施して、刑務所の医者の手に負えない手術なのだから私は釈放されるべきだと訴えた。一九三〇年になってようやく私は一ヶ月間、手術のために釈放された。しかし当時私は、肺、胃、痔をも患っており、直ちに手術できる状態ではなかった。このため、私の釈放期間は延長された。眼の手術を終えた後も体にはいくつか悪い箇所があった。そこで私は毎月、警察に健康上の理由等で再収監は無理であるという医者の診断書を提出しなければならなかった。最終的に日本共産党中央委員会は、私が日本を離れモスクワへ行くという決定を下した。六ヶ月がかりで周到な準備がなされ、すべてが整った時、私は日本を去った。残念ながら、この間の詳細を話すことはできないが、とても興奮する出来事であった。

それ以来、私は日本に帰国していない。私はモスクワには長く滞在せず、いろいろな国々を旅するのに時間を費やした。数ヶ月から一年ほどモスクワにいては、また旅に出た。多くの国で私は日本人(共産主義者か?)と接触し、日本共産党ともある程度の接触を作り上げた。

一九三五年、私は共産主義インターナショナル(コミンテルン)の執行委員に選出され、執行委員会幹部会員にも選ばれた。

一九四三年春、私は日本共産党中央委員会委員として、また第三インターナショナルの代表として延安に到着した。*

そしてコミンテルンの解散に伴い、中国共産党は私を日本共産党中央委員会の代表と見なすようになった。

* 岡野が戦後語っているところによると、一九四〇年四月初めモスクワから延安に入り、当初「林哲」と名乗ったが、四三年五月のコミンテルン解散を機に岡野の名前で公然と活動を始めた(『野坂参三選集　戦前編』「延安の思い出」)。

注　延安で岡野は日本人捕虜の教育、組織、宣伝活動など捕虜に関する全ての工作に積極的に関与してきた。彼は、組織作りの中心人物と見なされていた。そして実際に日本人民解放連盟準備委員会を設立して、その執行委員会の委員に就任した。岡野は日本人民解放連盟華北地方支部の指導者の一人(事実上の最高指導者)である。同連盟は、八路軍に捕えられた日本人捕虜のみならず海外に暮らす全ての日本人、そしておそらく最終的には日本自体も包括することになるだろう。それ故、現在二つの地区の一つで組織化が進み、今後もいくつかの地区で確実に組織化が進んでゆくと予想されるだけに、同連盟の実際の本部であり、中心である「華北地方支部」をそのような名称で呼ぶのはふさわしいことではない。

今回の話はすべて英語で行われた。岡野の英語力はかなりのものである。

F・マクラッケン・フィッシャー
戦時情報局　中国部長
一九四四年九月二五日

延安リポート　第九号

日本共産党ノート

次の情報は日本共産党中央委員会のメンバーである岡野進(野坂鉄)が一九四四年九月二日に陝西省延安での談話の際、進んで提供してくれたものである。

日本共産党は一九二七〜三三年には最大の党員がいた。それは〝数千〟人にすぎなかったが、活動的なシンパの数はさらに多かった。たとえば一九三一〜三二年には党の雑誌や新聞の出版は合法的であったため、全部数では約二〇万を数えた。

日本共産党は、一九三一年の満州事変前後に多くのストライキを組織した。軍需工場では党の組織したストライキが行われ、少なくとも一社の鉄道がしばらく止まった。党はつねに運輸や金属産業にとくに強かった。

日本政府は一九三三年に入ると弾圧に動き出し、いくつかの党組織を破壊して多数の党員を逮捕し、殺害した。そのため党の活動が停滞した。一九三七年に中国への侵略が始ると、党活動がある程度復活した。党は他の社会、大衆組織と連合戦線を組み、「大衆活動」を指導した。それらの活動のいくつかは間接的な性格をもっていた。それは例えば前線に送られる兵士の家族への財政的その他の援助をもっと増加させるよう人々に呼びかけるような活動であったが、すべては戦争の動きを妨害しつつ、国家資源の枯渇を促進させることを計算に入れていた。一九三一～三二年に見られたように、いくつかのストライキが組織され、多数のビラやポスターがまかれた。

一九三八年にはさらなる厳しい攻撃が政府から加えられた。党組織は破壊され、多数の党員が逮捕、処刑された。これらの弾圧は熾烈であった。

一九三八年から「勢力を温存し、組織する」という方針がとられた。党は工場や農村でその勢力を維持するのに特別の注意を払った。太平洋戦争勃発直前には、党は岡野にメッセージを送ってきた。「軍需工場を中心にわが党は勢力を維持しており、行動の時を待っている」と。岡野によると、日本での党の士気や精神は現在非常に高揚している。これは、沢田氏という党員が一九四三年春には日本を離れ、一九四三年一〇月に延安に到着したことに示された。

日本共産党員は四～五人毎に細胞を組織している。彼らは互いに面識があり、より高い命令系統の一人と接触しているが、一つの細胞のメンバーは他の細胞のメンバーを知らない。岡野はより上部の組織や活動については詳しく説明しなかったし、しようともしなかった。

今日も日本共産党員は各細胞のメンバーのなかで現在の世界情勢と展開を自ら学習、議論しており、新しいメンバーの加入も慎重に行っている。注意深く観察し、「進歩的な労働者」と見なした人物に用心して接近し、テストした結果がよければ入党してもらい、党員となる。加入の一つの源泉となっているのは警察に誤って共産党員として告発されたり、逮捕されたりしたことのある進歩的ないし自由主義的な多数の人々である。釈放後、彼らの多くは「活動的なシンパ」として分類されるが、入党可能性のある新党員予備軍である。

日本共産党はしばしば党の活動的なメンバーとしてこうした人々を受け入れるが、むしろ彼らが党の外で「活動的なシンパ」としてとどまり、有効な働きをしてくれるのを歓迎する。例えば東京から八路軍支配地域への沢田の旅は日本、朝鮮、満州、華北のシンパの系統的な支援で可能となった。

日本共産党の「背教者」は以下の二つのグループに分けられる。

(一) 逮捕、拷問、投獄された者で、その後に「改心」と称し、自らの罪を「自供」し、「転向」を公に表明する人物である。しかし彼らは、実際には自らの意見を変えたわけではない。出獄したいがために形式的に表明しただけである。警察は彼らを非常に注意深く監視し続けており、多くは監視下で日本に留まっている。

(二) 同じ過程をたどるけれども、実際には精神、忠誠心、態度も変えた人物。警察は一定期間、注意深い監視と検査を行った後に、その人物が本当に精神を入れかえたかどうかを判断する。この種類の人物は日本の当局によって最大限に利用されており、とくに日本外の占領地で広く使われている。彼らは経験と訓練によって、宣伝や政治社会的な活動にとくに重宝がられている。こうした人物は華北に多数見られる。例えば北原龍雄*は北京・北支派遣軍本部における特務機関の主要メンバーであるが、以前は共産党員であった。彼は一九二三年に逮捕され、左翼のシンパのふりをして、八路軍との接触に努めてきた。八路軍に「逃亡」し、日本の情報を提供してきた多数の朝鮮人や日本人居留民は、北原と関係があったと主張している。結果としてスパイや工作員として送りこまれたと告白した他の者も、北原に派遣されたと述べている。

* 北原は日本共産党を脱党し、北京で日本軍の工作、とくに延安対策にあたっていた(青山和夫『謀略熟練工』)。

延安リポート　第一〇号

日本共産党の計画――岡野進の見解

一九四四年九月八日の岡野進の説明

我々は最初に、軍国主義や政治・経済の中に残存している頑固な封建的遺制を日本から除去しなければならない。民主主義を確立した後に、我々は資本主義から社会主義へと漸進的に移行して行くつもりである。この移行の全過程は三つの段階を経て進められるべきである。

第一段階(戦争の終結と国家の再編)

I　計　画

一　直ちに戦争をやめさせる。

あらゆる可能な手段を尽くして戦争を終結させる。

平和を実現する。

(岡野は連合国への全面降伏を想定している)

二　現在の軍事政権を打倒する。

政府および政界から軍国主義者の影響力を一掃する。

戦争責任のある軍人や政治家を処罰する。

三　政府を民主化する。

1　男女の区別や資格制限のない普通選挙を実施する。

2　国会に統治の全権を付与する。

国会以外の憲法に保障された機関による恣意的な解散の脅威から自由でなければならない。国会は法律を作成し、通過させる全権を持たねばならない。国会は、国民に対して責任を負う内閣を組閣しなければならない。

3　現在の天皇を退位させる――後継者がいるのであれば、その法的権限は縮小されねばならない。

現在の天皇は個人的に戦争責任を回避することはできない。天皇が強硬に戦争に反対すれば大きな影響を及ぼしえたのにもかかわらず、いかなる段階においても戦争に反対しなかった。特に軍部による満州侵略時のような初期の段階において天皇は戦争に反対しなかった。

4　しかし当面の間、天皇制の廃止は行わない。

我々は、日本人民が天皇制を完全に廃止する覚悟ができているとは考えない。時節の到来を待ち、その時が来たと確信したとき、我々は決定的な行動を提案することで当面は満足している。我々は、むしろ宣伝工作のなかで天皇の性格とそのあり方を議論してゆく。我々は天皇制のあり方を説明し、問題提起を行うが直接的な攻撃はいかなるものでも行わない。我々は「天皇制打倒」のようなスローガンは使用しない。

我々や連合国が天皇を利用することは、どのような試みであれ、危険なことだと考える。我々の利益に反する活動を行う団体に利用されかねないケースもありうるだろう。天皇をイギリス国王と同じやり方で扱うことは容易ではないと銘記しておくことは重要である。天皇制の将来に関する全体的問題は、当面の間、そっとしておいた方が賢明である。

5　枢密院、貴族院、特殊な地位にある「元老」の地位は、徐々に低下させ、最終的には廃止すべきである。

6　すべての民主的諸権利を人民に付与すべきである。これらは、言論、思想、表現、個人、集会の自由などの通常の基本的権利である。こうした権利を付与するということは、現行の警察政府ならびに警察による市民の私的生活への干渉を終わらせることを意味するものでなければならない。

7　あらゆる政党は政治活動の自由が保障され、法的に承認されねばならない。この中に共産党も含まれるのは当然のことである。

8　現行憲法は上記の諸点に基づいて改正されなければならない。

これらの改正には軍部の特権、例えば天皇への帷幄上奏、超然内閣的地位、軍部大臣現役武官制の廃止を含むものでなければならない。

四　大規模独占資本を政府の統制下に置く。

この戦争は大規模軍需産業に支えられた軍国主義者によって始められたものである。軍国主義者を撲滅するだけでは充分ではなく、軍国主義者を支援する資本家らを我々の統制下に置く必要がある。

こうした統制は資産の没収を意味するものではない。現段階ではそれは実際的でもなければ、望ましいことでもない。しかし超過利潤は没収しても良いだろう。(すでに産業界に対して確立されている厳しい戦時統制は、我々の政策を助けるものであろう。現在、政府による経営管理への介入はあらゆるところで行われている。この意味で、軍国主義者は我々に協力しているのである。)

五　日本経済は平和的で非軍事的な基盤に基づかねばならない。(我々は、日本が植民地を失うであろうと考えている。)

1　軍需産業は一掃され、その工場は平和的生産へと転換されねばならない。

2　産業化はますます進展し、より均整のとれたものにならなければならない。戦争終結後、我々は幸いにも次のものを獲得しうるであろう。

(a)より大規模な重工業の基盤

(b)新しい機械技術を持つ大量の労働者集団

(c)機械器具、装置、その他の精密作業が可能な産業

それ故に、我々は戦前のような繊維やその他の軽工業への過剰集中投資を避けるべきである。わが産業は、質と精密な作業により重点を置くことによって、多様化をはかることができるだろう。(この転換で重要なのは、戦時中の日本でみられた産業的発展を合理的に活用することである。)

3　農業は機械化されねばならない。我々は、これを急速には達成できないだろうが着手すべきである。それは、機械や改良された道具の市場を提供するであろう。また日本の農業生産を増大させるであろう。

六　封建的な土地所有を消滅させる方向に進むべきである。

1　不在地主の土地は政府に買い上げられるべきである。

2　この土地は小作人に良い条件で利用させねばならない。(しかし岡野は土地の所有権は政府が持っているのが良いと明言している。)

3　この土地の一部は、国営の模範農場として実験的に使用し、農民に完全機械化の実際的利点を示さねばならない。

4　これらの国営農場やその他の手段を通じて、農民が集団農場や協同農場に従事するように宣伝を行うべきである。それにより、彼らの過小零細の分散的な所有の現状が克服されよう。この目標は自発的な集団農場の実現にある。(現在、軍国主義者は戦争手段の一環として協同農場推進への強力な宣伝を行っているが、この点でも彼らは我々を

手助けしてくれている。)

七 労働者の生活と労働条件は改善されなければならない。

1 一日の労働時間は八時間にする。

2 工場法は労働条件や労働者の処遇に関する最低水準を定めるべきである。

3 法律は以下のような労働者の権利を保護すべきである。

(a)団体交渉

(b)組合の認知

(c)ストライキ権

(d)社会保障

(この段階では最低賃金法の制定は期待しない。)

Ⅱ 関係グループ

共産党はこの計画を支持するグループならいかなるものとも協力を求め、歓迎するだろう。いかなるグループとも協力するこの積極的姿勢は、資本家グループにも向けられることになろう。

我々の最低限の計画は、二つの重要な点、つまり反軍国主義ならびに民主主義の実現にある。我々はこれら二つの点をあくまでも主張していく。しかし計画の他の特徴、たとえば協同農場のようなものは全般的な反対が出てきた場合、強行するつもりはない。

Ⅲ 政府の形態

「人民民主政府」は樹立させねばならない。これは、すべての民主的グループの代表から構成される。またそのグループには、中産階級、自由主義者、共産主義者も含まれる。(政府のなかに共産主義者を含めることは極めて重要である。彼らは戦争に積極的に反対した唯一の勢力である。日本の自由主義勢力は弱体で、勇気と決断に欠けている。彼らが何故戦争に対し沈黙していたかを説明することは難しいが、彼らの沈黙が戦争を支持することにつながったことは確かである。共産主義者の入閣によってのみ、次の戦争への準備や展開を断固阻止できるのである。)

Ⅳ 第一段階の継続期間

この期間の長さは、政府自体の進歩的性格と連合国による日本の処遇という二つの要素に依存している。

一　政府が国民に適度な安全と幸福を供与できるのであれば、その政府は成功したものとみなされ、長期間存続するであろう。もし政府が国民の大半を満足させることができないならば、政府転覆の試みがなされるだろう。それ故、政府は進歩的で、国民の民主的要求に応えねばならない。

二　またその継続期間は連合国の姿勢や戦後処理のやり方に左右される。もし連合国が支払い不可能な賠償金を課し、国家の地位や国民の状況を絶望的な状態に陥れた場合、国民は政府の打倒に立ち上がるであろう。もし連合国が日本に公正な処理を行うのであれば、政府は国民の一般的状況を改善できるであろうし、それ故に政府は安定化するだろう。（人民の大半が現状にかなり満足しているのであれば、進歩的であれ反動的であれ、より極端な政府形態への変革は漸進的にしか進まないだろう。我々はより緩やかな事態の展開を望んでいる。）

第二段階（ブルジョワ民主主義革命の完成）

第一段階では、我が国のすべての封建的遺制、とくに土地に関する遺制を直ちに消滅できるわけではない。

我々は、第二段階でこれらの封建的遺制を一掃し、資本主義を基盤とした完全な民主主義の達成を希望している。

これら二つの段階の間に明確な区切りがあるわけではない。移行と発展は漸進的である。第一段階は第二段階に吸収されてゆくだろう。第一段階の計画のある部分は、第二段階までには完成されないだろう。他の多くの部分では、いまだ第一段階であっても、第二段階では部分的に完成されるものがあるかもしれない。

第二段階の終わりまでに、我々はすべての封建的遺制、たとえば天皇制、貴族制、枢密院、貴族院、〝元老〟、軍部の特権（陸海軍は完全に民主化される）、エタ（最下層民）に対する社会的差別といったものを消滅させるべきである。

第三段階（社会主義）

この段階の目的は、完全な社会主義によって発展を成し遂げることである。これは資本主義の消滅を意味することになろう。

しかしこれは進歩的かつ漸進的な発展になるべきである。我々の民主主義が経済発展を支配・誘導するに足るだけの強力さ、かつ純粋さを有し、さらに民主的自由が全面的に保証され、労働権、社会教育、そしてすべてのグループの政治的自由が充分に保障される場合にのみ、この発展は実現しうるだろう。しかし資本主義があまりに強力かつ独占的になり、民主主義を支配するようなことになれば、暴力的革命が起こる可能性が高くなるだろう。

この平和的発展は漸進的なものとなろう。しかしそれは苦痛を伴わず、建設的なものとなるであろう。もし資本主義が過度に発展すれば、変革はより急速で短くなるだろうが、それは暴力的かつ破壊的なものとなろう。

我々は漸進的で平和的な道を支持している。

この発展をもたらす主要な武器は教育である。我々はすべての過程を終えるには、数十年かかると予想している。(私——つまり岡野——は、自分が生きている間に民主国家・日本が実現されれば良いと考えている。)

この発展は中国よりも日本の方が急速に進むであろう。日本の封建的遺制は中国ほど強くはない。中国ではそれが今でも経済の基礎となっている。さらに言えば、資本主義は中国よりも日本の方が発展している。

しかし日本は欧米先進諸国より遅れている。

日本の平和的、秩序的、進歩的発展に対する(そして連合国が模索する戦後の安全保障に対する)最大の障害は、巨大資本家の持っている、衰えることのない権力と影響力である。この戦争の終結時に彼らが無傷のまま放置されるようなことがあってはならない。自由主義的な「見せかけ」で自らを隠そうとする彼らの努力を我々は警戒しなければならない。もし彼らの権力が奪われなければ、彼らは日本の民主主義と反軍国主義の発展を妨害することができるのだ。彼らは次の世界大戦の主要な原因となりうるのである。

延安リポート　第一一号

八路軍による戦争捕虜の処遇

八路軍の捕虜に対する接し方は、ほとんど政治的なものである。第一に、すべての日本人捕虜は心理戦争のための潜在的な工作員か媒体と見なされている。第二に、彼らは日本の軍国主義政権を打倒し、民主的な人民政権樹立のための潜在的な手段と見なされている。八路軍にとって、日本人捕虜を射殺したり、単に監禁しておくことは、戦争に役立つ貴重な資源を浪費することであり、実際には戦争目的を挫折させる方向に進んでゆくことを意味している。

八路軍は、過去七年半にわたる日本軍との経験から、そして共産党の「革命は輸出できない」という持論に従って、敗戦後の日本に中国、アメリカ、イギリス、ユーゴスラビアが進駐し、民主的政府――あるいは別の種類の政府――を樹立させようと考えることは馬鹿げたことであり、まったく非現実的なものだと確信していた。国際社会の中に有益で平和的な一員として日本を再建することは、日本人自らが果たすべき課題であり、上述したような諸外国のなすべき仕事ではない。この一般的な考えを受け入れ、日本の再建は日本人自らの手でなされるべきであり、またそれは可能であることを、捕虜となる一人一人の日本人に理解させようとするのは実に理にかなったことである。

これは長期的視野に立った考えである。しかしより緊急な課題として、戦争捕虜を心理戦争工作員として利用できるようにすることは明らかに重要である。教育が可能な者、長期的目標の正当性を確信できる者は、その目標達成に進んで協力するであろう。反抗的な者、学習し協力することを拒否する者であっても、最終的には利用することが可能である。その方法は実に単純である。彼らをけた外れに厚遇した後、所属していた部隊へ復帰させるのである。彼らが何を言い、何をしようとも、彼らは八路軍の宣伝活動の真実を証明する生きた証人となるのである。

戦争捕虜の利用方法

戦争捕虜の利用が期待されていたので、彼らを味方に引き入れようとしたのは明らかであった。そこで八路軍は「戦争捕虜の友となり、彼らの協力を勝ち取る」ことに大々的に着手したのである。捕虜の自発的な協力のみが何よりも重要であった。その最初の一歩は、捕虜が捕らえられた時の最初の接触から始まる。これは、捕虜を丁重に扱うという八路軍の考えが将校や兵士たち一人一人にまで浸透している必要があることを意味している。それ故、自らの軍隊の教育が何よりも優先すべき課題となった。一九三八年、毛沢東は中国共産党中央委員会総会において、日本軍の侵略を打破するため、中国、日本、韓国、台湾の人民による「統一戦線」の設立を提案し、一般的でわかり易い基準を打ち立てた(延安リポート第三号を参照せよ)。これは直ちに朱徳の命令に受け継がれ、八路軍の兵士はみな戦争捕虜を大切に扱うこと、戦争捕虜を傷つけたり侮辱しないこと、自分の部隊に戻りたい戦争捕虜は釈放するように命じられた(延安リポート第二号・第四号を参照せよ)。*私は、この命令に違反した者は厳しく罰せられると聞いている。この考えを修得することは、八路軍兵士の間だけでなく農民の間でも集中的な教育工作の課題となっている。その理由はすべての人々に説明された。そして捕虜の処遇に関する詳しいマニュアルと指令が作成され、総政治部から八路軍の全部隊に配布された。(このマニュアルの写しが戦時情報局に提供されて来たので、後日、その翻訳の要約版(本リポート第四六号「捕虜の扱い方」)を転送できると期待している。)さらにこれとは別の日本語で書かれた小冊子が作成され、**前線の全部隊に配布された。この小冊子は、捕虜向けの一連の質問から構成されており、日本人兵士が捕虜になると直ちに手渡されるものである。その中には捕虜が回答を記入するための余白がある。回答の記入が終わると日本語を話せる政治工作員がそれを回収する。それぞれの日本人兵士に配布された別の小冊子には、八路軍という軍の性格、その戦争目的、戦争の真実の姿がありのままに説明されている。(例えば、日本の現体制下で何故に一般の日本人が苦しんでいるのか。そして彼らはどのように苦しめられているのか等の説明がなされている。)これらの写しは、当方で検討し、後日、転送することになるだろう。

* 「第二号・第四号」とあるのは「第三号」の誤まりと思われる。

** 本リポート第二九号。

捕虜の捕捉

戦争初期、日本軍は数回にわたり玉砕を装った、だまし討ち戦法を用いたことは明らかであり、それは後に広く知られるようになった。このため、八路軍は自軍の兵士に対し、捕虜を捕捉する場合、日本兵の武装解除と武器の捜索が完了するまで日本兵を敵と見なすよう指導した。兵士全員に対して警戒し注意を怠らないよう命令が発せられたのである。

しかしひとたび武装解除が完了すれば、日本人捕虜は可能な限り厚遇された。負傷兵や病人は救急医療部隊の手当てを受け、時には八路軍の負傷兵よりも先に治療を受けることもあった。農民も大抵の場合、八路軍の負傷兵を後方地域に搬送するのを手伝うが、負傷した日本人捕虜も一緒に後方に搬送された。日本軍駐屯地の食事よりも良いものが出されることもしばしばあった。私は、延安で何人かの日本人捕虜と話しをしたが、皆、八路軍兵士から厚遇されていることを強調していた。

こうした態勢は、(少なくともいくつかの地域において)農民の間にも広く普及しており、私が話しをした捕虜の大西(二四歳)もそのように証言している。大西は、一九四三年一〇月、山西の北東地域あるいは河北西部で捕虜になった。以下は彼が話した内容を通訳に従って書き綴った、私のメモからの抜粋である。

「私は足を負傷し、自分の部隊について行けなくなりました。そのことで私はひどく思い悩みました。私は機関銃分隊の一員でしたが、自分が部隊から遅れたことがばれると、罰せられると知っていました。(機関銃分隊はチームとして構成されており、各々がそれなりの責任を負っている。日本軍はこのことを殊のほか強調して訓練を行っている。)私は拷問、あるいは銃殺されるのではないかと怯えました。自分の部隊に追いつけば処罰されるという恐怖と、追いつかなければ捕虜になるという恐怖との狭間で心はかき乱れました。動揺した私は、たださまよっているだけでした。中国の農民に捕まれば、自分は間違いなく殺されると思っていました。私は少し休もうと横になりました。すると突然三人の農民が現れ、私を捕まえようと飛びかかってきました。私は銃剣を引き寄せ、彼らと戦いました。すると農民がさらに現れて、全部で一五人近くになったでしょうか、私は取り押さえられ、銃剣を奪われ、捕らえられました。そして近くの農民の家に連行されました。しかし本当に驚いたことに、彼らは私に可能な限りの良い食事を与えてくれたのです。さらに彼らの態度や行動は非常に親切なものでした」。

「私は、彼らが日没を待っているだけだと自分自身に言い聞かせました。今夜、彼らは私を殺すだろう。しかし殺されませんでした。翌日、山奥の別の家へ連れて行かれました。彼らは私を歩かせず、背中に背負ってくれたのです。その対応は親切で友好的でした。私には理解できないことでした。数週間前、私は上官から、捕虜になった場合、八路軍兵士はお前たちを殺しはしないだろうが、農民は違う、と聞かされたばかりだったのです。その場にいた別の兵士も同じ意見でした。農民は日本兵を嫌っており、彼自身も日本兵が農民に殺害されるのを目撃した、と言っていました」。

「それから、農民は一枚の紙の上に(彼らは日本語が話せなかった)『八路軍へ行きたいか。どうなのか。』と書きました。何らかの理由で、この農民たちは私を殺しはしなかったが、八路軍は絶対に私を殺すだろうと思ったので、私はいやだと答えました。しかし八路軍兵士がやって来て私を連行していったのです……」(この話の続きも非常に面白いが、農民の日本兵に対する処遇とは関係がないので、その課題に関するリポートで触れることにする)。

こうしたことが中国全土で起きたとは考えられない。私が話をした捕虜のうち少なくとも一人は、彼の同胞である日本兵を農民らが殺害するのを見たことがあると語っていた。しかしいくつかの地域で、こうしたことが実際に起きたのは驚くべきことである。

もう一人の戦争捕虜、吉田は農民と兵士が彼とその仲間を捕まえるのに協力し合った様子を語ってくれた。彼は捕まった時、喉を切って自殺を図った。彼は屈託のない表情で喉に残っているすさまじい傷跡を私に見せてくれた。農民や兵士の待遇については触れなかったが(別の議題について話し合っていた)、彼が元気に活動している事実が彼の喉の深い傷や他の傷がすでに回復していることを雄弁に物語っている。

捕虜になった後に治療が必要な場合、彼らは後方地域——おそらく地元の八路軍本部に搬送される。ここで彼らに対して予備教育が開始されるのである。

予備教育

実際に、捕虜たちには捕まるとすぐに上述した小冊子が手渡され、予備教育が始まる。敵軍工作部の工作員が、教育を含め八路軍の捕虜政策の実施状況を監督する。そして日本人民解放連盟のメンバーや各支部がこれを補佐する。連盟員が充分にいるところでは、ほとんどの工作の実質的責任は彼らに託されている。捕虜との人間的接触は、可能な限り連盟の日本人メンバーに一任する方針がとられている。上記の小冊子に加えて、捕虜たちには別のパンフレットが配布され、日本人民解放連盟やその綱領と目的について説明がなされる。

敵軍工作部〔副〕部長の李初梨は、捕虜と接する最初の一歩は、彼らを安心させ、彼らの「敵愾心」を減らすよう努力することであると私に語った。捕虜を厚遇することは最初に行う実に驚くべき方法である。戦争捕虜たちが接するすべての八路軍兵士や農民が彼らに見せる友好的態度は、その効果を高めている。さらに捕虜たちは後方地域に到着すると直ちに日本人、あるいは日本語を話せる中国人と接触する。〔この時点で〕すでに多くの捕虜たちはどうしてこのような思いもかけない厚遇を受けるのか興味津々である。捕虜を「教化する」ための特別な努力はなされないが、彼らの質問にはしっかりと回答する。捕虜と共に生活をし、共に働く日本人民解放連盟や敵軍工作部員は、たちまちその理由の説明に忙しくなるだけでなく、この戦争とその本質に関わる根本的概念を説明するのに忙しい思いをすることになる。彼らは、八路軍が敵とみなすのは日本軍将校と軍国主義的指導者だけであり、日本兵を敵と見なしてはいないことを説明する。国家のお偉方の政策によって自分たち貧しい農民や兵士が苦しい思いをし、自分の家族や友人も苦しめられていることを証明するのは実に容易なことなのだ。私が聞いたところによると、彼らは最初からこれをあまりやりすぎないようにしている。捕虜たちをせきたてる努力はまったく必要ないからだ、とのことである。

捕虜たちが後方地域に到着した際、彼らが営倉に収容されるのかどうかについて私は詳しい情報を入手していない。しかし前線近くのアメリカ人と少し話をしたところから判断すると、そうではないと考えている。捕虜たちは監視され、「護衛」されているものの、すぐに特別な賓客と見なされ、それなりの待遇を受けるようだ。

延安で書かれた日本労農学校の記事にはこの点について次のように述べられている。「八路軍には捕虜収容所は存在しないし、強制労働もない。捕虜たちは日常生活をまったく自由に満喫している。捕虜の食事、住居、衣服は八路軍の平均的な中国兵のものよりも良いくらいである」。

当然のことながら、捕虜たちの多くは戦々恐々とした状態にあり、反抗的な態度を持ったままである。捕虜との間で取り交わされた最初の会話から敵軍工作部と解放連盟の工作員は、「進歩的な」捕虜を、思想的に頑強な連中のなかから選り分けてゆく。その後、捕虜たちは将校と一般の兵士たちとに分けられ、別々の場所に隔離される。一人一人への接触と会話がこの選別作業をスピードアップさせてゆくのである。

捕虜の釈放

驚くほどの数の捕虜たちが、自分の所属部隊への帰還を希望していることが報告されている。これによって、八路軍の戦争捕虜の処遇の最も特異な側面——原隊に戻りたい者は釈放する方針——をうまく活用できるのである。

八路軍の捕虜解放政策の背後には、さまざまな理由と目的があるようである。初期の捕虜に対する質問を通じて、日本兵は最後まで命がけで戦い、投降を拒み、捕虜になったら自決しようとしていた事実が明らかになった。彼らは八路軍に捕まると激しい拷問にかけられ、殺害されると教え込まれ、またそれを信じていたことがその主たる理由であった。しかし来賓として丁重に扱われた後、自軍の戦列へ戻る手助けを受けた捕虜たちは、こうした宣伝が偽りであることを示す生き証人となるのである。また、八路軍は、これらの兵士の何人かが、自分たちの受けた処遇を日本軍兵士全体に伝え広めてくれることを期待している。

第二に、八路軍は、日本兵の敵意が無知と恐怖によって生じると考えていたが、この方法によって日本兵の敵意を和らげることができると期待したのである。

第三に、八路軍とその兵士たちは、一般の日本兵に対し友好的で同情的な態度を抱いていたが、捕虜の釈放はそれを証明する手段だったのである。この方法を通じて、彼らは中日両国の人民の友愛という目標の達成に寄与できると期待していた。捕虜の釈放は、全人民の真の敵である日本軍国主義者に対する中日両国ならびに朝鮮、台湾の人民による「統一戦線」の成立をより容易にすると期待したのかもしれない。

当初、釈放された捕虜たちは原隊に戻り、反軍国主義活動の工作細胞を組織し、さらには日本本土における軍国主義反対のための地下活動工作をも指導するだろうと期待された。しかしこれらの期待は、すぐに現実的可能性に基づいたものではないことが明らかになった。

　この問題に関する基本的な考えは、譚政の論説「敵軍工作の目的と方針について」の中で力説されている(延安リポート第三号を参照せよ)。

　現在この政策の下でこれらの兵士たちは二週間程度抑留*される。この間、彼らは丁重に扱われ、怪我の治療等々に専念する。同時に、彼らが受け入れうる「教育」が施される。もし彼らが日本軍への復帰を求めた場合、送別会が開かれ、贈り物も与えられる。その後、彼らは日本軍に呼びかけができる位の至近距離まで安全に護送されて行く。農民や村人もよくこの送別会に参加し、日本兵たちに食糧やちょっとした贈り物を通りすがりに渡したりする。もし戦場で捕まった捕虜が即刻釈放を求めた場合、それが許可されたこともあった、と私は聞いている。しかし実際にそのようなケースはきわめて稀だったのではないかと考えている。私は、兵役期間終了のわずか一〇日前に捕まったある捕虜と延安で話しをしたことがあるが、彼はあらゆる方法を使って脱走を試みたが所詮それは無駄だったと語っていた。

＊ 捕虜の日本軍への送還は、当初は捕捉後三日以内と決められていたが、一九三八年に期日が短かすぎるということで二週間以内に改められた(井上久士「中国共産党・八路軍の捕虜政策の確立」『日中戦争下中国における日本人の反戦活動』所収)。本リポート第四六号では「捕虜の釈放は一週間から一〇日以内に行われるべきである」とある(四九二頁参照)。

こうした問題を他の視点から見ると、ゲリラ戦を行っている状態の下では、捕虜の世話が不可能になる場合がしばしば起こりうる。想像するに、山を転々と移動している多くの部隊は、捕虜の世話という負担から解放されて喜んでいたのではないだろうか。おそらく上述のような、戦場で即時釈放された捕虜は、このようなケースだったと考えられる。ある時、岡野自身も捕虜が自分の意志に反して釈放され、日本軍に送還される可能性を認めたことがある。もっとも李初梨と羅瑞卿は別の機会にその可能性を否定している。

　捕虜釈放政策のもう一つの特徴は、捕虜は前線地域や小規模な軍区から釈放あるいは送還されることはあったが、延安到着後に釈放され送還された者は誰一人としていなかったことである。山西―察哈爾(チャハル)―河北省境地域のような大規模な本部にいた捕虜を送還する場合にも、ある種のためらいがあったのではないかと思われる。

釈放された捕虜が敵に価値ある軍事情報をもたらす危険がなかったのかという点を質問したところ、捕虜は主要な場所への立ち入りは許可されなかったため、報告できるような重要な情報は何も持っていないという答えが返ってきた。さらに日本軍将校はこれらの帰還兵を信用せず危険視していたので、どのような「情報」が提供されてもあまり重視することはなかったと思われる。敵の兵士を捕えて(敵の戦力から彼らを切り離したにもかかわらず)再び送り返せば、再び前線に行き、戦争に参加できることを奇妙だとは思わないのかという質問に対して、岡野と八路軍士官たちはただ笑うだけだった。彼らの説明によると、その人数は八路軍と戦っている日本軍部隊の戦力には影響しないということだった。さらに、たとえ軍法会議にかけられたり、射殺されなかったとしても、釈放された兵士たちは以前と同じ前線に留まるのを許可されることはほとんどなかった。彼らが他の兵士に及ぼす影響は、その戦闘意欲と士気を著しく損ねるものだった。定かではないが、おそらく釈放された兵士のうち何人かは、日本あるいは他の主要な基地へ送還されたのではないだろうか。もちろんそうであれば問題はないのである。

八路軍の諜報リポートならびに新来の捕虜たちが示唆するところによると、八路軍の捕虜から帰還した兵士たちは、帰還後、軍の中であまりうまくやっていないようだ。最高でも華北に駐留する日本軍兵士の平均的な生活くらいしか取り戻せないのである。地域によっては、状況は極めて悪く、かなりの兵士が自殺に追い込まれたり、八路軍に自発的に投降したりする。過酷な規律、頻繁に行われる上官や下士官による暴行、貧しい食糧、その他の面における悲惨な軍隊生活は、八路軍の捕虜だった頃に味わった安心感や厚遇に比べ、あまりにも大きな違いがあった。多くの兵士たちは、罰として異常なまでの雑役を課せられた。汚名と屈辱が哀れな元捕虜たちに嫌という程重くのしかかる。近年、さらに過酷な処遇が広く行われるようになった。帰還兵はほとんどの場合、軍法会議にかけられ、投獄されるか、射殺されることもあるのだ。このことは、捕虜送還の目的を妨げているのではないかと質問したが、否定された。「つまりですね、帰還兵が直ちに逮捕されたとしても、その元戦友たちは帰還兵を実際に見ている訳です。それ故、八路軍が捕虜を殺し虐待すると将校から聞かされていたことは嘘だったと『分かる』のです。このことは、軍隊中にすぐに知れ渡り、周知の事実となるのです。そのこと自体に価値があります。さらに帰還兵を軍法会議にかけた将校もまた、真実を知るのです。これはすべて好ましいことです。帰還兵が他の部隊に闖入者として配属されたとしても、兵士たちはすぐに捕虜には良い食糧と服が与えられ、捕虜体験をしても平気で帰還したことを知るのです。これによって兵士たちが、その次に戦地に赴いた際、とくに彼らが絶体絶命の状態に陥った時にかなりの効果を上げました。彼らは以前のように抵抗せず早々に投降するのです」。

結果的に見て、八路軍は自分たちのやり方が優れていたのだと主張している。彼らは、この二、三年の間に日本兵の自発的な投降が増大したこと、激戦地における部隊の投降が以前よりも、はるかに容易に行われるようになったこと、さらに「玉砕」戦が激減し、日本兵の戦闘意欲は低下したと主張している。こうした事態が生じたのは、一部にせよ——あるいは相当数に上るにせよ——日本軍の中でも相当弱小な部隊が戦闘に参加しているためである点を八路軍は認めている。いずれにせよ八路軍は、この捕虜釈放政策が彼らの行ったもっとも画期的かつ有益で、うまくいった積極的宣伝手法の一つであったと考えている。「捕虜が我々のために、積極的に仕事をするとは期待していません。しかし彼らが厚遇され、釈放されたという事実は疑う余地のないことであり、それは敵軍内部に広く知れ渡っています。敵兵は、将校たちが八路軍の捕虜処遇の件で嘘をついていると確信したでしょう。またそれはあらゆる種類の有益な疑いの種を蒔くことになるのです」。

八路軍の士官らは捕虜を釈放することの重要性について次のように語っている。すなわち、「(一)我々の捕虜処遇に関する日本軍将校の嘘を日本兵に暴露すると同時に、捕虜を大切に扱うという我々の宣伝が真実であることを証明する。(二)日本兵の敵愾心を小さくして我々が行う他の宣伝を彼らが受容しやすくし、普通ならば彼らが拒絶するようなことでさえも信用させる方向へと彼らを導いて行くことができるからなのである。

私にも関係したことだが、ここに、この政策の結果を示す二つの出来事があるのでそれを紹介しよう。

「山西省南東の遼県〔現在は左権県〕近郊で、我々は日本軍の軍曹を捕虜にしたことがある。最初、彼は非常に無礼な態度を見せていた(反抗的、不機嫌、非同調的というのが通訳の言おうとしたところであろう)。我々は彼を二週間ほど教育し、その後、彼の所属部隊に戻らせた。敵軍工作部の工作員の一人が彼に同行していった。彼が出発する前に送別昼食会が開かれた。道すがら村人や農民が出てきては、彼に元気でねと声をかけ、土産を渡したのである。一同が日本軍占領地域との境界線近くにまでやって来た時、彼は自分が受けた処遇と、彼に対する八路軍兵士や人々の態度に深く感動したと述べたのである。彼は服の中に手を入れて小さな御守り袋を取り出した。それは、彼が出征する前に彼の母親が編んでくれたものだった。それは、何年もの戦いのあいだ、彼が肌身離さず身に着けていたもので、すべての物を失った時でもそれだけは身につけていたものだった。御守り袋は彼にとって一番貴重で大切な持ち物であった。彼は『私の気持ちを表すためにこれを皆さんにお渡ししたいのです』と言い、こう続けた。『思い出して下さい！　二週間前、私はこの道であなた方に猛然と攻撃を仕掛けました。私と仲間は人を殺し、殲滅するためにやって来たのです。その後、私はあなた方に捕まりました。しかし皆さんは私を兄弟のように扱ってくれました。今この同じ道で皆さんは、丁寧な心遣いをもって私を送り返そうとして下さっており、またお土産まで頂戴しました』」。

もう一つの出来事について。

「河北の中心部において我々は二人の日本兵士を短期間にわたり拘束し、その後、彼らを原隊に送り返した。しかし帰還後、この二人の兵士は部隊長からひどい暴行を受けた。彼らは戻ったことを本当に後悔し、我々と過ごした生活を懐かしんだ。我々がこのことを知っているのは、彼らが二通の手紙を送ってきたからである。手紙には、自分たちが受けた扱いを心から感謝し、教育期間に寝起きを共にした人たちとこれからも温かい友情を持ち続けてゆきたいと書いてあった。ところが浅はかにもこの手紙に対して我々の工作員が返事を出してしまった。その返事は日本軍によって検閲され、指揮官は二人を直ちに射殺してしまったのである。これは悔いの残る出来事であった。わが工作員はあまりにも未熟で経験不足であった。しかし、これはまさに我々の仕事の成果を示したものである」。

さらなる教育と工作

日本人捕虜のなかで八路軍への残留を希望した者には、さらなる教育と勉強の機会が与えられた。それぞれの国境地域と大部分の軍区では、捕虜集団が存在し、敵軍工作部の下に地域ごとに組織された「学校」が存在していたようだ。以前、そのほとんどが日本人民反戦同盟に属していたが、現在ではその後を引き継いだ日本人民解放連盟に所属しなければならなくなった。私は延安で仕事をしていた関係で、これらの学校の組織や場所、何を教えていたのか等の確実なデータは何も収集できなかった。このカリキュラムは、延安の日本労農学校のものと似ているように思うが、それに関してはこの一連のリポートの中で別途報告することになろう。

この連盟員の多く(八路軍は、彼らのことを捕虜と呼ぶことはほとんどない。彼らは「学生」とか、「日本兵士」あるいは「連盟員」などと呼んでいる)は、六ヶ月ほど教育を受け、勉強をした後に宣伝工作の仕事に配属される。それ以外の者は、八路軍兵士が日本軍から押収した武器の使い方の訓練に協力する。八路軍幹部に日本の戦略を講義する者もいる。専門家として八路軍部隊の一員に任命される者もいる。八路軍旅団で技師として働いている一人の中尉を私は知っている。また捕虜となったある医師は、八路軍の重要な医療部隊において外科医として勤務している。日本の遊びや歌、そして余興などを八路軍兵士や農民のために披露している部隊もある。このように捕虜と幅広い接触をすることで、中国人の間には、一般の日本兵士も自分たちと同様に農民や工場労働者であり、日本軍国主義打倒に向け同じような関心を持っているのだという認識を広めていった、と八路軍の幹部は話している。

コメント

八路軍の戦争観や捕虜の処遇は、間違いなく常識をはるかに超えており、一風奇妙にさえ見える。驚くべきことは、ここにいる「共産主義者たち」は、少なくともこの戦場を見た限りにおいては、まさに新約聖書にあるキリスト教の格言「汝の敵を愛せ」に従って行動している点だ。戦時中の行動の中で生み出されたこの革新的な出来事の持つ実際の有効性は、前線近くでこの政策の実態を目の当たりにした若きアメリカの戦闘機パイロット*の一言によって実証されている。曰く、「……しかし八路軍兵士たちは、捕虜をあたかも心の底から愛しているかのように扱っている。私にはそれが理解できない。しかしそれは現実に確かに行われているのだ!」

* 本リポート第一号、四一頁参照。

延安リポート　第一二号

宣伝の作成方法

八路軍が行う日本軍兵士および一般市民向け宣伝工作は、日本人民解放連盟にすべて一任されている。華北と華中にある三つの地方協議会*と一七の支部を統括する中心は、延安労農学校の学生二〇名から構成される宣伝委員会である。この委員会は、政策決定や計画の実行、各支部が作成した宣伝に対する批評や指示、各支部への情報や宣伝資料の発送、支部向けに無線電信で送るビラの作成、ビラ作成者の訓練などを行っている。また労農学校のプログラムとの調整を図るため、当委員会は前線地域およびその他の地域で宣伝工作を行う幹部の訓練を進めている。

* 地方協議会は二つ。孫金科『日本人民的反戦闘争』によると、一九四五年七月の時点で華北、華中に二つの地方協議会があり、その下に、晋察冀、冀魯予、晋冀予、山東の四つの地区協議会があり、さらに、二〇の支部が成立していた。ただし、巻末のアメリカ戦略諜報局(OSS)調査による解放連盟の組織図では、晋西北にも地区協議会があり、計五つの地区協議会があったとしてい

るが疑わしい。

宣伝委員会は三つのグループに分かれている。

一　ビラ作成班

二　翻訳班(中国語から日本語へ)

三　ローマ字班(日本語の文章をローマ字に直し、電信無線で前線にある支部に打電する)

宣伝委員会の中心は五人中央委員会であり、この委員会が(岡野氏の承諾を得て)実際の政策決定を行っている。当委員会は、一定期間内に実行する計画や作成するビラの形式や種類について計画を提示する。

宣伝委員会の会議では、中央委員会によって特定のビラの作成者が任命され、締め切り日が指定される。ビラに盛り込む主要項目は宣伝委員会が決定し、その後、ビラ作成班のメンバーが原稿の作成に取りかかる。

作成されたビラは中央委員会に戻される。そこで原稿に修正と批評が付け加えられ、そのビラの作成者に返される。書き直されたビラは再び中央委員会に戻されるが、前回と同様に櫛ですくような細かいチェックが入り、不備や誤りが指摘される。このようなやり方を通じてビラ作成者は批評と助言を研究し、原稿を三回から五回ほど書き直すのである。ちなみに原稿の書き直しは平均三回行われる。

ビラの作成者ができうる限りの努力をしたにもかかわらず、それが基準を上回らない場合、その仕事は別のメンバーに回される。これは最初のビラ作成者が、これ以上うまく原稿を書けないと言った時に行われる。また時間が差し迫っている場合には、原稿を他のビラ班のメンバーに回さずに、中央委員会が必要な手直しを行う。

中央委員会で承認されるとビラの原稿は労農学校の岡野校長に渡される。岡野氏はそれを批評し助言を与え、時として中央委員会に原稿の全面書き換えを指示することもある。よく書き換えを命じられるのは、ビラの形式に関することではなく、内容、方針、アピールの仕方などに関することである。

最初のビラ作成者はその原稿と助言をもらい、それを充分に研究する。彼は中央委員と岡野氏が満足するまで同じ過程をたどりながら原稿を書き直すのである。

次の段階は、日本語の文章をローマ字に直す作業である。タイプされたビラの写しが、ラジオ局に送られ、日本人民解放連盟の各支部へと送信される。また日本語の原稿は、近くの日本人民解放連盟支部、前線の敵軍工作部、各部門、工作細胞へ限定配布するため八路軍の印刷所へ廻される。(敵軍工作部に関する詳細は、フィッシャーの「八路軍の心理戦争」を参照せよ〔本リポート第二号、第三号を併せ指すものと思われる〕。)

なぜビラは書き直されるのか

一　最良のビラを作成するため。岡野は「一枚の良いビラは、一〇枚の平凡なビラよりも効果がある。ビラは量よりも質が重要であり、完璧なビラというものは存在しない」と語っている。

二　ビラ作成者の訓練のため。ビラ作成者を訓練するには、相互に助け合い、批評し合うことが不可欠である。書いてまた書き直しをすることでしか効果的なビラの作成方法は身に付かない。

ビラの定期調査

四週間から六週間に一度、宣伝委員会はその時期に作成されたビラを何枚か選び、検討を加える。大抵の場合、ビラ批評は岡野氏の「良いビラの書き方」を下敷きにして行われる(フィッシャーの延安リポート第五号)。岡野氏の二一項目におよぶビラ作成者への指示は宣伝委員会の「バイブル」となっている。

ビラの研究を行うにあたり、委員会は特にビラの効果という点に注目している。委員会のメンバーはビラを詳細に分析し、作成者が主要項目をしっかりと強調しているかどうか、長々と書き連ねることで訴えかける力が失われていないかどうかを調査する。ビラの表題には特に注意が払われる。「ビラの表題がテーマの主旨を分かり易く説明しているかどうか、直ちに興味が湧くものであるかどうか」について問い質される。

ビラは労農学校の学生にも回覧される。学生たちは添付されている白紙に自分の意見や印象を記入する。委員会は「バイブル」の第二項目「八路軍の支配下に入った捕虜や民間人は常に我々の最良の教師である」、ならびに第一九項目「捕虜と共にビラの効果を確認する。捕虜の意見を受け入れ、彼らに反論しない」を常に念頭においている。

ビラの出所と他の宣伝工作の資料

宣伝委員会のなかに日本問題研究委員会という組織がある。この研究委員会は、中央委員会のメンバー五名と、経験を積んだ学生(労農学校の卒業生)数名により構成される。その主な任務はビラ作成者に資料を提供することである。

資料の情報源

一　日本軍占領地域において八路軍のために諜報部員が購入した新聞や雑誌。

二　捕虜への質問(岡野はこれが一番の情報源だと評価する)。

三　労農学校の学生(捕虜)が参加する座談会の議事録。議事録から具体的な事実が得られない場合、ビラの作成者は、会議中に役立ちそうな発言をした個々人にインタビューをするよう求められている。

四　時宜を得た話題と最新の出来事の解釈。この資料は岡野氏が隔週で労農学校の学生向けに行う講義の中から収集される。

五　延安で発行される新聞。これらは中国語の新聞なので、宣伝委員会の翻訳者によって翻訳される。

六　日本人民解放連盟会議のような地域(延安)での行事、労農学校で開催される娯楽や余興、労農学校の状況や学生活動、娯楽等の八路軍の活動、彼らから見た日本兵の処遇、その他。

七　「日本兵士の要求書」*。このパンフレットは、一九四二年八月延安で開催された日本兵士代表者大会において作成されたもので、日本軍兵士による二二八項目の要求が記載されている。反戦同盟(日本人反戦同盟)支部代表五十余名の兵士が参加し、各要求を念入りに検討した後、多数の要求の中から二二八項目を選出した。要求には主要なものと副次的なものがあり、前者の方が幅広い分野をカバーしている。

＊　本リポート第三七号に全文が収録されている。

主な要求は個人用のビラに繰り返し利用され、二二八の要求は敵軍配布用のパンフレットにまとめられた。全体として見ても、一つ一つ見ても「日本兵士の要求書」は、資料として最高の情報源の一つである。

(一九四二年八月、延安の日本兵士代表者大会から各支部に代表が戻った後、それぞれの支部において独自の会議を開催し、各地域に固有かつ適切な要求を作成し直した。

各支部においては、それと二二八項目の要求の両者を使用している。)

新聞資料の収集と利用——提言

現在の小磯〔国昭〕内閣は新聞による宣伝の重要性を強調している。朝日新聞取締役を務め、国務大臣として入閣している緒方〔竹虎〕はこのことを指摘する。さらに緒方は、小磯内閣の情報局総裁も兼任し、八月九日には大政翼賛会副総裁にも任命された。

大政翼賛会は、まさしく今日の日本の宣伝工作を指導してきた機関であり、日本全国の宣伝機関を指揮統制している。

八月一一日付『読売報知』は次のような緒方の声明文を報じている。*

* 以下の『読売報知』『読売新聞』からの引用は当日の新聞に拠った。ただし、現代仮名遣いに改めた。

「私は、新聞は宣伝工作の重要な手段だと考えている……我が国民は戦争に疲れ果て、敗北主義的な心理に取り付かれていると聞いている。こうした心理状態が生じた理由は、新聞が正しいニュース報道をしていないこと、そして国民に事実が報道されていない点にあると考えている。それ故に、私は事実に基づく情報の提供に全力を尽くし、報道への規制や介入はしないつもりである」。

緒方の約束にもかかわらず、新聞は現在まで国民に事実を伝えていない。また緒方が、これまでの日本の新聞報道が事実に依拠したものでなく誇張されたものであったことを認めた点は、宣伝に利用することが可能であろう。

日本で発刊されている新聞は格好の対抗宣伝資料を提供してくれる。ポウェイやその他の地域にいる人々は、重慶から記事の写しを取り寄せるべきである。

日本政府が進めている宣伝工作の矛盾点を日本の国民と兵士に指摘すべきである。例えば、本年の三月あるいは四月に東条は、生産は予定通りに進んでおり、軍事需要を満たしていると語っていた。しかし現在まで勤労動員は大幅に増大し、よぼよぼの老人や戦争負傷者、さらには中学生や若い女子までもが動員されている。

一　八月五日付の『読売新聞』は次のように報道している。

航空機工場に中学校一年生が動員される――これらの生徒たちは、二交代制で仕事に従事している(これは、各生徒が一二時間から一四時間も工場にいることを意味している)。三井や住友などの工場名が記載され、学校名も列挙されている。

このニュースは兵士に対する宣伝工作として格好の材料となりうる。日本の新聞から抜粋した詳細な資料は説得力があるし、資本主義の不当利得を暴露できる。また国民は本国で苦しんでいるという兵士たちへの同情的なメッセージとして効果的である。このニュース記事は、アメリカの学生が置かれている状況と比較することで、日本の学生に対する宣伝としても利用できる。アメリカの学生たちが陽気に遊びを満喫し、学校教育を中断されることもなく生活している様子を写した写真やビラも利用できる。その文面は、誇らしげなものにするのではなく、同情的なものにすべきである。このビラの狙いは、日本国内向けの宣伝工作で軍国主義者が描いているものとは異なり、アメリカ人は「鬼畜」でないことを学生たちに示すことにある。

二　日本側の宣伝によれば、必要物資と必需食料品の生産はその期間の設定目標を達成した、あるいは上回ったと報道されている。

しかし八月一五日付の『読売新聞』の記事は以下のように報じている。

必要物資の鉄道輸送は、過去数ヶ月間停滞している。七月一日から八月一〇日までの鉄道輸送は、設定目標の八六パーセントにしか達しなかった。米、小麦、海産物、材木輸送の減少は明らかであるが、石炭の減少ぶりは目に余るほどである。

過去数ヶ月間、日本は輸送を鉄道輸送に集中させてきた。しかし鉄道に十分な物資が積み込まれていないという事実は、生産が不足している状況を現している。

三　八月一二日付『読売新聞』は、航空機生産に関して以下のような記事を掲載している。

社説は、当局から航空機生産は軌道に乗ったとの発表があった。しかし、飛行機が足りないのはどうしたことかと述べている。いま国民はなぜ飛行機が足りないのか疑問に思っている。これに対し政府は、多くの飛行機が前線に輸送される途中で失われたと答え、また、第一線戦力は現状を維持するだけでも並々ならぬ努力が要請されるとしている。社説では、政府当局者の話として、飛行機中相当数の飛行機が不合格品を出し、飛べない航空機になっていると報じている。最後に社説は、「日本には〝もったいない〟という言葉がある。我々国民は、この大決戦下徹底した生産で一粒の米も無駄にしないでいる。政府も航空機生産に同様の姿勢で臨むべきである」と結んでいる。

これは、日本の航空機が当局発表のように優秀ではなく、国民は当局から流れてくる情報に懐疑的になり始めていることを示している。

四　八月一三日付『読売新聞』の社説では、前線からの帰還兵が新聞に掲載されている嘘を暴露し、国民は大本営の発表に疑念を抱き始めていると報じている。

これらの資料は、軍国主義者の宣伝工作の矛盾とごまかしを指摘する意味で有益なものである。

過去六ヶ月の間に本土から出征し、現在八路軍の捕虜になっている者は、日本国内の深刻な食糧難を伝えている。配給制限から来る飢えにより体を動かせないため、一ヶ月三〇日の労働日の内、一〇日間は外出できない状態にある。闇市を利用する者もいれば、お茶やその月の配給の残りで食糧なら何でも手当たり次第に口に入れて飢えをしのいでいる者もいる。会社の見張り役(経済警察)が来てドアを叩いても、欠勤者は気に留めることもなく、一日中寝ているのである。

八月九日付『読売新聞』の記事は次のように報じている。荒井京都府知事は道端の草の中でどの草が食用可能か実験している。

八月一一日付『読売新聞』の記事は次のように報じている。

河原田大阪府知事は、自分がかぼちゃを主食にしている旨を語った。この記事では、土に落ちた花や茎なども食べるように提言している。また、かぼちゃ、花、茎等々のビタミン成分表も掲載されている。

八月一一日付『読売新聞』の記事は次のように報じている。

道端で採取した草の展示会が舞鶴海軍基地管理部におい

て開催された。この部局の部隊長が、食用可能なものと可能でないものを選り分けた。これは、前線に駐屯する軍隊に情報を送るために行われたのである。

このことは、海軍が太平洋各地の前線にいる兵士たちに食糧供給を行えない状態にあることを物語っている。

結論　敵軍(日本軍)向けの宣伝のための日本人工作員

八路軍は、長年の経験で効果的な敵軍宣伝工作は、日本人が行うことによってのみ可能であることを理解している。八路軍総政治部による宣伝工作が全面的に日本人民解放連盟に委託されるまで、すなわち開戦から今年一月までの間、八路軍による対敵心理戦争はまったく効果が上がらなかった。しかし、八路軍の宣伝工作の結果に関する研究は、日本人から送られてくる宣伝の方が日本軍に受け容れられやすいことを示している。八路軍内に日本人がいることだけを見ても、八路軍は捕虜を殺害しないことを証明している。また何人かの宣伝委員が語っているように、「敵に対して八路軍の戦争目的が正当なものであることを一番上手に納得し、軍国主義者の戦争目的が嘘偽りであることを暴露できるのは日本人なのである」。

日本人の心理、言語、習慣などを熟知していることが、全てのビラ作成者、心理戦争工作者に必須条件となっている。それなくしては、対日心理戦争は成功し得ない。したがって日本人兵士の捕虜たちは最良のビラ作成者であり、心理戦争工作者なのである。

宣伝の作成方法　日本人捕虜に対する思想教育の期間が終了すると、彼らが作成するビラは左翼的視点に立った難解なものになる傾向があることを日本人民解放連盟は発見した。教育がこれに大きく影響していたが、日本人民解放連盟の幹部や岡野氏を喜ばせたいという捕虜の願望もそれに影響を与えていた。このため、日本人捕虜が作成したビラはチェックする必要があった。また彼らが高度なレベルのビラを書く傾向もチェックする必要があった。

意志の団結　最良のビラは作成者が初心に返って書いたものである。日本人民解放連盟心理戦争委員会は三回から七回ほどビラを書き直す。ビラ作成者は、批判を受け入れ、質の向上を図るよう教え込まれる。委員会は、このやり方が最良の訓練法であり、良いビラを作成する唯一の方法であると考えていた。

古いビラの定期的研究　一度ビラが作成されどこかに投下されても、それは仕舞い込んで忘れ去られるわけではない。ビラ作成者の仕事を向上させるためには、古いビラの定期的な研究が必要である。この点に関して日本人民解放連盟委員会は妥協を許さなかった。彼らは、批評に対し心を開き、それを受け入れることが、最も効果的なビラの作成に欠かせない姿勢であると見なしていた。またビラの配布や配置は、ビラを持った農民たちが大きな危険を犯し敵陣深くまで立ち入って行うことを、ビラ作成者は常に思い起こすよう言われている。

調査　宣伝と対抗宣伝工作の資料作成のため、継続的な調査を徹底的に行わねばならない。日本人捕虜は日本軍や一般の日本人向けビラの最良の作成者ではあるが、多くの場合、最良の調査工作員というわけではないのである。

軍曹　コージ・アリヨシ
戦時情報局心理戦争班

中国北東部の延安にて
一九四四年一一月七日

延安リポート　第一三号

自殺防止のための宣伝
――日本人の自殺心理の研究

サイパンでは、日本人の自殺者が凄まじい勢いで増加している。サイパンの集団自決があった後、日本の軍部は本土や外地の国民に向けて、サイパン島の日本兵と一般市民は天皇陛下のために最高の犠牲を払った、と繰り返し発表している。

自殺を喜びであると美化する宣伝が、最近の新聞や雑誌のスローガンのなかに見出せる。「死ぬまで戦え」、「ルーズベルトは『ジャップを殺せ』と言った」、「日本人一億名誉の死」「アメリカ軍は一五歳から五〇歳までのすべての男を去勢し、女を奴隷にする」等々のスローガンが流布されている。

この日本軍の威嚇的な宣伝は、日本人にはより一層効果的である。というのは、日本国民は捕虜になることをこの上なく不名誉なことだと教えられているからである。また天皇やお国のために死ぬことは最高の犠牲であり、ひとたび捕虜となったからには日本へ戻ることはできず、かつての生活に復帰することもできないのだ。（捕虜の交換がなされた場合、日本人捕虜はその後処刑されるだろう、とほとんどの兵士が言っている。）

軍部の宣伝は、日本人が絶望的な状況に追い込まれた時、彼らを徹底抗戦に駆り立てたり、あるいは捕虜になる前に彼らを自殺に追いやるという効果があった。

彼らの抵抗を少なくし、日本国民と兵士の士気を打ち破るには、広範な対抗宣伝工作が必要である。この試みが成功すれば、軍事ならびに心理戦争関連の情報源の提供のみならず、戦場における日本人兵士の抵抗を少なくし、ひいては連合国軍による日本占領や日本での新政府樹立を容易にするであろう。

この対抗宣伝工作の一つとして、我々は「なぜ日本人は自殺するのか」というテーマについて研究しなければならない。

日本労農学校の学生一七名が参加して延安において座談会が開催された。会議の議題は「日本人の自殺心理」であった。これらの学生はかつて日本軍兵士であったが、彼らは以下のような主旨のコメントを発表した。この会議の議事録の全文は次回の飛行機で送付する。

座談会の要約

一　あなたがた学生は、どのような状況下で自殺をしようとしたのか。

a　自分の所属する部隊(小隊の場合であって大隊の場合ではない)が、最後の一人になるまで戦い抜くことを決めた時。この事例はあまり多くはない。

b　戦場で敗走あるいは敗北した後、どこかに身を隠している時。

c　戦争捕虜になった直後(特に捕虜となった後の二日から三日の間)。

d　関係者が誰も上官から直接自決を強要されなかった時。

二　あなた方(座談会の参加者)は、なぜ自殺を望んだのか。

a　捕まったら殺されるから(虐殺や拷問死させられる恐怖)。

b　家族や世間に合わせる顔がない。

c　捕虜になることは日本兵にとって不名誉なことである。

d　元の部隊あるいは日本に戻った後に追放される恐怖。

三　自殺を試みた時、どのような思いが心を占めたか。

a　妻、子供、両親、戦友、故郷への思い(これらは主なものである)。

b　もうこれで「終わりだ」。

c　天皇やお国のことなどは兵士の心には浮かばなかった(お国のために自分の責任を果たしたと考えた兵士が一人だけいた)。

d　まさに自殺をしようとする瞬間、その人間には死に対する恐怖など存在しないように思える。しかし、ほんのわずかでも恐怖心が起こってくると自殺はできなくなる。

四　自殺心理の原因は何だと思うか。

a　自分が成人に達するまでの長年にわたる環境の影響。

㈠　小学校での教育

㈡　家族(封建)制度

㈢　社会全体の軍国主義的文化の影響

b　徴兵後の国粋主義的な思想教育（特に最後の年）。

c　日本軍内部で処刑宣告された捕虜の実情。

注　八路軍は二四九七名の捕虜のうち二〇八五名を日本軍へ帰還させた。この数字は一九四三年一二月までのものである。

五　どのようにしたら兵士は自殺への思いから解放されるのか。どのようにして自殺は阻止できるのか。

（納得のゆく発言はなかった）。

軍曹　コージ・アリヨシ

中国華北、延安にて

一九四四年一一月七日

延安リポート　第一四号

八路軍の宣伝の内容

このリポートは、八路軍が作成した宣伝資料の全てをカバーしているわけではない。心理戦争の担当支局が華北や華中各地に点在し、支部によっては延安の本部と連絡をとるのに半年あるいはそれ以上かかるため、この時期に全ての資料を取り揃えることはできなかったのである。たとえば山東から延安に行くには、六ヶ月あるいはそれ以上かかる。しかも旅行者は日本軍の厳しい監視下にある鉄道を三つ越えて行かねばならないのである。

全ての資料が揃っていないもう一つの理由は、八路軍の心理戦争部隊が反戦同盟と合流し、その後現在の日本人民解放連盟に改組される前の、独立して間もない時期にあたっていたためで、組織がようやく機能し始めたばかりだったからである。以前は心理戦争に関する資料が〔党〕中央本部へ送付されることはなかった。

以下の資料はその大部分が延安で作成された。ただし日本人兵士が前線の心理戦工作員に送った手紙、慰問袋、手紙、土産小包などはその例外である。

このリポートは包括的なものではなく、たんに宣伝の幅の広さを示唆するために作成されたすぎない。

兵士の要求ビラ＊

＊ 山極晃『米戦時情報局の『延安報告』と日本人民解放連盟』の別冊「ビラ図録」、鈴木明・山本明編著『秘録・謀略宣伝ビラ』、鹿地亘資料調査刊行会編『日本人民反戦同盟資料』第九巻、第一〇巻には解放連盟、兵士大会、労農学校等の署名のあるビラの写真が収められている。また藤原彰編『資料日本現代史 1「軍隊内の反戦運動」』にはビラを活字にしたものが収められているのでそれらを参照されたい。

一 ビンタを止めるように要求する。（日本軍脱走兵の約半分がビンタのために軍から脱走している。）

二 ある初年兵はビンタのかわりに、小隊長によって顔にペンキを塗られた。この兵士は抵抗し、問題を部隊長へ訴えた。部隊長は謝罪し、小隊長を一週間ほど兵舎に閉じ込めた。これは実際に起きた話で、関係者の個人名やその部隊名が記載されている。要求すればそれなりの結果が得られるのである！

三 軍司令官のパーティーについて。ある新聞記者が自分も出席した華北での軍司令官主催のパーティーについて書いている。パーティーでは、パイナップルやバナナ、缶詰入りの果物などが振る舞われた。軍司令官の部下たちが少ない配給で戦っている時に、この将校はこのような態度で楽しんでいて良いのだろうか、と記者は疑問を呈している。このビラは、

「三度のメシは白米にしろ！
オカズをもっとよくしろ！
酒とタバコと菓子をもっとよこせ！」

と主張している（「北支最高指揮官岡村将軍の大宴会」）。

四 長距離の行軍をもっと楽にせよ。一時間につき一五分、休憩時間をとれるように要求せよ。

落伍者を殴ったりせず、馬に乗せるように要求せよ。

五 強制貯金 貯金の強制は止めるよう要求せよ。

六 「四種混合」について。以前日本軍では、マラリア、腸チフス、コレラ、猩紅熱の混合接種が「混合」と呼ばれていたが、現在ではこの言葉は、米、キビ、小麦、コーリャンの混合をさすようになった。ビラはこの言

葉を嘲り、兵士らが米を要求するよう求めている。
七　死亡した兵士の埋葬を適切に行うように要求せよ。兵士の死体の上にいる禿鷹の写真。
八　日曜日の(臨時)外出許可証で近郊への外出を要求せよ。
九　食糧をもっと与えるよう要求せよ。
一〇　意見箱を設置するよう要求せよ。イラスト　提案を書き込んだ数枚の紙切れをつかむいくつかの手と意見箱の絵が描かれている。
一一　兵士が葉書ではなく封書で書けるよう要求せよ。兵士たちは、どのようにしたら恋人に葉書で便りを出せるのか？　等々(中国にいる日本兵は日本国内には葉書でしか出せない)。
一二　外地での二年間の勤務後、一ヶ月の休暇を与えるよう要求せよ。将校や下士官にはこの休暇が与えられている。同じ待遇を要求する。
一三　軍隊語を強制せず、地方弁を自由に使わせよ。兵士は軍隊語を使わねばならず、九州や大阪出身者は大変な苦労をする。
一四　戦闘後は、二、三日の休日を与えよ。食糧の改善と完全休養を要求せよ。
一五　政治的自由　投票権と政治的表現の自由を要求せよ。軍事指導者は政治に関与し、その多くは有能な政治家から統治権限を奪っている。政治的(意思)の表現において同等の権利を要求せよ。
一六　何故に将校はビンタを張るのか――兵士を仲違いさせるためである。ビンタの中止と戦友同士の交流促進を要求せよ。
一七　公正で平等な昇進を要求せよ。年功と功績による昇進を要求せよ。
一八　腹一パイ飯を食わせろ。
一九　もっと多くのマシな装備と配給を要求せよ。将校が配給を搾取している例。この問題を兵士たちが上官に訴え、その部隊の状況は改善された。
二〇　外地にいる兵士の家族に政府が充分な特別手当を支給するよう要求せよ。
二一　現地の人びとを冷遇するなと要求せよ。これを破った者は処罰するよう要求せよ。
二二　押収された妻からの手紙。これは印刷され、ビラは戦争の終結を要求している。そうすればすべての兵士の日本への帰還が可能である。
二三　兵士は将校よりも大きな犠牲を払っている。

これらの要求ビラは、日本人あるいは日本の組織(例えば反戦同盟)が作成し、送付した方がより効果的である。

日本兵を煽動するビラ

一　どちらが勝者となるのか。生産と海軍力に関する話。
二　日本の南太平洋進出とそこから得られる兵士の利益。
三　日本労農学校　八路軍側についた日本人兵士の教育のために彼らがしていること。
四　労農学校の実態　この学校や八路軍向けに行われた日本の宣伝工作の虚偽を暴く。
五　国境地域における日本兵士の活動　国境地域にある政府の一員に選出された日本兵の話。
六　日本の経済、政治、社会的現状に関するビラ　これらは新聞から抜粋されたものだが詳細な事実を教えてくれる。
七　大泥棒と小泥棒(資本家や将校たちは何をしているのか)。
八　軍事歳出予算の統計　これは資本家を豊かにする国民の血と汗の結晶である。
九　岡野の延安到着のビラ　このビラは、日本で革新的運動に身を投じる労働者、自由主義者、革新主義者に向けられたものである。
一〇　すべての八路軍心理戦争部隊を反戦同盟に吸収させた出来事について。
一一　捕虜について　日本軍へ帰還した捕虜の体験。彼は殴られ、自決するように命じられたが、日本軍から脱走し、二度目の捕虜として八路軍にやって来た。この捕虜は、捕虜になることは刑法上の罪にはならないと書いている。またビラの中で八路軍は彼を友人あるいは同志のように扱ってくれたと語っている。
一二　八路軍は本当に日本国民の敵なのか。
八路軍の戦争目的
日本の戦争目的　兵士が事実として知る中国での略奪と窃盗の限り
一三　一九三二年の総選挙について。
一四　ノモンハンでの戦闘に参加した兵士が書いた日本

軍敗戦の様子。現在、この兵士は八路軍にいる。
一五　一九四二年八月の反戦同盟会議。
一六　モスクワ会談。
一七　カイロ会談。
日本軍国主義の崩壊。
民主国家日本の樹立。

挨拶

一　新年の挨拶(年賀状と贈答品)
二　夏の挨拶

トーチカ内の日本兵とのやり取り

一　友好的な手紙
二　日本兵が土産として欲しがる物品に関する問合わせの手紙

慰問袋

一　ハンカチ
二　スローガンを書いたトランプ
三　「手紙を書かせろ」という要求つきの封筒と便箋
四　スゴロク(スタートは日本で、あがりは軍国主義者の敗北による終戦)
五　落花生の袋
六　カルタ
七　石鹸、タオルなど
八　花札(日本のトランプ)
慰問袋の中の宣伝工作用の品物は、歌集、パンフレット、ビラ、写真のビラなどである。これらは政治的性格を持ったものではない。

反戦感情を煽動する

一　故郷に帰り、母親と暮らしたいという思い。
二　無理して死ぬな。
三　兵士に配られた低級酒に言及したビラ。
四　日本国内の女性労働者(低賃金、長時間労働など)。
五　強制貯金と債券の購入　実際に給与の半分がそのために差し引かれる。
六　無駄な自殺をするな。
七　日本の桜の季節について。
八　死んではならない。国民は貴方たちの帰還を待っている。

九　八路軍兵士は身心ともに日本軍兵士のように苦しんでいない。

一〇　日本の春

一一　新年と兵士　元旦に歩哨に立った兵士の会話

一二　どのようにすれば要求が通るのか。

パンフレット

一　イラスト入りの新聞記事を使って日本国内の悲惨な状況を兵士たちに知らせる

二　将校を嘲る話

三　兵士の友(パンフレットサイズの雑誌)

四　国民の声

解放連盟について

五　岡野の著作「日本国民に訴う」(本リポート第一八号)について

日本の社会・政治史に関する著作で、軍隊や民間人に配布された。

六　喜び

これは労農学校の学生が使用した最初の教科書である。

捕虜になった後の日本兵の生活。八路軍、農民、労農学校の学生から受ける処遇や生産計画など。

七　夢　兵士は中国で厳しい生活を強いられている。その苦しさを忘れるため彼らは酒を飲む。そして故郷に戻り、妻に会っている夢を見るなど。

八　八路軍の捕虜の取り扱いについて。

八路軍は捕虜を殺さないなど。

九　中国にいる日本人移民と中国人の双方に対する日本の搾取と虐待について。

無実の中国人の殺害の様子と八路軍から戻った日本人捕虜の処刑の様子。

一〇　日本兵士の要求(二三八の要求項目)

一一　歌(反軍国主義歌、反戦歌)

これらは日本では良く知られた歌であるが、歌詞のあちらこちらが変更されている。

一二　『解放』

パンフレット——雑誌

新聞『兵士の友』

現在、日本人民解放連盟は延安において新聞を発行していない。

中国北西部、延安にて
一九四四年一一月七日

軍曹　コージ・アリヨシ
戦時情報局心理戦争情報班

延安リポート　第一五号

連合国の心理戦争に対する日本側の危惧

最近の日本の雑誌や新聞を無作為に熟読してゆくと、敵の心理戦争がもたらす危険な影響について、異常なほど心配している様子が窺える。日本人の心には宣伝が浸透しにくいという、しばしばアメリカで言われている考えは、日本の官僚や評論家が共有するものではないことは明らかである。

敵の宣伝に対して警告を発する記事の論調や内容には共通したものがある。心理戦争の方向や手法が詳細に説明され、日本国民が来るべき敵の宣伝の弾幕に抵抗しおおせるためには、必ずや日本は勝利するという揺るがぬ信念を持ち続けなければならないという説諭が常に繰り返されている。

しかしイタリアでの心理戦争の成功は日本側を当惑させることになった。一九四三年一〇月七日の『時局雑誌』に掲載された座談会では、イタリア国民がムッソリーニを嫌悪するよう仕向けたイギリスとアメリカの宣伝の効果について議論され、同様の戦術が日本でも試されることは確実であろうと警告している。一九四四年七月一六日付けの『朝日新聞』の記事でも同じテーマが取り上げられ、そこで使われた手法の詳細についても取り上げられた。

日本の指導者は、外国からなされる敵の宣伝だけでなく、国内から発する宣伝や敗北主義的なデマが国民の士気に無意識のうちに与える影響を危惧してきた。一九四三年一〇月の『現代』は、国内外の敵に対して同じ位の力をもって反撃すべきであると指摘している。こうした敵は、個人主義や自由主義の理論に執着し、それは主として知識階級の間に見られるもので、「若し陸海軍の教育をそういう人達がしたら、戦争はできない」と指摘している。

一九四四年四月一〇日号の『時局時報』には、「危険なデマへの反撃の仕方」というテーマで座談会が掲載されている。参加者は、憲兵隊の代表一名、警視庁の警官二名、情報局から一名である。警官のうち一名は、自分が耳にする危険なデマは、毎月五〇から六〇件もあると報告している。彼の分析によると、こうしたデマの三分の二は、四〇歳以上の人びとによって広がる。それを広めるのは三〇パーセントが女性であり、その大半が四〇歳以上であるという。噂の六〇パーセントが経済問題に関するもの、一〇パーセントが軍事的性質のもの、そして三〇パーセントがさまざまな内容に関するものである。やはり、ほとんどの場合、咎められるべきは知識階級である。言論統制法に違反したのは、具体的には、ある経済研究所の所長、学校の校長、高等女学校の教員であった。

日本国内では短波ラジオ受信機の保有が禁じられているにも関わらず、敵のラジオ・宣伝攻撃に対する防衛に明らかに不安を隠せない。(政府当局は)日本人が「数千台」の短波受信機を不法に所持しているのではないかと考えているようだ。一九四四年八月一五日付け『朝日新聞』の中の注目すべき記事は、短波に対する日本側の備えが十分に整っていないと報じている。「短波受信機を持たぬ日本人は、温室咲きの草花みたいなもので、窓ガラスさえ破ればそれでいい*」。日本では外国放送の傍受と受信機の所有を禁じる法律や受信妨害はけっして十分であるとはいえない。国民は敵の激しい電波侵入を完全に閉め出す「鉄の耳」を持たねばならないと報じている。またサンフランシスコにある謀略ラジオ放送局を、特に名指しで攻撃しており、その宣伝目的を以下のように指摘している。(一)軍民離間をはかること(二)敗戦感を与えること(三)一般大衆に恐怖感を植えつけること。そしてサイパンが陥落した今、アメリカはサイパンに中波送信機を設置し、日本中のラジオを宣伝で溢れさせるであろうと述べた後、この記事は次のように結んでいる。「われわれが果たして彼等がいうような温室咲きの草花であるかどうか鉄の耳、不死身の信念で声の爆弾に見参しよう」。

＊　新聞記事からの引用は当日の新聞に拠ったが、現代仮名遣いに改めた。以下も同じ。

一九四四年七月一六日の『朝日新聞』には、「次に来るのは紙爆弾」という見出しの記事が掲載され、中国の基地やサイパンから飛来する航空機が日本に投下するビラの効果について深い懸念を表明している。以下は引用である。「無論、我々は日本国民がこうした宣伝に騙されるなどとは考えていないが、アメリカやイギリスはその道に長けている。イタリアなどでも成功を収めている。残念ながら、日本人は経験がなく、こうした心理戦争に直面すると大いに欺されやすい。我々は必勝を堅く信じ、心が〝防空壕〟になるまで心を堅くし、敵の宣伝に対する準備をしなければならない」。この記事の中では三回も「必勝の信念を強化せよ」というスローガンが繰り返されている。

アメリカの心理戦争に従事する人々にとって、日本〔政府〕が彼らに対して使うと思われる宣伝上の路線と手法に興味があるだろう。以下は、上記に引用した『朝日新聞』に掲載されたものである。

連合国の宣伝工作の狙いは以下の通りである。
(一)日本国民を指導者層から切り離す。
(二)政府に対する不満や反対を助長する。
(三)枢軸国を分裂させる。
(四)生活に関する不満を出させ、不快感を助長する。食糧配給と食糧不足を強調する宣伝には要注意。
(五)勝利を確信する心に揺さぶりをかける。欧州で投下されたビラには、戦況の不利を示す地図があった。「我々は、こうしたやり方に欺されないよう、必勝の確信を常に強くし続けなければならない」。
(六)恐怖心。欧州では、破壊されたハンブルクの絵がばら撒かれた。説明文には「これがあなたたちの運命だ」とあった。

(七)「要塞ヨーロッパには屋根がない」などのスローガンが使われた。

(八)平和の魅力に関する甘い言葉。これはイタリアでは効果があった。

記事では「ブラック」宣伝の手法についても取り上げられた。*

* 以下に紹介されている記事は、七月一六日及び前後十数日の朝日新聞には見当らない。

(一)国内で印刷されたとされる、偽の秘密文書をばらまく。例えば、このような文書が使われる可能性がある。母親会(Mothers Club)が作成したとされる請願書「私たちの息子を前線に送らないで」あるいは「良品確保連盟」の「食糧配給を増やさない限り、我々は仕事をしない」という文書がある。

(二)偽の新聞や出版物。敗北主義的なニュース、いんちきの公式声明、士気を低下させる意図をもった話や記事を掲載し、構成や形式を国内の定期刊行物に正確に似せた偽物。

(三)偽造貨幣。一〇〇円の札束を投下することでインフレを起こそうとする試みに注意。

(四)偽造の配給券。ドイツでは、敵がばらまく偽造券に対抗するために、半年ごとに配給カードのデザインを変更する必要があった。

(五)爆発する万年筆、宝石箱、人形の投下。「これによって、多くのイタリア人の子供たちが殺された」。

(六)発火「カード」、毒針などの投下。畑に火をつけ、家畜を殺そうとするかもしれない。「こうした弾幕に直面しても、国民は冷静さを保たなければならない。必勝を堅く信じる心を失ってはいけない」。

記事は、敵のビラを読まないよう、あるいはその内容を友人と話し合いすらしないよう警告している。「国民は、本物の爆弾や焼夷弾から身を守る訓練は受けたが〝紙爆弾〟に対しては受けていない」。

一九四四年七月一七日にも『朝日新聞』は敵の心理戦争に対する警告を出した。この記事は、シカゴ大学のハロルド・ラスウェル教授はじめ他のアメリカ人研究者の対日宣伝に関する研究成果を沢山引用しつつ、日本国民は敵の対日戦術謀略の手の内を理解しなければならないと主張している。さらに国民は、特に日本の戦局の不利を伝えたり、食糧不足に対する不安感を助長する宣伝に用心しなければならないと報じている。

我々は、心理戦争が一般市民に与える影響について日本側が非常に重大な懸念を抱いている点を最大限に利用すべきである。前線で戦う兵士よりも、本国の国民の方がはるかに脆弱である。日本の論者たちが自ら指摘するように、日本人は一般的に、新しい考え方がどっと押し寄せてくるような状況に直面すると、だまされやすく愚直である。多くの場合において、彼らはこうした考えを真実であると思い込み、それが彼らの気分や心の奥の感情にうまく合致すると、我々の予想以上により良い宣伝の対象になりうる可能性がある。

わが国のB二九は、日本の絶望的な戦況の意味と、悪化しつつある経済状況がはっきりと分かるようなビラを日本の都市や農村に雨のように投下すべきである。しかし、こうしたビラによって、軍国主義者の宣伝を支援するような誤り——すなわち、ビラが日本人に脅威を与え、彼らを死に至るまで徹底抗戦させてしまう誤り——を犯してはならない。日本国民にとって平和とは抹殺ではなく、彼らに幸福をもたらすものだと我々は伝えるべきである。

ジョン・K・エマーソン

中国、延安にて
一九四四年一一月七日

一九四四年八月の東京朝日新聞の批評

一九四四年八月発刊の『朝日新聞』のファイルを読んだところ、日本の現状についていくつかの顕著な事実が明らかになった。例えば、(一)深刻な航空機不足、(二)不十分な農業生産、(三)工場における非効率性、(四)戦時指導部への不満、(五)国民の士気ならびに敵の宣伝工作の影響に関する不安、などである。

以下の簡単なメモは、八月に掲載された新聞記事や社説の抜粋の内容をまとめたものである。*

＊ 以下、朝日新聞の引用は当日の新聞によった。

八月四日の「兼業農家の活用指導」という社説は、一九四〇年における日本の農民の三一・二パーセントが工場で働いており、この数字は翌一九四一年には、五八・一パーセントに増加したと指摘している。過去一年間については、入手しうる数字はないものの、社説担当記者はその割合は激増したと考えている。これは、農作業が老人と幼児の手に委ねられ、結果的に生産効率と農産物生産の低下が生じたことを意味している。日本の食糧供給に影響を与えるこの深刻な状況に対処するため、農作業を計画的に組織しなければならず、また農民は食糧生産の国家的重要性を認識する必要に迫られている。小作農家の農業生産量は、自作農家に比較して極端に少ないので、小作農家の生産量を増加させるには何らかの措置が講じられなければならない。また生産性を改善させるには、農業に従事する以外に道のない婦女子に対し、農業技術教育を施すことが必要である。

注　上記の事実は、一九四四年六月まで日本にいた捕虜によって確認されている。小村や農家出身の数名の捕虜たちによると、日本では現在ほとんどの農作業は老人と婦女子が行っているという。ある村では、若いといえる男性は五、六名しか残っておらず、彼らもまたいつ軍役を命ぜられるか分からない状態にある。最近、捕虜になった者の多くは、二度ないし三度も召集されている。

聞記事

八月四日　工場労働者に生産量引き上げを強く求める新

注　工場労働者としての経験を持つ捕虜には常習的欠勤者がきわめて多く、毎月、一ヶ月のうち一〇日も欠勤するケースがかなりあると語っている。その原因は、主として病欠、疲労、空腹である。それでも彼らが仕事を辞めないのは徴用によって、何らかのさらに条件の悪い労働に回される恐れがあるからである。

八月七日　この記事では、国民が空襲に対して警戒を怠らないように呼びかけている。さらに、だらけるといけないので緊張させるために警報が鳴るのだという国民の態度を厳しく叱責し、警報の有無に関わらず、国民は心弛めず在住警戒態勢を維持しなければならないと戒めている。

注　戦争捕虜たちは、空襲に対する防衛体制はまったく不十分な状態であったと語っている。ある工場では、連日、訓練が行われていたが、防空壕に入ることができたのは、労働者のごく一部にすぎなかった。ちなみにこの工場は九州にある。

八月九日　この日の社説「指揮者陣頭にありや」は以下のように述べている。日本人の性格として、上に立つ人の命令に唯々として従う従順さを持っている。しかし東条内閣は、国民に対して四六時中、説教をするばかりで、全面戦争に向けて国民の総力を結集すべく国民の精神と生産を十分に鼓舞することにおいて成功しているとは言い難い。いま何よりも必要とされるのは、知能、技能にたけ、人格においても清廉高潔な指揮官であり、この失敗の責任を国民に転嫁してはならない。

八月一五日　この日の社説は、国民の士気と効率をテーマに取り上げている。社説は、日本の生産力が十分でないのは、国民の能力と戦意がなおいまだ組織化されていないためだという。また国民は、航空機の数が極度に不足していることを知り過ぎるほど知っており、所要の航空機さえあれば、戦況は守勢から攻勢に転じられると理解している。

しかし、国民の士気は十分に昂揚しているわけではない。国民は、工場や学校も前線と同じくらい重要な戦線であることを認識しなければならない。士気の低さは、特に父祖伝来の家業をかなぐりすてて軍需工場へと急いだ徴用工員に見出される。労働者間で士気が低いのは、労働管理の拙劣と責任者や雇用主の誠意なき指導と効率の悪さが原因である。政府と工場経営者は、この状況を改善しなければならない。

注　軍事産業への転換と中小企業の合併という政府の政策のために自営の店を失ったある捕虜は、かつての中小企業の店主の生活水準は大きく低下し、軍需産業への転換過程において、大変な苦労と不満が生み出されたと語っている。

八月一九日　この日の社説は、アメリカ占領後のガダルカナルで不屈の精神を以て徹底抗戦した日本の小部隊を高く称賛し、これと同様の精神と戦いに勝たんとする絶対的信念があって初めて、国家の戦闘能力も増大し、日本が太平洋において再び攻勢に転ずることが可能であると主張している。

八月二一日　この社説では、アメリカの指導者が最近しきりに戦勝を見越した言説を流しているが、それはアメリカの思想謀略であるとし、こうしたアメリカの自信は、現在の対独・対日戦で一時的に事態が好転していることがその根拠となっている点を忘れてはならないと国民に伝えている。またアメリカ市民は、戦争の早期終結を望んでおり、戦争が長引けば、アメリカ市民の関心は薄まり、不満が出てくるはずだと述べている。

八月二〇日　第一面のトップ記事は、『タイム』誌に掲載されたサイパンにおける日本軍玉砕に関するシャーロッド記者による特電の翻訳であった。この翻訳記事の後に三菱重工業社長のコメントがあり、彼は玉砕の精神を称賛した後、前線にいる日本人と国内の日本人との間に気概において大きな差があることを示唆し、後者は、前線にいる同胞ほど真剣なる熱意がないという。そして彼は、「日本国民の士気を、サイパンにいる我が同胞の精神状態に近づけることが政府の義務である。私は、小磯内閣がこれをその政策を通して実現すると期待できると願う」と締めくくっている。

八月二二日　「編集部への投稿」において、ある読者がサイパンの日本軍玉砕の問題を取り上げ、もしあのような状況に自分が置かれていたら、二歳の我が子の命を絶つ勇気があるだろうかと問題提起をしている。結局、この人物はサイパンの英雄の前例が目前にある以上、自分も同じ行動をとることができるだろうと結論づけている。しかしその前に、二、三名の米鬼を竹槍で突き刺したいものだと語っている。

注　「米鬼」という漢字の組み合わせは、敵国・アメリカを示す名称として新聞や雑誌で頻繁に使用されている。最近、延安で開かれた円卓会議で捕虜が語ったところによると、アメリカ人を侮蔑するのに適した表現を選ぶコンテストが日本で開かれたが、結局、適当な呼び名がなかったため、賞は授与されなかった！

八月二九日　南太平洋方面の特派員報告では、空を「ふざけながら」自由に飛び回るアメリカ軍機を見て激怒した日本人のことが報告されている。曰く、「もしアメリカが一機だけでも我が国に飛行機を送ってくれたならば……！」

八月三〇日　中部太平洋方面からの特派員電では、日本軍の空からの支援が不足している状況について言及されている。アメリカ軍機による間断ない空爆に対抗する航空機の数が足りないため、日本人が悲嘆にくれる様子が述べられている。アメリカの航空機の実勢力は、日本の一五倍以上であり、日本軍の航空機も飛び立って応戦はしたが、多勢に無勢の悲しさ、次々に犠牲を出していったと述べている。

八月三〇日　社説は、さらなる生産の増大、さらなる飛行機の増産そしてさらなる「決戦」政治を求めて、ほとんど血迷ったかとさえ思われるような訴えかけを行っている。「明日の千機*よりも今日の一機といわれるほどの戦局にあり、より多くの航空機なしには、戦況の攻勢転移は実現しがたい……国家の有する一切の力を戦争に投入せねばならぬ」と訴えている。

＊　英文では「ten」となっている。実際の社説では「千機」となっており、英文訳者は「千」を「十」と読み違えたと思われる。

ジョン・K・エマーソン

中国、延安にて
一九四四年一一月七日

岡野によるアメリカ軍作成ビラへの概括的批評

ポウェイ(Powai)*、重慶、南太平洋で作成されたビラのサンプルが岡野進氏のもとに批判や意見を求めるために届けられた。このリポートはビラに対する彼の一般的な批判や印象をまとめたものである。個々のビラに対する岡野氏の批判をまとめたより完全なリポートは後に出ることになろう。

＊　インド東北部アッサム州のビルマ国境に近いレドにアメリカの軍事基地があり、北ビルマ戦の前線基地となっていた。ポウェイは、レド近郊のOWI本部があったところ。イギリス人所有のポウェイ茶園の中にあったところから、この名で呼ばれた。

延安の日本人民解放連盟宣伝委員会もこれらのビラを研究し、そのリポートを書くはずである。(宣伝委員会にかんする情報は、延安リポート第一二号の「宣伝の作成方法」を参照。)

これらのリポートは次回の飛行機で送られる。

岡野氏の批判と印象

一　アメリカ作成のビラを点検した後、岡野は戦術的ビラが多すぎて、逆に戦略的ビラが少なすぎるという印象をもった。彼は最近の問題を扱うビラを戦術的といい、長期的な問題、たとえば日本軍国主義、アメリカの戦争目的、戦争の大義、戦後の日本といった問題を戦略的と分類する。(日本人民解放連盟作成のビラのタイプや種類は延安リポート第一四号「八路軍の宣伝の内容」を参照。)

二　アメリカのビラが常に日本兵や市民に呼びかけているのは、日本は占領地を失いつづけており、結局は敗北するだろうということだ。岡野によれば、こうした言い方は敗北阻止へのファイトを日本人に掻き立て、全ての軍国主義者が日本人に訴えているようなこと、つまり敗北による「日本人の絶滅」、日本の植民地ないし三等国への転落、さらには「一五歳から五〇歳の日本男性全員の去勢化」さえも意味するものである。さらに軍国主義者は日本人に向けて、国民が戦争を支持せず兵士に必要な飛行機や武器をすぐに渡さなければ、敗北は必至であると語り出した。彼らは鬼畜アメリカが日本を敗北させた後にどんな恐ろしいことを企んでいるかを常に国民に周知徹底させている。アメリカ側のビラが解決策を示さず、ただ日本が敗北することのみを日本人に語り続けるなら、宣伝活動は軍国主義者を結果的に助けることになろう、と岡野は述べた。過去数ヶ月で日本の戦局は急速に悪化し、日本が究極的に敗北することは確かなものとなっている。日本兵や国民でさえ、日本が「百年戦争」を続ける能力に自信をなくし、今や日本の勝利に絶望的である。岡野が言うには、日本への心理戦争は次の段階、つまり敗北は軍国主義体制の打倒であり、日本人民の解放であることを示す段階に入らねばならない。

三　アメリカのビラの多くは無知、無教育の日本兵には難しすぎる。言葉、文体、内容は初等、中等教育を受けた者には高度すぎる。高度な詩歌や文学表現を使った南太平洋のビラは平均的な日本兵には理解し難い。

四　一般的にアメリカのビラは日本の原語で書かれたものよりも、翻訳調である。岡野が言うには、原文を直訳しすぎて、意訳を避けている。したがって、文体、構成、表現が日本語になっていない。

五　アメリカ作成のビラの大部分は戦場の軍隊が見るには長たらしい。だが最近のポウェイで出したビラのいくつかは短く、要領を得ていて、日本語らしくなっている。

六　アメリカのビラ(重慶、ポウェイ、南太平洋)は推敲を重ねていないとの印象だと岡野は言う。彼は質が量よりも重要であると強調した。

七　アメリカ作成のビラにおける主題の多くは、一般的すぎる。もっと事実に即した材料、子細な描写、イラストなどを使うべきである。捕虜の尋問、日本の新聞、雑誌、同盟の記事などは効果的で興味深いビラの材料を提供してくれる。たとえば最近のニュース記事、放送、雑誌記事から紹介した日本の食糧事情、労働力不足などは兵士や市民には興味深いテーマである。ちなみに、日本の雑誌に出た最近の流言の記事によれば、日本で広がっている流言の六〇パーセントが経済状況に関することで、戦争についての流言は一〇パーセントにすぎない。

八　『時勢』と『南太平洋週報』[*]は捕虜の教育や情報提供には良いと、岡野は述べた。しかし前線の兵士にはほとんど興味のないニュース記事がいっぱい詰めこまれている。また組み方でいえば、とくに『時勢』は詰め込みすぎという。

＊『時勢』は重慶でＯＷＩ（戦時情報局）が発行。編集長はビル・アッカー。『南太平洋週報』はオーストラリアのブリスベーンで発行。編集長はイギリス人のＣ・Ｓ・バビア。

兵士は読む時間がないので、組み方やニュース選択がきわめて重要である。前線向けの新聞は紙面が小さいので、配布される地域の兵士にとくに関心のあるニュースをごく少数選択してのせるべきである。

戦場という点で見ると、『時勢』、『南太平洋週報』、『戦陣ニュース』＊の三紙の中では『戦陣ニュース』（実物写真挿入）が一番良い。ニュースの選択、地図の使用、地名の限定した使用、小さい紙面、広い空白のスペースに岡野は良い点をつけている。またニュース記事のスタイルや語彙は日本軍向けにふさわしい。

＊カール・ヨネダ『アメリカ一情報兵士の日記』によれば、一九四四年六月はじめ、ヨネダが責任編集者となって、『戦陣ニュース』第一号を発行した。これは、カルカッタで英軍の心理作戦部に従軍していた岡繁樹の『軍陣新聞』にならったものである。

『南太平洋週報』は日本兵には理解し難い詩歌や語句を使っている。岡野自身がそれを理解するのに繰り返し読まねばならないほどだったという。またこの新聞には、日本史から小さな事件や出来事をとりあげている。こうした情報は大部分の日本兵にはなじみがなく、日本軍への心理戦争に役立つとは思えない。＊

＊『南太平洋週報』のこうした特質は、編集長のＣ・Ｓ・バビアなる人物の個性と大いに関係している。バビアは日本に長く住んだことのあるイギリスの知日家で、「日本精神」の持ち主といわれた。バビアの経歴、人となりについては、『秘録・謀略宣伝ビラ』所収の鈴木明「伝単はいかにして作られたか」及び鈴木明『その声は戦場に消えた』を参照。

岡野が言うには、重慶や南太平洋の作品は日本の水準では高度すぎ、無理に質の高い新聞を発行しようと努めすぎている。これらの新聞は知識をひけらかそうとする印象があり、我々の宣伝の作品から兵士にそっぽを向かせるものに他ならない。岡野は教育が低いからといって、一般大衆の日本兵に理解されないことがあってはならないという。我々は兵士の無知を暴露して、彼らに敵愾心をいだかせてはならない。

岡野はさらにこう付言した。我々の新聞の論調は『読売新聞』とか『東京朝日』のようであってはならない。我々は敵であって、我々の新聞は敵の宣伝として見られている。我々の論調は硬く、論争的なものではなく、ソフトで説得力を持つものでなければならない。ニュースを説明する際に地名や個人名に気配りをしなければならない。そのニュースの背景を明らかにする必要があるときには、解説を入れるべきである。日本兵はニュースを知っていないし、戦場にいる兵士は一層知らされていないと。

『時勢』は比較的大きな活字(五号)を使うべきであり、可能ならフリ仮名をつけるのが良いと岡野はつけ加えた。現在の小型版の『時勢』の写真の使用は大変良いと岡野はほめるが、ヨーロッパのニュース写真が紙面を占領しすぎているという。彼は太平洋やアジアの戦場、さらには軍や強制収容所の日系アメリカ人の写真をもっと入れるのが良いと言う。

特定のビラへの批判

ポウェイ　貨幣のビラ*に出る死戦・誤戦は混乱している。岡野は死戦は誤戦の後に来るという。もちろんこれは洒落であるが、死は誤解から来るのである。

＊　本リポート第四二号のビラ(XJM—四八)の写真(三六四、三六五頁)参照。

空襲ビラの調子(二七機撃墜など)は強すぎて、なんだか筆者が読者と口論しているようだ。

岡野が言うには、死の行進のビラは、対象である日本兵を糾弾している。この場合、岡野は兵士でなく、将校を攻撃、揶揄せよという。

赤十字のビラ*は最高だと、岡野は考えた。彼はそのアピールや書き方を好んだ。

＊　第四二号のビラ(XJM—二一A)の写真(三五九頁)参照。

(フォルダー型で最近出された)輸送に関するビラ*は非常によい出来映えである。短文の入った一連の図版は兵士の目を引く日本語と情報を使っている。

＊　第六九号のビラ(一四—J—一)の写真(七七六、七七七頁)参照。

投降ビラ　よく使われる投降ビラに出るコピーの削除を岡野は勧める。彼は現在のものより以前に出された投降ビラの方が良いと考えた。

オーストラリア　サイパン陥落はアメリカのニュースビラのなかでは秀逸である。イラストの地図、レイアウト、色合いが非常に良い。

この時点では、岡野は他のオーストラリアや重慶のビラを個別に検討していなかった。

コージ・アリヨシ

一九四四年一一月七日
延安、中国北西部

延安リポート　第一八号

日本国民に訴う*
——「支那事変」六周年に際して

岡野　進(野坂　鉄)
サム・S・ササキ**

* 本篇は、『野坂参三選集　戦時編』に「なぜ戦争に反対したか——「支那事変」六周年に際して日本国民に訴う」と題して収められており、基本的にはそれに拠った。
** 本リポート第五二号の注(五三四頁)参照。

重慶　一九四四年一一月九日

配布先
延安、戦時情報局、ワシントン、レド*、デリー、オーストラリア、ホノルル、大使館(重慶)、陸軍(重慶)、ファイル保管用

* 本リポート第一七号の「ポウェイ」についての注(一三四頁)参照。

覚書

ジョージ・E・テイラー殿
第三地域副局長
戦時情報局
ワシントン二五、DC　アメリカ合衆国

親愛なるジョージへ
延安リポート第一八号「日本国民に訴う」をここに同封致します。

我々の手元には日本語で書かれたこのリポートのコピーがあります。今後、それをマイクロフィルム化してワシントンへ送るよう努力します。

この文書は、後続の延安リポートで私が明らかにしようとしている問題の基礎となるものです。

現在の戦況ならびに戦後の日本に関する複雑な問題について、純粋に日本人の力だけで創設する組織の可能性について述べたものです。

敬具

F・マクラッケン・フィッシャー
戦時情報局　中国部長

コピー
ポーター・マッキーバー、ラルフ・ブロック、フレデリック・S・マカラット、ブラドフォード・スミス、大使館(重慶)、陸軍(重慶)、ファイル保管用

親愛なる同胞諸君！

親愛なる兵士諸君！


「支那事変」が勃発してから、すでに六年の長い歳月がたった。この間に、戦争は、次から次に拡大して、いまや東洋の全領域に広がり、一〇億の民が惨酷な戦禍にまき込まれていった。この間に、二〇〇〇万＊を越えるわが祖国の兄弟の鮮血が流され、一〇〇〇万の彼らの家族が慟哭し、また七〇〇億円という厖大な国民の富が硝煙として消え、六〇〇億円の公債が、われわれ国民の肩に過重な負担として残された。この間に、朝鮮や台湾、中国や南洋の人民が流した血と涙の量がどれほど大きいか、彼らの被った損害の額がどれほど大きいか、何人も計り知ることはできないであろう。

＊「二〇〇〇万の」という記述は、英文にはない。

この間に、われわれ国民大衆の生活は、日一日と悪くなり、窮屈になっていった。政府の発表でさえも、今年の国

民生活は去年よりも一割五分も低くなるといっている。だが、実際はこれ以上だ。勤労者の収入は法律によって最低限度に制限されている上にそのわずかな収入の中から、その半分ちかくが貯金、税金、献金などとして取り上げられるのだ。しかし今では、たとえ金があっても、物資不足や統制のために、買うべき品物は、街の店頭から姿を消してしまった。その上に、勤労奉仕や防空演習のために、毎日のように動員されて、休む暇もない。休む暇があっても、慰安や娯楽の場所は閉鎖されてしまった。しかも、「国民徴用令」によって、女や子供でさえも、いつ、どこに引っぱり出されて、苦しい労働をさせられるか分からなくなった。……このようにして、「戦争生活」の名のもとに、国民生活すべてが、どん底まで引き下げられた。極度の過労と栄養不良と不安とが、都会と農村を問わず、一般の現象となってきた。

さらに、都会の労働者や月給取りを見よう。

「職域奉公」の標語のもとに、彼らの勤務時間は無限に長くなり、仕事は恐ろしく過激になったが、給料は「賃金統制令」によって釘づけにされてしまった。最近、軍需工業労働者の歓心を買うために、彼らに対して特別扱いをはじめたが、そんなものは仕事や生活の苦しさを少しも緩和するものではない。工場法は実際に廃止されてしまった。事故は頻発し、けが人は毎日のように出る。彼らには、もはや、職業や仕事場を選ぶ自由もなくなった。ただ、毎日、厳重な監視をうけ、黙々と激しい労働を続ける。……これが、今日の労働者と月給取りの生活だ。彼らは「産業戦士」などとおだてられてはいるが、しかし、実際は、監獄の労役場の囚人と、どこが違うのか?

農村を見よう。

農村の青年は、すっかり戦場と軍需工場にかり出された。馬は徴発された。肥料は手に入らぬ。それにもかかわらず、小作料は戦前のままで一升も少なくならぬ。ある地方の地主のごときは、小作人に小作料の増額を要求し、これを容れない小作人から土地を取り上げているというようなひどいことをやっている。その上に、農民は、「食糧増産」をわめきたてられながら、朝から晩まで、牛馬に等しい労働をさせられ、しかも粒々辛苦つくり上げた収穫の大部分は、採算割れの安値で、政府に強制的に買い上げられている。だから、農民は、自分の作った米を、自分で腹一杯食うことができず、汗水流して増産すればするほど貧乏し、腹が減るというのが、今日の農村の実情だ。

知識人も同様だ。彼らの学術研究も、職業も、言動も、生活も、すべてが厳重に制限された。我国には、もはや、科学も文化もなくなり、ただ殺人に役立ち、戦争と野蛮を謳歌するものだけが氾濫している。学校から学問の自由は姿を消し、教科書は軍部の宣伝文によって埋められた。学生は、学習の代わりに、軍事教練と勤労奉仕のために多くの時間を費やしている。だから、学生の学力は低下し、落第生が激増して、政府が驚いたが、これも当然の結果だ。

中小商工業や平和産業は、軍需品「生産力増強」のために、容赦なく犠牲にされた。これらの工場の機械類は、鉄屑として、大軍需工場に送られた。小さい工場や商店の多数は閉鎖された。これらの事業主は急に家業をうしない、転業もできず、路頭に迷うという悲惨な境遇におちいった。幸いに、営業を続けることのできる事業主でも、原動力、機械、販売、すべてが厳重に統制されて、採算はとれない。

目を前線に転じよう。

国内と同様に、兵士の生活もますます苦しくなり、また危険になってきた。兵員不足のために、少数の部隊で戦闘に参加したり、あるいは警備しなければならぬ。だから危険は非常に増してきた。訓練は激しい。規則はやかましい。ビンタ、暴行はさかんに行われて、新兵の泣かぬ日とてはない。軍隊では人権は完全に蹂躙された。さらにすべての給与は恐ろしく悪くなった。飯を腹一杯食うこともできなくなった。去年、俸給は上がった。だが、同時に酒保の値段も上がった。そして、俸給の半分近くは貯金やその他のために差し引かれる。しかも恩給制度は停止された。だから軍部は、名目の上で俸給を上げておいて、実際は以前よりももっと兵隊の生活を悪くしているのだ。これは悪辣なサギ師やペテン師のやる仕事と、どこが違うか？　その上に、戦争が近くやんで故郷に帰れる見込はまったく無くなった。故郷の便りは生活苦を訴えるものばかりだ。……これが今日の日本の軍隊だ。実に、日本の軍隊とは、牢獄の別名だ。だが、軍隊は牢獄よりもっと悪い。なぜならば、ここでは、何千、何万という罪のない青年が、死刑の判決なしに、鉄砲玉のまとにされるからだ。

次に政治方面を見よう。

事変前には、われわれ国民には、ほんの少しではあるが、自由があった。労働者や農民は、組合や政党をつくり、生活改善のためにストライキや小作争議や示威運動をやることが、ある程度できた。また知識階級は、言わんとすることを言い、書かんとするところを書くことが、ある程度できた。だが現在は、これらすべてが禁圧され、勤労者の全部は、資本家や地主の指導する「報国会」に、強制的に加入させられる。「戦時刑事特別法」は、人民が政府の失政を批評することさえも犯罪として厳罰に処している。このようにして、いまや「言論、出版、集会、結社の自由」を保障する憲法の条文は、軍部の泥靴によって、完全に蹂躙されてしまった。そして人民の一挙一動は、警察、憲兵、警防団、翼賛壮年団、隣組、五人組、等々によって、二六時中、監視され、もし少しでも自由な言動があったならば、ただちに処断される。……これは、いったい、監獄の囚人の生活と、どこが違うのか？

また、事変前には、政党があり、選挙があり、議会があった。これらは、いずれも人民の意志や利益を十分に代表するものではなかった。けれども、なお、ある程度の自由が許されていた。だが、今は、政党は解散されて、政府御用の翼賛政治会だけが存在することとなった。いまも選挙や議会はある。だが、その選挙は、ただ軍部と戦争を賛美するものだけを選挙する道具となり、議会は、ただ政府の提出する厖大な軍事予算や議案を無条件で賛成し、東条大将の演説に拍手を送る芝居小屋となった。このようにして、選挙も議会も、軍部によって絞殺されてしまった。我国には、いま自由も民権も完全に無くなった。人民は軍部のファシスト独裁のもとに、うめいている。我国には封建徳川の暗黒野蛮な専制政治が復活した。

何のための戦争か

以上に述べたことが、「支那事変」以来、われわれ日本国民大衆が、戦争から獲たものだ。それは、血と涙と、山のような軍事費と公債と税金と、過労と衰弱と、不自由と牢獄と、軍部のスローガンと鞭と剣と、……これ以外に何を獲たか？

だが、どうして、我々はこのような苦しみと不自由とを忍ばなければならないのか？　これは何のためか？

これはみな戦争のためだ！　戦争がなかったならば、こんなことのないことは、いうまでもない。東条も議会でこういった――「国民は勝つために、不自由を忍べ、艱難に耐えよ」と。

もとより、この戦争が真に正しい戦争であり、真にわが国民の利益と幸福のためであり、真に東洋民族の解放のためであるならば、われわれ国民は、いかなる不自由も、艱難も耐え忍ぶ覚悟を持っている。だが、果たして軍部が、今やっている戦争がこのような戦争であるか、どうか？

ひるがえって「満州事件」を見よう。

この戦争は、「楽土建設」「独立満州国建設」のためだと、軍部は国民に説いた。その時から一二年たった。いったい満州に、どんな「楽土」と「独立国」が出来上がったか？誰も知っているように、そこには、ただ関東軍閥と満州重工業会社*(鮎川、久原財閥)の楽土が出来上がっただけではないか。「満州国」皇帝や政府が、ただ日本人官吏の操り人形にすぎないことは、公然たる事実ではないか。「楽土」とか「独立国」とかは、ただ軍部と財閥の本当の目的を隠すための口実にすぎなかったのだ。そして、彼らの目的を達成させるために、われわれ国民は、大きな犠牲を払ったのだ。これが「満州事件」の真相なのだ。

＊ 関東軍の満州開発五ヶ年計画に応じて、日産コンツェルンが一九三七年より本社を満州に移転し、経済開発の中心に据えた国策的投資会社。鮎川義介は義兄の久原房之助より久原財閥の経営を引き継ぎ、やがて日産コンツェルンを形成して、この国策会社の経営に当った。

ついで「支那事変」が勃発した。軍部は、戦争の発展につれて、次から次に、目新しい標語を掲げた。いわく……「東洋平和」「新秩序建設」「日支共存共栄」「米英から中国解放」「中国の独立」等々……。だが、日本の軍部は、実際に中国で何をやったか？

千万の無辜の民を殺戮し、家を焼き、日本本国の面積よりも大きい土地を占領し、重要な資源を全部奪ってしまった。そして、そこに日本の資本家を引き入れて、「開発会社」「振興会社」、その他雑多な会社を立てて、中国の資源と人力を、絞れるだけ絞って巨利を博し、これを軍部と資本家とが分けあっているのだ。なるほど、汪兆銘の「南京政府」ができ、治外法権を撤廃し、中国は「独立」したのだと、軍部は大々的に宣伝している。しかし、これも「満州国」の独立と同一のからくりだ。「南京政府」の実権は、日本の軍人と大東亜省の役人の手に握られており、汪兆銘が「満州皇帝」と同工異曲の傀儡にすぎないことは、三歳の童子も知っていることだ。このような見せかけだけの「独立」を与えることによって、一部の中国人民を欺瞞し懐柔して、こうして軍部と財閥が中国をうまく支配し、搾取して行こうとしているのだ。だが、大多数の中国人民は、こんなからくりに騙されはしない。事変が始まって六年も経っているのに、抗日軍隊だけでなく、日本軍の占領地帯の中国民衆は、日本の支配者を恨み、憎み、間断なく日本軍に反抗を試み、いまもって「治安」は保持されていないではないか。……こうしてみると、「支那事変」もまた、わが国民に莫大な犠牲と負担とをかけただけで、軍部と財閥の利益のための「新秩序」を立てたにすぎないことは、あまりにも明瞭ではないか。

さらに、「大東亜戦争」が始まった。軍部は気狂いのようになって、毎日宣伝している。……「大東亜の共栄圏建設」「米英帝国主義より東洋民族の解放」……と。そして、東条は、ビルマに「独立」を与え、フィリピンに「独立」を約束した。だが、これらの「独立」が「満州国」や「南京政府」の「独立」と同一の偽物であり、バーモ「長官」やバルガス「大統領」が、満州皇帝や汪兆銘と同一の軍部の操り人形であることは、もはや説明を要しないであろう。だが、下手な人形遣いは、すぐ足を出すものだ。見よ、マレーを、ジャワを、スマトラを、ボルネオを！　これらの豊富な資源を有する広大な土地に対しては、東条は、ビルマやフィリピンに与えたようなニセ独立さえも与えず、これらが完全な日本の領土、すなわち日本の公然たる植民地であることを声明しているのではないか？

また、南洋の全体にわたって、そこの地名や町名を日本名に変えたり、人民に日本語を強制したり、学校を日本式にしたりしている。これが南洋の植民地化でなくてなんだ。これだけ見ても、軍部の唱える東洋民族の「解放」とかが、一個の欺瞞にすぎないことが分かるではないか？　太平洋戦争の真実の目的は、東洋民族の解放ではなくて、野蛮貪欲な日本の軍部と財閥が、南洋諸国の豊富広大な土地を略奪し、これらを日本の植民地にすることにあるのだ。この戦争でも、犠牲を払うのは、われわれ国民であり、儲けるのは軍部と財閥であり、建設されたのは、軍部と財閥の「共栄圏」なのだ。

軍部は、目前の政争を「英米帝国主義の支配と搾取より東洋民族を解放する聖戦」と叫んでいる。もし真にそうであるならば、軍部は、満州を含む中国の全土と南洋から、厖大な日本の軍隊と官吏とを即時に撤退せしめよ！　これらの地域にある日本の利権を、それぞれの民族に返還せよ！　そして、それぞれの民族みずから選んだ政体と政府とを自由に樹立せしめよ！……これが真実の解放なのだ。だが、軍部が、これをやるだろうか？　否、断じてやらない！

もし、軍部が真に帝国主義的支配と搾取とを絶滅することを欲するならば、よろしく、朝鮮、台湾の民族に、即時完全な独立を与えよ！　否、他国人民の解放よりも何よりもまず、自分の日本国内の軍部の独裁と、資本家、地主の搾取とを絶滅して、自国の帝国主義的暴虐から自国人民を解放せよ！……だが、こんなことを、軍部が欲しないし、できもしないことは、白痴でも知っているのだ。

だから、軍部のかかげる独立、解放のスローガンは、ただ、内外の人民をあざむいて自己とその一味の野心を貫徹せんがための破廉恥な戯言にすぎないのだ。

同胞諸君！

「満州事件」「支那事変」「大東亜戦争」……と、戦争は拡大し、また、軍部の唱える戦争目的も猫の目のように変わった。だが、ここに、変わらない共通の事実が一つある。それは、すなわち、これらの戦争のすべてが、日本の軍部と大財閥の利益のためにやられており、われわれ日本の国民大衆は、ただ、はかり知れないほどの犠牲を払っているという厳たる事実――これである。

見よ！　この戦争を利用して大軍需資本家が「滅私奉公」などと殊勝なことを言いながら、実は、軍需注文や対外投資から莫大な利潤をえ、「統制」によって中小資本家や平和産業資本家を破産させて巨富を自己の手中に集中独占して、経済の独裁者になっていることは、公然たる事実だ。

大地主は、「食糧増産」や政府の補助金から大きな利益をえ、さらに軍需会社への投資から軍事景気の恩典にたんまり浴しているのも、公然たる事実だ。

そして、軍部は、「資本主義的営利主義排撃」などと叫んでいるが、大軍需財閥と結託して、直接、間接に、その利潤の分けまえに預かっているのだ。例えば、東条大将の息子や弟が、三菱や川崎軍需財閥と結びついているのは、ただ一例だ。その他の大小の軍人が、日本内地、朝鮮、台湾、満州、華北、華中、華南、南洋諸国、等々において、財閥からうまい汁を吸っていることは、公然たる秘密だ。今日、国民生活のすべてが厳重な統制を受けているにもかかわらず、ただ資本家の利潤だけが、統制から除外されている一事を見ても軍部と財閥との完全な結託が、伺われるではないか？

さらに、軍部は戦争を利用して、日本の政治の独裁権を握り、人民を自己の奴隷化し、牛馬のごとく駆使している。戦場においては、高級将校は万骨を枯らして、金鵄勲章と高額の恩給にありついている。中国の占領地帯や南洋においては、軍部は、政治経済すべての専制君主となっている。

以上の諸事実は、戦争の真実の目的と性質とを、まざまざと暴露している。だが、この真実の目的が国民に知られることを、軍部は極度に恐れている。だから、「崇高なる戦争目的」に関する千万のデマ宣伝によって、これを国民大衆の眼から覆い隠そうとしているのだ。

日本の国内の同胞諸君！　戦線の兵士諸君！

現在、諸君の戦っている戦争と、これに払っている無限の犠牲とは、けっして「崇高なる理想」のためではなくて、実は、日本の支配階級＝軍部(官僚)、大財閥、大地主等の独裁と巨利のためであり、彼らの他国侵略、奴隷化のためであり――つまり、彼らの飽くなき私利私欲のためなのである。彼らの掲げる「八紘一宇」の標語は、東洋の全人民を彼らの奴隷にする、といっているに他ならないのだ。

このような呪うべき不正義の戦争のために、われわれ国民の尊い血と汗の一滴をも流すべきではない。このような泥棒戦争は、即時に、止めさせなければならぬ。そして、これを止めさせることが、一日早ければ、それだけ、我国と東洋の人民の無駄な犠牲もまた無くなるのだ。

いかにして戦争を止めさせるか

では、いかにしてこの戦争を一日も早く止めさせることができるのか？

それは、まず、日本の軍部とその一味を打倒することである。すなわち、軍部がわが国の軍事や政治の上に有する特権を剥奪し、彼らを軍事、政治の支配から放逐することである。なぜならば、軍部こそが、この戦争の発頭人であり、戦争の遂行者であり、戦争から最大の利益を得ている者だからである。また、軍部こそが、我国の独裁と反動の主要な支柱であり、大財閥と大地主の擁護者であり、わが国人民の吸血鬼であり、東洋人民の殺人鬼だからである。

それ故に、軍部および軍部と結託している一味が打倒され、これに代って人民の意志と利益とを真実に代表し、人民によって支持された人民政府が、我国に作られた時、その時初めて戦争はやみ、我国と東洋全体に平和、解放、幸福、光明の門戸が開かれるのだ！

戦争をすぐやめよ！　軍部打倒！　人民政府樹立！——これが、正義を愛するわが全人民共通の標語でなければならぬ。これこそ、我々が一切の犠牲を惜しまずに争いとるべき崇高な目的なのだ。

だが、果たして、この目的を実現することができるであろうか？

然り！　必ずできるし、また実現しなければならぬ！

では、どうしたらそれができるか？

そもそも、我国の軍事、政治、経済のすべては、われわれ勤労人民の力によって、動かされている。例えば、もし、工場労働者が軍需品の製造を止めた時、農民が米を政府や地主に納めることを拒絶した時、戦線の兵士が鉄砲をうつことを止めた時、水兵が軍艦を止めた時、……この時、いかに将軍が指揮刀を振り、大臣や重役が陣頭指揮をしたところで、もはや戦争を続けることはできないし、政治も経済もピタリと動きを止めてしまう。——これを見ても、いかに勤労者の力が偉大であるかが分かるではないか。

それ故に、労働者、月給取り、農民、兵士をはじめ、知識人、中小商工業者、その他一切の戦争の犠牲者、一切の軍部反対者全体が——言い換えれば、わが国全人口の九割五分の国民が、覚醒し、戦争と軍部に反対して、一致団結して、決起するならば、ひと握りの少数にすぎない軍部とその一味を打倒し戦争を即座に止めることは、必ずできるのだ。この巨大な国民の団結——人民の戦線の威力に抗することのできるものはわが国には、一つもないのだ。

何から始めるべきか

このような巨大な団結と戦線を作るには、まず、何から始めなければならぬか？　それは、最も手近かな目の前のことから着手しなければならぬ。

まず、国民の自覚を喚起するために、全力を尽さねばならぬ。国民大衆の力は偉大であるが、その力が実際に現れていないのは、主として、彼らが軍部の宣伝にダマされ、迷わされているからだ。それ故に、大衆が、戦争の本質を悟り、軍部の罪悪を知り、そして、戦争と軍部に反対して闘争することを決意する必要がある。この時はじめて、大衆は無敵の力を持つことができるのだ。

それと同時に、国民全体が、戦争の負担と犠牲とを拒絶し、自分らの生活と自由を擁護するために、団結して闘争しなければならぬ。この闘争によって、国民大衆は勤労階級、被圧迫階級としての自覚を喚起し、団結を強め、そして自己の威力を自覚し勝利の確信を得てくるのだ。また、この闘争によって、日本の戦時体制をぐらつかせ、軍部の力を弱めることができる。しかして、この闘争こそが、広大な人民戦線を作る出発点なのだ。

現在、わが国民各層は、直ちに貫徹しなければならぬ多くの要求を持っている。

すなわち……

労働者と月給取りは要求する——給料制限令の撤廃と給料の値上げを、強制貯金と献金の廃止を、勤務時間の短縮と工場法の復活を、産業報国会の解散と労働組合設立やストライキの自由を、応召期間中の給料の全額支払を、等々を。

農民は要求する——米の強制買上げや馬の徴発の廃止を、肥料と農具の安価供給を、小作料の低減と土地取り上げの禁止を、借金の支払猶予を、無料「奉仕労働」の廃止を、農業報国会の解散と農民組合設立や小作争議の自由を、等々を。

知識人は要求する——科学・芸術・文学等にたいする軍部の干渉反対を。学生は、勤労奉仕と軍事教練の撤廃を、学問の自由と学校内の自治を、学生団体の組織やスポーツの自由を、等々を。

中小商工業者は要求する——大財閥の利益のために実施されている「超重点政策」と統制の反対を、そして、これがために犠牲にされた商工業者の完全な生活の保障を、等々を。

応召兵士の家族は要求する——生活の完全な保障を、夫や兄弟や息子の帰還を、等々を。

前線の兵士は要求する——給与の改善を、ビンタや虐使の厳禁を、外出・読書・集会の自由を、満期兵の即時帰還を、等々を。

全国民共同の要求のために戦え

以上のごとき、国民各層の痛切な諸要求のために戦うことは、我々の闘争の第一歩である。我々は、さらに進んで、次のような全国民共通の政治的、経済的要求のために、戦わなければならぬ。

すなわち……

空襲の危険ある重要都市からの婦女、児童、老人の撤退、避難、政府の負担による防空設備の完備、全住民に防毒マスクの無料配布、等々。

強制貯金、献金、物資献納の廃止、勤労奉仕の廃止、等々。

物価の引下げ、豊富な物資の供給と配給制度の完備、等々。

軍事費の徹底的削減と、これを戦争の犠牲者の救済、国民生活改善および文化向上に振り向けること。戦争によって巨富を得ている金持の戦費全額負担。民衆の税金負担をうんと削減する等々。

「総動員法」の全面的撤廃。

「戦時刑事特別法」「治安維持法」その他人民圧迫のために作られた諸法令の撤廃。言論、集会、結社、示威運動の自由、等々。

政治犯人の即時釈放。

さらに、我々は、戦争と反動の元凶である軍部の有する一切の特権(帷幄上奏権、軍務大臣軍人制、等々)の剝奪のために、軍部の政治、経済、文化に対する干渉反対のために、わが軍事と政治の民主化のために、闘争しなければならぬ。

我国の政治の民主化のためには、まず、我々は、選挙法の根本的改革、すなわち、選挙および被選挙に関する一切の制限を撤廃し、男女一八歳以上に選挙権を与え、一般、平等、直接、無記名の投票権を与えなければならぬ。また、我が憲法に重大な改革を加えて、上記のような選挙法に基づいて作られた民主的議会に全権力が附与されて、この議会に基づいて正式に人民政府が組織されなければならぬ。このようにして、人民の意志と利益とを代表する民主政治が、我国に、初めて第一歩を踏み出すのである。このような政治的改革のために、我々は奮闘しなければならぬ。

我々は、全力をもって、次の要求のために戦わなければならぬ——戦争の即時終結、中国全土と南洋諸島より日本軍隊と軍艦と官吏の即時撤退、日本政府、資本家の有する利権の廃棄、これらの諸国の独立と主権の保全。

大衆行動によってたたかい取れ

上記のごとき、全国民の切実な諸要求を、今日まで、我国の政府や議会や政党は擁護しなかったばかりでなく、徹底的にこれに反対してきた。なぜならば、これらの機関のすべてが、軍部、大資本家、大地主によって支配されているからである。

したがって、また、政府、議会、政党に、我々国民がおとなしく、平和に、これらの要求の実現を請願したところで、これらが聞き入れられる気づかいは絶対にない。ただ、われわれ大衆が一致団結して、大衆の圧力をもって、これを奪い取るよりほかに要求貫徹の方法はないのだ。大衆の威力は、ただ、大衆が共同の目的をめざして団体を組織し、統一ある共同行動を起こす時に、初めて十分に発揮されるのだ。

だが過去に、我国にあった、自由な進歩的大衆団体は全部軍部によって解散させられた。ただ、現在存在しているものは、軍事的、愛国主義的組織だけである。例えば、各種の「報国会」、青少年団、婦人会、在郷軍人会、壮年団、その他、これらの組織のすべては、軍人や役人が指導し、その目的は戦争と軍部を支援することである。だが、これらが、今日、我国に合法的に存在する唯一の組織であり、このなかには、強制的に入れられた者や、あるいは無自覚から入った者が多数であるが、いずれにしても我々の仲間の勤労大衆が主要な会員である。だから、我々は、これらの団体が反動的であるからといって、これらから脱退するのではなく、これらのなかで積極的な活動をするのだ。しかし、我々の積極的な活動は、けっして、軍部のお先棒をかつぐのではなくて、会員大衆の苦痛、不満、痛切な要求を取り上げて、これらの問題の解決のために、指導者の反動的、反人民的言動に反対し、これを排斥するために活動しなければならぬ。このような活動によって、大衆をして勤労階級としての自覚を促し、戦争と軍部の本質を看破させ、大衆を闘争化し、大衆と指導者との対立を先鋭化し、ついには団体自体を無力にし、あるいは崩壊に導くところまで行かねばならぬ。

だが、我々は、上記のような合法的団体内の活動だけに留まってはならぬ。軍部や政府の命令を無視して、大衆を組織して闘争を起こさなければならぬ。

我々は諸君に呼びかける！

労働者は労働組合を復活せよ。農民は農民組合を復活せよ。学生は学生団体を復活せよ。商工業者は自主的な同業組合を再組織せよ。兵士は兵士委員会を組織せよ。――そして、これら各種の共同委員会を組織せよ！

労働者はストライキを起こせ。農民は小作争議を起こせ。

学生は校内ストライキを起こせ。商工業者は政府に対する抗議運動を起こせ。兵士は大衆的な請願運動を起こせ！

工場から、家庭から、学校から、兵営から街上に飛びだして、われわれ人民の標語を叫びながら、一大示威運動を組織せよ！

全国の津々浦々に、共同の目的貫徹のために、町内大会、村民大会、区民大会、市民大会、そして全国民大会を組織せよ！

このように、全国の民衆が巨大な行動を起こし、怒濤のごとく軍部とその一味に対して、ぶつかってゆくとき、このとき、彼らは、はたして幾日間、その命運をつづけることができるであろうか。軍部の倒壊は必然であり、民主的新日本の出現も必然である。

このように巨大な人民の団結と闘争を基礎にして、初めて人民政府が作られるのだ！

大衆の闘争が、いかに偉大であるかを証明するような多数の事実が、古来から我国の歴史の上にはある。近くは、一九一八年の「米騒動」である。この全国的な人民蜂起によって、当時の反動(寺内)内閣は倒され、その後の政府は、国民に対する幾多の譲歩を余儀なくされたのであった。わが国民は、この「米騒動」から無限の経験と教訓を学びとらなければならぬ。

共産党員諸君、旧日本無産党員諸君、旧社会大衆党員諸君、旧労働組合員諸君、旧農民組合員諸君、旧文化団体員諸君、旧学生団体員諸君、消費組合員諸君、青年団大衆諸君、婦人会大衆諸君、商工業同業者組合大衆諸君、諸「報国会」大衆諸君、在郷軍人会大衆諸君、その他すべての誠実な進歩的人士諸君！

諸君は、互いに固く手を握れ！　そして、諸君のいっさいの力を結合して、上記の目的実現のために、一大勤労国民運動——人民戦線を組織せよ！　これが諸君に対する、わが全勤労国民の心からの要望である！　実に、諸君の双肩には、わが国の興亡がかかっているのだ！

日本共産党の陣列に参加せよ

わが勤労大衆の双肩には、今日、偉大な歴史的使命が課せられている。それは国民各層のさまざまな要求と行動を、全国民共同の目的のために、合流統一して、全人民の戦線を結成することである。

だが、かかる運動において、これが推進の役割を演ずる力が必要である。その力は労働者階級であり、特にその先進分子である。

そして、その役割を果たさんがために、献身的に努力をしているのが、わが日本共産党である。

わが共産党は一九二二年に創立されてから二一年後の今日に至るまで、警察と軍部のために言語に絶する弾圧迫害を被ったにもかかわらず、常に勤労大衆の生活と自由擁護のために、大衆の先頭に立って戦ってきた。また「満州事件」や「支那事変」が勃発した時、社会民主主義ダラ幹が、これらの戦争を「聖戦」と唱え、これを支援したにもかかわらず、共産党は、この不正な戦争に対して勇敢に闘争してきた。そして、「大東亜戦争」に対しても、闘争を行っていることは、政府の役人の口からも漏らされているところだ。

わが共産党の終局の目的は、万悪の資本主義制度の撤廃と、階級と搾取のない共産主義社会の実現にある。これを共産党は、わが国民に唱道してきた。だが、この目的の達成は、当面の任務ではない。それは、わが労働者階級と、その同盟者、特に貧農が、将来の闘争によって獲得すべき目的である。今日、当面するところの任務は、勤労大衆の生活と自由を擁護し、軍部を打倒し、戦争を即時終結させるために、戦争の犠牲者全部を含む一大勤労国民大衆運動を起こすことにある。

現在、わが共産党は、極端な非合法下にあって、なお弱小である。わが国の勤労大衆は、共産主義思想に共鳴し、共産党の綱領と政策を支持している。このことは、今年春の議会で、大臣によって公然と認められていることは、諸君も知っているであろう。党は大衆の支持なしには存在できない。我国の勤労大衆と一切の進歩的分子、特に旧日本無産党員諸君、旧社会大衆党員諸君、旧労働組合員諸君、旧農民組合員諸君は勇敢に党の陣列に参加し、党の標語の下に、我らの光輝ある使命達成のために奮起せよ! これが諸君の進むべき唯一の正しい道だ!

未来は我らのものだ!

軍部の失敗と崩壊のために戦え

我々の目的実現のために極めて有利な条件が、国際的にも、また国内的にも、急速に実現している。

日本の同盟国であるドイツの、スターリングラードにおける殲滅的敗北、北アフリカにおけるイタリア、ドイツ軍の惨敗、欧州に第二戦線実現の切迫、イタリアおよびドイツの国内の不安動揺、両国占領国内における反ドイツ、反イタリア人民武装闘争の激化、等々。

さらに、東洋方面においては、「支那事変解決」の絶望、アメリカ軍のガダルカナル島奪回、連合艦隊司令長官山本元帥の戦死、アッツ島における日本軍の全滅、米英軍の対日反攻準備の増強、ことに米国飛行機の日本本土空襲の切迫、等々。

上記のような欧州と東洋における新形勢は、何を示すか？　それは、反枢軸同盟国の勢力が、枢軸国の勢力を圧倒したことを示し、昨年夏まで守勢にあった連合国が壮大な反攻を開始し、戦争の主導権がすでに同盟国側の手中に移ったことを示すものである。

同盟国の戦略は、まず第一に、ヒトラー・ドイツ、イタリアを撃滅することにある。この目的をもって、近い将来、米英軍が欧州に第二戦線を実現し、ソ連赤軍と協同して、独軍を挟撃する時、ヒトラーが敗滅することは、日本の軍部でさえも認めている。そして、今この時期は迫っているのだ。

次に、同盟国の戦略は、ヒトラーを葬った後に、全力を東洋に集中して、日本の軍部を撃滅することにある。この時、いかに軍部が「精神力」を発揮しても、同盟国側の驚異的に強大な武力に圧伏されることは、疑う余地はない。

一例を、太平洋戦争に決定的な役割を演ずる飛行機と艦船の生産力を、双方比較してみよう。

今後、一年間における米英両国の飛行機生産高は約一五万五〇〇〇台であり、造船高は約二二五〇万トンである。これに対して、多く見積もっても、日本の飛行機生産高は一万四〇〇〇台を、造船高は一〇〇万トン(占領地帯の造船力を含む)を越えないであろう。そうすると、同盟国と日本との対比は、飛行機において一一と一、造船力において二二と一の比較である。これは、あたかも横綱と小学校の生徒との角力のようなものだ。勝敗の決はおのずから明らかである。やがて日本の軍部がヒトラーの後を追うことは避けられない運命である。そして、この時期は、あまり遠い将来ではないのだ。

だが、軍部は国民に宣伝している……。「勝たなければならぬ。敗北すれば米英の植民地となる！」と。これは例によって、軍部のデマだ。なんびとにも明らかなようにこの戦争は、米英が日本を植民地化する意図をもって始められたのではなく、かえって日本の軍部とその一味が米英に挑戦して、南洋を自分の植民地にするために始めたものである。いま米英が日本と戦っているのは、軍部を撃破するためである。たとえ、米英が日本を植民地化するという意図を有すると仮定しても、現在の日本政府の戦敗は、けっしてわが国の植民地化とはならないのだ。

一例を、二五年前のロシアにとってみよう。周知のごとく、帝政ロシアはドイツに惨憺たる敗北を喫した。ついで、社会主義革命が起こって、労働者、農民が政権を握ったが、この若いソビエト・ロシアに対して、世界列強は共同して武力侵攻を試みた。ところが、そのロシアは、列強の植民地とならなかったのみか、今では、世界屈指の強国となり、強大なドイツ軍を敗退させているではないか？　戦敗のロシアが、なぜ、日本の軍部のいうように、植民地や第二等国にならなかったか？　それは、国民の利益を代表し、国民に支持された強固な労農政府ができ、この政府の正しい政策の下に、全国民が鋼鉄のように団結し、一切の犠牲を惜しまずに外敵と戦ったからである。

同様のことが、わが日本についてもいいうる。現在の政府が敗北しても、われわれ国民が人民政府を作り、ソ連の国民のように、全国民が一致団結して、民族独立のために、外国の侵略者に対して勇敢に戦うならば、我国は植民地になる危険などは断じてないのだ。むしろ危険なのは、敗戦の結果、軍部の政府が倒された後に、人民政府ができなくて、資本家政府ができた場合である。この場合には、資本家は自己の地位を保つために、わが祖国と民族とを外国に売ることがあり得るのだ。だから、これを防ぐためにも、どうしても人民政府を作らなければならないのだ。

われわれ日本人民は、現在の政府の戦勝ではなくて、戦敗を歓迎し、そのために全力をあげなければならぬ。理由はこうだ。太平洋戦争を行っているものは、現政府すなわち軍部とその一味である。したがって、戦敗は彼らの敗北である。彼らの敗北は彼らの軍事的、政治的力の弱化であり、崩壊である。このことは、我々が彼らを打倒し、人民政府を作り、新日本を打ち立てる上に絶好の機会を与える。帝政ロシアでも、同国政府の戦敗を利用して、労働者、農民が天下をとったのだ。だから、軍部の戦敗は、すなわち軍部打倒、人民の勝利への道なのだ。反対に、軍部が戦争に勝利するならば、すなわち、それは、彼らの力の強化となり、彼らと大財閥の支配の継続となる。だから、軍部が必死になって、国民に対して「勝て！ 勝てッ！」と叫んでいるのも、実は、軍部の独裁と生命とを延ばすために他ならないのだ。

軍部の勝利は人民の奴隷化であり、軍部の敗北は人民の勝利への近道である！

わが国民大衆諸君！

諸君は、けっして軍部の宣伝に騙されてはならぬ。諸君は工場で、鉄道や汽船で、役所で、農村で、学校で、兵営で、軍艦で、生産力増強のためにではなくて、その減退のために、軍部の戦勝のためにではなくて、その敗戦のために、献身的に活動せよ。これが諸君の解放への進路である。

勝利の条件は熟しつつある

上記のような、欧州と東洋の戦局の日本の軍部にとって不利な状態と、大規模な戦争の長期化とは、日本の国の内外に深刻な影響を与えた。

日本の経済力の消耗は極点に達しようとしている。国内と占領地帯にある物資のほとんど全部は動員された。老人も婦人も子供も動員された。国民の生活苦もまた極点に達しようとしている。それにもかかわらず、大蔵大臣の嘆いているように、生産力は増大していない。経済的破綻の危険が増してきたのだ。

さらに、支配階級内部にも、激烈な紛争が起こった。それは、さる六月に開かれた臨時議会のごたごたや、翼賛政治会の分裂によっても知ることができる。東条内閣はぐらついてきたのだ。

一般国民の気分も、開戦当初とは一変してきた。疲労困憊、不平不満、前途に対する不安、動揺、厭戦……。こうした気分は、労働者、農民、知識人、中小商工業者などの広い範囲に伝播してきた。「悪性の流言蜚語」はさかんに飛んでいる。さらに、政府の弾圧にもかかわらず、労働者のストライキは跡を絶っていない。これらのことは、ようやく民衆が軍部の欺瞞から目覚めはじめ、彼が大衆戦争を起こし始めたことを示すものだ。

前線の兵士の間にも、疲労、不満、悲観、厭戦……の気分は成長してきた。そして、自殺、逃亡、上官への反抗、中国軍への自動投降などの事件が増加してきた。

この間にあって、内外の反戦分子の闘争は不撓不屈に続けられ、その影響は大衆の間に拡大してきた。この事実を政府も議会で公然と認めているのだ。

さらに、日本統治下の諸国の状態は不穏である。軍部の宣伝によると、朝鮮、台湾や中国、南洋の占領諸地域における民衆は、日本統治に感謝し、安居楽業していることになっている。だが、これもデマだ。日本に感謝しているものは、民族意識のない少数者であって、大多数の民衆は、暴虐な日本の統治者に対して、無限の怨恨、憎悪、反抗心を抱いている。朝鮮、台湾の民衆が、中国の英雄的抗日戦をいかに同情し、支援しているかは周知の事実だ。また、中国の民衆が、今日なお頑強に日本の軍隊と戦っているのも、疑問のない事実だ。さらに、フィリピン、マレー、ジャワ、その他の南洋地方において、いかに民衆の反抗が続けられているかは、蔽うことのできない事実だ。そして、これらの民衆は、日本の軍事的破綻が発生する時、支配者に対して一斉に蜂起する準備をしているのだ。「共栄圏」は砂上に建てられた楼閣のようなものだ。

勝利に向かって総進軍せよ

以上に述べた内外の諸事態は、何を語るか？　それは、わが国民大衆が、反戦と反軍部の旗幟をかざして、大衆行動を起こすに有利な条件が、急速に成長していることを物語るに他ならないのだ。

全国の勤労大衆諸君！　特に、その先覚的戦士諸君！

過去七五年の間、われわれ国民の膏血をしぼった軍部とその一味、支那事変以来、わが国民に塗炭の苦しみをなめさせ、東洋全人民を馬蹄にかけた軍部とその一味――いまや、彼らの戦敗と壊滅の時期は近づいた。彼らの弔鐘は鳴り響いた。彼らに対して、諸君が、全民衆の力を結集して、突撃すべき時期が到来した。諸君がそれぞれの職域において同志を糾合し、闘争の第一歩を踏み出すべき時期が到来した！

ヒトラーのソ連、北アフリカにおける敗退によって、日本の軍部は国際的に孤立無援に陥った。これに反して、わが国民は、巨億の盟友と支援とを得た。すなわち、朝鮮、台湾、中国、南洋諸国の非圧迫人民のほかに、米、英、ソ連、その他二〇数ヶ国の反ファシズム陣営の人民――全世界の一五億の人民が、また、諸君の戦友となり、あるいは支援者となった！　そして、これらの戦友もまた共同の敵――日本の軍部とその盟友、独伊ファシズムに対して、致命的な打撃を与える準備をしているのだ。世界の歴史の上

中国(陝西省)延安にて

野坂参三(岡野　進)

に初めて現れたこのような巨大な世界的共同戦線の前には日本、ドイツ、イタリアの戦争狂は、風前の灯である。彼らの敗北は必至であり、我々の勝利は必至である！

同胞諸君！　兵士諸君！

進軍ラッパは鳴った！　進めッ！

光輝ある全人民の旗を高く掲げよ！

この旗のもとにたたかい、必要とあらばこの旗のもとに死なん！　この死こそ、真実の「名誉の戦死」なのだ！

しかして、この旗幟には、次のような標語が記してある……

戦争をすぐやめよ！　中国、南洋の全地域より即時撤兵！

軍部打倒！　戦争政府打倒！

人民政府の樹立！

平和と自由の日本の建設！

東洋人民の共同闘争万歳！

世界反侵略者共同戦線万歳！

(一九四三年七月七日)

延安リポート　第一八号—A

国民読本

岡野　進（野坂　鉄）

配布先
（中国部）

注　リポート第一八号は、二年前に岡野によって作成されたものである。最近、延安においてジョン・エマーソンが岡野と諸件について議論した際、このアピールの内容も詳細に検討された。岡野は、リポート第一八号は共産色が処々に強く出ているためアメリカ人向けの心理戦争工作には直接役立たないことを充分承知していると語っていた。したがって、岡野はこのアピールを共産党以外の心理戦争関係組織で使用可能にするため、その文章に修正を加え、編纂し直す作業を引き受けてくれた。以下のリポートは、岡野が今年一月初旬に作成した原本を概説したものである。岡野が修正を加えた日本語の文書をワシントンのジョージ・テイラー氏に送付する。

ワシントン　二
昆明、ニューデリー、レド、オーストラリア、ホノルル、陸軍、フィリピン、戦略諜報局、スーズドルフ、ファイル保管用　各一

アメリカ合衆国
戦時情報局
中国部

重慶
一九四四年一一月二八日

覚書
ジョージ・E・テイラー殿
第三地域副局長
戦時情報局
ワシントン二五、DC　アメリカ合衆国

親愛なるジョージ殿へ
延安リポート第一八号「日本国民に訴う」をここに同封致します。
我々の手元には日本語で書かれたこのリポートのコピーがあります。今後、それをマイクロフィルム化してワシントンへ送

るよう努力します。

この文書は、後続の延安リポートで私が明らかにしようとしている問題の基礎となるものです。

現在の戦況ならびに戦後の日本に関する複雑な問題について、純粋に日本人の力だけで創設する組織の可能性について述べたものです。

敬具

戦時情報局　中国部長
F・マクラッケン・フィッシャー

コピー
ポーター・マッキーバー、ラルフ・ブロック、フレデリック・S・マカラット、ブラッドフォード・スミス、大使館(重慶)、陸軍(重慶)、ファイル保管用

戦争と国民の生活

「支那事変」が勃発してから、すでに六年の長い歳月がたった。この間に、戦争は、次から次に拡大して、いまや東洋の全領域に広がり、一〇億の民が惨酷な戦禍にまき込まれていった。この間に、三〇〇万を越えるわが祖国の兄弟の鮮血が流され、一〇〇〇万の彼らの家族が慟哭し、また一二〇〇億円という厖大な国民の富が硝煙として消え、一〇〇〇億円の公債が、われわれ国民の肩に過重な負担として残された。この間に、朝鮮や台湾、中国や南洋の人民が流した血と涙の量がどれほど大きいか、彼らの損害の額がどれほど大きいか、何人も計り知ることはできないであろう。

この間に、国民大衆の生活は、日一日と悪くなり、窮屈になっていった。政府の発表でさえも、今年の国民生活は去年よりも一割五分も低くなるといっている。だが、実際はこれ以上だ。勤労者の収入は法律によって最低限度に制限されている上にそのわずかな収入の中から、その半分ちかくが貯金、税金、献金などとして取り上げられるのだ。しかし今では、たとえ金があっても、物資不足や統制のために、買うべき品物は、街の店頭から姿を消してしまった。その上に、勤労奉仕や防空演習のために、毎日のように動員されて、休む暇もない。休む暇があっても、慰安や娯楽の場所は閉鎖されてしまった。しかも、「国民徴用令」によって、女や子供でさえも、いつ、どこに引っぱり出されて、苦しい労働をさせられるか分からなくなった。……このようにして、「戦争生活」の名のもとに、国民生活すべ

てが、どん底まで引き下げられた。極度の過労と栄養不良と不安が、都会と農村を問わず、一般の現象となってきた。

さらに、都会の労働者や月給取りを見よう。「職域奉公」の標語のもとに、彼らの勤務時間は無限に長くなり、仕事は恐ろしく過激になったが、給料は「賃金統制令」によって釘づけにされてしまった。最近、軍需工業労働者の歓心を買うために、彼らに対して特別扱いをはじめたが、そんなものは仕事や生活の苦しさを少しも緩和するものではない。工場法は実際に廃止されてしまった。事故は頻発し、けが人は毎日のように出る。彼らには、もはや、職業や仕事場を選ぶ自由もなくなった。ただ、毎日、厳重な監視をうけ、黙々と激しい労働を続ける。……これが、今日の労働者と月給取りの生活だ。彼らは「産業戦士」などとおだてられてはいるが、しかし、実際は、監獄の労役場の囚人と、どこが違うのか?

農村を見よう。農村の青年は、すっかり戦場と軍需工場にかり出された。馬は徴発された。肥料は手に入らぬ。それにもかかわらず、小作料は戦前のままで一升も少なくならぬ。ある地方の地主のごときは、小作人に小作料の増額を要求し、これを容れない小作人から土地を取り上げているというようなひどいことをやっている。その上に、農民は、「食糧増産」をわめきたてられながら、朝から晩まで、牛馬に等しい労働をさせられ、しかも粒々辛苦つくり上げた収穫の大部分は、採算割れの安値で、政府に強制的に買い上げられている。だから、農民は、自分の作った米を、自分で腹一杯食うことができず、汗水流して増産すればするほど貧乏し、腹が減るというのが、今日の農村の実情だ。

知識人も同様だ。彼らの学術研究も、職業も、言動も、生活も、すべてが厳重に制限された。我国には、もはや、科学も文化もなくなり、ただ殺人に役立ち、戦争と野蛮を謳歌するものだけが氾濫している。ほとんどの学校は閉鎖され、学生たちは学業を放棄し、工場や戦地で労働に従事することになった。

中小商工業や平和産業は、軍需品「生産力増強」のために、容赦なく犠牲にされた。これらの工場の機械類は、鉄屑として、大軍需工場に送られた。小さい工場や商店の多数は閉鎖された。これらの事業主は急に家業をうしない、転業もできず、路頭に迷うという悲惨な境遇におちいった。幸いに、営業を続けることのできる事業主でも、原動力、機械、販売、すべてが厳重に統制されて、採算はとれない。

目を前線に転じよう。国内と同様に、兵士の生活もますます苦しくなり、また危険になってきた。兵員不足のために、少数の部隊で戦闘に参加したり、あるいは警備しなければならぬ。だから危険は非常に増してきた。訓練は激しい。規則はやかましい。ビンタ、暴行はさかんに行われて、新兵の泣かぬ日とてはない。軍隊では人権は完全に蹂躙された。さらにすべての給与は恐ろしく悪くなった。飯を腹一杯食うこともできなくなった。過去数年の間、俸給は上がった。だが、同時に酒保の値段も上がった。そして、軍部は、名目の上で俸給を上げておいて、実際は以前よりももっと兵隊の生活を悪くしているのだ。これは悪辣なサギ師やペテン師のやる仕事と、どこが違うか？　その上に、戦争が近くやんで故郷に帰れる見込はまったく無くなった。故郷の便りは生活苦を訴えるものばかりだ。……これが今日の日本の軍隊だ。実に、日本の軍隊とは、牢獄の別名だ。だが、軍隊は牢獄よりもっと悪い。なぜならば、ここでは、何千、何万という罪のない青年が、死刑の判決なしに、鉄砲玉のまとにされるからだ。

次に政治方面を見よう。「事変」前には、われわれ国民には、ほんの少しではあるが、自由があった。労働者や農民は、組合や政党をつくり、生活改善のためにストライキや小作争議や示威運動をやることが、ある程度できた。また知識階級は、言わんとすることを言い、書かんとするところを書くことが、ある程度できた。だが現在は、これらすべてが禁圧され、勤労者の全部は、資本家や地主の指導する「報国会」に、強制的に加入させられる。「戦時刑事特別法」は、人民が政府の失政を批評することさえも犯罪として厳罰に処している。このようにして、いまや「言論、出版、集会、結社の自由」を保障する憲法の条文は、軍部の泥靴によって、完全に蹂躙されてしまった。そして人民の一挙一動は、警察、憲兵、警防団、翼賛壮年団、隣組、五人組、等々によって、二六時中、監視され、もし少しでも自由な言動があったならば、ただちに処断される。……これは、いったい、監獄の囚人の生活と、どこが違うのか？

また、事変前には、政党があり、選挙があり、議会があった。これらは、いずれも人民の意志や利益を十分に代表するものではなかった。けれども、なお、ある程度の自由が許されていた。

だが、今は、政党は解散されて、政府御用の翼賛政治会だけが存在することとなった。いまも選挙や議会はある。だが、その選挙は、ただ軍部と戦争を賛美するものだけを選挙する道具となり、議会は、ただ政府の提出する厖大な軍事予算や議案を無条件で賛成し、首相の演説に拍手を送る芝居小屋となった。このようにして、選挙も議会も、軍部によって絞殺されてしまった。日本には、いま自由も民権も完全に無くなった。人民は軍部のファシスト独裁のもとに、うめいている。日本には封建徳川の暗黒野蛮な専制政治が復活した。

何のための戦争か

以上に述べたことが、「支那事変」以来、われわれ日本国民大衆が、戦争から獲たものだ。それは、血と涙と、山のような軍事費と公債と税金と、過労と衰弱と、不自由と牢獄と、軍部のスローガンと鞭と剣と、……これ以外に何を獲たか？

だが、どうして、我々はこのような苦しみと不自由とを忍ばなければならないのか？　これは何のためか？

これはみな戦争のためだ！　戦争がなかったならば、こんなことのないことは、いうまでもない。しかし軍部が、徹底的にこれを宣伝として利用した。「国民は勝つために、不自由を忍べ、艱難に耐えよ」と。

もとより、この戦争が真に正しい戦争であり、真にわが国民の利益と幸福のためであり、真に東洋民族の解放のためであるならば、諸君は、いかなる不自由も、艱難も耐え忍ぶ覚悟を持たなければならない。だが、果たして軍部が、今やっている戦争がこのような戦争であるか、どうか？

ひるがえって「満州事件」を見よう。この戦争は、「楽土建設」「独立満州国建設」のためだと、軍部は国民に説いた。その時から一二年たった。いったい満州に、どんな「楽土」と「独立国」が出来上がったのか？　誰も知っているように、そこには、ただ関東軍閥と満州重工業開発会社(鮎川、久原財閥)の楽土が出来上がっただけではないか。「満州国」皇帝や政府が、ただ日本人官吏の操り人形にすぎないことは、公然たる事実ではないか。「楽土」とか「独立国」とかは、ただ軍部と財閥の本当の目的を隠すための口実にすぎなかったのだ。そして、彼らの目的を達成させるために、われわれ国民は、大きな犠牲を払ったのだ。これが「満州事件」の真相なのだ。

ついで「支那事変」が勃発した。軍部は、戦争の発展につれて、次々に、目新しい標語を掲げた。いわく……「東洋平和」「新秩序建設」「日支共存共栄」「米英から中国解放」「中国の独立」等々……。だが、日本の軍部は、実際に中国で何をやったか？

一千万の無辜の民を殺戮し、家を焼き、日本本国の面積よりも大きい土地を占領し、重要な資源を全部奪ってしまった。そして、そこに日本の資本家を引き入れて、「開発会社」「振興会社」、その他雑多な会社を立てて、中国の資源と人力を、絞れるだけ絞って巨利を博し、これを軍部と資本家とが分けあっているのだ。なるほど、汪兆銘の「南京政府」ができ、治外法権を撤廃し、中国は「独立」したのだと、軍部は大々的に宣伝している。しかし、これも「満州国」の独立と同一のからくりだ。「南京政府」の実権は、日本の軍人の手に握られており、汪兆銘が「満州皇帝」と同工異曲の傀儡にすぎないことは、三歳の童子も知っていることだ。このような見せかけだけの「独立」を与えることによって、一部の中国人民を欺瞞し懐柔して、こうして軍部と財閥が中国をうまく支配し、搾取して行こうとしているのだ。だが、大多数の中国人民は、こんなからくりに騙されはしない。事変が始まって六年も経っているのに、抗日軍隊だけでなく、日本軍の占領地帯の中国民衆は、日本の支配者を恨み、憎み、間断なく日本軍に反抗を試み、いまもって「治安」は保持されていないではないか。……こうしてみると、「支那事変」もまた、わが国民に莫大な犠牲と負担をかけただけで、軍部と財閥の利益のための「新秩序」を立てたにすぎないことは、あまりにも明瞭ではないか。

さらに、「大東亜戦争」が始まった。軍部は気狂いのようになって、毎日宣伝している。……「大東亜の共栄圏建設」「米英帝国主義より東洋民族の解放」……と。そして、政府は、ビルマとフィリピンに「独立」を与え、ジャワに「独立」を約束した。だが、これらの「独立」が「満州国」や「南京政府」の「独立」と同一の偽物であり、バーモや「長官」やバルガス「大統領」が、満州皇帝や汪兆銘と同一の軍部の操り人形であることは、もはや説明を要しないであろう。だが、下手な人形遣いは、すぐ足を出すものだ。見よ、マレーを、スマトラを、ボルネオを！　これらの豊富な資源を有する広大な土地に対しては、政府は、ビルマやフィリピンに与えたようなニセ独立さえも与えず、これらが完全な日本の領土、すなわち日本の公然たる植民地であることを声明しているのではないか？

　また、南洋の全体にわたって、そこの地名や町名を日本名に変えたり、人民に日本語を強制したり、学校を日本式にしたりしている。これが南洋の植民地化でなくてなんだ。これだけ見ても、軍部の唱える東洋民族の「解放」とかが、一個の欺瞞にすぎないことが分かるではないか？　太平洋戦争の真実の目的は、東洋民族の解放ではなくて、野蛮貪欲な日本の軍部と財閥が、南洋諸国の豊富広大な土地を略奪し、これらを日本の植民地にすることにあるのだ。この戦争でも、犠牲を払うのは、われわれ国民であり、儲けるのは軍部と財閥であり、建設されたのは、軍部と財閥の「共栄圏」なのだ。

　軍部は、目前の政争を「英米帝国主義の支配と搾取より東洋民族を解放する聖戦」と叫んでいる。もし真にそうであるならば、軍部は、満州を含む中国の全土と南洋から、厖大な日本の軍隊と官吏を即時に撤退せしめよ！　これらの地域にある日本の利権を、それぞれの民族に返還せよ！そして、それぞれの民族みずから選んだ政体と政府とを自由に樹立せしめよ！……これが真実の解放なのだ。だが、軍部が、これをやるだろうか？　否、断じてやらない！

　もし、軍部が真に帝国主義的支配と搾取とを絶滅することを欲するならば、よろしく、朝鮮、台湾の民族に、即時完全な独立を与えよ！　否、他国人民の解放よりも何よりもまず、自分の日本国内の軍部の独裁と、資本家、地主の搾取とを絶滅して、自国の帝国主義的暴虐から自国人民を解放せよ！……だが、こんなことを、軍部が欲しないし、できもしないことは、白痴でも知っているのだ。

　だから、軍部のかかげる独立、解放のスローガンは、ただ、自国の人民をあざむいて自己とその一味の野心を貫徹せんがための破廉恥な戯言にすぎないのだ。

　日本の人民諸君！

「満州事件」「支那事変」「大東亜戦争」……と、戦争は拡大し、また、軍部の唱える戦争目的も猫の目のように変わった。だが、ここに、変わらない共通の事実が一つある。それは、すなわち、これらの戦争のすべてが、日本の軍部と大財閥の利益のためにやられており、われわれ日本の国民大衆は、ただ、はかり知れないほどの犠牲を払っているという厳たる事実――これである。

　見よ！　この戦争を利用して大軍需資本家が「滅私奉公」などと殊勝なことを言いながら、実は、軍需注文や対外投資から莫大な利潤をえ、「統制」によって中小資本家や平和産業資本家を破産させて巨富を自己の手中に集中独占して、経済の独裁者になっていることは、公然たる事実だ。

大地主は、「食糧増産」や政府の補助金から大きな利益をえ、さらに軍需会社への投資から軍事景気の恩典にたんまり浴しているのも、公然たる事実だ。

そして、軍部は、「資本主義的営利主義排撃」などと叫んでいるが、大軍需財閥と結託して、直接、間接に、その利潤の分けまえに預かっているのだ。例えば、東条大将の息子や弟が三菱や川崎軍需財閥と結びついており、韓国で莫大な財産をなした小磯が三菱やその他の財閥と結びついているのは、その例だ。その他の大小の軍人が、日本内地、朝鮮、台湾、満州、華北、華中、華南、南洋諸国、等々において、財閥からうまい汁を吸っていることは、公然たる秘密だ。今日、国民生活のすべてが厳重な統制を受けているにもかかわらず、ただ資本家の利潤だけが、実際には統制から除外されている一事を見ても軍部と財閥との完全な結託が、伺われるではないか？

さらに、軍部は戦争を利用して、日本の政治の独裁権を握り、人民を自己の奴隷化し、牛馬のごとく駆使している。戦場においては、高級将校は万骨を枯らして、金鵄勲章と高額の恩給にありついている。中国の占領地帯や南洋においては、軍部は、政治経済すべての専制君主となっている。

以上の諸事実は、戦争の真実の目的と性質とを、まざまざと暴露している。だが、この真実の目的が国民に知られることを、軍部は極度に恐れている。だから、「崇高なる戦争目的」に関する千万のデマ宣伝によって、これを国民大衆の眼から覆い隠そうとしているのだ。

日本人民と兵士諸君！

現在、諸君の戦っている戦争と、これに払っている無限の犠牲とは、けっして「崇高なる理想」のためではなくて、実は、日本の支配階級——軍部(官僚)、大財閥、大地主等の独裁と巨利のためであり、彼らの他国侵略、奴隷化のためであり——つまり、彼らの飽くなき私利私欲のためなのである。彼らの掲げる「八紘一宇」の標語は、東洋の全人民を彼らの奴隷にする、といっているに他ならないのだ。このような呪うべき不正義の戦争のために、われわれ国民の尊い血と汗の一滴をも流すべきではない。このような泥棒戦争は、即時に、止めさせなければならぬ。そして、これを止めさせることが一日早ければ、それだけ日本と東洋の人民の犠牲も少なくなるのだ。

いかにして戦争を止めさせるか

では、いかにしてこの戦争を一日も早く止めさせることができるのか？

それは、まず、日本の軍部とその一味を打倒することである。すなわち、軍部がわが国の軍事や政治の上に有する特権を剝奪し、彼らを軍事、政治の支配から放逐することである。なぜならば、軍部こそが、この戦争の発頭人であり、戦争の遂行者であり、戦争から最大の利益を得ている者だからである。また、軍部こそが、我国の独裁と反動の主要な支柱であり、大財閥と大地主の擁護者であり、わが国民の吸血鬼であり、東洋人民の殺人鬼だからである。それ故に、軍部および軍部と結託している一味が打倒され、これに代って人民の意志と利益とを真実に代表し、人民によって支持された人民政府が、我国に作られた時、その時初めて戦争はやみ、我国と東洋全体に平和、解放、幸福、光明の門戸が開かれるのだ！

戦争をすぐやめよ！　軍部打倒！　人民政府樹立！——これが、正義を愛するわが全人民共通の標語でなければならぬ。これこそ、我々が一切の犠牲を惜しまずに争いとるべき崇高な目的なのだ。

だが、果たして、この目的を実現することができるであろうか？

然り！　必ずできるし、また実現しなければならぬ！

では、どうしたらそれができるか？

そもそも、我国の軍事、政治、経済のすべては、われわれ勤労人民の力によって、動かされている。例えば、もし、工場労働者が軍需品の製造を止めた時、農民が米を政府や地主に納めることを拒絶した時、戦線の兵士が鉄砲をうつことを止めた時、水兵が軍艦を止めた時、……この時、いかに将軍が指揮刀を振り、大臣や重役が陣頭指揮をしたところで、もはや戦争を続けることはできないし、政治も経済もピタリと動きを止めてしまう。——これを見ても、いかに勤労者の力が偉大であるか分かるではないか。

それ故に、労働者、月給取り、農民、兵士をはじめ、知識人、中小商工業者、その他一切の戦争の犠牲者、一切の軍部反対者全体が——言い換えれば、わが国全人口の九割五分の国民が、覚醒し、戦闘と軍部に反対して、一致団結して、決起するならば、ひと握りの少数にすぎない軍部とその一味を打倒し戦争を即座に止めることは、必ずできるのだ。この巨大な国民の団結——人民の戦線の威力に抗することのできるものはわが国には、一つもないのだ。

どこから始めるべきか

このような巨大な団結と戦線を作るには、まず、何から始めなければならぬか？　それは、最も手近かな目の前のことから着手しなければならぬ。

まず、国民の自覚を喚起するために、全力を尽さねばならぬ。国民大衆の力は偉大であるが、その力が実際に現れていないのは、主として、彼らが軍部の宣伝にダマされ、迷わされているからだ。それ故に、大衆が、戦争の本質を悟り、軍部の罪悪を知り、そして、戦争と軍部に反対して闘争することを決意する必要がある。この時はじめて、大衆は無敵の力を持つことができるのだ。

それと同時に、国民全体が、戦争の負担と犠牲とを拒絶し、自分らの生活と自由を擁護するために、団結して闘争しなければならぬ。この闘争によって、国民大衆は勤労階級、被圧迫階級としての自覚を喚起し、団結を強め、そして自己の威力を自覚し勝利の確信を得てくるのだ。また、この闘争によって、日本の戦時体制をぐらつかせ、軍部の力を弱めることができる。しかして、この闘争こそが、広大な人民戦線を作る出発点なのだ。

現在、わが国民各層は、直ちに貫徹しなければならぬ多くの要求を持っている。

すなわち……

労働者と月給取りは要求する——給料制限令の撤廃と給料の値上げを、強制貯金と献金の廃止を、勤務時間の短縮と工場法の復活を、産業報国会の解散と労働組合設立やストライキの自由を、応召期間中の給料の全額支給を、等々を。

農民は要求する——米の強制買上げや馬の徴発の廃止を、肥料と農具の安価供給を、小作料の低減と土地取り上げの禁止を、借金の支払猶予を、無料「奉仕労働」の廃止を、農業報国会の解散と農民組合設立や小作争議の自由を、等々を。

知識人は要求する——科学・芸術・文学等にたいする軍部の干渉反対を。学生は、勤労奉仕と軍事教練の撤廃を、学問の自由と学校内の自治を、学生団体の組織やスポーツの自由を、等々を。
中小商工業者は要求する――大財閥の利益のために実施されている「超重点政策」と統制の反対を、そして、これがために犠牲にされた商工業者の完全な生活の保障を、等々を。
応召兵士の家族は要求する――生活の完全な保障を、夫や兄弟や息子の帰還を、等々を。
前線の兵士は要求する――給与の改善を、ビンタや虐使の厳禁を、外出・読書・集会の自由を、満期兵の即時帰還を、等々を。

全国民共同の要求のために戦え

以上のごとき、国民各層の痛切な諸要求のために戦うことは、我々の闘争の第一歩である。我々は、さらに進んで、次のような全国民共通の政治的、経済的要求のために、戦わなければならぬ。

すなわち……

空襲の危険ある重要都市からの完全避難、政府の負担による防空設備の完備、全住民に防毒マスクの無料配布、等々。

強制貯金、献金、物資献納の廃止、勤労奉仕の廃止、等々。

物価の引下げ、豊富な物資の供給と配給制度の完備、等々。

軍事費の徹底的削減と、これを戦争の犠牲者の救済、国民生活改善および文化向上に振り向けること。戦争によって巨富を得ている金持の戦費全額負担。民衆の税金負担をうんと削減する等々。

「総動員法」の全面的撤廃。

「戦時刑事特別法」「治安維持法」その他人民圧迫のために作られた諸法令の撤廃。言論、集会、結社、示威運動の自由、等々。

政治捕虜の即時釈放。

さらに、我々は、戦争と反動の元凶である軍部の有する一切の特権(帷幄上奏権、軍部大臣現役武官制、等々)の剝奪のために、軍部の政治、経済、文化に対する干渉反対のために、わが軍事と政治の民主化のために、闘争しなければならぬ。

我国の政治の民主化のためには、まず、我々は、選挙法の根本的改革、すなわち、選挙および被選挙に関する一切の制限を撤廃し、男女一八歳以上に選挙権を与え、一般、平等、直接、無記名の投票権を与えなければならぬ。また、我が憲法に重大な改革を加えて、上記のような選挙法に基づいて作られた民主的議会に全権力が附与されて、この議会に基づいて正式に人民政府が組織されなければならぬ。このようにして、人民の意志と利益とを代表する民主政治が、我国に、初めて第一歩を踏み出すのである。このような政治的改革のために、諸君は奮闘しなければならぬ。

諸君は、全力をもって、次の要求のために戦わなければならぬ——戦争の即時終結、中国全土と南洋諸島より日本軍隊と軍艦と官吏の即事撤退、日本政府、資本家の有する利権の廃棄、これらの諸国の独立と主権の保全。

軍部の失敗と崩壊のために戦え

我々の目的実現のために極めて有利な条件が、国際的にも、また国内的にも、急速に実現している。

ヨーロッパ

日本の同盟国であるイタリアは、無条件降伏をした。東西からの攻撃を受けたドイツは、無条件降伏へと向かいつつある。

極　東

アメリカ軍はフィリピンに上陸し、空軍が日本に爆撃を行っている。

上記のような欧州と東洋における新形勢は、何を示すか？　それは、反枢軸同盟国の勢力が、枢軸国の勢力を圧倒したことを示し、一九四二年夏まで守勢にあった連合国が壮大な反攻を開始し、戦争の主導権がすでに同盟国側の手中に移ったことを示すものである。

同盟国の戦略は、まず第一に、ヒトラー・ドイツ、イタリアを撃滅することにある。この目的をもって、近い将来、米英軍はドイツを完全に敗滅させるであろう。そして、今やこの時期は迫っているのだ。

次に、同盟国の戦略は、ヒトラーを葬った後に、全力を東洋に集中して、日本の軍部を撃滅することにある。この時、いかに軍部が「精神力」を発揮しても、同盟国側の驚異的に強大な武力に圧伏されることは、疑う余地はない。一例を、太平洋戦争に決定的な役割を演ずる飛行機と艦船の生産力を、日本と同盟国で比較してみよう。

今後、一年間における米英両国の飛行機生産高は約一五万五〇〇〇台であり、造船高は約二二五〇万トンである。これに対して、多く見積もっても、日本の飛行機生産高は一万四〇〇〇台を、造船高は百万トン（占領地帯の造船力を含む）を越えないであろう。そうすると、同盟国と日本との対比は、飛行機において一一と一、造船力において二二と一の比較である。これは、あたかも横綱と小学校の生徒との角力のようなものだ。勝敗の決はおのずから明らかである。やがて日本の軍部がヒトラーの後を追うことは避けられない運命である。そして、あまり遠い将来ではないのだ。

だが、軍部は国民に宣伝している……。「勝たなければならぬ。敗北すれば米英の植民地となる！」と。これは例によって、軍部のデマだ。なんびとにも明らかなようにこの戦争は、米英が日本を植民地化する意図をもって始められたのではなく、かえって日本の軍部とその一味が米英に挑戦して、南洋を自分の植民地にするために始めたようなものである。いま米英が日本と戦っているのは、軍部を撃破するためである。

一例を、二五年前のロシアにとってみよう。周知のごとく、帝政ロシアはドイツに惨憺たる敗北を喫した。ついで、社会主義革命が起こって、労働者、農民が政権を握ったが、この若いソビエト・ロシアに対して、世界列強は共同して武力侵攻を試みた。ところが、そのロシアは、列強の植民地とならなかったのみか、今では、世界屈指の強国となり、強大なドイツ軍を敗退させてしまったではないか？　敗戦のロシアが、なぜ、日本の軍部のいうように、植民地や第二等国にならなかったか？　それは、国民の利益を代表し、国民に支持された強固な労働政府ができ、この政府の正しい政策の下に、全国民が鋼鉄のように団結し、一切の犠牲を惜しまずに外敵と戦ったからである。

同様のことが、わが日本についてもいいうる。現在の政府が敗北しても、われわれ国民が人民政府を作り、ソ連の国民のように、全国民が一致団結して、民族独立のために、外国の侵略者に対して勇敢に戦うならば、我国は植民地になる危険などは断じてないのだ。むしろ危険なのは、敗戦の結果、軍部の政府が倒された後に、人民政府ができなくて、資本家政府ができた場合である。この場合には、資本家は自己の地位を保つために、わが祖国と民族とを外国に売ることがあり得るのだ。だから、これを防ぐためにも、どうしても人民政府を作らなければならないのだ。

われわれ日本人民は、現在の政府の戦勝ではなくて、敗戦を歓迎し、そのために全力をあげなければならぬ。理由はこうだ。太平洋戦争を遂行しているものは、現政府すなわち軍部とその一味である。したがって、敗戦は彼らの敗北である。彼らの敗北は彼らの軍事的、政治的力の弱化であり、崩壊である。このことは、我々が彼らを打倒し、人民政府を作り、新日本を打ち立てる上に絶好の機会を与える。軍部の戦敗は、すなわち軍部打倒、人民の勝利への道なのだ。反対に、軍部が戦争に勝利するならば、すなわち、それは、彼らの力の強化となり、彼らと大財閥の支配の継続となる。だから、軍部が必死になって、国民に対して「勝て！　勝てッ！」と叫んでいるのも、実は、軍部の独裁と生命とを延ばすために他ならないのだ。

軍部の勝利は人民の奴隷化であり、軍部の敗北は人民の勝利への近道である！

日本人民ならびに兵士諸君

諸君は、けっして軍部の宣伝に騙されてはならぬ。諸君は工場で、鉄道や汽船で、役所で、農村で、学校で、兵営で、軍艦で、生産力増強のためにではなくて、その減退のために、軍部の戦勝のためにではなくて、その敗戦のために、献身的に活動せよ。これが諸君の解放への進路である。

勝利の条件は熟しつつある

上記のような、欧州と東洋の戦局の日本の軍部にとって不利な状態と、大規模な戦争の長期化とは、日本の国の内外に深刻な影響を与えた。

日本の経済力の消耗は極点に達しようとしている。国内と占領地帯にある物資のほとんど全部は動員された。老人も婦人も子供も動員された。国民の生活苦もまた極点に達しようとしている。それにもかかわらず、大蔵大臣の嘆いているように、生産力は増大していない。経済的破綻の危険が増してきたのだ。

さらに、支配階級内部にも、激烈な紛争が起こった。このことは、昨年の東条内閣総辞職から見ても明らかである。

一般国民の気分も、開戦当初とは一変してきた。疲労困憊、不平不満、前途に対する不安、動揺、厭戦……。こうした気分は、労働者、農民、知識人、中小商工業者などの広い範囲に伝播してきた。「悪性の流言蜚語」はさかんに飛んでいる。さらに、政府の弾圧にもかかわらず、労働者のストライキは跡を絶っていない。これらのことは、ようやく民衆が軍部の欺瞞から目覚めはじめ、彼が大衆戦争を起こし始めたことを示すものだ。

前線の兵士の間にも、疲労、不満、悲観、厭戦……の気分は成長してきた。そして、自殺、逃亡、上官への反抗、中国軍への自動投降などの事件が増加してきた。

さらに、日本統治下の諸国の状態は不穏である。軍部の宣伝によると、朝鮮、台湾や中国、南洋の占領諸地域における民衆は、日本統治に感謝し、安居楽業していることになっている。だが、これもデマだ。日本に感謝しているものは、民族意識のない少数者であって、大多数の民衆は、暴虐な日本の統治者に対して、無限の怨恨、憎悪、反抗心を抱いている。朝鮮、台湾の民衆が、中国の英雄的抗日戦にいかに同情し、支援しているかは周知の事実だ。また、中国の民衆が、今日なお頑強に日本の軍隊と戦っているのも、疑問のない事実だ。さらに、フィリピン、マレー、ジャワ、その他の南洋地方において、いかに民衆の反抗が続けられているかは、蔽うことのできない事実だ。そして、これらの民衆は、日本の軍事的破綻が発生する時、支配者に対して一斉に蜂起する準備をしているのだ。「共栄圏」は砂上に建てられた楼閣のようなものだ。

日本の愛国者諸君!

過去七五年の間、われわれ国民の膏血をしぼった軍部とその一味、支那事変以来、わが国民に塗炭の苦しみをなめさせ、東洋全人民を馬蹄にかけた軍部とその一味——いまや、彼らの敗戦と壊滅の時期は近づいた。彼らの弔鐘は鳴り響いた。彼らに対して、諸君が、全民衆の力を結集して、攻撃すべき時期が到来した。諸君たち人民は同志を糾合し、闘争の第一歩を踏み出すべき時期が到来した!

ヒトラーの敗退によって、日本の軍部は国際的に孤立無援に陥った。これに反して、わが国民は、巨億の盟友と支援とを得た。すなわち、朝鮮、台湾、中国、南洋諸国の非圧迫人民のほかに、米、英、ソ連、その他二〇数カ国の反ファシズム陣営の人民——全世界の一五億の人民が、また、諸君の戦友となり、あるいは支援者となった! そして、諸君の無数の戦友もまた共同の敵——日本の軍部とその盟友、独ファシズムに対して、致命的な打撃を与える準備をしているのだ。世界の歴史の上に初めて現れたこのような巨大な世界的共同戦線の前には日本、ドイツの戦争狂は、風前の灯である。彼らの敗北は必至であり、我々の勝利は必至である！

同胞諸君！　愛国者諸君！

進軍ラッパは鳴った！　進めッ！

光輝ある全人民の旗を高く掲げよ！

この旗のもとにたたかい、必要とあらばこの旗のもとに死なん！　この死こそ、真実の「名誉の戦死」なのだ！

しかして、この旗幟には、このような標語が記してある……

戦争をすぐやめよ！　中国、南洋の全地域より即時撤兵！

軍部打倒！　戦争政府打倒！

人民政府の樹立！

平和と自由の日本の建設！

東洋人民の共同闘争万歳！

世界反侵略者共同戦線万歳！

中国(陝西省)延安にて

野坂参三(岡野　進)

(一九四三年七月七日)

日本の天皇に対する連合国の政策*
――岡野進へのインタビュー

* 本篇は『資料日本占領1　天皇制』に訳文が掲載されている。

中国、延安にて　日本共産党代表、岡野進とのインタビュー

日本共産党は結党時から天皇制反対を宣言していた。一九三二年、コミルテルンにて発行された「テーゼ」において共産党の目的の一つが天皇制の廃止であることが宣言された。岡野氏はこのテーゼに署名しているが、天皇を攻撃する声明は現在出すべきではないと考えている。また、日本降伏時に現天皇を廃止する行動を急いでとることは必要ではない。しかしながら、戦後、天皇家が存続したとしても、裕仁の政治参加を許すべきではないと考えている。

岡野氏は、天皇に関する論議では、天皇制と日本の皇室とは区別すべきであり、また、皇室と現天皇の裕仁とは区別すべきであると考えている。

今日のような天皇制が存続する限り、民主主義は日本では発達しない。権力は人民の代表機関である国会になければならないのに、天皇にある。そのため天皇は権力集団による支配を許している。緊急かつ根本的にこれを変化させることが必要である。

岡野氏によれば、日本にとって理想的な政府は原則的にはアメリカ合衆国政府の仕組みに似たものであり、皇室をなくしたものである。しかしながら、日本人が皇室に対して持っている宗教的崇拝は考慮されるべきであり、もし国民の大部分が天皇家の存続を望むのであれば、儀式的なロボットのような機関として存続してもいいかもしれない。

しかしながら、現天皇は皇室とは異なった観点で見なければならないと岡野氏は指摘する。天皇の勅語によって、彼はイギリス、アメリカとの戦争を許可した。それゆえ、彼の責任はまぬがれない。日本にとって状況が危険になるにつれて、軍部は詔勅に頻繁に頼るようになった。最近、県知事会議に天皇が臨席したことは前代未聞のできごとである。軍部は戦争支持にむけて国民を団結するには、天皇という君主に対して権威と威光を持たせる必要があると認

識している。

岡野氏の意見としては、戦争機関と天皇とが常に一体であるような最近の動きは、戦後の裕仁の君主としての地位の存続をきわめて難しくしている。もし必要であれば、息子に譲って現皇帝が退位するというイタリアの例に倣うのがよいかもしれない。

負け戦が続くにつれ、天皇に責任があるとの確信が日本人の心の中に育っていくかもしれない。国民を更に戦争に駆り立てるための宣伝の道具としての彼の役割はすでに失墜したといってよいだろう。

敗戦必至という状況のもと、日本国民の気持ちの変化を、細心の注意と関心をもって注視することが我々の責任である。天皇に対する我々の方針を決定する際、国民感情を十分に利用する必要があるかもしれない。降伏の際に最大の利益を敏速に獲得し、また同時に戦後の悲惨な政治的結末を避けるためには、方策を考える必要がある。

ジョン・K・エマーソン

延安

一九四四年一二月四日

延安リポート第二〇号

心理戦争に対する提言

〔日本人捕虜からの手紙〕

岡野進(日本共産党代表および延安の日本労農学校校長)が準備した「心理戦争に対する提言」と題する短い三件のリポートが添付されている。* 岡野氏は、日本人民解放連盟の宣伝委員会の名前でこれらの三件の報告書を提起し続けている。これらのリポートは、対日心理戦争に携わるアメリカの諸機関にとっても有用であると私は確信している。

* 本篇には三件のリポートは添付されておらず、代わりにこのエマーソンの手紙では何も言及されていない、「日本人捕虜からの手紙」が二篇紹介されている。なんらかの行き違いがあったものと思われる。

リポート第二号では、日本労農学校において捕虜を対象に最近実施された意識調査について言及している。この件に関しては一一月二五日付けの「一般的な態度に関する日本人捕虜の意識調査」と題する私のリポートで詳述している。

リポート第三号には、日本本土への投下用に準備されたビラに使う宣伝のテーマに対する提言が含まれている。一一月二四日にサイパン島を飛び立ったB二九による初の東京空襲に関するリポートは、地方紙『解放日報』に掲載されたものであり、皇居および東京の神社が爆撃されたとの見出しを掲げている。記事の該当箇所では、これらが空襲の標的の一部であったと言われている。岡野氏が言及しているのはこのリポートである。

アメリカの心理戦争担当部局は、日本人民解放連盟の名前で出されたビラを検討すべきであると信じる。日本人によって準備され、日本人の名前で発行された宣伝の方が、アメリカ人が日本人に向けて実施する場合よりも効果が大きいことは疑いの余地がない。これは「偽」の情報を意味するのではなく、正真正銘の日本人組織が発行するビラを意味している。情報によれば、日本人民解放連盟は華北の日本人の間でよく知られており、その勢力と活動には敬意が払われている。その評判は華北にとどまるものでないことは間違いない。

これまでのリポートで指摘したように、日本人捕虜および民間人の国際的組織は、宣伝の観点からも、また日本本土侵攻後の活動の核としても、対日戦争において極めて高い価値を持ちうるものである。したがって、日本人民解放連盟のすでに確立された評判を利用し、同組織が準備し、署名したビラを我々は投下すべきである。同組織の活動方針は、まったく害のあるものではなく、民主的なので、同組織が中国の延安で設立されたからといって、我々は躊躇する必要はない。経験豊富な宣伝の普及活動家(我々が利用可能)のグループと緊密な連携を活用すべきであると信じる。我々の宣伝は、これによってより効果的なものとなるだろう。

ジョン・K・エマーソン

延安にて

一九四四年一二月三日

日本人捕虜からの手紙

最近、日本労農学校の「学生」に対し、ビルマやインドその他の戦地にいる日本人捕虜に手紙を書きたいかとそれとなく提案してみたところ、三三名の学生から反応があった。彼らの手紙の多くは内容的に似通っている。彼らは、軍国主義者と資本家は私腹を肥やすために戦争を遂行しており、日本人兵士はその犠牲になっていると指摘している。手紙を書いた者たちは、労農学校での満ち足りた様子や、八路軍に協力して戦争の早期終結工作に関与することから得られる充実感を書き綴っている。そして多くの者が、日本で現体制が打倒された後に、新生日本への帰国の希望を表明している。

これらの手紙は、宣伝として大変価値のあるもので、そのうちいくつかは、間違いなくビラの文章に使用可能である。それらは、他の地域で行うであろう工作活動にも効果的である。これらの手紙は、他の手段では得ることのできない信頼性のある宣伝的メッセージを含んでいる。

その例として、二つの手紙の翻訳を以下に示す。一通目は、かつて華北の地方傀儡政府のアドバイザーをしていた捕虜が書いた手紙である。自身で述べているように、彼は一九四四年末に捕虜になった。労農学校に連れて来られるまでは、思想教化に対して極めて反抗的な態度に出た。しかし最近になり彼の態度は変わり始めた。二通目は、四年以上前に捕虜となった者が書いた手紙である。現在、彼は学校で教師をしており、従って、学校と日本人民解放連盟が教える戦争観を苦もなく、そして詳細に表現している。

翻訳

一九四四年一一月一八日

南洋にいるわが同胞諸君!

困難な運命の中にいる兵士諸君!

私は、諸君がインドのある地域におり、祖国を夢見ていると聞いております。諸君は戦争のためにすべてを犠牲にしており、私は深く同情すると共に、お慰み申し上げます。諸君は、現在、内なる激しい戦いと苦難を経験していることでしょう。

皆さんとは違って、私は兵士でも軍属でもあったことがありません。私は、七〇歳を越した両親や妻、そして子供たちを粗末な小屋のような住まいに残してやって来ました。私には兄弟もおりません。私は、家族を支えるために中国にやって来たのです。生き伸びる為にありとあらゆる仕事をしましたが、今年の五月末、八路軍によってここに連れて来られました。今や両親、妻子は、餓死寸前の状態にあります。私は、延安にある八路軍の後方基地に送られました。

ここには、諸君と同じ運命に苦しんできた多くの兵士がいます。華北でよく戦った彼らは、新たな人生を生きるために備え、自らの成長に努めています。彼らは、日本労農学校を設立し、皆、真実を語る社会科学の原則を学習しています。

私もすっかり年を取り、今年で四〇歳になりますが、それでも若い兵士に混じって、自分の苦しみから抜け出すために学習しています。この戦争のために如何に多くの犠牲を払ってきたかは、ここで改めて述べるまでもありません。

我々は、このような戦争を一刻も早く終わらせなくてはなりません。我々は、今、正義の人々の先頭に向かって前進し、来るべきこの世の春を確信しています。

ここ中国延安から、諸君が新たな世界に向かって前進する希望と忍耐を持たれんことを祈ります。

春日ノボル＊

＊「春日肇」ではないか(前田光繁注)。本リポート第四一号三四〇頁参照。

翻訳

一九四四年一一月二二日

親愛なる同胞、同士諸君！

私同様、遠く祖国を離れ生きる諸君すべてに心からの挨拶を送ります。いつの日か、いつの日か、我々は再び故郷の山河を再び目にするでしょう。いつの日か、両親、兄弟姉妹、妻子と再会し、彼らの幸せそうな笑顔を目の当たりにできるでしょう。諸君もその日が来ることを待ち望んでいるものと確信致します。諸君の中にはこのような希望を抱きつつも、悲しみに暮れている者もいると思います。

同志、同胞諸君！　気を楽にして下さい。希望を持って下さい。故郷に帰るその日は遠くありません。その日は近い将来、必ず訪れます。

なぜそう言えるのでしょうか。我々は皆、この大東亜戦争で犠牲を払ってまいりました。自分の将来を考えても、この戦争を切り離して考えることはできません。だからこそこの戦争の進展と将来について考えてみたいのです。

我々は、皆、「お国のため」、「東アジアの平和のため」、「大東亜共栄圏のため」などのスローガンのもと、この戦争に出征致しました。我々は、これらが我々の真の目的であると信じて祖国を離れたのです。

戦争は支那事変に始まり、大東亜戦争へと拡大して(一九三七年以来)すでに八年が経過致しました。この間、国民は何をしてきたというのでしょうか。我々は巨大な戦争の重荷を背負ったのです。

二〇〇万を超す同胞が死傷し、彼らの一〇〇〇万を超す肉親が後に残されました。一一〇〇億円を超す国民の税金が弾薬に費やされ、煙と消えました。人々は九〇〇億円を超す国債の負担を背負ったのです。

兵士が前線での困難に苦しむ一方で、祖国に残された人々は、「戦時下の生活」の名の下に窮乏と過酷な労働に苦しんできました。戦争によって生活は一変したのです。

この間、各種の法律が施行され、人々は最も煩わしい政治的規制に束縛されてきました。人々は多大な犠牲を払ってきたのです。ところが、軍部の指導者や軍需産業を支える資本家の事情は、それとは正反対でした。彼らは、満州、中国、および南太平洋の豊富な資源を利用して莫大な利益を上げてきました。例えば、満州の鮎川〔義介〕や久原〔房之助〕の満州重工業開発会社、および三井、三菱、住友、安田の強力な財閥がそうです。そして彼らと協力してきたのが軍部の指導者なのです。

軍国主義者と資本家による戦争から産み出される利益は、莫大な額にのぼります。その額は一九四二年の、ある一ヶ月だけで二〇〇億円に達しています(『東京経済新報』公表)。軍国主義者が中国および南太平洋諸国を侵略したのは、こうした利益を蓄積するためだったのです。東アジアのすべての人々の平和を乱し、最も残酷で信じ難い犯罪、殺人、強盗そして放火を行ってきたのは、金儲けが目的だったのです。

日本の軍国主義と資本主義の指導者たちは、他国の人々を虐殺しただけではなく、自国の人々をも犠牲にし、苦しめてきました。祖国を愛する真の日本人として我々は、あまりに多くの日本人を犠牲にしたこれらの軍国主義指導者を我々の政府の支配層から一掃し、日本が発展し、繁栄できるようにしなければなりません。そうすることで、平和で豊か、進歩的で、幸福な新生日本を建設できる、と私は固く信じています。

先ほども書きましたように、この戦争は、軍国主義者と資本家の利益のために戦われてきました。戦争は大規模に展開され、多大の努力が傾けられてきましたが、いずれ分かることですが、日本の見通しは明るくありません。物資、生産能力、労働力の観点から見るだけでも、日本に勝ち目はありません。日本の軍国主義者の敗北と反枢軸勢力の勝利は間違いありません。

ただし日本の敗北は、日本の軍国主義者と資本家の敗北、またそうした支配層の壊滅を意味するのであって、けっして日本の一般市民の敗北を意味するものではありません。それどころか、日本政府からこれらの指導者を一掃すれば、新しい日本の政府は、日本の一般市民自身の利益と幸福のために機能することになるのです。新生日本、民主的な日本、民衆の政府を持つ日本が確立されるのです。これは労働階級の幸福に繋がるのです。

諸君の中には、敗戦後の日本が植民地になりかねないという危惧を抱く向きがあるかも知れませんが、それはあり得ません。ルーズベルト、チャーチル、および蔣介石のアメリカ、イギリス、中国の指導者が、昨年、エジプトのカイロで会談した際に、「我々に領土的な野心はない。これは日本の軍国主義者に対する戦争である」という声明を発表しましたので心配する必要はないのです。

もし、これが日本を植民地化するための戦争であれば、日本人は大和民族の独立を賭けて、最後の一人まで勇敢に戦うでしょう。もし我々の独立が脅威にさらされているのであれば、我々は、そもそも日本人民解放連盟を創設する必要はなかったのです。

しかし、この戦争は、単に軍国主義者に対する戦争であるに過ぎないのです。我々は、中国の八路軍やアメリカ軍と協力してきました。まさにこのような行動により日本人民を戦争の犠牲から一刻も早く救い出すのは、真の日本人としての義務であります。

我々は、軍国主義者が敗北し、日本政府が変わるように懸命に努力しているところであり、我々が新しい日本に戻れる日も遠くありません。諸君同様、我々はこの戦争で九死に一生を得てきました。幸か不幸か、元気にやってこれたのです。丈夫な体を資本に、我々は、未来の日本を建設するための努力を傾注しなければなりません。これこそが真の愛国者の進むべき道であります。こうすることのみが、真の日本人の証なのであります。

友よ！　同胞よ！　強く健康であれ！　心配せずに生きよ！　希望を持て！　力強く立ち上がれ！

かくも遠く、かくも長く離れた祖国への望郷の念をこれ以上抱き続ける必要はありません。諸君はすぐに祖国の土を踏むことができます。諸君の希望をかなえるこの帰国が、一刻も早く実現するように努力するのです。我々と手を携え、ともに前進しましょう。諸君のインドでの義務は、アメリカ軍に手を貸すことにあります。我々は華北にあって、八路軍を助けることを誇りに思っています。

日本の自由よ永遠なれ！　平和で自由で民主的な日本を建設しよう！　日本の軍国主義者と巨大な資本家を一掃しようではありませんか。

これらのスローガンを掲げて、ペンを置くことにします。乱筆乱文をお許し願います。諸君にとって、この手紙の内容は受け容れがたいものかも知れませんが、返事をお待ちしております。

梅田*

第四独立旅団第二四大隊兵長

反枢軸軍とともに生きるビルマ、インド前線の同志および愛国者諸君へ

＊　梅田照文。本名香川孝志。本リポート第四五号付録参照。

延安にて

ジョン・K・エマーソン

一九四四年一二月五日

延安リポート　第二一号

八路軍の対日本人捕虜政策

配布先

ワシントンの戦時情報局　二

レド、デリー、オーストラリア、ホノルル、陸軍心理戦争局

(PWB)ディッキー大佐　各一

中国共産党八路軍は日本人捕虜に対する政策で成功をおさめてきた。現在では、八路軍に投降した日本人捕虜のうち三〇パーセントが自発的に投降した人々である。共産党支配地域では、すでに日本人民解放連盟の一七支部が組織化された。同組織は日本の敗北、軍国主義者の打倒、戦後の民主的政府の樹立を誓っている。延安の日本労農学校には一〇〇名以上の「学生」が入学しているが、校長の岡野進を除いて教師全員が捕虜である。前線地域では他にも同様の学校が活動している。

八路軍の対日本軍心理戦争は、解放連盟を通じて日本人捕虜の手に全面的に任されている。前線での宣伝工作の多くは、電話の盗聴、メガホンによる呼びかけ、敵の戦線を横切って行われる通信連絡活動などである。現在までに、三名の日本人捕虜がこの種の工作活動の最中に死亡した。

過去二ヶ月以内に捕えられた一二名の捕虜が参加した座談会*では、「戦争が終わったら日本に戻りたいと思うか」という質問に対し、全員が肯定的な回答をした。この集団は何ら正式な思想教育を受けていなかったものの、前線から延安への移動に要する六週間以上を八路軍と接することによって、彼らの頭の中からは、捕虜になったことは不名誉なことであり、二度と家族の元へは戻れないという考えはすっかり消えていた。確かに彼らはかなり無学の農民や労働者であり、そのほとんどは初等教育以上の教育は受けていない。しかし彼らは日本軍に教え込まれた付け焼刃的な「大和魂」をすでに失っていた。一人は恐れる様子もなく全員の前で、自分は日本の早期敗北を期待しており、そうなれば祖国に戻り、平和な「新しい」国で働き始めることができると明言した。

＊　本リポート第二四号がその座談会の記録である。

労農学校のあるクラスの教師――彼自身も捕虜であった――は、日本海軍がフィリピンで壊滅的な敗北を喫したこ

とに触れながら、簡単な経済学の講義を担当するようになった。

延安に到着したばかりの日本人捕虜たちが劇を披露したことがある。劇のシナリオを書いた者も出演したが、この劇は一九四二年に華北で実際に起きた事件に基づいて制作されたものだった。その事件とは、ある部隊の下士官たちが上官である中隊長に対して起こした反乱であった。劇は、この中隊長が無力の中国人女性を慰みものにしようと自分の部屋に連れて来させ、そこに赤ん坊と一緒に妻の釈放を嘆願しにきた夫が部屋から力づくで放り出されるシーンで始まる。続くシーンでは、反乱を企て血判状に署名しようとしている部下たちをこの中隊長が平手打ちにし、殴りつける。そして最後のシーンでは、部下たちはついに中隊長を容赦なく徹底的に打ちのめしてしまうのだ。捕虜たちは迫真に満ち、生き生きとした演技を披露した。

延安そしておそらくは共産党支配地域以外の場所においても、実際に半分以上の捕虜たちが再教育されていたことは確かだった。彼らは、心底から反戦・反軍国主義的な信念を持っており、日本兵に対する工作を喜んで行った。また新たに再建された日本での生活のために帰国したいと強く願っていた。彼らが受けた思想教育のほとんどは、共産主義的性格を有していたが、彼らは共産主義者になるよう特に圧力を受けることはなかった。ちなみに延安の学校の学生の約四分の一(二七名)が共産主義者同盟に属している。*

* 一九四二年六月二三日、延安で「在華日本人共産主義者同盟」の成立大会が開かれた。大会の紹介記事と「同盟規約」が四二年六月二六日、二七日、三〇日の『解放日報』に掲載された(それらの日本語訳は『華北における日本兵の反戦運動』(一)所収)。

こうした八路軍の成功を説明するといくつかの要因が存在している。

一　八路軍の捕虜に対する政策は、寛大で思いやりのある処遇が基本である。捕虜たちには自らの所属部隊に戻る機会も与えられ、八路軍に留まる選択をした者には工作や学習のための施設が提供された。一九三八年から一九四三年一二月までに捕虜となった二四〇七名のうち、二〇八五名が釈放され日本軍の戦線に戻った。その多くは、間違いなく日本軍将校によって殺害あるいは処罰された。しかし共産党は、八路軍が日本人捕虜を厚遇するという事実を示したことで大いに意味があったと考えている。一九四四年一月以降、民間人を除き、捕虜の返還政策は廃止された。この変更の理由の一つは、日本人民解放連盟を強化し、より広範な思想教育活動を実施したかったためだといわれている。

二　日本人捕虜に対する八路軍の政策は、中国人の将校、下士官および中国の民間人から理解され、支持されている。

朱徳総司令は、一九三八年に日本人捕虜を厚遇するよう明記した命令を公布した。＊同時に、共産党政府の政治部は中国人に対して、一度捕まえた捕虜はもはや敵ではなく同胞であると考える宣伝に着手した。一九三九年には日本人捕虜の処遇の仕方を中国人に教えるため、敵軍工作部によって訓練学校が設立された。現在、宣伝工作に従事しているのは日本人だけなので、中国人のための訓練は停止されている。

＊　日本兵捕虜の処遇に対する最初の命令は、三七年一〇月二五日に「日本軍捕虜に対する政策問題」として公布された(井上久士「中国共産党・八路軍の捕虜政策の確立」『日中戦争下中国における日本人の反戦活動』所収)。

通常、捕虜になるのは日本人にとって不名誉なことだが、八路軍はこの思いを払拭させるのに成功している。それは、辺区参議会と延安市議会にそれぞれ一名の日本人「外国人名誉会員」がいるという事実が証明している。＊現実にはこれらの日本人は捕虜ではあるが、彼らは地域社会から市民として受け容れられているのである。

＊　辺区参議会には森健、延安市議会には中小路静夫が外国人名誉会員となっていた(前田光繁注)。

延安労農学校の日本人学生＊には武装した護衛がついておらず、彼らが希望する時にはいつでも二人ないし三人のグループを作り、自由に町に出かけられる。延安の人々は、彼らに中国人学生が享受するよりも上等な食糧配給を出し惜しみすることなく与えている。

＊　以下の労農学校の生活については、本リポート第四五号にくわしく掲載されている。

三　日本人捕虜は捕虜になった瞬間から、見事なまでに配慮の行き届いた処遇を受ける。

現場に通訳がいない場合、日本人捕虜には簡単な日本語で八路軍の政策を説明したパンフレットが渡される。捕虜は丁重に扱われ、優れた医療の受給も保証される。また彼らは、この戦争の責任は日本の軍部と資本家にあるという短い説明を受けるが、その際、日中両国の人民は正当な理由もなく戦争をしていること、そして捕虜は平和で民主的な戦後日本への復帰に備え、仕事や学習をする機会が与えられることが強調される。

下士官の捕虜と将校の捕虜は引き離しておくという原則や、尋問は個別に行うという原則は徹底して遵守されている。特にその捕虜が短気であったり、狂信的愛国主義者であったり、あるいは他人の忠告の影響を受けにくい人間であることが解ると、他の捕虜との接触は許されず、彼らに影響を及ぼすことができないような状態に置かれた。延安ではこのような捕虜は特別な仮収容所に送られた。そして彼らの態度が良くなれば、労農学校に移された。

学校では、捕虜の間に反抗的で手に負えない兆候が出てきた場合、宿舎全体に巧みに張り巡らされた「内偵者」ネットワークから定期的に送られてくる報告を通じて、直ちに発見されるようになっている。

四　八路軍の日本人捕虜に対する思想教育の手法は成功している。

延安労農学校に入学すると、学生は日本人に囲まれた快適で友好的な雰囲気の中に身を置くことになる。彼らは、学校運営も日本人の手に委ねられ、授業も日本語で行われることに気付く。岡野進校長ともう一人の幹部を除けば、みな自分たちのような捕虜なのである。彼らの反応はすぐに好意的となり、その後に行われる思想教育に対し心を開くようになる。

最初のうち、教育は形式ばらずに行われる。学生たちは討論グループを作り、手始めに岡野氏の著作『日本国民に訴う』という小冊子を勉強する。限られた教育しか受けていない多くの捕虜たちは、日本語の知識が深まり、同時に新しい魅力的な思想に出会うことができると分かり、嬉々としてくる。それによって達成感が生まれ、ほとんどの捕虜は懸命に勉強する。また教科書の内容を説明し、質問に答えられるように指導講師が必ずその場に立ち会っている。

日本人民解放連盟への参加は義務ではないが、同連盟の原則と計画を学んだ後、捕虜は「A」グループに入り、「政治常識」と時局についての授業を受ける。前者は、紛れもなく左翼的傾向を持った、やさしい政治経済に関する一連の講義である。この課程は通常三ヶ月続き、その後、学生は「B」グループに進む。そして日本の歴史をはじめ、さまざまな問題を勉強する。学生はまた、中国語教育も受ける。「B」課程を終了すると、特に能力の高い者は選抜されて前線へ行き、八路軍の宣伝工作活動に従事するように言われるが、当然ながらこれは本人の自発的意思に基づいて行われる。

五　華北や華中で遂行されているタイプの戦争では、対敵宣伝活動が特に効果的である。

ゲリラ戦術と軍事情勢の流動化によって、敵陣への潜入、詳細な情報の入手、そして長期にわたる宣伝用武器の連続的な使用が可能となった。捕虜から構成された宣伝班は、多くの場合、作戦地域に駐屯する日本軍将兵の名前や階級だけでなく、多くの個人データも把握している。解放連盟の日本人捕虜たちは、中国農民のふりをして日本軍の陣地に入り込み、貴重な情報を入手する場合もある。

中国農民は、ビラ、メッセージ、慰問品を携帯し、戦線を行き来する。ある日本兵は日本軍の一員でありながら、解放連盟に参加したいと申し出た。彼は、自分の所属部隊に関する軍事情報を提供し、間近に予定されていた攻撃について、ある時警告を発したことがあった。そして彼の諜報は正確であることが証明された。

日本軍の将校たちは、八路軍の宣伝に対し警戒心を抱くようになってきた。そのため、彼らは自分の部隊に警告を発し、宣伝に心動かされないように命令を発した。さらに情報収集のために八路軍側に何人ものスパイを送りこんでいる。しかし大抵の場合、スパイはすぐに正体が明かされ、通常の思想教育の課程を受けさせられる。その多くは、やがて自らの任務を自白するといわれる。

当然のことながら、華北および華中の状況はアメリカ軍が日本人捕虜を拘束している地域の状況とは異なっている。八路軍の捕虜の処遇を成功に導いた特定の有利な条件はアメリカ軍側には存在していない。この条件には、戦争の性格や中国共産党の政治イデオロギーが含まれている。とはいうものの、捕虜たちは危険な前線地帯において、かつての戦友に対する宣伝活動に自ら喜んで参加するレベルまで教育されているのである。

こうした経験は八路軍に独特なものではない。一九三九年、鹿地亘は桂林において宣伝工作のため捕虜の訓練を開始した。二ヶ月ほど教育を行った後、一九三九年一二月二六日、鹿地は一二名の捕虜を伴い前線に向かった。彼らは拡声器や電話を用い、ビラを書き、それを日本人に配布した。後に、彼は反戦同盟を組織し、この工作を中央政府の支援の下に断続的に遂行した。

ビルマでは、捕虜を教化する組織的試みはなされなかったが、多くの捕虜の心の状態は、彼らに対する思いやりと手厚い待遇を通じて、自然に変化してゆくことが経験的に分かっている。ある日本軍の少尉は、現在アッサムのレドの捕虜収容所で選抜された小グループを率いて、ビラを準備したり、戦時情報局心理作戦チームのための宣伝に助言を与えている。

デリーではイギリスが、自国ならびに我が戦時情報局の宣伝ビラ作成を支援するため、六、七名の日本人捕虜グループを選抜した。彼らは、ある捕虜担当将校の指導下で積極的にこの仕事に従事したいと考えた。これらの捕虜たちは思想的教化を一切受けていないが、信念を持って反戦を宣言した。アメリカ政府機関の宣伝活動を補佐する捕虜のケースについて、戦域法務部長は、厳格に遵守された一定の制約の下でこうした活動を行うことはジュネーブ協定に違反していない、という見解を表明しているが、この点は付記されるべきである。

インドやビルマそして中国での経験は、多くの捕虜が確実に自らの態度を変えることを証明している。捕虜の多くは、思想的教化を受け容れているのである。したがって、世界の他の地域でもアメリカに投降した捕虜の中の選別集団と共に、同様の計画を成功裏に実施することは不可能ではないと思われる。そのために必要なことは、有能な人材——日本人が望ましい——を確保すること、慎重な調査と非協力分子を直ちに隔離すること、親切で理解ある扱いをすること、そしてよく計画された教育プログラムを準備することである。人材に関しては、十分に信頼できる、転向した日本人捕虜を中国あるいはビルマから連れて行き、アメリカ軍収容所で捕虜訓練のために使用するよう提案する。

再教育された日本人集団は、宣伝のためだけでなく日本の戦後処理や講和において我々が担う、より重要な任務のためにも有用な存在となるであろう。

ジョン・K・エマーソン

延安

一九四四年一一月一〇日

延安リポート　第二二号

日本人捕虜の一般的意識調査

我々の要望により、延安の日本労農学校にいる日本人捕虜に、戦争及び戦後に対する意識を確認するために一一月一五日に調査が実施された。調査が秘密であることと、無記名であることが説明された。九八人の捕虜が質問に答えた。その結果を以下の表に示す。

一　入隊前の仕事

1　労働者(炭坑夫や運送人を含む)……………三二
2　農民、漁民……………三一
3　商人(店主、従業員)……………一九
4　会社員……………八
5　その他(三人不明を含む)……………八
計　九八

二　最終学歴

1　小学校……………八〇
2　中学校……………一四
3　大学及び専門学校……………四
計　九八

三　八路軍の捕虜になっている期間

1　一年未満……………一七
2　一―二年……………三二
3　二―三年……………一二
4　三―四年……………一八
5　四―五年……………一一
6　五年以上……………八
計　九八

四　質問事項

1　支那事変において、日本は正しいですか？
はい　二
いいえ　九六

2　英国や米国に対する大東亜戦争において、日本は正しいですか？

はい　三
いいえ　九二
無回答　三

3　日本は戦争に勝ちますか？

はい　二
いいえ　九四
保留　一
無回答　一

4　もし日本が勝ったら、日本に帰りたいですか？

はい　一一
いいえ　八六
無回答　一

5　もし日本が負けたら、日本に帰りたいですか？

はい　九四
いいえ　三
無回答　一

6　もし日本が負けたら、日本は民主国家になると思いますか？

はい　九三
いいえ　四
無回答　一

7　もし日本が勝ったら、日本は民主国家になると思いますか？

はい　七
いいえ　八八
無回答　三

8　天皇が現戦争を支持していると思いますか？

はい　七五
いいえ　一七
無回答　六

9　もし日本が敗れたら、天皇は統治し続けるべきだと思いますか？

はい　四
いいえ　九三
無回答　一

10　もし、日本が敗れたら、天皇制は廃止されるべきだと思いますか？

はい　九四
いいえ　三
無回答　一

11　現戦争で、一番責任がある人は誰ですか？

軍国主義者　八二
大資本家　四
天　皇　四
軍国主義者と資本家　二
大地主　二
無回答　二

12　アメリカ軍が日本本土に上陸した場合、日本人は強く抵抗すると思いますか？

は　い　一一
いいえ　七七
限られた範囲内で抵抗する　八
無回答　二

13　戦争を早く終結させるために、あなたは八路軍に協力しますか？

は　い　九六
いいえ　二

14　戦争を早く終結させるために、あなたはアメリカ軍に協力しますか？

は　い　九六
いいえ　二

これらの質問に対する回答は、捕虜が受けた教化の強さに比例している。九八人中、九六人が中国に対する戦争が間違っていることを確信しており、戦争を早く終結させるために八路軍やアメリカ軍に協力してもいいと思っている。九八人中九四人が日本の負けを予想しており、そのようになったら、本国に進んで帰るつもりでいる。

一方、二人だけが、今も日本が中国で引き起こしたことを正しいと思っており、(質問に答えなかった者を含めたら)英国や米国に対する戦いを正しいと思う者は、更に増えて六人になる。もちろん、これら兵士の中国での経験は日本にいたときには思いも及ばなかったものであり、英語圏の国と日本が戦争をするというような教育は、ほとんど受けたことがない人たちである。

九八人中、九四人が戦後における天皇制の廃止を望んでいるという事実は、一貫した教化さえ行えば、この観念でさえ破壊できなくはないことを示している。しかしながら、一七人が天皇はこの戦争を支持していないと考えている。

日本本土へのアメリカ軍の上陸に対する国民の抵抗の項

目に対しては、回答にバラツキがあった。少なくとも一九人が何らかの抵抗があると考えている。

彼らの学歴が示すように、小作農や労働者が大半であった。最終学歴が高くない者ほど教化されやすい。しかしながら、私個人が見た感じと、その他のことから判断して、これら捕虜の意見は信頼できると思う。更に、この調査は彼らの現在における実際の意見を代表しており、平均的日本人兵士の信念と態度がシステマティックな教化によって変えられることの一つの証明であると私は考えている。

ジョン・K・エマーソン

延安　一九四四年一一月二五日

延安リポート　第二三号

アメリカ軍の残虐行為に関する日本軍部の欺瞞的な宣伝

延安の労農学校で開かれた座談会で、今年六月に日本から出兵した新しい捕虜が次のように語った。

「日本に徘徊しているアメリカの残虐行為の物語はこれからお話するように信じられないほどに異様なものですが、日本人には説得力があり、信じられています。今では、それらについて笑ったり、ジョークを言ったりすることができますが、日本にいる頃は、アメリカ人は日本人全部を拷問、殺害するといわれ、彼等を悪魔とか米鬼と言っていました」。

今年日本を出た捕虜たちは、日本人がアメリカ人への恐怖と憎悪をきびしくたたき込まれていると語った。日刊紙、雑誌記事や有名人の演説はアメリカ人が太平洋地域やアメリカ本土において日本人に対して行った残虐行為を大きく取り上げていた。アメリカの残虐行為を信じた人びとは、アメリカが上陸したら、そのとき殺されると信じていた。彼らは、アメリカが日本人を奴隷にし、大和民族を撲滅し、地球上から日本を抹殺すると信じている。

もし、この宣伝が効果をあげ続けるなら、アメリカ軍は全ての老人、婦女子を向こうに回して、上陸の際に実際に戦わざるをえなくなろう。その結果、我が敵は一層手ごわくなり、抵抗を続け、狂乱した人びとの手によってわが軍は多くの生命を失うことになろう。今日、若い女性は竹槍、少年は銃剣の訓練を受けている。サイパンに起こった大量玉砕は日本や天皇への最高の忠誠として語られ、人びとは軍部によって敵を殺し、追い詰められれば自殺するように命じられている。

我々の多くにとって、かかるこじつけの宣伝に打ち克つのは困難のようにみえる。我々は日本人がその情報の妥当性に疑念を起こす可能性が少しはあると思う。しかしながら、日本では欺瞞的情報が真実と見られ、国民の思想を支配している。彼らはごく一方の情報源からニュースを得ているにすぎない。ごく少数を除いて、人びとはニュース発信源に全幅の信頼を抱き、そのまやかしを信じている。

以下に新しい捕虜が日本で耳にした虚偽と欺瞞の宣伝の例を若干示したい。その情報を語るとき、彼らの幾人かは日本の宣伝をまだ信じていた。

捕虜一

「日本は精神的文明の中に生きる東洋人を代表している。アメリカはユダヤ人に支配されているといわれた。」

「ユダヤ人は一掃されても、根絶されないと自ら語っている。彼らは世界支配の野心に燃え、物質的力でその野心を遂げようとしている。」

「東洋は英米の物質主義に現在のところ支配されてきた。この戦争は物質的力と精神的力とが優劣を決める戦である。日本は敗北すれば、英米の奴隷になろう。さらに黄色人種全体が英米の奴隷となるのは避けられなくなる。したがって日本は戦争に勝たねばならない。」

捕虜二

「もし日本が負けると、アメリカ人は日本の景色のよいところにリゾートをつくり、日本人を奴隷として使うだろうと言われた。」

「アメリカ人は日本人を奴隷にする。さらに一六歳から六〇歳の男全員が去勢され、重労働をさせられる。若い女性や婦人は性的ないたずらをされ、役立たない老人は殺されるだろう。」

「それゆえ日本人は戦争に負けてはならない。アメリカ人がパラシュートで日本に上陸したときには、女性を含む全員が竹槍でそのアメリカ人を刺殺せねばならない。できるだけ多くを殺さないと、こちらが殺される。」

捕虜三

「炭鉱で日本人労働者が聞かされたところによれば、もし日本が敗れると、現在の朝鮮人のように扱われる。そうならないように、日本人労働者は戦争に勝つためにもっと石炭を掘るようにと説得された。」

「東京のある大学の学生が言った。日本は現在民族の運命を決する厳しい局面にある。のん気に勉強する時間は学生にはない。我々は軍事工場で働き、生産を上げなければならない。戦争に勝てば、勉強する時間は十分にあろうと。」

「政府はルーズベルトが『アメリカは世界から日本を一掃するつもりだ』と述べたと国民に告げている。これは日本の抹消を意味していると。」

「アメリカ人は残酷で、ずる賢い臆病者である。彼らは病院船さえも沈める。彼らが日本に上陸すれば、何をするかわからない。我々は負けてはならない。これは先に新聞に出ていた。」

捕虜四

国民の宣伝への反応　「国民は軍部の宣伝を信じ、日本の敗北は考えていない。アメリカが日本に上陸すれば、残虐と暴政が支配すると考えている。アメリカは日本人に戦争をけしかけた。彼らの下劣な野心は地球の表面から日本を抹殺することである。それゆえアメリカは卑劣な国民である。彼らは『アメリカ人を見かけたら、殺せ!』といっている。」

「工場の浴場で一人の六〇歳の男が他のものに言っていた。『アメリカは邪悪な国である。もしアメリカが日本へ来たら、一人残らずやってしまえ』と。」

捕虜五

「日本人はサイパンで拷問死した。友人がアメリカ軍によって日本人は全滅させられると言った。」
「戦前、日本人はアメリカに敵意はもっていなかった。」

捕虜六
「生産のベルトをゆるめることは〝ルーズベルト〟とよばれ、労働者はベルトを止めてはならないと命令された。」
「アメリカは中国を植民地にするために戦っている。この宣伝は軍の中にも流されている。日本はアメリカの圧迫から中国を救うために戦っていると兵士たちは言っている。」

捕虜七
「俺は日本が負けたら、中国で盗賊になろうと思った。日本に帰れば、いずれ殺されるだろう。アメリカは一五歳から五〇歳の男全部を去勢すると信じていた。」

捕虜八
「死ぬ前にできるだけ多くのアメリカ人を殺そう、と隣組が人々を煽動している。それはアメリカの日本上陸の際だ。」
「アメリカにいる全ての日本人が殺された。彼らはローラーに踏みつぶされ、ある者はいっしょに縛られ、飛行機から突き落とされた。」

結論

以上紹介した欺瞞的な日本の宣伝は主として田舎の人や都市の無教育な人々に効果的であることが判明した。それは軍部にとってある程度の満足いく結果を生み出している。

一、「これは生き残りのための戦争である」といって、宣伝は人々にベルトを締めさせ、懸命に働かせ、犠牲を強いている。殺すか殺されるか(撃ちてし止まん)は日本人の態度を示す代表的な言葉である。日本の立場が危険になるほど、この宣伝は強化されよう。

二、日本は正義の戦いをしていると、宣伝は人々を説得しようとしている。アメリカは日本を植民地にし、人々を奴隷にして、絶滅しようとしていると人々は信じている。日本はアジア人に恩恵を施す人であり、保護者であると思っている。

三、宣伝は上陸時には、わが軍に抵抗するよう全国民を実際に煽動するだろう。サイパンでの拷問死や最後の居住民の自決という崇高な行為は抵抗の気持を高めている。

我々の対抗宣伝

我々の主要な課題は日本の宣伝に一つ一つ反駁することである。我々は日本人に我々の敵と彼らの敵は軍閥であり、彼らの敗北は人民の解放と民主日本をもたらすことを示し、説得しなければならない。我々は彼らの友人であって、残虐なアメリカ人ではないことを彼らに告げねばならない。日本労農学校の岡野校長が言っているように、「できれば我々は日本軍と親愛な関係を結ぶべきである。というのはこれが効果的な心理戦争の出発点であるからである」(親愛な関係とは、岡野によれば、慰問袋、友好の手紙、祭日の挨拶状を送って、我々への強い敵意を和らげることである)。

我々はアメリカの日本人が通常の生活をしていることを示す写真を載せたビラを投下して、残虐な物語を否定すべきである。太平洋やビルマ戦線での第百歩兵大隊のビラの文字や写真も有効である。

我々の捕虜の処遇も効果的な宣伝である。捕虜との座談会において、処遇の実態を示す写真入りビラは、我々が日本側に投下する最も効果的なビラと指摘された。(顔の映った男を隠すためにビラの写真に目隠しを使うことが多い。)その目隠しはやめた方がよいと捕虜たちは述べたが、どうしても彼の素性を守ろうとするなら、遠くから撮った写真を使うべきである。

我々が日本人を奴隷にしたり、日本を植民地にしようとしたりしないことを日本人に納得させるには、イタリアに対する我々の方針を彼らに示すことが良い。日本の資本家や軍部による、大東亜共栄圏での暴利や略奪を宣伝で強調すべきであるし、資本家・軍部連合が侵略者であることを説明すべきである。捕虜が私に語ったことによると、日本人の大多数はひどい苦しみを受けているので、実際的な物質困窮の理由を説明するビラが非常に効果的であろう。八路軍の経験によれば、日本で一番苦しんできた人々に宣伝は最も説得的である。捕虜の再教育において、農民と労働者が富裕な階層の出身者よりも早く反軍国主義者になるという。

反戦感情の高まり

延安の労農学校に入った新しい捕虜たちは次のように語った。南太平洋の労働大隊への徴兵の不安が日本の労働者における欠勤者の数を少なくしている(欠勤の多い労働者は南方に徴用されるからだ)。中国にいる兵士も太平洋の戦地に送られるのをひどく恐れている。彼らにとって、太平洋の戦地送りは玉砕を意味している。また、日本の親は息子の徴兵を避けようとしていると幾人かの捕虜が述べた。そしてこれらの捕虜は食料不足が栄養失調を招き、一月の労働日のうちの一〇日間も労働者を家に閉じ込めていると言った。

日本の労働条件は日に日に悪化している。それは捕虜との会話から導いた結論である。しかし人々は軍部に従い、軍部の宣伝を信じる限り、必死になって戦い続けるだろう。我々は資本家や軍部の腐敗や収奪を暴露し、彼らの欺瞞的な宣伝を暴露し、人々に不満を起こさせるべきである。同時に我々は軍部や軍関係の大資本家から国民を切り離すくさびを打ちこみ、彼らがこの戦争から抜け出す道があることを示し、我々が日本国民を奴隷化しないことを示すべきである。

日本人組織の名前の利用　中国での抗日心理戦争の過去の歴史から判明したのは、日本人の作った組織名でなされる宣伝は効果的であることである。一九三九年に覚醒連盟が元日本兵によって華北に組織され、その名前で宣伝活動がなされた。後に日本人反戦同盟が重慶に本部、華北・華中の各地に支部をおいた宣伝機関となった。今日、日本軍兵士や民間人を対象とした八路軍の全ての宣伝は日本人民解放連盟によってなされている。

私は覚醒連盟、日本人反戦同盟、解放連盟の組織者と話し合ったところ、彼らは口をそろえて日本人の組織名を掲げた宣伝は良い結果をもたらしたと言った。その宣伝は厳密には敵の工作とは見なされないだろう。それは敵の宣伝より受け入れられやすく、そのため、より説得力を持つことになる。たとえば軍部を糾弾するのに、我々がするよりも日本人がやった方がより効果的となる。兵士や民間人は我々の側に日本人がいることを知り、我々が日本人全てを拷問するという主張に疑問を抱きだすだろう。彼らはまた我々が日本人民の生活の改善に向けてのなんらかの提案を持っていると期待し始めるだろう。さもないと日本人は我々と共同歩調をとろうとしないだろう。

組織者たちは日本人の方が中国人よりも日本人と親しくなるのがはるかに容易だということも述べた。さらにより高い給与、より良い食事、より良い処遇という日本軍内部の生活改善は日本人組織の呼びかけによってのみ実現できる。それゆえ日本人や日本人の組織を使えば、我々の宣伝の展望を拡大することが可能になろう。

我々は日本人一世や二世の組織を使うことができた。これらの組織は厳密に言えば宣伝機関である必要はない。我々はこれらの組織の声明を巧く使い、彼らの活動を公表し、アメリカ本国の日本人が奴隷にもなっていなければ、処刑されてもいないことを日本側に写真、その他で示すことができる。捕虜処遇の規則を確認させることによって、我々の宣伝工作に捕虜を参加させることができる。彼らには短期の再教育期間が必要だろうが、八路軍から得た成果情報から判断して、その努力は十分に報いられよう。我々はアメリカ人の人命を救いながら、戦争の終結を急ぐことに関心を持っている。この目的に向け、我々に役立つあらゆる手段を活用すべきである。

一九四四年一一月二九日

延安、中国

コージ・アリヨシ軍曹

延安リポート　第二四号

日本労農学校における捕虜による座談会

注　以下は、アリヨシ軍曹の添付状である。

ここに添付したのは、もともと日本語で書かれていた座談会の記録を大まかに翻訳したものである。この中には日本の軍と一般人に対して使用可能な資料が含まれている。

常磐炭田で発生した朝鮮人暴動は、朝鮮向けの宣伝資料として役に立つ。この事件では、八〇〇人もの朝鮮人坑夫が日本人坑夫を襲撃し、二名の日本人が殺害され、二〇名が負傷した。また朝鮮人の暴動を指揮した一六名が処刑された。

ビル・アッカー*も、おそらくこの事件を対日宣伝工作のために利用するであろう。日本人坑夫も朝鮮人坑夫とほぼ同様に不満を募らせていた。彼らは朝鮮人との緊張した関係を快く思っていなかった。一つの集団と他の集団との対立を生じさせた責任はこの鉱山の所有者にある。この資料は、はたして要求ビラとして利用できるのだろうか？　高夫人は、自身のラジオ番組のなかでこの情報をうまく利用している。

＊ OWI(戦時情報局)の重慶支部における日本課の主任。京都大学で浜田耕作に学んだ。重慶では日本文ビラの制作と週刊新聞『時勢』を編集。

新たに労農学校に連れて来られた捕虜の多くは、アメリカにいる日本人は殺されてしまったと信じている。彼らは、日本人がローラーの下敷きになって押し潰されたり、上空高く飛ぶ飛行機から突き落とされたなどと、アメリカが行った残虐行為について口々に語り合っている。もしアメリカ本土やハワイの日本人が普通の生活を送っている様子を写した写真を多数入手し、それらを日本向けのビラで利用することが可能であれば、我々アメリカ人は人道的であり、けっして野蛮でないことを日本人に証明できるであろう。第百歩兵大隊や太平洋、ビルマ方面の日系アメリカ兵が作成した写真のビラは効果的である。またサイパンの捕虜収容所の写真も多用して、サイパン島の日本人は全員が自決、あるいは拷問死したという日本側の宣伝に対して反証を挙げるべきである。

華北の兵士(おそらく華南や華中も)は、太平洋における状況がどの位悲惨であるかをよく知っており、この地域に兵士として送られるのを恐れている。南洋に派遣されることは玉砕を意味する。日本国内の人びとも同じ思いに取り付かれている。何人かの捕虜によると、南洋と中部太平洋の大部隊に徴兵されることへの恐怖から、労働者は三日以上続けて仕事を休むことをしないようにしているという。

アメリカ軍の占領下にある島々にいたすべての日本兵士と一般人は、自決あるいは殺害されてしまったと日本国民は信じているので、写真入りのビラを使って日本人捕虜は厚遇されていることを示すべきである。この種のビラは、日本軍による一〇〇パーセント玉砕の宣伝を反証することになる。さらにそれは、我々が野蛮でもなければ残虐でもないと印象付けることにもつながる。

この座談会の記録によると、日本国内の状況はかなり悲惨である。しかし岡野やここにいる他の人びとは、日本での士気は依然高いと述べている。これは、日本軍の宣伝が効いているためである。無条件降伏の瀬戸際に立たされれば、こうした宣伝はさらに効いてくるであろう。大混乱の中で絶望した大衆は、我々に対する噂を全部信じるからである。日本人を我々の方に引きつけるためにも、対抗的宣伝を直ちに強化する必要があると延安の解放連盟宣伝委員会のメンバーは語っている。それは言うまでもなく、日本上陸の際のアメリカ兵の無駄な死を回避するためである。

この地で私は多くを学び、旅行を楽しんでいる。私は間もなく帰国し、当地での経験とそれに対する私の所見を報告するつもりである。

コージ・アリヨシ

参加者	捕虜	一二名
職業	農民	七名
	炭鉱夫	一名
	人夫	二名
	商人	一名
	運転手	一名
出征日	一九四四年六月	四名
	〃　二月	三名
	〃　一月	一名
	一九四三年三月	二名
	〃　二月	一名
	〃　一二月	一名
出身地	福島	五名
	熊本	二名
	長野	二名
	新潟	一名
	岩手	一名
	不明	一名

食糧の配給　米の配給は地方によって様々である。ある坑夫によると、福島では坑夫は一日四合、その他の人々は一日三合である。他の地方の配給量は年齢、職業によって異なり、(労働量の程度に応じて)二合半〔〇・四五ℓ〕、三合〔〇・五四ℓ〕、三合半〔〇・六三ℓ〕、四合〔〇・七二ℓ〕の四段階に分けられている。

どこに行っても肉の配給はなされていない。地方によっては、わずかな量を受け取るために行列ができる。福島では一ヶ月に一家族あたり一〇〇匁〔約三七五グラム〕の肉が配給されている。これは去年に比べて半分の配給量である。熊本では一ヶ月に一人あたり一〇〇匁の馬肉が配給されている。

醤油	一ヶ月で一人あたり三合
塩	一ヶ月で九〇グラム
砂糖	今年六月からは子供と傷病兵のみが割当て対象となっている
飴、菓子	(子供用)一ヶ月で一人あたり三〇銭(岩手

みかん　では二〇銭）

りんご　お正月に配給される

　　　病人に対してのみ販売される（医者の診断書がないと購入できない）

酒　　地方によって異なる。ある所では一ヶ月に一人あたり五合である。

長野の割当て量は三段階に分かれる。（a）大酒飲み――七合、（b）平均的な酒飲み――五合（c）酒を飲まない者――二合

闇市　通常、闇市価格は正規の市場価格の二〜三倍から一〇倍である。人々は頻繁に衣服の券を米の券などと交換する。これは違法行為であり、経済警察が取り締まりをしている。ある農民が野菜と米を闇市で売った。売り値は、通常、正規の価格の二〜三倍支払う買い手に委ねられる。もしここで少額のお金しか置いてゆかなかった場合、次回にはこの農民から購入できないことを買い手は知っている。闇市での売買は、普通は夜間、それもしばしば夜中に行われることが多い、と捕虜の一人は言っている。この捕虜は一度、警察に捕まったが、子供たちが置かれている状況や彼らが泣き叫んでいる姿を説明して、釈放されたという。

配給の影響　じゃがいもが配給になった時、その分、米の配給量が削減された。一〇日分の配給量でも三日しか持たない。残りは闇市で調達するしかないのだ。国民は飢えのために働くことも寝ることもままならない、とある坑夫は語っている。現在、米と他の穀物を混ぜ合わせている。

衣服　昨年、八〇点の配給切符が支給された。今年は三〇歳以上で五〇点、二〇歳以上では四〇点である。

昨年はタオルが一人あたり二本であったが、今年は一人あたり一本である。

昨年は靴下が一人あたり四足であったが、今年は一人あたり二足である。

昨年から一年に一家族あたり一本の傘が配給されている。

コートは五〇点必要である。

坑夫は、彼の鉱山では会社から作業着が一人二セット配給されたが、職員が一着二〇〇円で売り払ったという。坑夫たちには、配給された三分の一しか与えられなかった。

農民は衣料品の不足に一番苦労している。

点数の割当て　今年二月より、現時点での各種物品購入に必要な点数は以下の通りである。タオルは二点、靴下一足は二点、風呂敷は五点、帽子は五点、国民防災服は三五点、作業着とズボンは一五点、上着は二〇点である。

住宅　二四畳の貸し部屋(三×八)〔八畳三間〕は三〇円である。一番安いのは(下宿屋)で、その部屋は一畳につき二円で貸し出されている。

ガスは朝一時間ほど供給される。一日合計三時間である。電球は以前に比べて大きくなったが、光は薄暗くなっている。近視の人がかなり増えている。ヒューズのブレーカーが各家庭に設置されているため、明るい電球を使用するとヒューズが飛んでしまう。

一家庭には一年に二六ポンド〔約一一・七八キログラム〕袋三つ分の石炭が配給されている。これでは足りないので国民は闇市で売買している。正規の価格は一袋五円であるが、闇市では倍の価格がついている。

住宅不足　都市部の人々が田舎へと移り住んでいる。田舎の家族(両親と子供たち)は、一つ屋根の下で暮らし、田舎へ疎開してきた人たちのために家を空けている。捕虜の一人は会社の社員寮に住んでいたが、そこはまるで刑務所のように混雑していたそうだ。

空襲警報　各町内には三つの防空壕がある。一つの防空壕は二〇人収容できる。これらの防空壕は町内の人たちが作ったので防弾構造になってはいない。空襲避難訓練が週一、二回実施されている。捕虜の一人は、毎日焼夷弾を消す訓練をしていたと語っていた。最初は面白かったが、毎日続く訓練に今ではうんざりしている。訓練は最小限にして欲しいと人々は訴えている。ある農民も町を訪れた際、強制的に訓練に参加させられたそうである。

ある工場労働者は、焼夷弾消しの競争も行われていたと語っている。その他の種類の爆弾に対する訓練は実施されていない。

一五〇人収容の防空壕が三つ作られた。これらの防空壕では、ほんの一握りの労働者しか守ることができない。工場の周辺地域は夜間停電になる。

東京では路面電車の駅と駅の間にある歩道に塹壕が掘ら

れた。それは、深さ一メートル、幅三フィート五インチ、長さ四ヤード*である。

＊　一ヤードは三フィート(約九一・四センチ)。一インチは一フィートの一二分の一。

労働者の生活状況　労働者にとって一番の問題は食糧である。もし近い将来に戦争が終われば、以前住んでいた場所に戻れると考えている。彼らは希望的観測に耽っているのだ。ある捕虜は、生活は本当に悲惨な状態で軍に戻りたい位だったと述べている。

労働者の賃金　鉱山での最高賃金は、一四〜一五時間労働で一〇円であった。危険が伴う過酷な鉱山での仕事に対して平均日給は七〜八円であった。女性は日給二〜三円であった。最高額は月二〇〇円であった。

日給一円七五銭で働き始めた労働者もいた。六ヶ月後、賃金は上がったが、種々の天引きが行われ、手元には六〇円しか残らなかったと労働者の一人は語っている。

ある捕虜は一ヶ月八〇円受け取ったが、〔強制〕貯蓄に二五円と国債の強制購入によって自分の手元には一銭も残らなかったと述べた。

労働者の徴用　労働者は月平均二〇日働く。二日働いて一日休みがある。労働者が三日以上休んだ場合は、直ちに徴用される。(坑夫の供述)

徴用された労働者はすぐに宿舎に入れられる。横浜では三〇〇人の徴用された労働者たちが空軍基地の建設地で労働に従事していた。彼らの中で太平洋地域に派遣された者は、「もし送金が届かなくなったら自分は死んだと思ってくれ」(玉砕)と語っていた。外地に送られたら、家族に手紙を書くことはできないのである。

労働者はみな徴兵を恐れているので、仕事の手を緩めることはない。雇い主は「徴用」を棍棒のように労働者の頭上に振りかざしていた。そこにはストライキもない。

朝鮮人労働者　鉱山では朝鮮人坑夫が日本人に対し、一〇対一の割合でいた。同額の賃金が双方の同じ仕事に支払われていた。しかし朝鮮人の方が普通は額が少なかった。彼らは奴隷として酷使されていたのである(「朝鮮人労働者の暴動」を参照せよ*)。

＊　本リポートには該当するものが見当らない。

戦争感情　ある坑夫は、もし日本が戦争に負けた場合、新政府樹立のことよりも食糧供給の方を心配していた。

一九四四年六月、東条首相はもしサイパンが陥落したら日本は戦争の三分の一に負けたことになる！　と発表した。坑夫たちは「どこに連合軍艦隊は潜んでいるのだ」と尋ねていた。

この坑夫は、彼の地方では一〇人中一〇人が、たとえそれが日本の敗戦を意味していても、戦争が終わって欲しいと思っていると話していた。国民は日本が勝っているのか、負けているのか知らなかった。彼らは皆、満州事変以後は苦難の連続だったと語っていた。

農村地帯の状況　肥料の配給は二年前に比べて六〇パーセントにまで減少している。肥料の使用は米と小麦のみに限定されている。

農家は政府が定めた割当て生産量を達成できていない。ちなみに昨年の割当て量は一農家あたり五俵で、〇・二四五エーカー〔約一反〕あたり二合であった。しかしある農民は、自分たちのために二俵半ほど取っておいたと語っていた。小麦の割当ては、一つの農村あたり八〇〇俵であったが、いくつかの農家は割当て量を達成できなかったので、不足分が生じてしまった。

戦争に対する農村地帯の見解　老齢の人たちは日本が戦争に負けるのではないかと心配している。農民は早く戦争が終結することを願っている。農村では人手不足が深刻である。一つの村で二〇歳〜三〇歳までの男性は、二、三人しかいない。女性が農作業のほとんどを担っており、馬さえも操っている。

ある捕虜の故郷の村では沈没した巡洋艦からの生還者が復員し、海軍はかなり負けていると語っていたそうである。親たちは自分の子供を海軍に志願させようとする圧力に怯えている。

捕虜の一人は、東条は「世界の偉大な人物の一人」と見なされていたと言っていたが、現在、東条は東京では腰抜けだと批判されている。

中小企業の経営者　ある捕虜は主に材木を扱う店を経

営していた。一九四二年八月、年商五〇〇〇万円以下の全ての企業を倒産させるという法案が可決された。年商が規定額を下回る会社は、企業とは認められないのである。この捕虜は商売を続行するため、他の八つの会社と合同して規定に沿うようにした。しかし経営は青息吐息であった。一九四二年には六〇〇社あった同業者のうち残ったのはわずか二〇社だけであった。

衣料品店の多くは政府の命令を受け、廃業させられた。店舗数は、以前の四分の一まで減少した。失業した経営者は軍需工場に働きに出た。彼らの大体の収入は一ヶ月一二〇円である。不足分を補うため、それまでの貯蓄があてがわれた。

政府の宣伝工作　新聞ではアメリカ人のことを「鬼畜アメリカ」と呼んでいる(四月一八日付)。アメリカ人は東洋を侵略している！　アメリカはユダヤの手先だ！

労働者を生産増加へ駆り立てるため、ルーズベルトをもじった「ベルト」の動きを一瞬でも緩めるなと言われた、とある捕虜は述べている。

「アメリカは中国を植民地化するために戦っている」。この宣伝は、陸軍内で回覧されたが、兵士たちは、我々はアメリカの抑圧から中国を救うのだと語っている。

ある捕虜は、もし日本が戦争に負けたら、自分は中国で盗賊になることを考えたという。もし日本に帰ればアメリカ人に殺される。日本「民族」を絶滅させるため、アメリカ人は一五歳〜五〇歳までの男性を殺すか、去勢するだろうとその捕虜は言っていた。

別の捕虜は、アメリカ人は畜生だと日本人の誰もが信じていると述べた。死ぬ前に一人でも多くのアメリカ人を殺せと隣組は人々を扇動していた(もっともこれは、アメリカ人が日本本土に上陸した場合のことであるが)。

太平洋戦線　日本兵で太平洋の南方送りになった者は死を覚悟している。彼らは、竹で救命ベルトを作っているが、ほとんどの者が航海途中の危険に怯えているのである。「中国にいる兵士を南方に送り込む」――将校たちは兵士の頭上で棍棒を振り回すかのように、この言葉をちらつかせ続けている。

ある捕虜は自分の所属する部隊の将校が、アメリカ人は集団自決にショックを受けていると言っているのを聞いた。

そしてその将校は、これこそが大和魂であると述べてから、部下たちに捕虜にならないようにと訓示を垂れた。

捕虜の一人は、アメリカ人は大胆不敵で日本人とあまりかわらないと思ったという。アメリカ軍の太平洋における上陸作戦に関する本を読んだ時、こうした結論に達したそうだ。そして、アメリカ艦隊との戦いに備えて連合艦隊がまだ現れないので、日本はいまだに安全だと彼は思っていた。

別の捕虜は、サイパンでの敗戦は戦争の敗北を意味するかもしれないと思ったという。彼の部隊の他の兵隊たちは、アメリカ軍がさらに日本に接近してきた場合、壊滅的一撃が加えられるであろうと語っていた。

合衆国内の日系人　捕虜の一人は、アメリカ国内の日系人は皆殺しにされたと語っていた。日系人はスチーム・ローラーで轢き殺されたと教えられたそうだ。また合衆国内の日系人、特に二世は強制労働を強いられていると述べた。

サイパンでの死　日本人はサイパンで拷問死させられている。ある捕虜は、日本人は完全に絶滅させられるだろうと言っていた。彼の知り合いがそのように言ったそうだ。戦争が始まる前に日本人は、アメリカ人やイギリス人に対して何の敵意も持っていなかった。

生産　鉱山では割当て量を上回った者にはボーナスが支給される。工場の労働者は長時間労働だったので、仕事を急ごうとはしなかった。

常磐炭田における朝鮮人労働者の暴動（一九四四年六月まで、この炭田で働いていた坑夫の口述）

常磐炭田で発生した暴動は、一九四四年三月一〇日あるいはその前後に朝鮮人坑夫が日本のウィンチ操縦士に殴られたことがきっかけとなって始まった。当時、この炭田は浅野セメントが所有しており、朝鮮人宿舎が八つあった（各宿舎は四〇〇人を収容できた）。

「朝鮮人を働かせるにはぶん殴れ」というのがこの会社の朝鮮人労働者に対する態度であった。寒い冬でも暖房はなかった。朝鮮人は寒ければ働くが、暖かいと働かないといわれていた。

炭鉱の仕事はきつく危険だったので、地上勤務を希望していた朝鮮人の若者が六〇歳位のウィンチ操縦士のところへ近づいて行ったが、そっけなく断られてしまった。それでもその若者は迫り続けたところ、その日本人は彼を殴って怒鳴りつけた。「お前のような朝鮮人にウィンチの操縦なんかできるものか！」すると朝鮮人の若者も殴り返して喧嘩になった。日本人はひどく殴られ、その場に倒れ込んでしまった。その間もウィンチは停止することなく動き続けたので、作業全体が大混乱に陥った。そしてサイレンが鳴り、大きな動揺が起こったのである。

その朝鮮人の若者は捕えられた。二昼夜ロープで縛られ、バケツの水を頭からかけられた。朝鮮人の間には動揺が走り、何ヶ月も抑えていた怒りと不満が爆発した。八〇〇人の朝鮮人は「日本人を殺せ」と口々に叫び、日本人宿舎を襲撃した。日本人四〇〇名のほとんどは逃げ出したが、三名が死亡し、二〇名が負傷した。

朝鮮人たちはストライキを起こした。会社側は、元兵士であった人々や青年国防学校のメンバー、憲兵を会社内に導入し、朝鮮人宿舎を包囲し、威嚇のために銃を発砲した。暴動のリーダー一六名は逮捕され、処刑された。坑夫らは一五日間鉱山から離れた。仕事が再開された時、日本人坑夫は朝鮮人を分離することを要求した。この緊急時に朝鮮人たちをもっと働かせるためには、日本人が指導していかなくてはならないと上司は語り、日本人は全員が日給一五円をもらえるようになった。朝鮮人たちは「朝鮮人の現場監督」を要求したが、会社はこれを却下した。そして会社の幹部らは朝鮮人にもっと仕事をさせるため、奴らをもっと殴れと日本人坑夫に命じた。日本人と朝鮮人は「犬猿の仲」となり、両者の関係は緊迫した。朝鮮人たちは彼らなりの不満があり、日本人も現状には不満であった。

一九四四年一月、会社は作業着を坑夫に支給した。管理者と事務職員がその三分の二を搾取し、残りの三分の一しか坑夫には支給しなかった(三人に一着の作業着)。坑夫は抗議し、二日間仕事を休んだ。そこで管理者の上司がこの件を調査した。

名古屋三菱航空機工場における徴用労働者たちの脱走

ある捕虜は、一九四〇年二月と四月と一一月に彼の兄弟も含めた三〇人が三菱航空機工場から脱走したと語った。労働者が逃亡し家に戻るたびに、会社は戻って来るように頭を下げた。
徴用された労働者たちは酷使され、わずかな賃金しかもらえなかった(食住付きで一ヶ月一八円)。班長に殴られ、軍隊のように統制された。六ヶ月以上働いた者には四〇円が支給された。

軍の徴兵　政府は一六歳以上の志願兵を徴集した。若者たちは軍の割り当てによって予科から航空隊へ配属された。親たちはこの徴兵制度に反対した。現在、若者たちは海軍への入隊を希望している。彼らは、戦争の趨勢は海軍により決定されると思っているのだ。陸軍予備役から、相当な数の若者が海軍に入隊した。

アメリカ人捕虜　ある捕虜は、釜石鉱山では六〇〇人のアメリカ人捕虜が働いていると語っていた。もう一人の捕虜は、熊本では工場建設と飛行場建設に従事していると聞いたそうだ。常磐炭田では武装した見張りの監視下で坑夫として働かされている。その数三〇〇人程である。アメリカ人捕虜は、アメリカ軍が日本に上陸したら本国へ帰れると言っていた。捕虜たちは、日本の薄い衣服しか着ていないので寒いと不満を漏らしていた。初めの頃、捕虜たちは殴られることもあったが、日本人の捕虜監督は時の経過と共に捕虜に情が移り、その後、捕虜たちを殴ることができなくなった。食事は米が主食で、わずかばかりの肉しか付かなかった。そのため多くの者が病気になり死亡した。

宣伝工作　アメリカ軍が日本に上陸する場合、日本国民は抵抗するであろう。サイパンの日本人は拷問死させられたと一般的に信じられている。しかし、すべての日本兵と民間人が死んだ訳ではないと日本国民が知った場合、アメリカ軍による日本上陸の際の抵抗は弱くなるであろう。アメリカの対日宣伝工作を通じて、アメリカ人は捕虜を殺さないし、日本を征服もしないと伝えるべきである。その良き成果を得るには、大量のビラを投下する必要がある。もし日本本土にビラを投下するのであれば、日本人捕虜が紹介されているビラが効果的であるという意見に参加者全員が賛同した。捕虜の氏名(仮名)と出身地は記載した方が良い、とも彼らは言った。日本の国民はこの種のビラを信用するであろう。
目隠し――捕虜の素性を保護するための目隠しはしない

方が良いだろう。目隠しをしてしまうと、ビラを読んだ日本人はその写真が日本人のものであるとは思わないかもしれない。

もしアメリカ軍が日本国民に慰問袋を投下すれば、彼らが日本の宣伝工作関係者から聞かされているほど、アメリカは意地悪で野蛮ではないと徐々に思い始めるだろう。親しみを込めたメッセージ付きの石鹼、タオル、靴下は適切な品である。これらは、日本では入手困難な品々の一部である。国民は慰問袋に感謝し、アメリカ軍の宣伝は効力を発揮し始めるだろう。

軍曹　コージ・アリヨシ

中国、延安にて
一九四四年一一月二四日

延安リポート　第二五号

日本向け宣伝のテーマ

日本人が書いた「思想戦」に関する最新の著作を集め、小さな書庫を作るのは容易いことであろう。これらの著作の論調を見ると、重大な懸念を表明したものが多く、敵の心理攻撃に注意を払うよう国民に警告を発している。日本の宣伝工作関係者は、もし日本が戦争に負けた場合、ある程度の殺戮が行われることを国民は覚悟しなければならないと述べている。ここから我々は、日本の指導者層が我々の心理戦争に恐れを抱いており、敗北は死あるいは隷属を意味すると国民を説得することで、彼らの戦意と戦時下の生産を限界まで高めようと必死になっていることが確認できるのである。

我々はこうした状況をうまく利用する好機に恵まれている。すなわちラジオやビラを使って、軍事機構の敗北は日本の庶民にとっては如何ともし難い重圧からの解放であり、将来の平和な暮らしを実現するチャンスである、というテーマを日本軍の下士官や国民の目や耳に繰り返し叩き込むことによって、この好機を活かすことができるのである。当然のことながら、そこに合衆国政府の公式声明という権威が付与されれば、このテーマは実質的に計り知れないほどの効果を得ることになろう。

このテーマの草案は以下の通りである。

連合国は、日本の無条件降伏以外の何物も受け容れないことを明らかにした。世界の安全と将来の平和のために、我々は、あの血なまぐさい狂気に満ちた征服と抑圧に日本を駆り立てた、狂信的権力を永久に粉砕しなければならない。

日本の指導者層に盲従する日本国民は、対米戦に関する真実を知らないのかもしれない。彼らは、我々が平和を維持するため弛まぬ努力を行っていることや、悲劇的で残虐で不必要な戦争から両国を救うため我々が天皇に最後の訴えをしたにも関わらず、未だ回答を得ていないことを知らないのであろう。しかし日本国民は、我々がワシントンで日本の和平使節の話しを聞いているまさにその時に、日本航空部隊が卑劣にも真珠湾奇襲攻撃を行った事実をそう簡単には忘れられないことを理解しなければならない。

連合国は必ずや日本との戦争に勝利するであろう。連合国が課す条件は、日本が二度と再び文明世界の脅威にならないよう保証することを意図するものである。日本の軍備は、それがいかなるものであろうとも、すべて破壊されるであろう。日本が征服によって得た果実は剝奪されるであろう。また戦争犯罪人は処罰されるであろう。しかしながら、日本国民は今後も生存し続けるのである。

いま日本の指導者層および宣伝工作関係者は、窮地に追い込まれた犯罪人のように逆上した声で絶え間なく叫び続けている。この戦争に勝利しなければ、日本国民は皆殺しにされると……。

罪のない男女や子供たちを皆殺しにするような政策をアメリカはいまだとったことはなく、今後もけっしてそのような政策をとることはない。日本の軍国主義者が頭を垂れ、破廉恥な真珠湾攻撃が二度と繰り返されないとの保証が得られれば、我々は自由で民主的で平和を愛する日本の建設のため、いかなる協力をも惜しまない。イタリアでは国民は抹殺されなかった。それどころか、イタリアは極悪非道な政治体制から解放され、今その国民は国家再建の課題に忙しく取り組んでいる。

新生日本は、捕虜が不名誉と感じることなく帰還できる国になるだろう。それは、平和を愛し、戦争を憎む人々が常に専制的独裁政治の黒い影を頭上に感じることなく、自分の店を持ち、畑を耕し、家庭をかまえることのできる国となるだろう。これは、日本人が自らの力を証明する好機となるであろう。連合国の来るべき対日戦での勝利は、抹殺ではなく、ここにその意義があるのである。

中国、延安にて
一九四四年一一月二一日

ジョン・K・エマーソン

延安リポート　第二六号

日本人戦争捕虜の心理

自殺は日本の軍部の持つ一つの武器である。彼らは学童や兵士の精神に、自己犠牲を光栄だとする観念を慎重に植え付け、育ててきた。彼らは戦場での日本人の行動に外国人が畏敬をもって見ることを喜び、アッツやサイパンでの「栄光ある敗北」(玉砕)を日本精神力の明確な発露として広く世界に、また日本自体に向けて礼賛している。彼らは自軍に対し、死ぬまで抵抗することを鼓舞し、それに直面した我々アメリカ軍の士気を弱めようとする。

こうした日本兵の精神の問題を解明する試みとして、延安で一二人の捕虜と座談会を行った。彼らの大部分は一年前かそれ以前に捕えられていた。現在彼らは反軍部に転向し、かなりの者が宣伝工作員として前線で八路軍と行動を共にしている。そのため彼らは捕虜になる前や捕虜になった瞬間の自分自身の感情や反応を今静かに振り返ることができる。彼らの証言を評価する際、忘れてはならないのは彼らが自身の(捕われた時の)反応や現在の環境を自分で考える時間が十分にあったことである。私は、彼らが捕虜になる以前と捕われた時の感情や態度を(我々の疑問に答えるために)まじめに思い起こしてくれることを信じるけれども、彼らが捕虜になった後に受けた教化が当然現在の発言に反映していることも明らかである。

軍の教化

参加者の全員がある種の精神的、道徳的な訓練を受けた経験がある。これは講義、小冊子の朗読、ある場合には戦陣訓の音楽レコードなどの形をとった。天皇のために死ぬことは光栄と見なされた。ある捕虜は天皇への兵士の義務を説いた言語がたいへん難解だったので、ほとんどその意味がとれなかったと述べた。ついでながら、捕虜となった後に再教化を受けたこの集団のなかには、「天皇のための死」とか「靖国神社への安置」といったことばが出ると、いつもしのび笑いが起こっていた。

日本人は他の国民とは違って、戦争では捕まることよりも死を常に選ぶため、こうした日本兵の行動は外国人にとって畏敬かつ恐怖の対象であると、将校は部下に教え込んでいた。

男はいつも自殺用に一個の手榴弾を携行しており、できれば彼を捕えた敵を巻き添えにして自殺するのがよいとの教育を受けていた。手榴弾が役立たないなら、ノドをかき切り、もしその種の武器がないなら、敵に自分をすぐに殺してくれと頼むのがよいといわれていた。比較的最近の捕虜の証言によれば、敵に捕まった際の対処の仕方の教育は近年強まってきた。しかし議論に加わった参加者のほとんどがこの精神訓練を大して深刻に受け止めなかったし、戦陣訓や他の教義の意味をあまり考えなかったと述べている。

捕われる恐怖

捕虜は敵に捕ったとき、例外なく大きな恐怖をいだいた。実際に自殺しようとした者も一、二名いた。この恐怖の主な理由は以下のものであった。処刑、拷問、奴隷化の予想、捕虜の身分にまつわる不名誉によって日本の家族に再会することが不可能になるとの考え、軍法会議による裁判の可能性。捕虜としての日本への帰還は自分の家族に不名誉となるという感情がきわめて強かった。しかしながら、これは処刑とか拷問の恐怖に比べると弱いとある者が発言したところ、彼の意見はその場の全員の賛成をえた。ある人は彼の感情を以下のように表現した。

「私は死にたくなかった。家に帰りたかった。しかし中国での日本人の行動は悪かったので、中国人が捕虜になった自分を殺すか拷問することは確実だと思った」。

その集団で意見の一致を見たのは、天皇のために死ぬという愛国者的教育が自殺を動機づけるということはほとんどないということである。だれも「天皇陛下バンザイ」と叫んで自殺する戦友を見たことがなかった。中国戦線と太平洋戦線との条件の違いが日本軍隊の反応に影響しているかもしれないとの意見が出た。たとえば、士気は大きな集団では常に高いし、とくに多数の将校がいる軍隊ではとりわけ強い。これらの理由からみて、自殺は中国よりも太平洋に多いかもしれないというのが参加者の考えであった。

捕われた後の態度の変化

これらの捕慮が持つ戦争、捕捉、日本への帰還に対する感情、態度に根本的な変革をもたらした最大の要因は以下のものである。

一　八路軍が捕虜を処刑したり、拷問したりしないとの知識。

この事実の発見は個々の捕虜の精神に強大な影響を与えた。前線への宣伝はあらゆる手段を講じて、捕虜となっても処刑とか拷問にならないことを日本人に周知徹底させるべきだということで、この集団は意見の一致をみた。最近の捕虜によれば、八路軍の捕虜の扱い方の情報は中国で戦う日本軍の中に今やかなり浸透しているとのことである。

二　日本人の存在。

敵の陣営で日本人に出会うことは、捕虜に心理的なショックを与えた。日本人が彼の側にいると話すことができ、また理解してもらえるという安堵感を生んだ。さらに続いて、敵は悪者ではないという感情が起こった。後に彼が日本人民解放連盟の存在を知ったとき、その原則や計画を次第に受け入れるようになった。

三　処遇。

捕虜は中国人による処遇に驚いた。八路軍が味方の兵士、中国人農民、そして日本人捕虜に示す態度は(八路軍が敵味方関係なく人民を大事にするということを)、彼らの面前で常に行う授業であった。日本軍の中国人農民の扱い方と比較すれば、その対照は明白であった。彼らは延安への徒歩の数週間でそれを実見し、そのことを考える時間があった。

四　最近の出来事の知識。

日本が敗北するというニュースに接して起こった確信。これが契機となって新しい政府が終戦とともに日本にできるという考えが捕虜のなかに受け入れられた。

五　八路軍による教化。

戦後の母国で革命的な変革が起こるという考えから、捕虜が名誉の帰国ができるという観念、信念が生れた。彼は読書や教育から、社会主義や共産主義理論の影響を受けた。自分を貧しくさせる一方、軍国主義者や資本家を儲けさせるのが、この戦争であるとの考えを彼は受け入れる。工場労働者だったある捕虜は、自分の階級の苦労は日本の苦労と同じ原因から生まれるといつも考えていたと語った。今や自分の階級はだまされてきたと理解するようになった。さらに自分の階級は新しい体制ではより良い生活をする資格があると証言した。

結　論

おそらく結論を次のように下すのが妥当である。

一　日本軍の精神的な教化は有力な力とはなるが、それは投降よりも自殺を選ぶ決定的な要因ではないかもしれない。

二　日本人との接触は捕虜に強大な心理的影響を与え、延安での再教育を受け入れる精神の枠組みをつくっている。

三　日本が敗北し、新しい政府が樹立されるという確信によって、捕虜は母国に帰ることから受ける恐怖感から精神的に「脱却」している。

捕虜を教化する八路軍の方法は、論理に基盤を置くものであり、捕虜は日本時代に教化された感情を捨て去ったのではなく、共産主義の教義を必ずしも受け入れているわけではないとの見方もあろう。かつての「戦陣訓」に鸚鵡のように唱和した捕虜に対し、八路軍は軍部や資本家への攻撃をくり返させているにすぎないと言えるかもしれない。しかしながら、戦場にみられる不愉快なものがないこと、周囲の環境の友好的雰囲気、兵士、農民、さらには日本兵捕虜にも平等に与えられるフェアで穏当な処遇、八路軍の巧みな工作、彼を含めた一般人にも権利と機会を約束するドクトリンが本来もっている魅力——これら全てが複合して、捕虜を新しい大義に真剣に転向させているのである。

ジョン・K・エマーソン

中国延安　一九四四年一一月二一日

延安リポート　第二七号

八路軍前線地域における日本人心理戦争工作者の体験

一九三八年の冬から六年にわたり八路軍内の日本人たちは、日本の軍や民間人に対して心理戦工作を遂行してきた。これらの年月は、経験から学びつつ試行錯誤を繰り返した年月であり、八路軍から一貫して激励と支持を受けた年月でもあった。

心理戦争はけっして幸先の良いスタートを切ったわけではなかった。当初、それぞれの日本人捕虜たちは中国人の書いたビラの校正を行っていた。捕虜が次々に増えてくると、次第に対日心理戦争は日本人捕虜の仕事になっていった。彼らは日本語を話す中国人から教育を受け、反軍国主義者へと転向していった。

華北と華中には日本軍占領地域内に共産軍の基地が存在している。この地域は山岳地帯であるため、実際的に車両での移動は出来なかった。また基地間を行き来するにも、日本軍の前線を通り抜け、再びそこを通過しなければならなかった。それ故、日本人の心理戦争工作員たちは至る所に存在するゲリラ戦線に散らばって行き、互いにアイデアを交換したり、会議を開いたり、過去の成功と失敗を再検討したり、あるいは宣伝を有効にするための様々な計画や政策を練っていた。

今日、彼らの仕事は延安に集中している。宣伝委員会の本部はここ延安の地で政策を決定し、日本人民解放連盟の三つの地方協議会*と一七の支部に指令を発している。延安の労農学校は日本人「学生」(八路軍は日本人捕虜を学生と呼んでいる)を再教育し、前線における宣伝工作のための訓練を行っている。その卒業生は山東周辺までの基地に派遣される。彼らがそこにたどり着くには、徒歩で優に六ヶ月はかかり、その間、日本軍の厳しい監視下にある三つの鉄道を越えて行かねばならない。

＊ 地方協議会は二つ。

現在、心理戦争は八路軍の強力な武器となっている。心理戦争が相当の効果を上げるようになったため、日本軍は日本人民解放連盟とその活動に強力で思い切った対抗手段を講じている。解放連盟を壊滅させるため、八路軍基地内には〔日本軍の〕スパイが送り込まれている。さらに日本人心理戦争工作員向けのビラを共産軍の前線に投下したり、日本人民解放連盟を率いる岡野進を非難中傷する記事を新聞に掲載することもある。華北と華中の日本軍将校らは、八路軍に捕えられたら自決するよう兵士に命令を出し、八路軍の捕虜の処遇が野蛮であるとの噂を広めている。

八路軍の心理戦争について、その草創期から議論をするために、延安の労農学校で座談会が開催され、一二名の学生が参加した。参加者の一人は、八路軍の工作活動に参加した最初の日本人捕虜であった。その他、前線で宣伝工作を一、二年経験した者も参加した。三名の参加者は、前線での工作に二年以上関与した後、先月、延安に来た人々であった。

以下は丸一日続いた会議の要約である。この要約によれば、中国のこの地域のように設備が不十分な場所においても、日本兵を三〜六ヶ月の間に再教育できること、日本人捕虜は八路軍下で進められる対敵心理戦争の責任を充分に果たしていること、そして彼らは日本軍に対する最良の宣伝工作員であることが明らかにされている。

草創期

一九三八年冬、最初の日本人捕虜が日本語の堪能な中国人が書いた宣伝原稿の校正と編集を開始した。戦争初期以降この中国人が作成してきたビラのバック・ナンバーを、日本人捕虜——その人物はこの会議の参加者でもある——の一人が検討した。これらのビラには文法上の誤りが数多くあり、まったく日本語の文体になっていなかった。しかもその見出しは、「戦争の真の性質」、「軍部独裁政権」、「侵略戦争反対」、「天皇を打倒せよ」など、彼には想像もつかないものだった。この捕虜は、自分が読んだビラの半分位しかその内容を理解できなかったという。

こうした状態はどこの共産軍基地でも同じで、日本人捕虜たちはビラの校正と編集をするよう要請された。その後、彼らはビラの作成そのものを依頼されるようになった。彼らは日本兵の親しみやすい題材を用いてビラを書き、八路軍の戦争目標、政策、日本軍の宣伝の偽りなど八路軍内では聞き慣れた一般的題材は避けるようにしたと会議参加者のほとんどは話していた。情報が手に入るようになるに従い、特に日本の雑誌、新聞、資料が入手できた時はそれらを利用した。しかしビラは、おしなべて説教調で押し付けがましい内容だった。実際に参加者全員が指摘した共通の欠点は、きわめて難解な文体で書かれていることだった、と学生たちは述べていた。

参加者全員は、日本兵の大部分が小学校あるいは八年教育(高等小学校)程度の低い教育しか受けていないことを彼らは忘れていると言っていた。政治的ビラの場合にその傾向が顕著だった。政治的ビラは日本人工作員が書いた後、中国人が慎重に編集し、しばしば内容が変更された。ビラの配布が可能となった頃にはその中味はあまりにも左寄りになり、ほとんどの日本兵には理解し難いものとなった。

高すぎる要求

日本人工作員がビラ作成の権限と責任をさらに担うようになると、彼らもまた徐々に共産主義的な要求を前面に出してビラを書くようになった。彼らがマルクス主義のパンフレットを読み、教官の言葉に耳を傾けてゆくうちに、彼らの思考は左翼的傾向を持つようになった。その結果、彼らと日本兵の間には大きな溝が出来てしまった。ビラ、とくに政治的ビラは、ますます日本兵の感覚にそぐわないものになっていった。

この草創期には、日本人工作員は以下のような要求を各ビラに付け加えることもあった。

一　軍国主義者を打倒せよ
二　侵略戦争を中止せよ
三　八路軍へ寝返れ

この要求の大部分は、本文の内容とはまったく関係のないものだった。しかし、それらは、ビラに決定的な「パンチ力」を与えるため、取って付けたかのように付け加えられた。しかし、ほとんどの日本兵はこのような要求を考えたこともなかった。会議参加者たちに言わせれば、平均的な日本兵の単純な心に影響を与えるには、ビラの各要点をもっと詳しく説明する必要があった。

これらの過激な要求は、ただ単に細かく説明されるだけでなく、付随した出来事やイラストを用いてそれらを擁護しなければならなかった。過激な要求の内容をもっと詳しく分析し、それを単純で分かりやすく説明する必要があったのである。しかしこのような目的のための組織的な対応は、一九四二年八月に延安で日本兵士代表者大会が開催されるまでは存在しなかった。この頃、日本人兵士による二八項目の要求が、元日本兵の代表約五〇人によって作成された。*兵士の不満を詰め込んだこの要求はパンフレット形式で出版され、日本軍に配布された。またこのパンフレットは、その使い方を説明した手引き書を添えて、集団や個人向けの対日宣伝に使用するため、前線地域の八路軍心理戦争部隊にも送られた。

＊　本リポート第三七号「日本兵士の要求書」。

会議参加者の一人は、彼のいた地域で作成されたビラの五〇パーセント以上がこれらの要求に関連しており、宣伝は徐々にその効果を増していったと述べた。その要求とは、以下のようなテーマに関するものだった。

一　俸給
二　強制貯蓄
三　食物
四　配給品
五　娯楽
六　懲罰
七　傷病兵の処遇
八　兵役制度

九　軍紀と精神鍛錬

これらの要求を擁護するため、事実に基づいた資料が用いられた。その効果は、数人の日本兵が宣伝班に感謝の手紙を書き始めた時に、はっきりと確認されることになった。日本兵たちにとってこれらの要求は共通の問題だったので、長々と説明する必要はなかった。そのため、工作員たちが収集した知識も手伝って、要求ビラはどんどんと短くなった。このように新来の捕虜との対話を通じて工作の中味を適合させ、それを改善してゆくための基準作りができるようになっていった。会議参加者の一人は、極端になり過ぎて、二〇〇字以下のビラしか作成しなかったと言っている。初期のビラは一〇〇〇字の文面が普通であったが、その後、七〇〇から八〇〇文字の時期を経て、今日ではビラはちょっとした談話よりも長くなることはほとんどなくなった。

新来の捕虜たちは、多くのビラに書かれた情報を信じず、強い語調で書かれたビラを読んでは怒り、そのビラは中国人が作成したものだと思って偏見を抱いたという。このことからビラ作成の指針は、いい加減なビラを大量に作るのではなく、質の良いものを少量作ることになった。

ビラやパンフレットで取り上げるテーマに関して入念な調査がなされ、誇張した表現は使用されなくなった。またビラの本文部分は、人の心に訴えるように表現する工夫がなされた。その結果、日本人はさらに大きな責任を負うことになった。日本人は文章を書き、中国人画家が描いた挿絵をチェックすることになった。

一九四一年、延安に日本労農学校が設立された。これに伴い、訓練を受けた幹部たちが、前線で一年から三年にわたり宣伝工作に従事してきた人々と交代するため前線に派遣された。交代した工作員たちは、心理戦争の勉強とさらなる訓練を受けるため、延安にやって来た。これまでに三〇名の卒業生が前線に赴き、さらに四〇名が二ヶ月以内に出発できる状態になるだろう。校長の岡野と政治亡命者の一人を除き、学校の幹部や教師は全員が元日本兵である。

新来の捕虜を心理戦争に使う

参加者のほとんどは自分が捕虜になった時、八路軍は捕虜の処遇に関して何の政策も無かったと語っている。当初、日本語を話せる担当者が、日本の軍国主義者や中国での日本の侵略戦争、社会主義、そして日本の天皇などについて一日に何時間か彼らに話しかける時間を除けば、彼らは一人の時間を過ごすことができた。

二名の学生は時間を持て余してどうしようもなかったので、ビラの訂正などの要請を歓迎したと話していた。一人の学生は、新来の捕虜には仕事をするように要求せず、自分から進んでやろうという気になるまで待つのが最良のやり方だと思ったという。その他の学生たちはその意見に賛成しなかった。しかし新しい捕虜は、それが可能になり次第、学習と訓練のために後方地域に派遣されるべきだという点では全員の意見が一致した。というのも、効果的な宣伝工作は現場で十分に訓練を受けた人間にしかできないからである。

山東のような遠方にある基地では、延安に新しい捕虜を送り返すことは不可能であった。それ故、捕虜への教育と訓練は熟練した工作員により、戦場で行われた。そこで仲間意識を培い、互いに腹を割って話をし、工作への意欲を高めることが、新来の捕虜を教化する際に行われる方法である。労農学校で使用しているパンフレットを新しい捕虜に与え、日本人あるいは中国人の工作員から同じ方法で教化された先輩が彼らを補佐するのである。延安から派遣された最初の二人の幹部*が今年の三月に山東へ向かったが、このリポートを書いている時点では、まだ彼らは目的地に到着していない。

＊　滝沢三郎と市川常夫を指す(前田光繁注)。

新しい捕虜には、トーチカにいる日本兵に手紙を書くなどの簡単な仕事が与えられる。そしてその手紙は中国の農民が送り届ける。捕虜の中の何人かは、かなりのスピードで転向し、三、四ヶ月のうちには前線で工作ができるようになる。最前線の補助基地からは、日本人工作員が数人の中国人を伴って工作活動に出発する。しかし新人の工作員らは、単独で工作活動をする前に、熟練した工作員から十分な訓練を受ける。再教育過程を経て前線での宣伝工作をまったく危なげなく行えるようになるまで新しい捕虜のほとんどは、基地あるいは補助基地の本部に六ヶ月あるいはそれ以上留まるのである。

会議参加者たちは基地本部の雰囲気はとても快適であると表現している。新しい捕虜は監視されているわけではないが、世話係兼教育担当の日本人に預けられている。彼らは見張られてはいるが、武器によって監視されているわけではけっしてない。

心理戦争工作

日本人工作員はすべての地方本部に存在するが、前線で活動する多くの宣伝班には日本人スタッフはいない。これらの班は、情報収集や中国の新聞の翻訳をする中国人から構成されていた。前線で工作活動に従事するには中国人工作員の助けなしでは無理だった、と学生の一人は述べている。

前線にいる日本と中国の宣伝工作員は、ビラを作成したり、トーチカにいる兵士たちと話をするために電話を傍受したり、トーチカ周辺でメガホンを使って呼びかけを行ったり、日本兵に手紙や挨拶状を書いたり、慰問袋を送ったり、捕虜の扱いなどに従事する。

前線で作成されたビラは、中国人農民によって日本軍のトーチカに運ばれる。同様に、普通は基地本部で作られる慰問袋も日本兵たちに届けるため、中日双方の工作員の手で農民たちに渡される。

前線の宣伝工作員たちも相互に連携し合いながら、基地本部で発行されている新聞の特派員の仕事をしている。彼らは敵の支配地域に変装して乗り込み、後方に送るための情報収集を行うのである。このようにして収集されたニュースや情報に日本兵は今まで以上に関心を示したので、結果として、より効果的だったとある学生は語った。

メガホンによる呼びかけの際、「呼びかけ係」は夜間、日本軍のトーチカのすぐ前まで行き、メッセージを叫ぶ。彼はトーチカを取り囲んだ八路軍に護衛されている。軍はこの間、武器を使用するなと指示されている。一年程前、日本軍の兵士が呼びかけ係の者を裏切り者と非難し、発砲したことがあった。最近ではこうした争いは減少し、むしろ呼びかけ係と日本軍の間には以前よりも親密な対話がなされている。

捕虜の処遇

捕虜の処遇で何よりも大切なことは、八路軍は日本人捕虜を殺さないと確信させることである。このため八路軍兵士は捕虜たちを日本語を話す人の所、願わくは日本人民解放連盟工作員の所へ連れて行こうと懸命に努力する。八路軍内部に日本人がいることにより、捕虜たちはしばしば自分が安全な場所にいるとの確信を持つことができる。八路軍の友好的な態度と仲間意識、そして日本人工作員の存在は、ほとんどの捕虜に安心感を与える。しかし後方地域にある日本人民解放連盟支局の本部に送還される前に拷問にかけられると思っている捕虜も何人か存在している。

実際、この会議の参加者全員が捕虜を扱った経験を持っていたが、彼らは綿密な研究と準備なしに新しい思想を捕虜に教え込むのは困難であると、口をそろえて言っている。二年にわたる前線での宣伝工作から最近戻ってきた数名の者は、我々が延安まで勉強をしに来た主な目的はまさにここにあると語った。

捕虜たちは、しばしば解放連盟の工作員の主張に反駁しようとする。教課の課程が始まると学生の一人が、非協力的で反抗的になったある脱走兵との経験について語った。この工作員は、日本の歴史や社会主義と共産主義の原理、そしてこの戦争における軍部の役割について自らの知識不足を切実に感じたという。しかし彼は、現在労農学校で受けている学習課程を通じて、新たな自信を得つつあると明言した。

さらに四人の参加者たちは自らの経験を振り返りつつ、次のように語った。我々が捕虜になった時、日本は戦争に負けるだろう、そして日本国民は軍国主義者の利己的な欲望のために血を流しているのだと言われたが、この時ばかりは無性に腹が立ち反発した、と。またある学生は、新しい捕虜を得心させられるような言葉遣いを自分は常に見つけようとしていたと語った。彼は、自らの忌まわしい経験から学ぶべきものを学び、過ちを二度と繰り返さないように心がけているのだという。

さらに新しい捕虜は、日本についての情報を知りたがっているので、最初に故郷について話をするのが一番良いと語った。他の人たちもこの意見には異口同音に賛成した。ある学生は、消灯後の夜の時間に日本、故郷、国民の苦労、資本主義者の不当利得、彼が強く反対する軍事政権などについて語り合ったという。この学生の経験では、就寝前の会話が一番効果的であることが明らかになった。昼間、彼は宣伝工作で忙しく、新しい捕虜と腰を落ち着け、打ち解けて話すことができなかったという。

スパイの発見

学生たちによると、日本軍が送り込んだスパイを見つけるのに一番良い場所は前線地帯である。現在までのところ、スパイの正体は普通の兵士にすぎず、高度な訓練を受けた諜報活動の専門家ではなかった。彼らは、脱走兵あるいは自発的な捕虜を装って潜入する。そして挙動不審者として目をつけられ、しっかりと監視される。ある学生は、兵士の中には後方地帯に送られる途中で身分を証明する書類やメモ帳を捨て始める者がいると述べた。別の学生は、前線では脱走兵がいた特定のトーチカを発見することは容易いことであり、脱走兵の記録の照合もすぐに行えると語っていた。農民や傀儡軍、そして親しい日本兵との電話の会話は、しばしばスパイ発見の手だてを与えてくれるという。

捕虜の照合に関しては、自己の経歴をできる限り何回も書かせることが効果的である。首尾一貫した嘘をつき続けることはできないのだ、とある学生は語った。そしてスパイの九〇パーセントは、最初から本当のことは言わないものだと付け加えた。しかし捕虜から情報を力ずくで得ようとしてはならない。自ら進んで情報を提供するようになるまで待つ方が良いのである。

日本軍への捕虜の帰還

八路軍は、一九四三年一二月までに二四〇七名の日本人捕虜のうち、二〇八五名を帰還させた。今年の一月以降、捕虜の帰還は実施されていない。スパイたちでさえも拘束されている。例外は女性、子供、年老いた市民や精神薄弱者のみである。ある会議参加者は、帰還の申請をした捕虜との体験談を語った。申請は受理され、地域本部に送還された。しかし正式な許可が届いた頃には、その捕虜は気が変わり、結局、本部にはそのように報告された。

宣伝工作員たちは、後に役立ちそうな優秀な捕虜をこの地に留めて置くよう常に最善を尽くしている、と数名の学生は話していた。それ故、帰還申請を行った多くの捕虜は帰還を許されずに、八路軍に拘束されたままである。これらの捕虜は、最も長い場合では三ヶ月後には、本部の宣伝工作に参加したいというところまで態度を改めた。

帰還予定の捕虜たちは、慌ただしく授業を受け、特別な処遇を受ける。彼らは、現在の戦争の真の性格、八路軍の目標と政策、そして最新の戦争に関する講義を受ける。そして彼らは、八路軍で日本人に会ったことを口外しないようにと勧告される。帰還した捕虜は、将校や憲兵から尋問を受けることになるが、ある会議参加者によれば、日本人工作員に会ったことを白状した捕虜は処刑されるか、華北から追放されるという。さらに彼は、こうしたことがなされるのは、八路軍には日本人工作員がいることや八路軍は捕虜を殺さないということを隠しておくためなのだという。別の会議参加者は、日本軍の将校は兵士たちに向かって、八路軍の捕虜になってはいけない、もし捕まった時は自決しろと絶えず指導していたと述べた。

状況が許せば、帰還する捕虜に敬意を表して送別会が開かれる。彼らには日本軍の戦線まで乗って行く馬も与えられ、農民が彼らをそこまで護衛する。しかし八路軍がある場所から他の場所へ常に移動しているため、捕虜を原隊に連れ戻せないこともしばしばある、とある学生は語っていた。日本人捕虜も八路軍も、捕虜は原隊に帰るのが一番良いと考えている、と彼は話していた。帰還した捕虜は原隊に戻った方が生き延びる確率やより良い処遇を受ける確率も高いし、戦友たちに八路軍での経験を伝えられるのである。

晋西北(山西省西北)の労農学校分校

晋西北の労農学校は延安から徒歩で一五日のところにある。そこには、前線捕虜受付所が設置されている。この地に支部学校を開設した当会議の参加者は次のように語った。

「晋西北にある学校は、実際には学校とはいえなかった。日本人幹部は宣伝工作で忙しく、自分の時間を工作と新しい捕虜の教育に使い分けている。学生たちは小集団で学校へ行くので、大きなクラスを編成するのは無理である。したがって、四、五人から成る小クラスを編成した。

幹部らは空き時間ができた時はいつでも——ほとんどの場合、空き時間を作ることができたのであるが——いくつかの小クラス合同で日本の歴史、侵略戦争と非侵略戦争、日本の軍国主義者、日本国民の苦しみ、世界のニュースについて講義をする。またインフォーマルな話し合いが週一、二回開かれる。時には、学生自身が話題を提供することもある。

我々は、捕虜が捕虜であることを感じさせない雰囲気作りに努めている。新しい学生には未来への希望を与え、戦争終結後の日本帰国への意欲を作り出し、また彼らが労農学校での共同生活に慣れるよう可能な限りの努力を重ねてきた。そうすれば、彼らが延安到着後すぐに勉強を始められるからだ。

晋西北の施設はひどい状態にある。本はほとんど無く、学校は中国の農家の一室を使っている。敵軍工作部は、新来の学生を楽しませるために開く週一、二回の余興の費用を負担している」。

結論

宣伝工作に日本人捕虜を使う　訓練され再教育された捕虜は、対日宣伝工作員として最適であり、彼らは信頼できる存在であることが八路軍によって証明された。今日、八路軍の対日宣伝工作は、すべて日本人民解放連盟のメンバーによってなされている。解放連盟と労農学校は新しい捕虜全員の再教育と訓練を行っている。そこには、連盟を崩壊させるために日本軍から送り込まれて来たスパイも含まれている。この二つの組織の役員と幹部は岡野校長と政治亡命者を除き、全員が元日本兵である。

捕虜の再教育と訓練　討議の中で出てきたことであるが、もし捕虜を宣伝工作員として利用したいのであれば、我々は彼らを訓練し、再教育しなければならない。日本人工作員自身がこの必要性を切実に感じている。会議参加者の中で、二年間の前線工作を経て、さらなる訓練と教育を受けに延安にやって来た者もいることがそれを証明している。設備がもっと良くなれば、現在八路軍が行っている捕虜の教育と訓練に必要な時間を今よりももっと短縮できるであろう。

宣伝の内容　宣伝の内容、書き方、言葉遣い、八路軍のアピールなどは、八路軍の対日心理戦争が開始されてから四年後に、難解なものから易しいものへと大幅に変更された。これは、ビラやパンフレットの作成を引き継いだ元日本兵によってなされた。八年しか教育を受けていない平均的な日本兵の教育レベルに合わせ、彼ら向けの宣伝の水準を低下させたのである。

我々は、心理戦争において宣伝の内容、アピール、書き方を正確に判断し、調整してゆくために、日本人捕虜の意見を入手する必要がある。そうすれば、日本軍に対する我々のメッセージは理解され、効果的になるであろう。

中国、延安にて　一九四四年一一月二一日

軍曹　コージ・アリヨシ

延安リポート　第二八号

冀南地区における八路軍の心理戦争

このリポートは、一九四一年二月に八路軍で宣伝工作を開始した堺清*の経験に基づいて書かれたものである。堺の体験は、心理戦争の試験的時期に八路軍で働き始めた他の多くの日本人捕虜のものと類似している。

＊　本名秋山良照。この当時のことは秋山の著書『中国戦線の反戦兵士』にくわしい。なお「西瓜と焼餅」「冀南平原」(『反戦兵士物語』所収)も参照。秋山には他に『中国土地改革体験記』(中央公論社、一九七七年)がある。

このリポートは、一九四〇年七月から一九四三年四月――この時、延安で日本人民反戦団体代表者会議が開催され、堺は冀南地区代表としてこの会議に参加した――までをカバーしている。会議後、堺は労農学校で学習するため延安に残った。彼は現在、学校の新入生学習グループのリーダーであり、八路軍によるすべての対日宣伝工作を担う宣伝委員会のメンバーである。

捕虜と教育

堺清は、冀南地区で捕虜になった時、二一歳であった。彼は華北に到着したばかりの新兵で、八路軍に関しては実際何も知らなかった。捕まった時、彼は自分が殺されるのではないかと考えた。しかし捕虜になって数日後、彼は日本語を話す中国兵のところへ連行され、その管理の下におかれた。この中国兵は、堺に対して八路軍は捕虜を殺さないと保証した。

直ちに教育が始まり、この中国兵はその後二ヶ月にわたって堺に日本の軍国主義、天皇、日本の中国侵略戦争について話をした。最初のうち、堺は彼の話に興味が無かった。共産党員に対して偏見を持っていたと彼は語っている。

この間、堺はゲリラ部隊と共に次々と居場所を移していったが、部隊はどこに行っても農民の歓迎を受けた。かつて堺は日本軍将校から華北のゲリラ部隊は山賊で人民から恐れられていると聞かされていたので、これは意外だったと語っている。堺は八路軍が誠実で公平に農民と接しているのを見て、日本軍の態度とは正反対だと感じた。

これは良い宣伝であったと堺は述べている。そのお陰で、彼は八路軍を十字軍とみなすようになった。二ヶ月後、八路軍は人民のため正当なる大義のために戦っていると確信したという。そして堺は、彼を教育するのに熱心なこの中国兵の下で真剣に学ぼうと決心したのである。

教科には、社会主義、資本主義、共産主義の学習が含まれていた。堺は社会の発展と政治常識を勉強するなかで天皇神話は科学的根拠のない間違った教義であることを理解した。彼に対する教育は非常に徹底して儀式ばらないやり方で行われた。教科書はなく、毎日の授業は親近感あふれる会話を通じて進められた。

心理戦争第一期

一九四一年二月、堺は八路軍敵軍工作部の宣伝工作に従事し始めた。当時、八路軍はその地域に移動して来たばかりで、心理戦争の最初の計画は大衆の教育だった。劇が上演され、大衆向けの集会が開催された。

大抵の場合、劇は中国と日本の民衆の共通の苦難、日本の軍国主義者による圧政、資本家の不当利得、戦争努力における中国農民の協力を呼び物にして上演された。観衆の中には日本軍占領地区の中国人、日本軍駐屯地近くに住む中国人、そして日本軍で働く中国人も含まれていた。

劇は成功だった。農民たちは直ちに日本軍駐屯地に持って行く宣伝用資料の運搬を志願した。日本軍向けの野菜や他の食糧で一杯になった籠の底にビラを忍ばせ、日本兵へとビラは運ばれた。

大衆集会で堺は日本語でスピーチをしたが、それは農民や兵士のために中国語に翻訳された。兵士や農民は集会が終わった後、宴会と踊りの会を催し、それを通じて団結心が芽生えた。

一九四一年四月、堺はビラを書くように要請された。それまでは、中国人が書いたビラの校正や本文の編集に従事していた。六月には日本軍の脱走兵が彼の下に加わり、上官による虐待に関するビラを書いた。ビラの本文は中国人により編集され、政治的な考察や八路軍の要求を簡潔で非政治的な文章のなかに取り入れるなどして大幅な修正が加えられた。一九四一年夏には、さらに三人*の捕虜が捕まり、一一月一一日、堺をリーダーとする覚醒連盟冀南支部が結成された。この時期以降、ビラの作成にあたった日本人工作員に対し、より多くの自由が与えられた。それらのビラは覚醒連盟の名の下に書かれた。

＊　秋山の著書では「水原建次、成沢鬼彦の二人」であり、覚醒連盟冀南支部は秋山を含めて三人で結成された。また、支部の結成は、同書によれば八月七日。

この時期までに作成されたビラは、まったく効果がなかったと堺は語っている。その理由は単純であった。平均的な日本兵の素朴な心には、言葉遣いや文体があまりにも難しく、ビラの内容が日本兵の想像だにしないものだったからである。この時期の成果といえば、中国の大衆の支持を取り付け、日本人宣伝工作班の組織を作り上げたことである。

心理戦争第二期

一九四二年四月、日本軍は冀南地区の占領と講和に関する新たな体制を導入した。＊トーチカが建設され、小部隊の兵士が各トーチカ内に残り、周辺地域を防備するようになったが、この新体制のおかげで八路軍の宣伝工作員は日本兵と直接的に接触できる手段を得た。宣伝工作員は夜間にトーチカに近づき、兵士に向かって呼びかけを行うようになった。またトーチカ同士を結ぶ電話を傍受し、兵士たちと話をするようになったのである。

＊　太平洋戦争突入(四一年一二月八日)を機に、日本軍は再び華北に兵力を集め、四二年四月一四日から月末にかけて、冀中作戦、冀南作戦、晋冀魯予作戦を展開した。

以前、兵士たちは歩兵中隊長や連隊長の指揮下にある駐屯地に住んでいたため、このようなことはできなかった。しかし現在、ほとんどのトーチカには伍長クラスの下仕官がいるだけで、将校や軍曹のように厳しい規律を強いる者はいなくなった。

宣伝内容の情報源

一　日本人の宣伝工作員たちは、羊飼いに変装してトーチカ周辺をぶらついた。彼らは羊の番をしながら兵士の会話に耳を傾けた。大抵の場合、彼らは名前によってその兵士が誰であるかを確認できた。また兵士たちの話す方言で彼らの出身地を知ることもできた。

二　日本軍で伝令として働く中国人諜報員からの情報。これらの伝令使は八路軍のために日本軍の書信を写し取っていた。

三　押収した書類や書信

四　友好的な傀儡軍から提供された情報

五　購入あるいは押収した日本の書籍、新聞、雑誌
六　新しい捕虜
七　電話の盗聴
八　日本兵との通信

宣伝工作のための武器

一　慰問袋とビラ　冀南地区にいる日本兵への慰問袋の送付は一九四一年四月から始まった。一九四二年になると、それはさらに一歩前進して、日本兵は受け取ったものへの返礼として華北では入手できない薬やその他の物品を送って寄こすようになった。互いが物を送り合う状態が進んでいった。堺によると、お礼の手紙も交換されるようになり、両者の間では文通が始まったという。

八路軍は年賀状、暑中見舞い、鶏肉、米、ワイン、ふんどし、ノート、タオル、文房具などを送った。食べ物は兵士から毒入りと勘ぐられないように、卵、落花生、果物などが送られた。ビラは慰問袋と一緒に送られた。このビラは政治色なしの、友好的な文面であった。その他のビラも日本軍に送られたが、慰問袋と一緒ではなかった。

二　通信　堺によると、日本人が八路軍で働いていることを日本兵が知ったのは、主に通信を通してであったという。それらの手紙には日本人の気持ちが表現されていた。また日本軍の将校は部下たちに八路軍の宣伝工作員は朝鮮人や中国人だと話していたが、実際にはそうではないことを兵士らに確信させる上でこれらの手紙はかなり貢献したと堺は語った。

堺や彼の同僚を裏切り者と非難する手紙はたくさんあった。日本軍の将校たちのなかには、彼に手紙を送り付け、元の所属部隊への帰還を命令する者もいた。しかしある部隊長は、自分もビラを読み、日本人宣伝工作員の考えに賛成はするが、自分の立場ではそれを公言できないと手紙に書いていた。

何人かの兵士は、宣伝工作員と事前に打ち合わせをし、その場所で彼らに会いたいと依頼してきた。ある兵士は八路軍のところまでやって来て、指導を仰ぎたいと考えていると言った。また八路軍への攻撃が差し迫っていることを警告する手紙も何通かあった。

三　メガフォンによる呼びかけ　冀南地区には数名の

日本人宣伝工作員しかいなかったため、堺と同僚たちは日本軍の通信情報網の中心である親トーチカに向かって全力で「呼びかけ」を行うことを決めた。トーチカの配置状況を説明すると、部隊長の指揮下にあるいくつかのトーチカ・グループで八つの村落を防護しており、いくつかのトーチカ・グループ同士は通信本部からの電話網で互いに連絡が取れるようになっていた。

通信本部で生活している兵士たちは、宣伝工作員が「呼びかけ」で伝えた内容のすべてを他のトーチカに回送した。呼びかけに対して友好的なトーチカは少なかったが、いくつかのトーチカでは、兵士が蓄音機を監視塔に持ち出して、宣伝工作班のために日本の流行歌をかけることもあった。

宣伝工作員たちが特定のトーチカの兵士に呼びかける際、そのトーチカにいる兵士の出身地の方言を使って呼びかけを行った。呼びかけでは、故郷の出来事を伝え、親しげに兵士の名前を呼んだ。このような接近方法に大方の兵士たちは友好的な反応を示した。しかし堺は、アカ、国賊、家や国の面汚し等など数え切れない程の烙印を押されていた。彼を取り巻く環境は、まさに弾丸を浴びせられたような厳しい状態だった。そして論議はしばしば夜遅くまで続くこともあった。

呼びかけは夜間に行われた。その間、八路軍はトーチカを包囲し、呼びかけを行うために「呼びかけ係」がトーチカのすぐ近くまで忍び寄っていった。

第二期の成果　宣伝工作の第二期では、日本人工作員はビラ書きや題材の選択において、以前よりも多少多くの自由を与えられたと堺は述べている。しかしビラを書く者は、「軍国主義者をぶっつぶせ」「戦闘を放棄し、八路軍へ寝返れ」「天皇を打倒せよ」などのスローガンを使っており、それらのスローガンがビラの本文に書かれていたため、日本兵の怒りと反感を買った。ビラの言葉遣いや形式は、依然として一般の兵士には難しすぎた。しかしビラの内容一般は、第一期に比べてより現実的なものとなり、すぐに兵士の関心を引くものとなった。

宣伝工作員は莫大な量の情報を駆使した。ビラやパンフレットの効果を、通信、電話での会話、そしてメガフォンでの呼びかけなどを通じて確認した。堺によると、この時期の主な成果は日本兵に以下の点を確信させたことであった。

一　八路軍のために働いている日本人が存在している。
二　八路軍は日本人捕虜を殺さない。

心理戦争第三期

一九四二年八月、覚醒連盟冀南支部は会議を開催した。そこで、今までの工作活動を再検討し、どのような点で失敗あるいは成功したか、そしてその理由について調査・確認を行った。前線で活動する中国と日本の宣伝工作班の代表も参加した。会議では参加者のほとんどが、宣伝の内容が平均的な日本兵には難しすぎることに同意した。さらに、「戦闘を放棄し、八路軍へ寝返れ、軍事独裁政権を打倒せよ」などの要求は、日本兵が想像だにしない題材であることが指摘された。

代表たちは宣伝の内容を単純なものにして、題材も食物、俸給、懲罰などに関するものを採用することにした。そして彼らの「強烈な要求」は、日本兵が八路軍の予備的なビラで教育されるまでは見送ることにした。日本兵は抜本的な要求に対する心の準備ができていなかった、と堺は語った。

同じ八月、延安では日本人民反戦同盟会議が開催された。全員元日本兵である四二名の代表が、二二八項目の兵士の要求を提起した。この日本兵士の要求は、宣伝工作員たちがかつて日本軍にいた時の不満に基づいて提起したものである。代表たちは、八路軍の下で活動している様々な心理戦争支部の工作について再検討を加えた。

一〇月になると冀南に二二八項目の要求と延安からの推奨策が届いた。その推奨策は、冀南の宣伝の内容は単純なものにして、当面、「強烈な要求」は避けるべきだと提案していた。延安からの提案は、覚醒連盟会議で成立した決議の基礎となり、宣伝工作員たちは自らが最終的に正しい道を進んでいるとの確信を得たのである。

堺によると、こうした兵士たちの要求は絶大な効果を生んだという。不平不満を口に出せない日本兵のために彼らは兵士の代弁をしたのであった。それ故、日本人兵士らはこの要求を歓迎した。要求は個々にビラの題材として取り上げられた。これらは、日本軍の上層部にはびこる腐敗、資本主義者の不当利益、搾取され苦しむ日本国民の実態など事実に裏打ちされたものであった。

第三期における宣伝工作は延安に集中した。各支部は互いの間でアイデアや意見を交換し合い、各支部の代表者らは八路軍の下で心理戦争全体の調整と計画立案のために参集した。宣伝の内容は単純化され、題材も兵士がすぐに関心を示すものが採用された。堺は宣伝の効果が上がり始めたと述べている。

捕虜の処遇

捕虜は軍区政治部に連行された後、監視されることもなく覚醒連盟に引き渡されると堺は語っている。捕虜は先ず尋問され、自分の部隊に戻りたいか聞かれる。戻ることを希望する者には短期課程の教育が与えられる。覚醒連盟のメンバーは捕虜たちに最新のニュース、八路軍の政策と目的、日本の中国侵略の真実について教授する。

捕虜は八路軍で日本人工作員に出会ったことを自分の部隊の将校に話さないように指導される。捕虜を保護するためである。過去に帰還した捕虜が八路軍の日本人工作員に会ったことを将校や憲兵が知ると、彼らはその捕虜を処刑したと聞かされたからである。日本軍のこうした対応は、八路軍の日本人工作員の情報を部隊内で広めないためのものであった。もし日本兵が、八路軍には日本人がおり、八路軍は日本人捕虜を殺さないことを知れば、自発的な投降は増加するであろうと堺は言った。

堺は、帰還した捕虜から情報が漏れることになると言った。しかし、八路軍が捕虜を大事に扱ったという動かしがたい事実は、帰還した捕虜と共に良き印象を残すことになると思われる。堺が得た情報によると、帰還した捕虜の何人かは処刑されたか、あるいは華北から追放され、そのまま残っているのはごく僅かしかいないという。

八路軍に残留した捕虜は、宣伝工作のための教育と訓練を受けるため、覚醒連盟のメンバーに引き渡され、一、二週間で協力的になると堺は言った。彼らを囲んで座談会が開かれたが、その時の議題は戦後の日本、捕虜の交換、日本の現状についてであった。覚醒連盟のメンバーは新しい捕虜に対し、未来への希望を与える努力を行った。堺は、これは再教育の第一歩であると語った。

冀南では、捕虜の教育に使う教科書はなかった。それ故に、新しい捕虜は会話や討論会を通して、「新しい思考」を身につけるようになった。ゲリラ戦では、部隊は常に移動しなければならず、生活環境が不安定なため、捕虜の教育はより困難となった。

捕虜の大多数は、四、五ヶ月の訓練を受けると後方地域での宣伝工作に参加する用意ができると堺は言う。前線での活動にはさらに長期の訓練が要求された。戦闘疲労により恐怖心を抱き、それにより何らかの影響を受けた者は、訓練施設の整った後方基地、太行へ送られた。捕虜はひとたび戦いの目的を理解すれば前線のいかなる恐怖からも解放され、苦難を乗り越えることができると堺は語っている。

結論

八路軍の対日宣伝工作はいくつもの孤立した基地で始まった。当初、中国人が工作活動を行っていたが、日本人捕虜が捕まるにつれて彼らがビラの校正と編集に従事するようになった。その後、日本人も徐々に責任を負うようになり、覚醒連盟、日本人反戦同盟、日本人民解放連盟などの組織名の下で宣伝資料を作成するようになった。

堺清の経験は、華北や華中で日本人民解放連盟一七支部を創設した八路軍日本人宣伝工作員たちの多くに共通した経験の一つに過ぎない。彼が関与した心理戦争の経験を調査して明らかになったのは、日本兵士は再教育が可能であること、彼らは対日心理戦争のために利用できること、そして日本語と日本兵の心理が分かっているので、対日宣伝工作員として最適であるという点である。

しかし調査結果は、捕虜は適切な訓練なしでは効果的な宣伝工作をなしえないことをも示している。堺とその同僚たちは、そのことを経験から学んでいた。堺にとって、戦場で行う実践的な訓練だけではけっして十分ではなかった。その故に、彼は二年間ほど前線において工作活動に従事した後、延安の労農学校に学習しに来たのである。日本兵の平均的な学力は中学二年生程度であるため、彼らが有能な宣伝工作員になるには一定の教育期間が必要である。

軍曹　コージ・アリヨシ

中国、延安にて

一九四四年一一月二二日

延安リポート　第二九号

新たに捕虜となった日本兵向けパンフレット

一九四〇年、八路軍は日本語で書かれた小さなパンフレット(縦二インチ、横三インチ程度)を作成し、出版した。* このパンフレットは、捕虜を捕らえた後できるだけ早く、あるいは、武装解除終了後なるべく早く捕虜に渡せるよう準備したものである。日本兵にとって捕虜になる瞬間は、ショック状態に陥るとは言わないまでも、常に激しい心理的緊張を伴うものである。彼らは拷問されるのではないか、あるいは殺されるのではないかという大きな恐怖に襲われる。ある意味で彼は、自分が死んだも同然で、自分はもはや日本人ではなく、二度と祖国には戻れないのではないかと感じている。時には自分は生まれ変わったという感覚を伴うこともあるようだ。つまり、この瞬間からすべてが変わり、自分は過去とは何の関係も無くなったと感じているのである。この瞬間に彼が抱く感覚は、彼の将来の可能性にとって、非常に重要である。いずれにせよ、彼の心はこれから自分の身に何が起こるのかという強い不安で一杯なのである。

*『日本の兵士諸君へ』と題した二四頁のパンフレット。次頁の注参照。

このパンフレット(翻訳は後述する)は、極めて有益なものであることが判明した。このパンフレットは、最前線で日本軍と戦っている兵士のほとんどが一言も日本語を話せないという困難な問題を見事に解決しているのである。さらにこのパンフレットのメッセージは日本人捕虜への励ましの言葉で書かれているため、捕虜の扱い、ならびに、その後の教育を非常にやり易くした。パンフレットの原本(写しはワシントンにある)は平易な日本語で書かれており、平均的な日本兵がすぐに理解できるよう十分に工夫されている。捕虜と活動を共にしてきたある日系二世の翻訳者は、このパンフレットの言葉遣いやアピールの仕方は、新しい捕虜にとって非常に感動的で、強く心に訴えるものがあると述べている。

アメリカ軍兵士または連合国軍兵士が、このパンフレットあるいはその同種のものを使用することが可能かどうかについては、次のいくつかの点に十分に留意されたい。

一　捕虜に対する丁重な扱い、医療的ケア、礼節等々〔このパンフレットに書かれていること〕が捕虜を捕えたアメリカ軍によって名実ともに実行されるという前提にすべて依拠している。捕虜の扱いに対する心構えについて周到なる教育が我々の軍隊になされていなければならないのである。

二　この種のパンフレットは、それがどのようなものであれ、戦争捕虜の取り扱いと教育に関するプログラム——それは、〔各関係者の間で〕合意され、将来実施されることになっているもの——に基づいているものでなければならない。

三　このパンフレットは成功を収めているが、その理由は、前向きな希望、すなわち、捕虜が今後目指すべき目標——新しい日本に戻り、日本再建の立役者の一人になるという目標——も書かれているからである。つまりこのパンフレットは「生まれ変わり」の思想を具体化したものなのである。

四　このパンフレットは八路軍の名の下に発行された。当時、日本人民解放連盟は存在していなかった。戦後の日本に関する共通の政策が存在しないため、連合国軍あるいは連合国政府の名の下に、新参の捕虜に対し何らかの保証や期待を与えることができないのが現状である。しかしたとえそうであっても、将来、民主化された日本社会——この「延安リポート」第一号の覚書の中でオーウェン・ラティモアがこのことを提案している——においてこの種のパンフレットを作成し、発行することは可能になるであろう。

五　このパンフレットには、簡単な英語版の前書き(日本語の翻訳付き)が用意されている。これは、このパンフレットを携帯し配布するアメリカ軍あるいは連合軍兵士向けに作られたもので、とても良いアイデアである。しかし、この前書きだけでは充分な説明と教育を行うことはできない。捕虜に対する心構えについて説明や教育を行うには、講義やパンフレットの使用をも含めた短期集中コースを開設し、我が軍兵士にそれを必ず履修させることが必要であると我々は考える。

このパンフレットの翻訳は以下の通りである。*

* パンフレットの写真版が鹿地亘資料調査刊行会編『日本人民反

戦同盟資料』第九巻に収められており、それに拠った。ただし新字・新仮名に改めた。なお、五で言う「簡単な英語版の前書き」はこれにはない。

（中国語の前書き）

八路軍、捕虜の処遇、この戦争の性格等々についての説明は、日本兵を捕虜にしたら直ちに見せるべきものである。

（日本語の本文）

日本の兵士諸君へ

日本の兵士諸君！

君は八路軍につかまってから、まだ時日がたっていない。心は惑乱しているだろう。どうされるか不安でたまらぬかもしれぬ。

だが、気をおちつけたまえ。安心したまえ。八路軍は君を決して敵としては取りあつかわぬ。友人として、兄弟として取りあつかう。

君は八路軍総副司令が八路軍全体に出した捕虜に関する命令を読んだか？　まだならば、八路軍兵士にそれを読ませるように要求したまえ。その命令には次のことが書いてある……。

一、日軍兵士の捕虜は絶対に殺傷、侮辱してはならぬ。所持品を没収してはならぬ。兄弟として待遇せよ。違反者は所罰する。

二、傷病の日軍兵士には特別の注意をはらって、病気をなおしてやれ。

三、故郷又は原隊に帰りたい者には、できるだけの便宜をあたえよ。

四、中国で働きたい者には仕事をあたえ勉学したい者は学校に入れよ。

五、家族や友人と文通したい者には便宜をはかれ。

君がこの命令を見ても、これは宣伝だけで、はたして実際に行われているか、君は信用しないかもしれぬ。なぜならば、君は今日まで日本の軍隊で、八路軍に対するデマとウソばかりをきかされていたし、また日本軍隊の捕虜に対する残忍な取りあつかいを見ていたからである。

しかし、八路軍総副司令の命令は、厳重に行われている。今日まで、八路軍は多くの日本兵士を捕虜としたが、その大部分は本人の希望にもとづいて、無事に日本軍又は故郷にかえした。このことは君も隊内で聞いて知っているにちがいない。

また、日本軍隊に帰ればどんな目にあうかしれないので、中国にとどまりたいと希望する者は、八路軍はできるだけの優遇をしている。現在、或る者は八路軍で働いている。或る者は後方で働いている。或る者は学校で勉強している。彼らはみんな自由に、ほがらかに生活している。そして、彼らは一日も早く戦争がすんで大手をふって国にかえれるように努力している。

以上のことは、絶対にウソではない。われわれには、いま捕虜にされている君をダマす必要もなければ、オベッカをつかう必要も断じてないのだ。

しかし、君の不安はまだ去らないであろう。或はうす気味わるく感じているかもしれぬ。と云うのは、きのうまでの敵である日本兵士を、八路軍はどうして友人として、兄弟として取りあつかうことができるのか、この点が君には十分にわからないからだ。わからないのはもっともだ。が、君がわかるのには、多少の時間がいる。聞いてくれたまえ。

入隊するまで、君は百姓か、或は労働者か、或は会社員か、或は学生か、或は小商工業者か、いずれにしても、君は勤労者か、或はその子弟であったにちがいない。勤労者である君は、われわれ中国国民に対して何のうらみも、何の利害のあらそいもないはずだ。また、勤労者である君は、この戦争から何ひとつとくをしていないはずだ。北支が日本に占領されても、そこから君は一銭の利益もえていないはずだ。反対に、戦争のために君や君の家族は非常なギセイをはらい、非常な損をしているはずだ。

君が、この遠い異郷に来て、われわれを敵としてたたかっていたのも、それは決して君がすきこのんでやっていたのではあるまい。君は召集されて上官に此処まで引ぱってこられたのであり、戦場で戦争をしなかったら所罰されるから、われわれに銃をむけていたのにちがいない。だから、召集されてから今日まで、君の念頭から寸時も去らぬねがいは、早く戦争をやめて国に帰ることであった。君の家族も同様のねがいをもっていたのだ。さて、現在、君は八路軍の客となり、銃剣をすてた。銃剣をすてた君は、もはや日本の兵隊ではなくて、入隊前の普通人に、つまり勤労者にかえったわけだ。

われわれ八路軍の士官、兵士は君らと同様に、農民か労働者か知識階級か小商人かだ。だから、日本の勤労者に対して少しのうらみももっていない。われわれは、君らを仲間とも友人とも兄弟とも感じている。君らを虐待する気にはならないのだ。

われわれの敵は、君らではない。われわれの敵は、この戦争を実際に起し、指揮している日本の軍部と、戦争から莫大な利益をあげている日本の大財閥と大地主だ。つまり『東洋平和』とか『新秩序』とか、『八紘一宇』とか、あやしげな文句をかかげて君らを戦場にひっぱり出して鉄砲玉のマトにしている少数の日本の支配階級こそ、われわれの敵なのだ。われわれは彼らと戦っているのであって、日本の国民と戦っているのではない。

だから、普通人にかえった君らの利害とわれわれの利害とは、決してちがってはいない。勤労者としての君らは、日本にいるとき、大地主や大財閥によってサク取され苦しめられていた。国民大衆としての君らは、日本の政治を左右している軍部や官僚によって統制され、自由と民権をうばわれていた。また、一兵卒としての君らは、戦場にあっては高級将校が金鵄勲章と恩給をもらうために、君らの尊いいのちをすてていた。ところが、君らを苦しめているこの同じ日本の支配階級が、いま中国に侵入して、われわれを苦しめているのだ。だから、君らとわれわれとは同一の圧迫者のもとにシンギンする同憂の士というべきだ。同憂の士——同じ立場の者は、たがいに同情し、助けあいこそすれ、銃剣をもって争うべきではない。いな反対に、たがいに腕をくんで共同の圧迫者、共同の敵とたたかうべきではなかろうか。

ここに、八路軍が君を敵として取りあつかわないで、兄弟として、同志としてたいぐうする理由があるのだ。

日本軍にかえりたいならば

以上にのべたところによって、君は八路軍の日本の兵士にたいする態度がわかったことと思う。

さて、いよいよ本問題にはいる。それは捕虜になった君がこれからさきどうするかという問題だ。これは君の一生涯の方向を決定する重大問題だから、慎重に考えてもらわなければならぬ。

いま君は二つに一つをえらばなければならぬ立場にある。即ち、八路軍から釈放されて再び日本軍にかえるか、それとも戦争のすむまで中国にとどまるか、——このいずれかを君はきめねばならぬ。それは君自身で、自由にきめたらいい。われわれは君に、ああしろこうしろとは云わぬ。

もし君が日本軍にかえりたいならば、よろしい、われわれは君が無事にかえれるように、できるだけの便宜をはかる。しかし、君も知っているように、日本軍隊では、行方不明の兵士が三日以内に原隊にかえらないと、厳重な処罰をうけることになっている。だから、君はいそぐ必要がある。

で、君がどの道を、どうしてかえるか、八路軍政治部の者とヨク相談してくれたまえ。八路軍の区域内は君の安全を絶対に保障する。必要なものがあれば、遠慮なく云いたまえ、できるだけのことをする。

われわれは、君が(原隊であろうが、家郷であろうが)、目的地に無事に到達してくれることを、心の底からねがっている。

君がかえったら、戦友や家族に、君が八路軍でどんな取りあつかいをうけたか、また何を見、何をきいたか、ありのままを話してくれ給え。また、戦友や家族に、八路軍は日本の国民を敵視しないで、親しい友人と思っており、中国国民の敵は戦争で利益をえている日本の支配階級であると思っていることをつたえてくれたまえ。

最後に、ひとこと君に云いたい、君は、この戦争が、ただに中国国民を苦しめているだけでなく、日本の国民にも塗炭のくるしみをなめさせていることを、身をもってあじわっているはずだ。

こんな戦争は、一日も早くやめさせねばならぬ。それがためには、中国の領土に侵入した日本が、先ず軍隊を撤退しなければならぬ。日本が撤兵すれば、われわれ中国国民は日本と戦うべき理由はない。われわれの抗日は即時やむ。ここに始めて中日両国民のほんとうの平和と親善と提携がやってくる。

われわれも、この日が早くくるように努力するが、君も戦友や仲間といっしょに努力してくれたまえ。

その日が来たら、君らもわれわれも、軍服をぬいで、おたがいに百姓として、労働者として、自由にほがらかに、今日のことを昔話として、話しあおうではないか。その日が一日も早くくるように努力しようではないか!

さよなら、君! かたい、かたい握手をしよう! 気をつけてかえりたまえ! 健在なれ!

中国にとどまりたいならば

以上は、君が日本軍にスグかえりたい場合のことである。しかし、いろいろの理由から、もし君がかえりたくないと思うならば、よろしい、中国にとどまりたまえ。われわれは君を歓迎する。

中国にとどまって、どこで、何をするか、(八路軍内で働くか、後方で適当な職業につくか、或は勉強するか、)――これらの点については、八路軍政治部の者とヨク相談してくれたまえ。われわれは、できるだけ君の希望をかなえるようにする。

われわれは、日本軍が捕虜をたいぐうするように、君をたいぐうしない。君に、できるだけの自由の行動をとらせる。

だからといって、われわれの好意を悪用して、スパイ行為やその他悪事をはたらく者、或はあくまで敵対的態度をとる者に対しても、八路軍は寛大であるというのではない。こんな陋劣な敵に対しては、われわれは仮借なく断乎たる処置をとる。この点、あらかじめ一言しておく。

また、八路軍は、怠惰や勝手気ままをゆるすことはできぬ。君の起居行動は一定の規律の下に統制せられなければならぬ。

もう一つ云っておきたいことは、われわれは君に対してできるだけのことをするつもりではあるが、しかし物質的には君を満足させられないかもしれぬということだ。君も知っているごとく、三年以上にわたって、日本軍は中国の領土を荒しまわり、その上に港湾と鉄道と産業をうばった。この侵略に対して、今日までわれわれは全国力、全人力をあげてたたかってきた。それがために、われわれの物資は、戦前とくらべて、甚だ不足をつげてきた。ことに□業品においてそうである。だから、八路軍兵士と同程度(或はそれ以上)の生活を君に保障することはできるが、しかし多少不自由を感ずるにちがいない。

が、この不自由は、決して君らや、八路軍の兵士にかぎられているのではない。八路軍の朱徳総司令も一般兵士とあまりかわらぬ物を食い、衣物を着、家に住んでおられる。八路軍では、軍律はきびしいが、生活の上では上下のへだては少い。八路軍では、兵士も、指揮官も、苦しみはみんなが共通にあじわって、一部の者だけが楽をしているようなことがない。この点、日本の将軍連が鉄砲玉のとどかぬ都会に住んで、豪華な生活をしているのと雲泥の相違がある。ここのところを考えれば、君の生活の不自由も辛抱できると思う。

さて、君は何日まで中国にとどまり、何日日本へかえることができるか？　この重大問題について考えてみよう。

君はできるだけ早く日本にかえり、なつかしい家族や友人といっしょにくらしたいにちがいない。これは当然の人情だ。われわれも君をこの異郷にながくとどめておきたくはない。

しかし、君は今ただちに国にかえることは君にとって危険だ。戦争状態がつづくかぎり、君は無事にかえることはできぬ。戦争がやんで、中日両国の間に、平和がきたとき、その時はじめて君はかえることができる。

戦争が一日早くやめば、それだけ早く君は国にかえることができるし、それだけ早く中日両国民の苦痛をなくすることができる。だから、この戦争を一日も早くやめさせるために、君は努力すべきではなかろうか。これこそ、今後、中国にとどまって君のなすべき最も意義のある仕事ではなかろうか。これは、君自身のためであり、また日本の国民のためでもあるのだ。

しかし、モ一つ問題がある。たとえ戦争がいつかやむことがあっても、日本に今までのような反動的な政府がつづいているかぎり、君は公然と安全にかえることはできぬ。君がかえれば、政府は君を処罰するにちがいない。

だから、戦争がやむということだけでは不十分だ。日本に勤労大衆の幸福をはかり、また捕虜になった者を罰しないような新しい政府ができなければだめだ。実のところ、こんな政府ができてはじめて、戦争をやめ、中日両国民の間にほんとうの平和と親善をもたらすことができるのだ。

そこで、戦争を早くやめるためにも、また君が無事に帰国することができるためにも、日本に勤労民を土台にした政府を作ることに、君は努力すべきではなかろうか。これは、君自身のためであり、また日本の国民のためでもあるのだ。

では、いかにして戦争をやめさせ、いかにして日本に好い政府を作ることができるか？　これは大きな問題であり、いろいろの手段方法がある。この小さいパンフレットの中に、それを述べることはできぬ。それは、君がもっと落ちついてから、君自身でも考えてくれなければならぬ。

では、何日その自由と幸福の日がくるか？　もとより、だれもこれをハッキリと予言することはできぬ。ただ、君らが考えるよりも、モット早くその日がくるということだけは、ここで断言することができる。この気運は、日本国内でも、さかんに動いている。いな、世界全体がその方向に動いているのだ。

いま君にとって大事なことは、君が腰をすえて中国に落ちつくと決心し、そして戦争を早くやめさせて、君にも、日本国民にも自由と幸福の日が早くくるために力をつくすと決心することだ。君が八路軍につかまった〔の〕を機会に、生れかわったつもりで、この決心をすれば、君は新しい希望と光明をつかむことができ、ほんとうに生きがいのある新生活をはじめることができるのだ。

もうこれ以上いう必要はあるまい。ききたいこと、相談したいことがあれば、八路軍政治部の者に会って話したまえ。日本語のわかる者がいるはずだ。もし話しが通じなければ、筆談でも、手まねでもいい、やりたまえ。遠慮はいらん。

また、捕虜になったことをはずかしがることは毛頭ない。むしろ、こんな不正な侵略どろぼう戦争に参加することこそ、はずべき行為だ。君は八路軍の客になったために、幸いに、このはずべき行為から救われたのだ。

延安リポート　第三〇号

連合国軍の心理戦争に対する日本側の心の備え

日本の新聞や雑誌には連合国軍の心理戦争に関する記事が数多く掲載され、そこには日本指導層の大きな懸念が表明されている。これは、日本人の心に与える心理戦争の潜在効果と影響を日本の指導者層が憂慮している事実を物語っている。

日本の宣伝関係者は、連合国軍の宣伝に対し、心の備えを怠らないよう躍起になって国民を指導している。彼らの想像力は広範な分野にわたっており、我々が心理戦争で実際に使う可能性のある、あらゆる方針や手法に思いをめぐらせている。彼らは国民に前もって警告を発しているのである。

我々の心理戦争で日本人はどのような事態を予想しているのか、我々の心理戦争はどれ位の効果を発揮しうるのか、しかるべく心の備えをしている日本人に対し我々はどの程度うまく宣伝しうるのか。この種の記事を調査することにより、我々はこうした疑問に関して何らかの情報を得ることができるであろう。

もし我々が、日本の行う国内向け、国外向け対抗宣伝や国民の士気、国内情勢そして国民の戦争感情などを注意深く検討し、あらゆるメッセージを有効に活用してゆけば、我々の心理戦争が日本国民に大きな効果を及ぼしうることは明らかである。行き当たりばったりの宣伝工作を行ってゆくと、日本の宣伝工作関係者につけ込まれ、結果的に得るものより失うものが大きくなるだけである。多くの心理戦争の関連記事は、高度に発達した日本の宣伝工作機構が我々の激しい攻撃に対処すべく着々と準備を進めていることを我々に教えている。

以下は、一九四四年九月二四日付『週刊毎日』に掲載された連合国軍の心理戦争に関する鼎談の抜粋である。*

＊　以下の『週刊毎日』の紹介は、当日付の同誌を参照した。引用は同誌に拠ったが、現代仮名遣いに改めた。

心理戦争の最前線について

参加者　井口貞夫、情報局第三部長

高田市太郎、『週刊毎日』前ニューヨーク支局長

工藤信一良、『週刊毎日』前ロンドン支局長

一　心理戦争における敵の典型的成功例

イタリアの降服は、心理戦争における敵の典型的成功例である。これに先立ち、敵は北アフリカのフランス人と現地人を味方に付けるためダルラン*を利用した。しかしその後に至って、ダルランは弊履の如く捨てられてしまった。

＊　フランスの軍人、政治家。一九三九年海軍元帥。四一年にビシー政権に副首相兼外相として参加。四二年アルジェリアに赴き、連合国軍が北アフリカに上陸するや、突然米軍に協力して対独抗戦を開始したが、まもなくアルジェでド・ゴール派の一員に暗殺された。

連合国軍がシシリア島に上陸したあたりから、連合国軍は心理戦争(謀略宣伝)を強化して来たのである。

五月二五日、チャーチルは「イタリア国民は指導者階級を追い払ってしまえ、そして反枢軸側の慈悲にすがったら良いだろう。そうでなければ徹底的にイタリアの空爆をやる」との声明を発表した。

ルーズベルトは「イタリア敗戦の責任はムッソリーニ首相及びその一派にあるのだ。イタリアの国民はムッソリーニと、その政府及び軍隊に反抗すべし。連合国側としてはムッソリーニ及びその軍隊に対して容赦なくやっつけるんだ。そしてイタリア国民は、ファシストの政権を倒せば、ドイツの軍隊を国内から追い払い、イタリア国民の欲する政府を樹立することが出来る。即ちイタリア国民の自由を回復してやる」との声明を出した。

我々が警戒すべきものは、敵の指導者のスピーチに詰め込まれている心理戦争のミサイルともいうべきものである。彼らの発言は、敵の宣伝工作の基本路線となっている。我々は、敵の指導者の発言によく注意を払い、イタリアで起きた出来事の原因をしっかりと見つめる必要がある。

七月一五日のルーズベルトとチャーチルが行ったイタリア国民に対する呼びかけの中には「名誉ある降服」という言葉が含まれているが、イタリア国民はこれに大分動揺したのではないだろうか。バドリオ政権発足後、数日を経た七月二七日、二八日に英米の指導者は、イタリア国民向けの声明文を発表した。しかしそこでは「名誉ある降服」という言葉は使っていない。バドリオ政権の出現と前後して、英米の態度がまるっきり変わってきている。バドリオ政権が成立するや、ルーズベルトとチャーチルは無条件降伏を要求した。明らかにこの計画は、最初は弱いことをいって、国内の動揺を起こさせて、いよいよこれは大丈夫だと見ると、今度は奥の手を出してきたわけだ。つまり条件付降服が確実に実現できる見通しが立つと、彼らはより厳しい条件を打ち出してきたのである。

二　連合国軍宣伝工作の範囲　絶望の宣伝

我々は第一次世界大戦の経験から次のようなことを確認できる。戦争が始まった最初の段階では、相手国に対して、もうお前の国は駄目だ。希望はまったく存在せず、死を選ぶか、全面的な降服以外に道はないというような、「絶望の宣伝」をして、敵はその国を絶望的な気持ちに陥れようとする。

次に、「希望の宣伝」が提示される。この宣伝は、イタリアの場合のように、もし敵国の国民が民主主義諸国と協力するならば、彼らの望む政治体制の樹立も可能であると約束することで、その効果を発揮する。この「希望の宣伝」が強調するように、相手国が協力し、我々と共通の目的を追求することによって、表面的に、降服は名誉ある行為へとすり変えられてしまう。

第一次大戦中に(敵国の国内分裂をはかるため)、ウィルソンの一四ヶ条が敵の平和主義者と敗北主義者を狙って発せられたが、この時に「分断の宣伝」が実行されたのである。

「革命の宣伝」は、キール*において成功し、今回はイタリアでも同様に成功をおさめた。

* バルト海に面したドイツの海軍基地。一九一八年一一月、そこで起こった水兵の反乱を契機に労働者・兵士の運動が全国に波及し、いわゆるドイツ十一月革命となった。

三 色々に言って相手を迷わせる

ドイツ、日本、ソ連では、政府の宣伝も民間の宣伝もぴたりと一致するが、英米ではそれはあてはまらない。この二カ国では、政府が当たり障りのない漠然とした声明を出し、民間の言論機関が明確ではあるが実に多様な意見を発表する。これは敵国が我々を混乱させるために行っているのである。

ルーズベルトは、ドイツに課せられる無条件降伏は、日本にもこれを適用すると言っている。しかし『ニューヨーク・デイリー・ニュース』は、日本に無条件降伏を要求するのではなく、条件を緩和することこそ一番良い方法であると提言している。厳しい要求は、敵国のより激しい抵抗を招き、戦争を長期化させると言うのである。

一方でアメリカ副大統領のウォーレスは、ドイツ人向けのラジオ放送を通じて、ドイツがもし生存して行きたいならば、今のうちに降服したほうが良いというようなことを言っている。

テヘラン宣言では一応無条件降伏ということを言っているが、それを強調することは、敵に対する拙い宣伝工作ではないか。ドイツ人は当然のことながら、いっそう激しく戦ってくるだろう。彼等の敵愾心を緩和させるため、最初の呼びかけはもっと柔らかくすることが何よりも大切である。連合国軍のドイツに対する謀略戦争はうまく行かないと思う。

四 日本に対する彼らの狙いはここにある

敵は、シドニー・ロジャーソン*の著書『来たるべき戦争における宣伝』の中で示された方針に従って宣伝工作を行っている。この本では、対敵謀略宣伝は特定の国に対してそれぞれ別のやり方があると書かれている。

＊英語原文は、Sidney Lodgson, *Propaganda for the New War* となっているが、正しくは、著者はSidney Rogerson（1894-1968)、書名は*Propaganda in the Next War* (London, 1938)、である。

この本曰く、日本の国内というものは天皇を中心に、皆まとまっているから、日本占領の際には、宣伝工作は朝鮮と台湾に別々で行うべきなのである。この戦争において敵国・日本は大東亜共栄圏にいる人々に向けあらゆる国語を用いて宣伝活動を行っており、まさにロジャーソンのやり方に従っているように見受けられる。

以前、敵は日本の軍官民離反を狙った宣伝を行ったようだが、グルー〔前駐日米大使〕が帰国して以来、その宣伝路線を止めたようである。現在、敵は日本人を皆殺しにするとか、日本を抹殺するとかいう方向を強調している。そして中国を復興するために、日本人を奴隷にして使うことを提唱している。

「分断の宣伝」は、再びよく使われるようになるかもしれない。しかし敵は、まず最初に、日本国民の戦意喪失と生産力の低下を狙い努力しているようだ。かくして、日本に対しても「絶望の宣伝」と「戦争して何になるか」という宣伝が、敵の心理戦争第一期に利用されるであろう。

五　声の謀略宣伝に備えよ

日本に対して敵は声の砲弾も勿論だが、紙の砲弾をより多く使うかもしれない。それは、敵は日本人の心、感情、特徴を踏まえて放送できる専門の適任者がいないからである。

二世などは日本語はわかるが、第一に、彼らの思想は日本人のそれとは異なっている。また彼らのアクセントは英語なまりで、これは地名の発音から察知できる。アメリカ人には少数だが、日本人と少しも変わらぬ上手なしゃべり手がいる。しかしいろいろと長い時間喋っていると、やはり日本語らしくない日本語が出てくるから分かる。敵はこういう連中を放送に使ってくるだろう。また不心得な在留邦人を使うことも考えられる。

二世はその思想が日本人の心とはあまりにもかけ離れているので、日本人に訴えることは難しいだろう。

六　敵の空中落下物

敵は飛行機を使って空中から色々な物品を落すといわれている。チョコレート、万年筆、食料品、缶詰などが日本に落下されると思われる。さらに、サイパンなどの各諸島で亡くなった日本人将兵の手回り品を集めたり、あるいは集めた手回り品に兵士の名前さえも書き込んだものを、日本でばら撒くかもしれない。

七　敵の主要な宣伝路線

敵の主要な宣伝路線は、おそらく戦争をしてもしようがないというようなものになるであろう。しかしそういうところをついても、無駄なことである。日本は「自存自衛」のために戦っているのであり、また大きな戦争目的としては亜細亜解放や東亜復興というものがある。

しかし連合国のかなりの数の飛行機が絶えず日本上空に飛来している時、彼らは声および紙の爆弾の集中攻撃を仕掛けて、日本内部の攪乱をうまく利用してくるであろう。

八　心理戦争は好奇心を狙う

好奇心は人間が持つ一番危険な特質である。人間は他人の知らないことを知りたがるのである。

九　スパイと第五列

日本国内には、敵に情報を流すスパイや第五列(スパイの帮助者)がいないとはいえない。先の戦争では、ドイツ軍に対してスパイが使われ、前線の兵士や将校は妻が病気であるとか、赤ん坊が生まれたがその子に飲ませるミルクがない等という手紙を受け取った。

敵は我が国民の士気の低下をすぐに利用すると思われる。戦況と国民の生活状況が困難になり、こうした状況下で国民の間に戦闘継続意欲が弱まれば、敵の心理戦争は大きな効果を上げたことになる。

一〇　敵の謀略に対する予防措置

敵の謀略を防ぐ方法は実に簡単なことである。それは、我が当局が国民に対し、迅速に正確な発表をすれば、日本の国民は政府の言うことを信用するに違いない。国民が事実を知って心構えができておれば、敵のつけ込む余地はない。現在の内閣は徐々に事実を明らかにするようになっている。

軍曹　コージ・アリヨシ

中国、延安にて
一九四四年一二月二七日

延安リポート　第三一号

「連合国軍の日本抹殺計画」なる日本軍の宣伝路線

配布先（中国局）
ワシントン　二
昆明、ニューデリー、レド、オーストラリア、陸軍、フィリピン、戦略諜報局、スーズドルフ、ファイル保管用　各一

占領地域からこの地域へ流入した最近の日本の雑誌を対象に、日本の確実な勝利をほのめかす記事を探してみたが、何の成果も得られなかった。日本の宣伝工作員は、国民に気休めの希望を与えるよりも、むしろ敗戦の可能性と戦後の悲惨な状況をさかんに強調している。〔例えば、戦争に負けると〕日本は地球上から抹殺され、成人男子は去勢され、国民は組織的に首を刎ねられるなど〔の宣伝〕は、国民向けに発せられた威嚇の一部である。さらに日本は国民精神も、自立経済も、国民が選んだ政府も持たない奴隷国家に転落するとやっきになって信じ込ませようとしているが、その過程において連合国の指導者たちの声明は歪曲して伝えられている。

以下は、一〇月一〇日付の『時局情報』から抜粋した二つの記事であるが、これらはまさに上記の点を明らかにしている。これらの記事は、最近日本の雑誌に掲載された多くの同類の記事の一部に過ぎないが、日本人に対する心理戦争の方向を強く示唆したものとして、それなりの説得力を持っている。

九月二四日付『週刊毎日』に掲載された心理戦争に関する記事（延安リポート第三〇号参照）で述べられているように、国内のすべての出版機関やその他の情報機関は、例外なく日本政府の宣伝路線に従っている。これらの宣伝工作機関は、申し合わせたように一斉に同じテーマを取り上げ、連合国軍については同じような虚偽情報の受け売りを行っている。

我々は日本を崩壊させ、絶え間ない爆撃によって都市部を殲滅し、しかもそれを遂行する物質的な力があるというメッセージを送ることによって対日宣伝を強化するだけでなく、日本軍が敗北した後は、自由ならびに他国との友好と協力、そして民衆による政府の樹立を享受できるという

メッセージを日本国民に送ることを通じて、我々の宣伝をより強化する必要がある。

もし日本国民に将来の希望を与えず、完全なる敗北を伝えるだけであれば、我々の宣伝は、彼らの心に恐怖を植えつける日本政府の宣伝を裏付けるに過ぎないものとなってしまう。

対抗宣伝工作においては、我々の戦争目的を常に表明し、人道的な側面を強調し、我々の敵は軍国主義者であり、一般国民ではないと日本国民に知らしめてゆくべきである。とりわけ、日本国民に打開策を示し、将来への希望を与えてゆくべきである。

一〇月一〇日付『時局情報』からの抜粋

日本略奪の凶悪な計画

情報局第三部長　井口貞夫*

＊　一八九九〜一九八〇。外交官。太平洋戦争開始前、米大使館参事官として、日米交渉に当たる野村吉三郎大使を補佐した。その後調査部・情報部の各課長を歴任して、この当時は情報局第三部長の職にあった。敗戦後は終戦連絡中央事務局総務部長などをつとめた。本リポート第三〇号の座談会にもその名が見える。

一　大東亜戦争におけるアングロ・アメリカ人の日本抹殺の狙い。

真珠湾攻撃当初、合衆国は日本の本当の強さを感じていた。それ以来、合衆国は二年にわたる敗戦に耐え、豊富な資材を用いて巨大な陸軍、海軍、空軍を建設し、大反撃に備えてきた。現在、合衆国は我々の国土の海岸線に接近しており、日本を抹殺すると誇らしげにしている。

八月一二日、ルーズベルトは、ピュージェット湾において次のような声明を行った。「我々は、日本の攻撃的な特徴が消滅するまで日本を厳重な支配下におく必要がある」。

ハワイの視察旅行から戻ったルーズベルトは、八月一七日、次のような声明を発した。「日本に対する世界の扉を永久的に閉鎖すべきである」。これは彼の本音である。

一方、イギリス外相イーデンは、一九四三年一二月一三日、下院における演説で「日本と妥協して平和条約を締結することは、第三次世界大戦の種をまくことである。物質的、時間的にどれだけかかろうとも、我々は日本と最後まで戦うべきである」と語った。

二　英米軍占領下の日本では、経済的、政治的、社会的支配は免れられない。

この計画は、日本人の大和魂を弱め、日本と日本人を地球上から抹殺するために日本人をすべて去勢するというものである。

連合国軍は大和魂の打破を強調している。『大地』の著者パール・バックは、去年一一月に、日本人の再教育は重慶で行い、ドイツ人はスウェーデンで行うべきだと述べた。

アメリカは日本を軍事的に無力化し、政治的に日本を属州化する意向である。また領土を取り上げ、日本を三流国家におとしめる意向である。さらに、日本の復活を恐れるアメリカは、海外市場や海上・航空貿易を日本から奪い取り、重工業を壊滅させて、経済的に息の根を止める計画である。

三　連合国軍はいかにして日本抹殺をするのか。

一九四三年一二月二〇日付『ニューヨーク・デイリー・ニュース』の記事　「アメリカはタラワ作戦*で毒ガスを使用すべきであった。太平洋で毒ガスが使用されていたら、圧力を持続的に行使して、すでに日本軍の後退を余儀なくさせていたであろう」。

＊　一九四三年一一月二三日、日本軍が占領していたギルバート諸島のマキン・タラワ両島に米軍が上陸。一一月二五日、日本軍守備隊は全滅した。

悪の敵(アメリカ軍)の野望を詳細に分析(座談会)

参加者　太田三郎、外務省調査局第三局長
松下正寿、外政協会理事
高田市太郎、毎日新聞欧米編集副主任
永戸政治、毎日新聞副編集長

一　日本抹殺と無条件降伏について

永戸　ルーズベルトはじめアメリカの戦争主導者や一般民衆までもが、「日本抹殺と無条件降伏」に賛成している。このような考えが表出するのは、戦局や神経戦がアメリカに有利に動いているからだけではなく、アメリカ人は心の底から日本の抹殺と占領が可能だと思っているからである。

太田　ルーズベルトは、カサブランカで日本には無条件降伏を呑まざるを得ないと語った。そしてカイロでは日本の「手足」をもぎ取ると述べている。今年一月一二日の議会への声明では、日本は抹殺されるべきだと語った。さらに最近では、ケベックにおいて、欧州戦線が終結次第、太平洋の野蛮人を壊滅する用意があると語っている。

どうしてアメリカ軍は、日本の処遇においてこのような手段を考えるのであろうか。

(a)私の見解では、色々な理由が挙げられるが、一つには人種差別がある。アメリカ人は人種的見地から、日本人とは対等ではないと思っている。日本人を劣った人種と見下しているので、真珠湾攻撃で彼らは頬を殴られたように感じたのだ。そして今まで述べてきたような構想を考え始めたのである。

(b)第一次世界大戦の戦勝国は、自らの安全は二〇年以上続かないだろうと見ていた。平和が短期的にしか続かないとする考えの主な理由は、敗戦国に与えた自由の条件であった。今回、敗戦国が復興し再び開戦しないように、戦争賠償のみならず経済成長の阻止も計画している。最近アメリカは、国際通貨の安定化を提案している。これにより、合衆国に従属しないすべての国の経済発展の阻止を図るつもりである。国連救済復興機関を通じてアメリカの「言うことを聞く良い子」にならない反米的なすべての国の国民を餓死させるつもりである。

永戸　アメリカ人の中にも日本から重工業を取り上げ、日清戦争以前のような完全な農業国家に格下げすべきだと主張する者もいる。

日本が「純粋な」農業国家に成り下がれば、現在の大規模な人口を支えられなくなり、それ故に自然と人口は激減するというアメリカ人もいる。

二　日本人の抹殺のための具体的な提案

高田　アメリカは日本人抹殺の具体的な提案を作成しているが、日本人の中には皆殺しにされるはずがないので、このような討論は無意味だと主張する者がまだ存在する。敵の配慮を過大評価するのは危険である。

例えば、アメリカ政府部内で重要視され、影響力を持つグルー元大使は、半公式の声明を出した。彼は、精神的、経済的、身体的に日本を全滅させるべきであるし、ドイツよりも厳重な占領統治が必要であると語っている。彼は、連合国が日本に上陸し、上陸後、直ちにすべての軍事力と施設を剥奪し、最低二五年間は日本を軍事占領下におき、アメリカ的な制度の導入による日本国民の再教育が必要であると強調している。また彼は、小学校から大学に至る教育制度を完全に改革する必要があるとも述べている。

これはまさに日本とその国民を抹殺すること以外の何物でもない。

三　バドリオの裏切りは良い教訓である*

＊　第二次大戦開始後、イタリア軍の総司令官となったバドリオは、四三年七月、反ファシスト・クーデタをおこしてムッソリーニ政権を倒し、自ら臨時政府首相となって、同年九月には連合国に無条件降服した。

松下　バドリオの裏切り行為の陰で、米英がとった行動は我々が学ぶべき良い教訓である。しかし米英のイタリアと日本に対する態度は異なっている。ムッソリーニがまだ権力を掌握していた頃、米英は名誉ある和平に向けた約束で、いくつかの協定を提案していた。しかしイタリアが降服すると、この約束は実行されなかった。日本については、この種の提案は一度もない。甘い言葉の代わりに、抹殺、手足の切断、我々の命そのものの剥奪などの脅しをかけている。

高田　イタリアを欺いたのと同じ手口で、我々を騙さないとは言い切れない。最近の『ニューヨーク・デイリー・ニュース』誌の記事では、現在、無条件降伏などの厳しい条件を強調しすぎると、日独の兵士は最後の一人になるまで戦うであろうと書いている。新聞は、無条件降伏を力説するのは悪しき宣伝であると報じている。当面は条件を緩和し、日本の降服が確実になった時点で条件を厳しくすれば良いと提言している。

アメリカ人は信用できない。バドリオに対して実施した心理戦争と同様のことを、今後は日本に仕掛けてこないとは断言できない。

四　中途半端な和平はありえない

太田　中途半端な和平などありえないことは、実際疑う余地はないし、講和後、日本人が半分生き残れると考えるのも間違いである。国民は一人ずつ打首にされるか、男性は去勢されるであろう。高田さんが言ったように、非日本化しない限り、日本の生き残る術はないのである。

延安リポート　第三二号

朝鮮の生活状況

軍曹　コージ・アリヨシ

中国、延安にて
一九四四年一二月二七日

このリポートは、太平洋戦争勃発以降の朝鮮における生活状況一般についてまとめたもので、延安の朝鮮革命軍政学校*の幹部が私に語ったものである。この資料の一部は、我々の朝鮮人向け宣伝工作で使用するのに適している。食糧や衣服の配給、金属製品の徴集、農業統制、農産物の強制徴集などの情報はビラ、特に要求型ビラの資料として打って付けである。

＊　一九四四年一一月二日設立。

しかし現時点では、特定の情報は朝鮮学校から入手できない状態にある。というのも、前線にある八路軍基地から学生たちが延安に来た今年四月以降、彼らは農業生産に従事しており、さらに来年一月一〇日あるいはその前後に予定されている学校の開設準備で忙しいからである。

今後、学校の準備がうまく進んでいった場合、数ヶ月後には朝鮮と満州に関する特定の、あるいは特殊な情報を入手できるようになると私は考えている。しかし、それは八路軍の戦闘状況に依存することになろう。

一九四一年一二月以降の食糧配給

必需食料品　朝鮮では配給割当法に従って、すべての食糧が配給されている。現在、一人当たりの米の割当量は第二次世界大戦前の半分である。七歳から二五歳までの人びとは一日二合三勺、二五歳から五〇歳までは一日二合二勺、一歳から七歳まで、ならびに五〇歳以上は一合五勺である。

食　肉　法律で肉の配給は一人一ヶ月二〇匁に制限されている。しかし朝鮮人がこの量を入手するのは不可能である。これは、日本軍が食肉供給のほとんどを徴用するからである。

野　菜　政府は経済警察を通じて、農家の畑の一部を自家用野菜栽培のために割当てさせている。その広さは家族の人数によって割当てられる。この統制によって、理論的には自家用野菜の生産量は第二次世界大戦前の三分の一にまで減少した。実際に農家は、自分の土地の見つかりにくい場所で「違法」に野菜を栽培し、それ以上の収穫をあげている。

醤油、味噌、食用油　これらの品目の配給量は、戦前の三分の一である。農家はこれらの品目を自分で製造することはできるが、それには塩などの材料が必要である。しかし、そうした材料も配給のため、自家製造を行っても事態を改善させるには至らない。

衣　服　衣服の配給は点数制で、一人当たり一年に一〇〇点が割当てられている。外套は七〇点である。

闇　市　経済警察は、一九四一年頃に設立され、闇取引や政府が規定価格で強制徴集する農産物の密売などを取り締まる。配給だけではまったく不充分なので、闇取引は盛んに行われている。

農産物の徴集　農地はその産出力に応じて、一七種類に分類されている。春期には、経済警察はさまざまな生産物の植付けを監督し、米、キビ、綿などの植付け場所を割当てる。秋期には、経済警察が収穫量を見積もり、農家は政府に規定量を納めなければならない。これは必ずやらねばならないことである。さらに農家は見積もり以上の収穫があった場合、その分も政府に納めなければならない。

農家は収穫の一部を自家用として受け取り、また代金の一部としてわずかな現金も受け取る。この残金は日本政府によって農民銀行に預金させられる。

金属類の徴用　一九四一年以降、日本政府は朝鮮内の刃物類、台所用品、食器類のうち金属を使用している製品のすべてを徴集する法令を成立させた。朝鮮人には、食器、刃物類に銀や真鍮製品を使うという昔からの習慣があり、日本がすべての金属を徴用した時、朝鮮人たちは激怒した。現在、彼らは陶器類を使用している。

徴　税　地租は戦前に比べて五、六倍に上昇している。食糧税や奢侈税には法外な税金が課せられている。レストランでは一〇ドル分の飲食をすると、三〇ドル課税される。写真撮影には一人当たり約一〇〇ドルかかるが、それと同額が課税される。

生命保険制度　朝鮮では、若者も老人も生命保険に強制加入させられる。警察、雇用主、政府高官たちは戦費調達のため、みな示し合わせて、朝鮮人に保険の強制加入をさせている。

勤労動員　朝鮮人は、週に三、四日ほど、慰問袋や日本ならびに占領地域に輸送するための米俵の作成、道路や寺院の建設、空襲避難訓練などに動員される。これらの勤労のほとんどは無償奉仕である。

軍の志願者　朝鮮総督府は、一九三八年から一九四三年一二月までの間に二五万人の朝鮮人が陸軍を志願したと発表した。日本の報告では、同期間の朝鮮人志願者数は、五万人以下である。朝鮮革命軍政学校の幹部は、日本の数字の方がより正確であると語っていた。

軍曹　コージ・アリヨシ

中国、延安にて

一九四四年一二月二七日

延安リポート　第三三号

満州、華北の朝鮮人に対する心理戦争の背景

このリポートは、共産主義者支配地域にいる朝鮮人グループの宣伝活動についてまとめたもので、主に宣伝の方法と宣伝工作全般を扱っている。

八路軍基地内で活動している朝鮮人は、朝鮮独立同盟、*朝鮮義勇隊、**朝鮮革命軍政学校のいずれかの組織に加入している。これらの組織は、八路軍の対朝鮮人心理戦工作に参加すると同時に、対日本人および対中国人心理戦工作にも参加している。彼らの宣伝工作の方法は、日本人民解放連盟のやり方にかなり類似している。両者の相違は、次のような事実に起因する。(一)朝鮮人は志願軍を持ち、八路軍と共に戦闘に参加する。また朝鮮人心理戦争工作員が敵地内の村や街区に潜入した際に彼らを護衛することもある。(二)朝鮮人の方がより広範な地下活動を展開しており、それ故に、彼らの組織は朝鮮や満州の革命グループと連絡を取り、活動を共にすることが可能である。

*　一九四二年七月一一日結成(朝鮮青年連合会が解散して作られた組織)。

**　一九三八年一〇月一六日結成。

朝鮮人居住地域の現状、そこで暮らしている朝鮮人の生活状況、そして宣伝工作の対象となる人々に関する徹底した研究と調査は、華北の朝鮮人宣伝工作員にとって、もっとも重要な要素である。こうした情報が宣伝工作員にもたらされることにより、誰に、何を、どのように宣伝するのかについての基礎的知識が得られることになると彼らは考えている。

敵と宣伝工作全般を知る

延安の朝鮮人心理戦争工作員は、心理戦争の成功のカギは主として日朝問題に関する徹底した研究にあると考えている。彼らは、この基礎研究なくしては効果的な宣伝工作はできないと語っている。現在、朝鮮、満州、華北にいる日本人の政治、経済、文化、社会に対する態度について調査・研究が進められている。また地主、労働者、農民、知

識人、商人など特定の朝鮮人グループに対する日本の政策や行動も調査の対象となっている。さらにこの研究は、朝鮮問題を扱っている日本の軍や民間企業の職員や日本政府に雇われている朝鮮人官吏なども対象にしている。

このように敵を徹底的に研究するのと並行して、日本の支配下で生活する朝鮮人の調査も実施している。朝鮮人はどれ位抑圧されているのか、彼らの生活はどのような状態にあるのか、彼らは日本人をどう思っているのか、彼らの戦争に対する思い、そして朝鮮独立に関する考えなどを知ることは重要である。心理戦争工作員は、朝鮮人の教養や教育の水準、そして彼らの氏素性を調査している。特に中国や満州に移住した人たちを対象に調査を進めている。これらの朝鮮人がいかなる理由で移住し、どのような生活をしているのかを知ることは、彼らにとって無視できないことなのである。

満州の朝鮮人

延安の朝鮮独立同盟のメンバーによると、満州には二〇〇万人以上の朝鮮人がいる。この内、一五〇万人が農民である。満州事変以前、満州には約一〇〇万人の朝鮮人がいた。これは、満州事変以降、人口が一〇〇万人ほど増加したことになる。農民が満州に殺到して、今日では満州の朝鮮人の大部分は農業に従事している。

満州には、朝鮮連合軍がある。これは一〇万人のパルチザン兵から成る地下部隊である。これらの兵士は、満州事変前から満州にいて農業で生計を立てている。彼らは自分たちを革命遊撃隊と呼んでいる。

この数字は、満州での宣伝工作は、他のどのグループよりも農民にターゲットを絞って進めてゆく必要があることを教えている。

満州にいる朝鮮人の総人口の大部分は、より良い暮らしを求めてやって来た移民で、低所得階層の出身である。一九三一年の満州事変勃発以降に朝鮮を出た人々は、その大きな夢を実現していない。というのも、彼らは日本の戦争により直接的な影響を受け、継続的な犠牲を求められてきたからである。

満州の朝鮮人は、彼らが朝鮮にいた時と同じくらい悲惨な状態に置かれている、と八路軍の朝鮮人たちは語っていた。満州事変の最中と事変の直後、かなりの朝鮮人が中国人を抑圧するための警官や志願兵として利用された。現在では状況が逆転して、中国の傀儡軍と警察が満州の朝鮮人を取り締まり、抑圧するようになっている。加えて、日本の軍と警察が朝鮮人に威張りちらしている。

朝鮮人の中には、事務職員や警官など公的な資格で雇用される者もいる。これらの朝鮮人には、同じ立場の日本人よりも粗悪で少ない食料と衣服しか支給されない。各都市には、現在一〇名から二〇名の朝鮮人警察官がいる。

日本人に雇用されている非農業分野の人々は、全部で五〇万人を数える。これらの人々に宣伝工作を行うには、同情的な態度で接することだ、と心理戦工作員は語っていた。そしてその宣伝工作は、「彼らは生活のために日本人に強制的に働かされている。彼らに罪はないので、救済されるべきである」という方針に基づいて行われている。

華北

華北には、二〇万人以上の朝鮮人がいる。事実上、全員が一九三七年以降に移住している。満州事変以前、中国全土の朝鮮人の人口は三〇〇〇人であった。現在の朝鮮人の人口は、主に都市部に集中している。もっとも集中している北平における朝鮮人人口の概算は三万人以上、天津は一万五〇〇〇人、石家荘は七〇〇〇人である。

華北に移住した朝鮮人のほとんどは、朝鮮においては低所得者で、家族の絆に拘束されず生活向上のために朝鮮を離れたいという望みを持っていた若者たちであった。彼らは、華北の有望な将来と機会を確約した日本の宣伝に一番影響されやすいグループであった。そこには、労働者や農民と共に学生もいた。

このグループの特徴のいくつかは、次の通りである。

(一)教育および教養水準が低い。そのほとんどが小学校卒で、朝鮮において六年間しか教育を受けていなかった。

(二)国民意識の低さ。これは、一九一〇年の日韓併合以来、日本人から教育を受けてきたためである。

華北に到着した移民は、生活のために悪戦苦闘を強いられ、彼らの期待はことごとく消え去った。彼らはまさに失意の集団であった。彼らが期待したように、商売を始めることも、工場で働くことも、農地を耕すこともできなかった。失業した不満分子は、日本人からアヘンを売るように促された。

朝鮮人のアヘン売人は、日本軍に追従し、利益を日本軍将校と分配することを強要させられた。アヘンの闇取り引きは、間もなく朝鮮人、中国人、日本人の間に亀裂と摩擦を生じさせることになった。また日本人は、彼らを互いに競い合わせ、結束できないようにした。

しかし、太平洋戦争の勃発によって日本軍はそれまでの満州政策を一変させた。日本軍は、傀儡政権下の中国の軍と憲兵を利用して朝鮮人を抑圧したのである。朝鮮人はアヘンの密売を禁止され、法を犯した場合は厳しい刑罰が待ち受けていた。中国の傀儡が優遇されるようになると、朝鮮人の生存は益々困難になった。日本軍は朝鮮人の生活をさらに困難にした上で彼らを陸軍に志願させ、「志願兵」として「鍬鋤隊」「聖汗隊」で働かせた。日本軍は、志願者の家族には仕事と特別措置を保証して志願を魅力的な提案にした。

朝鮮人の勤労志願者は華北から南太平洋、日本、朝鮮に派遣された。体力的に軍や建設労働に適さない朝鮮人の大部分は、華北の各地域から動員され、北平地区に集中している日本の大農場へ送られた。

華北の朝鮮人心理戦争工作員は、上記の状況を利用して宣伝文を書いた。(一)なぜ朝鮮人は華北に来たのか、そして彼らは自分たちの夢を実現できたのか。(二)なぜアヘンを売るハメになったのか。(三)なぜ彼らは軍や「鍬鋤隊」「聖汗隊」に入ったのか。(四)なぜ彼らは中国人と戦っているのか。(五)日本軍のために働くな。(六)食糧、衣料、賃金の状況を改善し、もっとましな生活を要求せよ。

朝鮮

初めて朝鮮人心理戦争工作員と話をした時、私は朝鮮における諸問題と状況までは調査の対象に含めなかった。

ビラ

朝鮮人心理戦争工作員は、ビラは短く、明確で、ポイントの絞られたものが今まで一番効果的であったと語った。教育水準が低い農民には、特にそれがあてはまる。工作員によると、朝鮮人のほとんどは小学校教育しか受けていないという。このため、一般向けのビラは、純粋なハングルのみで書かれている。教養水準の高い朝鮮人向けのビラには、ハングルと漢字の両方が使われている。

日本軍内の朝鮮人を対象にしたビラには、心理戦争工作員は日本語を使用している。ほとんどの朝鮮人は簡単な日本語なら理解できるという。日本語の使用は効果的である。

というのは、日本兵士たちも度々ビラを読み、彼らはこのビラを読んだ朝鮮人がその影響を受けているのではないかと疑いを抱くからである。

いくつかのビラとパンフレットの内容

朝鮮人の宣伝リストの第一番目にくるものは、世界のニュースである。占領地の規制された新聞には、現在の世界情勢はほとんど掲載されない。前線における日本軍の後退に関しては特にそうである。それ故、心理戦争工作員はニュースの普及を第一の仕事と見なすのである。

カイロ宣言は繰り返し宣伝されている。朝鮮に関する部分は特にそうである。世界のニュースは翻訳され、ニュースのビラは朝鮮がいかに国際情勢の影響を受けるかを朝鮮人に知らせる努力をしている。中国やアメリカ、そしてその他のさまざまな場所にいる朝鮮人グループが、日本軍国主義を打倒し、朝鮮を解放するために、連合国と共に戦い、活動していることを常に宣伝し続けている。

日本の搾取により朝鮮の農民が苦しめられていることを、具体的な事実に基づき、特定化したビラの中で詳細に述べている。警官による朝鮮人虐待、朝鮮人キリスト教徒への迫害、切り詰められた生活状態、知識層への規制と抑圧、資本家や地主の権利と特権の剥奪などはすべて、特定化したビラの題材である。

朝鮮人心理戦争工作員は、広範囲に及ぶ要求を駆使している。彼らは、何とか達成可能なぎりぎりの線まで要求のレベルを下げていると語っている。朝鮮人に対して、今すぐに決起し、日本軍に抵抗して、日本軍を転覆させよとは主張しない。これらの要求は、現時点では時期尚早で、反感を買うだけである。外部からの過激な要求は、日本軍による朝鮮人に対する、より厳しい措置を招くことになると思われる。

人々の身近な題材が最良である

心理戦争工作員によれば、次のような要求をするのが効果的であると言っている。(一)日本政府が決めた価格で全製品を強制徴用するのは止めよ。(二)毎週三、四日に及ぶ勤労動員を止めよ。朝鮮では、人々は日本や占領地へ輸送する米俵の作製、道路や橋の建設、空襲避難訓練などに動員させられている。(三)朝鮮人を南方地域や太平洋戦域に送るのは止めよ。(四)生活状態を向上させよ。

朝鮮人組織の名称を使用する

朝鮮人組織が呼びかける宣伝と非朝鮮団体が呼びかける宣伝とでは、宣伝効果に相当大きな差がある、と心理戦争工作員は述べている。そこには、何よりも民族的な絆の問題が存在している。朝鮮人に対し、朝鮮を解放するために団結して戦おうと呼びかける朝鮮人からのメッセージは、より大きな効果と迫力を与え、その訴えかけをより受け容れやすくする。さらに朝鮮という名称の使用は、海外の朝鮮人が朝鮮解放のために闘争していることを示すことにもなる。要求ビラでは、朝鮮人が同民族の人々の生活状態と待遇の改善に向けて要求を出す方が、より良い結果をもたらすのである。

軍曹　コージ・アリヨシ

中国、延安にて
一九四四年一二月二八日

延安リポート　第三四号

日本兵士代表者大会
——効果的な宣伝へのワンステップ

覚書
配布先
ジョージ・E・テイラー、ジェームス・スチュアート、ラルフ・ブロック、ポーター・マッキーバー、ブラッドフォード・スミス、F・S・マーカード、陸軍、フィリピン、ジョン・K・エマーソン
報告者　F・マクラッケン・フィッシャー
題目　延安リポート第三四号

延安にいるアリヨシが作成した延安リポート第三四号と共にこのリポートを送付する。戦争捕虜を教育し、彼らの力を利用することへの期待が高まっているが、本リポートは、こうした期待を受けて開催される日本人捕虜会議のための提示ないし提案という形式で書かれていることに留意されたい。アリヨシのリポートは、捕虜の中核がいるレドを主として念頭において作成されたものだが、ここに示された考えは実験的に実行してみ

ることは可能であろう。

戦争捕虜に対する姿勢ならびに捕虜の教育とその利用に対する上層部の決定がなされないうちに、この種の大規模な行動を取ることは、当然のことながら控えねばならない。したがって、このリポートはあらゆる情報を提供し、さまざまな議論や考え方を喚起するために送付するものである。

ジョン・エマーソン、ジョン・デービス*そして私は、かねより日本人捕虜による工作活動の可能性に大きな感銘を受けてきた。またこの考えが連合国の上層部のどの辺りから支持を得られるかについても我々は関心を持っている。そしてこれは、特に秘密にしておかなければならない、という種類のものではない。この戦域においては、我々にとって励みとなるような関心と承認を得ることができた。他の連合国政府の代表もこの考えにかなりの関心を示している。

＊ 中国生まれの外交官。スティルウェル将軍の政治顧問としてCBI(中国・ビルマ・インド戦域)に赴く。ビルマ戦線終結後は重慶に移った。

したがって、将来この考えが大規模な計画に発展することを期待しつつ、その計画のための基礎知識ならびに準備作業としてこのリポートを送付する。

一九四二年八月に延安で開催された日本兵士代表者大会は、八路軍の効果的な対日宣伝が実質的に始まったことを意味するものであった。五二名の宣伝工作員(再教育された日本人捕虜)が、各地に分散して存在する八路軍の基地から会議に出席した。その中には、延安から徒歩で六ヶ月以上もかかる所から出席した者もいた。これら代表のほとんどは、過去において心理戦工作を行う側と、工作を受ける側の双方の経験を持ち合わせていた。彼らは会議に参加し、意見の交換、過去の活動についての反省、八路軍の対日宣伝工作の批評、そして新しい方向と政策の策定などについて討議を行った。*

＊ 一九四二年八月一五日から二九日まで一五日間にわたったこの大会は、正確にいえば二つの大会が継続して開催された。一六日から一九日まで「華北日本兵士代表者大会」、続く二〇日から二六日まで「華北反戦団体代表者大会」がもたれた。そして残り三日間で反戦同盟と覚醒連盟の合同が決議され、「反戦同盟華北連合会」が樹立された。この大会の記録は本リポートの以下の号でも紹介されているが、まとまった記録は反戦同盟記録編集委員会編『反戦兵士物語』に収録されている。

会議に参加した学生との話し合いを通じ、当会議は以下のような成果を生み出す上で重要な役割を果したと私は認識している。

一　八路軍内の日本人宣伝工作員と中国人(日本から戻ってきた学生たち)宣伝工作員の組織化と団結が実現した。

二　日本人工作員に新たな自信を与えた。彼らが(工作員としての)経験を積むほどに、八路軍はより多くの責任と権限を彼らに付与したことが確認された。

三　宣伝に利用できる諸要求が提示された。会議の代表者たちは、自らの兵士時代の生活を振り返り、日本軍や当局に対する要求として提出できる不平・不満を収集した。

四　八路軍に来た新しい捕虜が新生活に早く適応・同化できるように、心理戦争工作員が彼らに協力して行くことを決定した。

五　宣伝工作の遂行は八路軍のためだけでなく、自らのためでもあるという気持ちを工作員たちにより強く持たせることができた。

六　会議参加者の反戦感情を強化させた。

七　会議参加者により深い政治的覚醒がもたらされた。彼らは、八路軍が多くの基地で日本人のためにしてくれていることについて認識を深めた。対照的に、日本軍の所業についても認識を深めた。代表たちは自らが日本軍にいた頃の経験、たとえば自らが犯した犯罪、あるいは目撃した略奪などのさまざまな犯罪について語りあった。

八　各地域に分散して存在するすべての八路軍基地において対日宣伝工作をより徹底させることが確認された。

九　宣伝の内容と表現の仕方を分かり易いものにし、一般の兵士たちが理解できるようにした。さまざまな調整が行われた。

一〇　宣伝工作の新路線が明らかになった。兵士の意識よりも高い内容のスローガンは廃止し、兵士が身近に感じる簡単な要求やアピールへと変更した。

一一　捕虜ならびに日本兵向けの教育計画が提示された。前者は宣伝工作のためのものである。後者は、宣伝を通じた革新的な教育を行うことにより、将来、政治的宣伝や、さらに進歩的なスローガンの使用を可能にするためのものである。

一二　この会議の様子を公表したことが、共産主義者支配地域にいる中国人兵士や市民に対する格好の宣伝となった。

一三　この会議は、宣伝工作員にとって大きな教育的経験となった。

我々は、宣伝工作のあらゆる局面において捕虜を利用するわけではない。しかし、心理戦における捕虜活用政策の制限に反しない範囲で日本兵士代表者大会を開催することにより、我々はそこからかなりの利点を得ることができた。私が「開催する」という表現で意味しているのは、信頼しうる捕虜たちを我々が支援し、補佐することによって、この種の会議の実現を目指す、ということである。

こうした会議を開催することで直ちに得られる利点は、宣伝的価値と捕虜の扱いが容易になることである。さらに軍事情報の入手も容易になるが、おそらくそれが最大の利点であろう。

会議開催のための計画

この種の会議を開催する前に、捕虜に対して何らかの再教育を行うべきである。我々の場合、会議に参加した捕虜あるいはその代表者は、延安にいるようなしっかりとした再教育を受けた人びとではなかった。八路軍内の日本人は、日本人民反戦同盟に属する反軍国主義グループであった。すなわち、もし我々がこの種の会議を奨励する場合、まさに最初の一歩からスタートしなければならないのだ。我々は、捕虜の間に反戦・反軍感情ならびに強固な反軍国主義的心情を作り上げて行く必要がある。

我々の最初の任務は、捕虜たちに将来の希望を与えることである。日本の軍事政権が崩壊した暁には、彼らは誇りを持って日本に戻れるのだと確信させる必要がある。日本には人民政府が樹立されるであろうし、彼らはそれに参加しなければならないのだと伝える必要がある。もしその政府の中で自分たちの世界観に従って行動することができると思わせることができたならば、我々の計画はかなり進展したということになるだろう。

捕虜たちの尊厳と自信は回復されねばならないが、彼らの責任感は我々が再形成してゆかねばならない。これらの目標を達成するため最初に行うことは、この戦争が終結したら日本に戻り、平和と栄誉の中で生きてゆけるのだという希望を彼らに与えることである。

再教育の方法

捕虜収容所に保管してある新聞や座談会での議論を通じて、アメリカ人、戦争、軍国主義者、故郷、自らの将来などに関する捕虜の態度や考えを判断することが可能である。

会議に向けて行われる捕虜の再教育は、気楽な雰囲気の中で行われる討論や捕虜との対話、そして最新の出来事についての定期的な話し合い等を通してなされることが望ましい。また太平洋戦争、欧州戦線、ロシアの前線、アメリカ製品、連合国軍飛行部隊による爆撃、中国の前線、ビルマの前線、解放された人々の待遇、アメリカ軍による戦争捕虜の待遇、日系二世の兵士、日系アメリカ人などを題材にした写真展示は非常に効果的である。

我々が各支部で作成したビラを彼らに渡し、それに関する彼らの批評に耳を傾けるべきである。また捕虜たちがビラを読み、それを研究すれば、ビラの影響を受けることになる。そこで、アメリカ軍スタッフ、特に二世グループが我々の戦争目的を彼らに説明する必要がでてくる。

捕虜による座談会は彼らの思想を判断する手立てを我々に与えてくれるだけでなく、宣伝用の諜報資料を提供するきっかけにもなるであろう。さらに、討議すること自体が捕虜を再教育する上で重要な役割を果たすのである。

討議は彼らの持つさまざまな不平・不満をはき出させるように計画されている。兵士たちは不平・不満を語り合うことによって、自分たちが苦しみを経験してきたこと、戦争指導者に利用されてきたこと、日本は誤った方向に進んでいることを理解するようになる。ありとあらゆる不平・不満を収集し、最も適切なものを宣伝に利用すべきである。それらは個別に扱っても、まとめて取り扱っても良い。捕虜が不平を漏らした時は、必ずその具体例と彼が不平を持つに至った理由を聞いておくことである。これらは非常に有益である。

我々は、華北と華中における日本人民解放連盟の活動について捕虜たちに知らせるべきである。そして、兵士の要求(一九四二年八月の会議で提起された二二八の要求)が、ビラやパンフレットに利用され、それらが日本軍の最前線に送られて、日本兵の境遇が改善されたことを伝えるべきである。

我々は、捕虜たちに延安や日本人民解放連盟の活動について語り、彼らの間に反軍国主義感情を喚起させ、将来への希望を持たせることによって、彼らが日本兵士代表者大会の開催に向けて積極的な一歩を踏み出すよう誘導してゆくことができるのである。

委員会

アメリカの軍関係者——可能であれば二世あるいは帰米の軍人——が信頼できる捕虜と一緒になって、会議の開催に向けて計画を立てて行くべきである。アメリカ人は背後に控え、捕虜のなかの中心人物を支援し、指導してゆくのである。捕虜には、自分たちの会議を自分たちで企画したと思わせるようにし、利用され、不当に扱われたと思わせないようにしなければならない。アメリカ人と信頼できる捕虜から構成された委員会は、計画や規則などを詳細に作成すべきである。この会議から提出される日本軍や一般市民向けのアピール、連合国軍の収容所にいる日本人捕虜、アメリカ軍と一般市民などに関する宣伝用資料は、すべてこの委員会で起草されるべきである。充分な時間的余裕をもってしっかりと事前の宣伝をしておくことが大切である。

目的、計画、議題、会議の規則や規定そしてアピール等の草案が作成されたならば、会議の計画や準備のためのさまざまな活動はすべて捕虜に一任する。信頼できる捕虜が中心となり、アメリカの軍関係者が彼らを補佐すべきである。

計画委員会が作成したすべての準備草案は、捕虜の承認を必要とする。したがって、捕虜に対する再教育の進み具合が委員会の草案準備の基準となるのである。

捕虜会議

会議に対し全面的な責任を負うのは捕虜たちであり、アメリカ人は彼らを補佐するため会議に出席するが、主にゲストとして出席すべきである。会議はできる限りお祭りのように仕立て上げ、アメリカ軍将校や捕虜の待遇に関係する仕事に従事しているアメリカ市民、日系二世そして信頼できる捕虜のスピーチなどで盛り上げるのである。劇や大合唱など来客を楽しませる催し物も上演すべきだろう。

我々にとってこの種の会議は宣伝目的のために大変貴重であることを証明する必要がある。これは、捕虜に対する格好の宣伝になるであろうし、会議に招待されるアメリカ軍など連合国の軍関係者に対しても良い宣伝となる。会議で承認された日本の軍部と政府に対する兵士の要求は、捕虜教育、対敵宣伝工作、日本向け宣伝工作などに利用可能である。会議開催の前には会議入場券の形をしたビラを投下して、日本軍にもこの会議の情報を伝えることができる。

もし我々が捕虜の再教育に成功した場合、捕虜たちは決議案を起草して、他の収容所の捕虜たちに手紙を出すこともあるかもしれない。彼らの意図、目的、会議全般に関する情報は、我々の各収容所の捕虜に対する教育用の資料となるであろう。

この種の会議を開催できる可能性は小さくないが、それは我々の再教育が成功するか失敗するかで制限されるであろう。もしこの会議が成功をおさめた場合、将来の工作において我々は捕虜の協力を得られるだろう。また会議の開催地では、我がアメリカ軍の協力も得られるだろう。日本人向け宣伝工作に有効な資料を獲得できるかもしれない。さらに新来の捕虜を扱う際に我々を助け、やがて営倉内に健全な雰囲気を作り出して、敵対的な反抗分子さえも内輪に取り込んでゆくことのできる「捕虜の中心的」リーダーが出てくることもありうるのである。

最後になるが、兵士大会の成功は、戦争捕虜の間に「親連合国・反軍国主義的」組織の形成を促す始まりとなるだろう。我々は彼らを徹底的に再教育し、彼らと共に共通の目的に向けて行動することができるであろう。

軍曹　コージ・アリヨシ

中国、延安にて
一九四四年一二月二八日

延安リポート　第三五号

連合国軍の日本上陸に関する座談会の記録

注　中国戦区司令部付き政治顧問ジョン・K・エマーソン氏から三つの質問が提起された。この質問に答えるため、一九四四年一二月一二日、陝西省延安において、日本人民解放連盟に関係する一〇名の日本人が座談会を開催し、その討議内容が記録された。

この記録は、重慶の戦時情報局の韓玲女史が日本語から翻訳したものである。

議題　連合国軍の日本上陸について
場所　延安でのシンポジウム
日付　一九四四年一二月一二日
出席者*　高山　進　議長
茂田江純　宣伝工作部　メンバー
白鳥　イサム　〃　〃　〃

吉田太郎　日本人民解放連盟　メンバー
堺清　〃　〃
和田真一　〃　〃
杉本一夫　〃　〃
中小路静夫　労農学校　〃　〃
梅田照文　〃　〃　〃
山田一郎　〃　〃　〃

＊ 高山、茂田江、杉本、中小路、梅田についてはは本リポート第四五号付録を参照。堺については本リポート第二八号を、山田については本リポート第四三号三八三頁の注参照。

座談会で討議された諸問題

一　連合国軍の日本上陸に際し、日本国民はいかなる対応をとるだろうか。彼らは抵抗するだろうか。

二　彼らの抵抗を少なくするためには、何をなすべきか。

三　終戦後、日本人民解放連盟はいかなる役割を果たすのか。また日本国民は解放連盟に対してどのような態度をとるだろうか。

第一の問題

日本の軍部と財閥は国民に対し、日本人の気質と日本の魂(大和魂)は他国のそれとは異なるものであると教育してきた。しかし今ではこの教育も、以前のような効果は上げていない。これは日本が戦況不利の状態に置かれ、前線では厭戦気分が日増しに増大しているためである。これを考慮すると、連合国軍が日本に上陸する際、日本国民はおそらく竹槍や他の同様の武器で抵抗することはないといえよう。しかし、それを期待するには、なお宣伝による努力が必要であろう。例えば工場によっては、労働者が機械を破壊し、生産活動を妨害する。この機会を活かし、日本国民に軍部と戦うように促し、イギリスとアメリカの態度と日本の軍部が目指している方向を説明し、国民が事態を深く理解できるようにすべきだ。

吉田　第一に、日本上陸に際して、アメリカ軍は日本国民の気質を理解しておく必要がある。日本国民は感情的に激しやすく冷めやすい傾向を持つ。それ故、彼らが戦争の帰趨を悲観的に捉えているならば、抵抗はしないであろう。しかし危険な軍事衝突や奇襲攻撃が起こるかどうかについては確かなことは言えない。

第二に、日本人民は軍部に不満を持っているものの、その国民性の故に今のところは自制している。もし彼らがアメリカの公平な態度を知ったならば、アメリカ側へつくであろう。あなた方アメリカ人は「二・二六事件」のような事件について何も知らないとしても、日本軍部に反対するこの種の事件は今までに数多く発生している。これらの事件は日本人民の公平な態度の表れではないかと私は考える。

白鳥　この質問をよく考えてみると、共産党の宣伝、態度、活動が大きく貢献してきたと私は考えている。日本軍部は国民に対し、連合国軍が日本に上陸して来た場合には抵抗するように教育してきた。この教育は農村地域に広く浸透している。共産主義者が活発に活動し、それ故に戦争ムードが農村部ほど盛り上がっていない都市部の文化的水準に比べると、農村部はかなり遅れている。

それ故、都市部の人々に対する宣伝の影響と共産主義者の活動は、日本上陸の際の取り組みの半分に及ぶといえる。さらに、アメリカが上陸した当初、日本国民は抵抗するかもしれないが、やがて日本国民に対するアメリカの公平な態度を知れば、彼らの抵抗は弱まることになるだろう。サイパン島の戦いでは日本兵は最初の頃、アメリカを恐れていたが、全員が自決したわけではなかった。

堺　白鳥氏に同感である。アメリカ軍に対する日本国民の認識は、多分に軍部の宣伝の影響を受けていることを理解する必要がある。特に農村地域では若者が大変強い影響を受けている。アメリカ軍上陸の際に、日本が第二の朝鮮や台湾になることを恐れ、彼らは頑強な抵抗をするかもしれない。これは大量の死傷者が出ることを意味する。一方、アメリカ軍上陸の際、軍部に不満を抱く知識階級や進歩的な人々が軍部と戦うために大規模な活動に出ると思われる。

この活動がどのくらい強力になって行くか現時点では分からないが、活動に関わる日本人を二つのグループに分類できる。一つは日本人民解放連盟に所属する人々から構成されるグループ、もう一つはアメリカ生まれのグループである。もし日本人民解放連盟とアメリカ在住の日本人が手を組めば、大量の犠牲者を出すことが避けられる。アメリカの公平な対応を日本兵に知らしめることができたならば、テロも回避できるだろう。

次に自決に関して。現状はサイパン戦の時とは異なっている。あの時に自決が行われたのは、地理的状況と日本軍の上級将校の強制によるものだった。日本では集団自決の強要はかなり頻繁に行われている。しかし私は、日本国民がアメリカ軍に対して最後まで徹底抗戦することはないだろうと見ている。

中小路　教育という観点からこの問題を考えると、アメリカ軍が日本に上陸しようとする際に、日本国民の抵抗は長くは続かないだろう。軍部は戦争を続けたいだろうが、実際の戦争の何たるかを知らない国民は実戦を大演習としてしか捉えられず、彼らが本当の戦闘に直面した場合、混乱状態に陥るだろう。さらに彼らの思いは家族に対する愛情へと向けられるだろう。我々が入隊した時の状況がまさにそうであった。我々が敵に遭遇した時も逃げ出したかったし、携帯していた銃を充分に使用しなかった。現在日本国内にはごく僅かの若者しか残っていない。若い女性や子供、老人で一体どこまで抵抗できるのか、はなはだ疑問である。

都市部に住む人たちは、自らの良心に反することを軍部から強制されているが、その一方で、都市部では共産主義者の指導が大変功を奏している。それ故、連合国軍が日本に上陸した際、都市部の人々は軍部に対して戦うと思う。しかし市街戦は農村部での戦いに比べて、かなり激しくなると予想する。

当然のことながら、連合国軍が上陸する際に、農村部は前線として使用できる。しかし農村の人々は、外地帰りの指揮官に不満を抱いているため、都市の方が農村よりも指揮が取りやすいだろう。特に戦況が日本に不利になってからは、なおさらである。今後、人々の不満はさらに強くなっていくだろう。私は、日本人はそれ程抵抗しないと考えている。

茂田江　まず戦況を詳細に調査分析する必要があろう。アメリカ軍はフィリピン、台湾、小笠原諸島を占領するだろう。アメリカ軍に小笠原諸島を占領されたら国民は動揺する。その場合、日本の支配階級は再び宣伝工作で国民を欺こうとするだろう。

アメリカ軍は、自国空軍による支援攻撃なくして日本に上陸することはあり得ない。したがって上陸前に軍事施設を破壊するだけでなく、居住者も爆殺されるだろう。恐怖感が募って来た場合、日本の支配層は偽りの宣伝を流し、勅語も発するだろう。軍部は軍の翼賛組織である「全国愛国青年会」を利用するであろう。アメリカ軍による日本上陸の際、こうした団体は日本軍を陰に陽に支援するだろう。

この種の団体の人々は、日本兵のいないところでさえも自ら抵抗する。しかし、彼らが最終的に自決するとは思わない。

サイパン島は地理的状況が違っていた。日本本土で戦争する場合、日本軍は連合国軍に追撃され、後退する。追撃が速やかに実施されれば、日本軍は後退する間もなく敗北する。しかし、その場合でも彼らは自決しないと私は見ている。

しかしサイパン島では条件が異なっていた。迅速な追撃を免れた日本の軍首脳部は自らの気持ちを整えることができた。それは自決する準備を意味したのである。この点から判断すると、連合国軍による日本上陸の際、日本軍は抵抗しても自決はしないと私は思う。

アメリカ軍が日本に上陸する際、日本軍の気概はサイパン島の時とは違っているだろう。彼らは、今や自分たちの祖国が前線なのだと考えるだろう。したがって、我々が何の努力もしないのなら、大惨劇は避けられないであろう。

杉本　サイパン戦当時と、日本本土決戦時では状況はかなり違っている。また双方の地理的条件も異なっている。日本上陸は戦争が最終段階にたち至ったことを意味している。日本国民は「日本は重大な局面を迎えている」と考えるだろう。さらにこの状況下では、国民感情は変化し、敗北主義が広がるだろう。支配階級間の矛盾も今より大きくなると思われる。サイパン島では日本軍は防戦に回り、大きな最後の一撃を受けることはなかった。またサイパン島の日本人は軍部に傾倒していて、彼らの国家意識も非常に強かった。したがってサイパン島の日本人と、日本本土の日本人を同じ様に考えてはいけない。しかし一方で、茂田江氏が述べたような状況はいまだに存在している。つまり軍部による偽りの宣伝工作が非常に巧妙に行われた場合、抵抗の可能性はまだあると言える。しかし強い抵抗があるとは思えない。支配階級が取る手段としては、自分たちの支配を強化することである。しかし国民に強制してきたこの支配体制は、非常にあっけなく崩れ去るであろう。何故ならば、国民はすでに支配階級をまったく信用していないからである。

日本の軍部に関する次なる難題は武器の問題である。

三番目は日本経済の危機的状況についてである。

最後の問題は、外地に暮らす人々と内地で暮らす人々の間に感情的な相違が存在することである。本土に暮らす人々は、家族への思いが強い。したがって一時的に彼らが抵抗したとしても長続きはしない。これは抵抗の基盤が非常に脆いことを意味している。

竹槍訓練は単なる訓練に過ぎない。実戦では使い物にならない。私は抵抗が長期化するかどうかは、アメリカの対応次第であると思う。日本国民が皆殺しにされるとか、日本が植民地になってしまうと彼らが感じるのであれば、抵抗は長引き、頑強になるだろう。アメリカ軍の意図が明確に日本国民に伝われば、抵抗は長期化することはないだろう。これは無論彼らがまったく抵抗しないということを言っているのではない。サイパン戦では多数の者が自決したが、同時に何千人もの人々が解放されたのである。サイパンに住む人たちと比べて、本土に住む人々は単純である。アメリカ軍が上陸する場合、本土にいる人々は今よりさらに弱くなっているだろう。日本軍部は、婦女、子供までをすべて動員するであろうが、日本における婦女、子供への教育ではそのような仕事は無理である。

サイパンでの我々の経験からすると、彼らの憤りは一時的なものであるといえよう。精神的、身体的状況から判断すると、楽観視してはいけないが案ずることは何もない。

加えて我々の活動は、益々強力になってきている。軍部に対抗する反戦者の活動は、国民へ多大な影響を与えるだろう。上記の状況により、上陸が決行されても我々が心配することは何もない。

吉田　日本国民の動揺は思ったよりも早く生じることになりそうだ。これは、現在日本が極度に疲弊しており、国民の生活状況が破綻寸前だからである。この身体的状況だけで判断しても、たとえ彼らが抵抗したくても抵抗を続けられる状態にはなっていないと言えよう。彼らには抵抗する状況と国を挙げての支援が必要であるが、それらはすでに存在していない。

現在の状況は戦前とは違っている。それ故に、いとも簡単に国民に動揺が走るのである。その上、その当時の政府の政策がいまだに是正されていないので、国民は真に団結することができないのだ。何か事件が勃発すれば国家は混乱に陥ってしまう。これは現在に至るまで政府が行ってきた政策のツケである。

隣組の団結もけっして強くはない。この組織自体が脆くて崩れてしまうだろう。これは日本人の気質によるもので、日本人は最後まで抵抗ができないのである。彼らの気持ちは前線の人々とは違う。本土に住む人々は、自身の「家族観」を強く持っており死を恐れている。これに対し、前線の人々は家族に直接会えないので、「家族への思いを捨て去ろう」とする気持ちが強い。本土にいる人々は家族からあまり切り離されていないので動揺しやすい。アメリカ人の公平な対応によってもたらされる日本人の感情の変化はすぐに現れると思う。

茂田江　抵抗する場合、個人では無理だが、戦争首謀者らが国民に抵抗するよう組織すれば、国民は彼らと共に行動するだろう。そこへ軍部がスパイを送り込む可能性は非常に高い。連合国軍が日本本土を占領した後であれば、国民は「今は仕方がない」と考えるだろう。そして宣伝の効果も手伝って、彼らは上陸した軍隊と長期間戦うことはないだろう。しかし占領される前の段階では抵抗が見られるだろう。

高山　私もほぼ同じように考えている。連合国軍が日本に上陸すれば状況は一変する。そうすれば経済的、政治的状況も変化する。

軍事面では、小笠原諸島あるいは、その近接地域がアメリカの支配下に入るだろう。同時に、連合国軍は中国大陸まで進出するだろう(これは断行されるべきである)。その場合、日本軍は大打撃を受け、国民の間に敗北主義が強くなるだろう。

経済面では、以前と比べかなり状況が違ってくるだろう。政治的には支配階級間の矛盾が拡大するだろう。連合国軍の日本上陸は近い将来に予想されるが、この点から見ても上陸時の状況はサイパン戦の時と比べて相当異なることだろう。もう一つの違いは地理的状況である。さらに、本土に住む人々の気持ちと、外地帰りの人々の気持ちにも違いが生じる。そのため、彼らの抵抗力はかなり弱まるだろう。

しかしその一方で、軍部による宣伝工作の取り組みはいまだに強力に進められている。それ故、一時的な抵抗が生じる可能性は存在している。日本の軍部による宣伝工作との関係で言うならば、アメリカの態度が今後大きな影響を及ぼすだろう。現在、軍部はギリシャに対するイギリスの対応を宣伝のための格好の材料として利用している。この問題については、軍部と同じ考えを持つ人々が公立学校にも多数存在し、軍の宣伝だけを見聞きする人たちも少なからず存在している。したがってアメリカが偏りのない公平な立場と態度を示して行けば、日本国民に好印象を与えることになるだろう。同時に、我々の宣伝をうまく活用できれば、抵抗も長期化せず、悲惨な事件は減少するだろう。

要するにサイパン戦での悲惨な状況が繰り返されることはなくなるのだ。しかし日本上陸は、他の外国に侵攻するほど簡単には進まないだろう。それ故、アメリカの対応と我々の宣伝工作が極めて重要になってくるのである。

杉本　今日、アメリカの新聞記事の中で、あるアメリカ軍将校が、日本上陸はフィリピン上陸よりもはるかに困難であると発言している記事を読んだが、私はこれは誇張だと思う。たとえ日本上陸が困難であっても、上陸に際していくつかの特別に恵まれた条件も存在している。その一つは、我々日本人民解放連盟が第一線に立っていることである(このことは後述する)。

山田　私はこの質問への準備はしていないが、『新華日報』に掲載されていた記事を読むと、ある日本軍の将校がゲリラ戦について次のように語っていた。現在、中国人が占領下で行っているように、「その当時の日本人は武器を手に戦っていた」と。しかし人々は次第に降伏することになる。日本の正規軍が撤退する際、軍を信じている人たち全員を軍は引き連れていくことができなかった。取り残された人たちは、今まで以上に強く団結した。将官はさらに、アメリカは日本国民を殺さないし、日本の領土を併合しないと発表していても、日本人から武器を奪えば、好きな時に日本人を殺害し、領土も併合できると語っている。これだけに留まらず、アメリカは大陸政策を実現できるのだ。例えば第一次世界大戦では、アフリカ原住民は前線に送られ悲劇が起こった。ドイツ人女性に、混血の子供が生まれ……(注。原文判読不能…英文への訳者)そしてベルギーを植民地にした。アメリカは日本を植民地にする意図がある。

梅田　要するに現状を見ると、私はかなりの抵抗があるだろうと考えている。というのも軍部の熱狂的愛国心はいまだに強いからである。このことはサイパン戦やフィリピン戦で明確に示されている。この状況下では、兵士だけでなく国民(進歩的な人たちや、その影響を受けている人たちは除く)も頑強に抵抗するだろう。彼らは軍部の意のままに行動する。しかし全ての日本人が無知というわけではない。正義感が強いこれらの人たちは、何が正しいかを知っており、軍部の誤魔化しを見抜いたら悲劇は起こらないだろう。連合国軍は日本国民をまったく敵とは見なしていない。アメリカはこのことを強調すべきである。彼らが戦っている敵は日本の軍部だけなのである。

日本国民が連合国軍の意図を理解すれば、抵抗はしないだろう。さもなければ、かなり根強い抵抗にあうことになるだろう。

杉本　結論は、正しい宣伝をすることだ。

高山　つまり状況が変わらなければ、かなり根強い抵抗にあうということだ。では我々はいつ実行するのか。そして我々は何をなすべきなのだろうか。

第二の問題

白鳥　アメリカ軍が日本に上陸する際、日本人の抵抗を防止するには宣伝工作を強化する必要がある。つまりこの戦争の本質は何なのか、誰がこの戦争を引き起こしたのか、ということを日本人に理解させるべきである。それは軍部とその関係者であり、彼らこそ国民が戦うべき相手である。次に、国民になぜアメリカ軍が日本へ上陸するのかを知らせる必要がある。それは連合国軍が日本へ上陸する以前より、日本国民がひどい苦しみに喘いでいるからである。アメリカ軍は日本の領土を奪うことはしないし、国民も殺さない。その目的は軍部を崩壊させることである。したがって国民は連合国上陸軍を助けるべきである。戦後の日本政府は、すべての階層と、日本軍部に対抗して連合国上陸軍と共に戦った日本国民全体から成る連立政府になる。

次に上記の理由により、日本軍部が崩壊した場合、その勝利は日本国民のものではあるが、アメリカ軍の一時的な日本占領は必要となるだろう。

高山　戦争の本質と連合国の対応を国民に理解させる必要があるという白鳥氏の意見に同感である。つまりイタリアやヨーロッパのその他の国々を例に挙げ、軍部が作成した偽りの宣伝を潰すのである。しかしこれはアメリカ軍が単独でできることではない。我々が手助けすべきである。我々と二世が最前線に立てれば、非常に好ましい。その上、我々独自の武装軍を連合国軍と共に上陸させ、日本国民にアメリカの政策を説明できれば、国民はすぐにそれを理解し、我々と共に戦うと思う。

吉田　我々が実行する宣伝工作の内容に関連するが、私はアメリカの対応を説明する必要があると思う。その方法だが、アメリカ軍単独では無理だという意見に賛成だ。

アメリカ人と日本人民解放連盟の関係は今のところ強く

はない。したがって日本人民解放連盟とアメリカの宣伝工作部は、連立の宣伝工作組織を作るべきである。日本の前線における宣伝工作は、他の前線と同じ方法では通用しない。形式、内容、慣習、気質などに加え、その時の状況も考慮に入れる必要がある。

茂田江　アメリカの目標とそれを実現させるための方法を人びとに明確にしておくべきだと思う。さもなければ、抵抗は長引くことになるだろう。同時に、軍部の目的と最終的にどのようになるのかを国民にはっきりと説明しておく必要がある。英国のギリシャへの対応は実に腹立たしいものだ。

吉田　日本国民は、祖国の地で戦闘が起こるなどとは考えもしなかった。しかし今、戦争は起こらんとしている。国民が抵抗しないように、我々は最大限の努力をして行かねばならない。

杉本　英国とギリシャ間で起こったような悲惨な事件*を日本で繰り返さないようにという茂田江氏の意見に賛成する。なかでも日本国民が抵抗するか否かは、連合国の出方次第である。つまりアメリカや他の国々は、大西洋憲章**に則って行動すべきなのである。

軍事問題に関しては、アメリカ軍による一時占領以外の選択肢はないが、それは長期化すべきではないと思う。アメリカ軍が上陸した直後に大統領が赴いたフィリピンで使われた手法が良いと思う。同じようにはできなくても、少なくとも同様のことはすべきである。これによって、アメリカの態度を存分に示すことができるからである。

宣伝については、サイパンやアメリカにいる日本人の暮らし振りを国民に知らせることである。宣伝工作の中心は、あくまでも政治的であることは当然のことである。

梅田　アメリカは日本人民解放連盟に対して精神的、物質的な援助をすべきだ。アメリカとわが連盟双方の目的が一致しており、また我々は日本人なので、我々の宣伝の方がアメリカのものよりも効果的であるからだ。

我々は、我が組織を日本に拡大する政策を展開している。その主要任務は軍部に吹き込まれた思想を叩き潰すことで

* ギリシャを占領していたナチス・ドイツ軍が出ていった後、政治指導権をめぐって緊迫した状態が続いていたが、四四年一二月三日、連合国軍（イギリス軍）と共産主義を掲げるギリシャ人民解放軍との間に武力衝突が起った。

** 本リポート第四九号、五一四頁の注参照。

ある。これに関連して、ジョセフ・グルー氏が演説の中で日本の軍国主義を潰すべきだと述べたことに賛成である。軍部の影響を受けた人たちの反動的な思想に対して戦う必要がある。

杉本　日本人民解放連盟を日本に拡大させて行こうとするアメリカの政策は正当である。また連盟自体の強化のためにも、この組織を日本に拡大する必要がある。

堺　「アメリカは日本の領土を奪い、日本をアメリカの植民地にする」という宣伝が日本では広く流布されている。しかし、アメリカが実際に取る行動が、日本の軍部の愚かさを露呈させることになろう。したがってグルー氏の演説は軍部の偽りの宣伝を潰すのに大変有効である。

戦争終結後の問題、つまりギリシャ、イタリアに対して連合国が取ってきた対応は、すべて明確に国民に説明すべきである。日本国民はこれらの問題について疑念を抱いているからである。

アメリカは日本国民にアメリカの態度を明確に示し、アメリカで暮らしている日本人の生活状態を写した写真をばら撒くなどして伝えるべきであろう。

山田　連合国軍はすでに上陸作戦を経験している。連合国軍が日本に上陸する時は、わが連盟の意見を採用し、我々と一緒に戦うべきである。これはアメリカにとって好ましいことである。我々はイタリアとドイツの侵略がもたらした効果を研究する必要がある。

茂田江　上記のような手法を用いる場合、日本国民はどのような態度を取るだろうか？　またどのような結果が生じるのだろうか？

梅田　この問題に関しては、華北と華中の日本兵に対し日本人民解放連盟が与えた影響を振り返るべきだろう。軍部に反旗を翻した華北と華中の連盟支部はかなりの成果を上げた。軍部は八路軍への対抗宣伝をすぐに打ち出したが、それでも日本兵の気持ちは彼らの将校に反発する方向に向かっており、彼らは日ごとに厭戦感情を募らしている。八路軍と日本兵たちは、互いに贈り物を交換しあうなどしており、日本兵たちの抵抗は激しくなかったので、死者や負傷者はほとんど出なかった。自発的投降者も大勢いた。これは日本軍部崩壊の兆候である。（八路軍の強さに加えて）我が連盟の強さを物語っている。この観点から、アメリカ軍と連盟が提携すれば、軍部に抵抗して我々と共に戦いたいと願っている日本人に大きな影響を与えるだろう。同時に、「我々が戦っているのは日本軍部であり、日本国民ではない」という内容の宣伝を行い、軍部の偽りの宣伝を粉砕すべきだ。この手法は、アメリカ軍に対する国民の敵愾心を弱めることになろう。

茂田江　上記で述べたような政策をアメリカ軍が採用して、我々に必要な武器や物資を提供するのであれば、相当な成果を上げられるだろう。

杉本　我々の活動はそれぞれの前線にまで拡大して来ている。

堺　我々は中国で何のために働いているのか。それは民主国家日本を樹立したいからである。我々は日本国民の代表であり、常にアメリカ人と協力しあいながら行動を共にするだろう。何があってもそうしなければならないのだ。

茂田江　アメリカ軍は、我々に協力を求めているのではないだろうか。彼らは慣習や習慣が異なる国からやって来るので、自分たちだけではうまくできないからだ。アメリカにいる二世を動員して協力してもらえれば、さらに良い条件が整うだろう。しかしこの仕事を二世がうまくできるかどうかは、いまだに疑問である。我々の方は、日本を四、五年前に離れたばかりなのでうまくできるだろう。我々は状況を理解している。その上、新しくこちらに来た人びとから新しい情報を得ることができる。例えば、アメリカ軍が日本に上陸する際に日本国民を動員することができる。

堺　アメリカには大勢の日本人捕虜がいるが、まだ彼らは組織化されていない。全員が日本国民を代表し、同じ目的を持つ者から構成された我が連盟によって、彼らは組織化されるべきである。アメリカに連盟の支部を設立するところから始めるのが良いだろう。これが可能となれば、捕虜が日本に帰還した時、我々を助けてくれるだろう。インドとビルマでも同じようにすべきだ。

第三の問題

山田　アメリカ国内に支部を設立することは可能だと思う。そしてこのような支部は、日本上陸の際にアメリカ軍にとって有利な条件を作り出すと思う。中国軍が攻勢に出て日本に接近した場合、連盟は日本各地に勢力を拡大できるだろう。

日本の軍部を打倒するのはアメリカ軍に違いない。それ故、我々の考えを実行に移すために、アメリカ軍内部にわが連盟を設立すべきである。

堺　アメリカ軍が日本に上陸する際に我々も一緒に帰還することは可能である。もう一つの可能性は、我々が中国軍と協力して捕虜を帰還させることである。最初のケースでは我々は、思想的に遅れている人たちから「国賊」扱いされるだろう。しかしそれは克服できる。現在日本には、我々の支持者がかなり存在している。例えば、あの小磯国昭でさえ国民がこの戦争を侵略戦争だと考えていると思い、「日本は侵略国家ではない」という自己弁護の演説をしている。

軍部が崩壊した後、我々が日本へ帰れるかどうかについては、疑いの余地はない。連合国軍が日本へ上陸したら、その時こそが帰国する好機なので我々は帰るべきである。困難に遭遇するかもしれないが、それは克服できるだろう。

梅田　現在我々のことを国賊と考えている日本兵や国民がいる。これはアメリカと中国を不法国家とみなすことと同じである。それ故、連合国軍が日本に上陸する前に、この誤った思想を根絶しておかねばならない。軍部や侵略戦争と戦うのが我々の目的であることを彼らに理解させる政治計画を作ってあるので、これは可能である。同時に、我が連盟は日本国民の利益のために闘争していることを彼らに理解させる必要がある。次に、軍部に反対する日本国民の力を結集して、民主政府の樹立を目指していることを国民に知らしめるべきである。これは我々の主要任務である。連盟はこの任務の遂行に力を注いでいる。また我々の計画の中で奨励されてきた外交政策は、我が国を豊かで強くするための平和政策であることを国民に理解させるべきである。この計画を実行に移すため、我々は前線で戦わなければならないのである。

吉田　現在、日本国民はどのように戦争を終結させるかを研究しているので、この機会を逃すことなく、我々は彼らに対して積極的に働きかける必要がある。連合国軍が日本に上陸する際、我々が帰国する理由の一つは、まさにこれである。いずれにせよ連合国軍と協力できれば、大きな成果を達成できるであろう。軍部が秘密組織を使って我々の活動を壊滅させようとしてくる確率はかなり高いが、その程度の困難は克服できる。

我々と行動を共にしてくれる多くの農民、小市民階級、労働者などが存在している。わが連盟の計画に明記されている彼らの関心事を、我々が見落としたことは一度もない。

したがって新生日本を樹立する活動に彼らは非常に積極的である。現在我々は、すべての国民の利益に通じるこの計画を実行に移すべく努力を重ねている所である。日本には我々の大義を実現するために支持を仰ぎたい進歩的なメンバーが数多くいる。

杉本　日本国民が連合国を敵とみなすように、彼らが我々を国賊扱いしているのは事実である。しかし彼らが連合国の対応を理解した時は、我々を理解できる時でもある。我々は日本人兵士であり、日本に住む人たちは我々の家族である。帰国した時、家族が我々を嫌うであろうか。一時的に国賊とみなすかもしれないが、心の奥底では本当の国賊とは思っていないであろう。それ故に、彼らは我々に賛成しない訳はなく、最後には支持に回るだろう。連盟の任務は、軍部と闘争し、戦争を止めさせることである。このことに関して変更はない。連盟の計画は、軍部とその関係者以外の国民全員に支持されている。したがってこれを実行に移すため、日本のすべての階級を結束させ軍部に抵抗する。我々はアメリカがこの考えを承認し、日本国民の多大なる努力を利用して、必ずや新生日本を樹立するよう切望している。

梅田　日本国民は我々を仲間だと思っている。例えば、日本軍部は大勢のスパイを送り込んで華北と華中の連盟を破壊しようとした。これは日本国民に対する我々の影響を恐れてのことである。反対に、中国にいる日本の兵士や国民は、「連盟は我々の仲間だ」と言っていると聞いている。このことから、日本国民もこれらの人たちと同じ態度を取ると言えるだろう。

茂田江　梅田氏の意見に賛成である。我々が帰国したら、日本国民に影響を与えられるだろう。我々を国賊扱いする人がいたとしても、我々の味方になるように説得することができる。

我々の将来の政治的任務は今よりもかなり重くなり、祖国ではすぐに拡大してゆくものと確信している。これは誰にも阻止できない位の大きな力になると思う。民主国家日本の創設に向けた闘争では、日本の進歩的な人たちと協力することはいうまでもない。

山田　我々を国賊とみなすか否かは、テヘラン会議*の決定が遂行されるかどうかによる。連合国軍による日本上陸の際にこれが遂行されない場合、国民は抵抗し、我々を国賊とみなすだろう。

＊　一九四三年一一月二八日からテヘランで開かれた米英ソ三国首脳会議。当面するファシスト・ドイツを打倒するための第二戦線の実現が協議されたが、同時に他の諸民族・諸国家においても、戦争の惨禍を取り除いて恒久的な平和を打ち立てること、それら諸民族・諸国家が民主主義諸国の一つの世界的家庭に加わることを歓迎する、という宣言を出した。

堺　いずれにせよ、我々は最前線に立つべきである。これは任務を拡大するための重要な手段になるかもしれない。

中小路　政府が負けた時、物資の配給政策がどうなるのかについて心配している日本国民もいる。したがって、この仕事を遂行してゆくには、アメリカと協力してゆかねばならない。「国賊」という言葉については気にしない方が良い。というのも、華北で我々を国賊と見なしていた兵士らが、我々のところに来るとすぐにその考えを改めているからである。

高山　私は、我々自身の力について話をしたい。我々自身の力は、連盟を拡大させてゆくことにのみ依拠しているのではなく、連盟が持っている影響力にも依拠している。日本国民が我々に影響されるようであれば、我々の力は益々増大してゆくことになるだろう。華北では我が連盟の影響はいまだそれ程強くはないが、日本軍は数年にわたり、我々の影響をかなり受けている。だから我々の活動の範囲を前線だけでなく、日本本土にまで拡大すれば、将来さらに大きな成果が得られるだろう。

ここでの主要点は、我々が武装して日本軍部とどのように戦うか、ということである。無論日本軍と戦うために大規模な武装集団を組織するのは困難であるが、それはけっして不可能ではないだろう。宣伝を実施してゆくだけではなく、人々の支持を得るためにも、我々は積極的にあらゆるところに働きかけるべきである。最初は我々の存在を認めない人々が一部にいるかもしれないが、我々がその人たちの利益のために戦っていると分かれば、彼らも我々を支持すると思う。

吉田　我々はアメリカとの提携そして日本での活動の準備について論じてきた。要約すれば、今から以下の任務遂行に努める必要があろう――すなわち新生日本を樹立する、諸外国との良好な関係を構築する、恒久平和のために取り組む。

高山　わが連盟を日々拡大させるにはどうしたらよい

だろうか。一つは連合国からの支持であり、もう一つは、これが主な点であるが、わが連盟の努力である。我々が強くなればなるほど、連合国が我々により協力してくれるようになることは明らかである。したがって連合国の協力を得て強くなるかどうかを決定するのは、我々自身の努力と活動に依拠しているのである。

中小路　アメリカの支援に関しては、実際に必要な物資の提供があるべきだと思う。

山田　アメリカで解放連盟を組織化できなくても、華北の連盟の尽力によって多大な任務を遂行できるだろう。

高山　要するに、戦闘地域が日本本土に接近するにつれ、日本の軍部は死に向かって進んでいるのである。この時点における我々の任務は、日本国民の犠牲者の数を抑え、連合国軍が本土で大成功を収められるようにしてゆくことである。我々にはそうする力がある。我々はそこに向けて、力を尽くしてゆかねばならない。そして連合国が我々に力を貸してくれることを願っている。我々はアメリカ軍と共に戦ってゆくのだ。

延安リポート　第三五号―A

第三五号の分析

注　中国駐屯米軍司令官の政治顧問であるジョン・K・エマーソンからの三つの質問に対し、陝西省延安の日本人民解放連盟の一〇人の日本人は一九四四年一二月一二日に座談会を行った。以下はかれらの意見である。

その議論の詳細は第三五号にまとめられているので、ここでは一〇人のコメントの集約を行う。

三つの質問に対するコメントは次のようなものである。

一、連合軍が日本に上陸するとき、日本人はどんな対応をするか。かれらは抵抗するだろうか。

A　ほんとの一時的な抵抗　五人　肯定
B　長期の抵抗　二人　肯定
C　バラバラのわずかな〝事件〟のみ　一人　肯定
D　無抵抗　〇人

注1　八人しかこの質問に明確な意見を述べなかっ

た。

注2　少なくとも一度意見を述べた者のうち議長だけが意見を変えた。この理由はおそらく以下のものだ。

a　彼の当初の意見は集団の意見から離れすぎていた。

b　議論の過程で、全員の〝心持ち〟を集約しようとした。

二、日本人の抵抗を少なくするにはどうしたらよいか。

この質問に対し、以下のようなさまざまな意見が出た。

A　宣伝の方向

1　アメリカの目的を明確に述べる。

2　連合国軍の軍国主義反対の意図を表明する。

3　アメリカやサイパンでの現在の日本人の生活の記録を示す。

B　解放連盟の立場

1　解放連盟は日本人民に抵抗させないように努めるべきである。

2　アメリカ、インド、ビルマの捕虜のなかに支部を組織すべきである。

3　解放連盟メンバーは一集団として、武装してアメリカ軍の本土上陸に同行すべきである。

4　解放連盟は支援を受けて日本に広く展開すべきである。

C　他の意見

1　戦争終結後、連合政府が樹立されるべきである。

2　日本占領は長期に亘るべきではない。

3　フィリピンやヨーロッパ諸国の解放を目下注視している。

三　解放連盟は戦後どんな役割を果しうるか。また日本人民はそれにどんな対応をするだろうか。

A　解放連盟の役割

1　アメリカ軍とともに日本に帰るべきである。

2　アメリカ軍は解放連盟に軍事活動(?)のための装備を与えるべきである。

3　アメリカや民主主義的な日本のグループとともに日本で活動すべきである。

B　解放連盟に対する日本人民の態度

1　連合国とくにアメリカが公表しているような日本に対する戦争と平和の目的を実行に移すなら、

解放連盟を支持するだろう。

a　解放連盟は小作人、小ブルジョア、労働者に歓迎されよう。

以上三つの質問にかんする議論を集約すれば、次のような意見がくり返し表明されたことになる。

一　連合国とくにアメリカは日本人民にかれらの目的を公式に声明し、戦争終結後に実行すべきである。

二　解放連盟は現在も、戦争終結後もアメリカの支援を受けるに値する。なぜなら、連盟の目的は以下の点でアメリカの目的と類似しているからだ。

A　日本軍国主義者への反対

B　民主政府への支持

C　平和日本の希求

三　解放連盟はアメリカ軍の本土上陸を助けることができるし、軍国主義者反対の世論を日本人民に喚起できる。

四　戦争終結後の解放連盟の日本での存在は、戦争終結後の日本でのアメリカの行動に大部分依存するであろう。

延安リポート　第三六号

日本人民解放連盟綱領草案

注　本綱領は日本人民解放連盟の目標と「戦争目的」の概要を述べたもので、一九四四年の初めに延安で起草された。*

*　本篇は『野坂参三選集　戦時編』と反戦同盟記録編集委員会編『反戦兵士物語』に同一の文章で収録されており、訳文は基本的にはそれに拠った。その前文によると、一九四四年四月に起草されたこの綱領草案は、『解放日報』に発表する予定で用意した中国文を改めて日本語に翻訳したものであるという。

一　戦争の終結と講和

「満州事変」「支那事変」「大東亜戦争」によって、わが国の軍部と大軍需資本家は莫大な利益を得た。しかし、わが国民とアジアの各民族は、計り知れない犠牲を受けた。わが国の困難と危機は戦争が長引けば長引くほど、ますます重大なものになるであろう。したがって、我々は次のことを要求する。

1　直ちに戦争をやめよ。

2　すべての占領地から日本の軍隊と軍艦は撤退せよ。
3　交戦諸国と公正な講和を締結せよ。
このようにしてこそ、わが国民は、安心できる生活を速やかに回復することができる。

二　恒久平和

最近五十年来のアジアにおける戦争は、すべてわが国の軍部とその一味が引き起こしたものである。したがって、我々は次のことを要求する。
1　「満州事変」「支那事変」「大東亜戦争」を引き起こした主謀者を厳罰に処す。
2　軍部の勢力をわが国の政治から一掃する。
3　国土防衛を限度に軍備を縮小し、徴兵制度を廃止し、志願兵制度を採用する。
4　徹底的な対外平和政策を実施する。
5　戦後、国際的な平和安全機構(新しい国際連盟)に加盟する。
このようにしてこそ、戦争が再び勃発するのを防止し、平和、独立、平等、共存共栄の原則に基づき、各民族間の友好関係を確立することができる。

三　繁栄の経済政策

長期にわたる大規模な戦争によって、わが国の経済は極度に破綻を来している。したがって、我々は、次のことを要求する。
1　軍事費を最低限に削減し、国家財政の大部分を利用して経済の復興と発展、国民生活の向上を図る。
2　銀行と大企業(独占企業)に対して引き続き強力な国家統制を加える。
3　現在の重工業を基礎とし精密機械工業を高度に発展させる。
4　国家の復興のために、もっとも有効に土地を利用できる土地制度の変革と農業の機械化。
5　有無相通ずるを原則とする対外貿易の振興。
このようにしてこそ、わが国の独立と富裕、わが民族の繁栄をはかる経済政策を行うことができる。

四　軍部独裁の打倒

明治維新以来、わが国の政治は軍部とその一味によって、独裁と横暴をほしいままにされてきた。したがって、我々は次のことを要求する。

1　軍部の持っているすべての特権(帷幄上奏権、軍部大臣現役将官制など)の剥奪。

2　政治、経済、教育、文化に対する軍人の干渉の禁止。

3　軍部指導下のいっさいの団体(大政翼賛会、翼賛政治会、翼賛壮年団、各種報国会、その他)の解散。

このようにしてこそ、わが国の政治をきれいにすることができる。

五　自由、民主の政治

わが国民の自由と権利のすべてが軍部によって蹂躙されている。したがって、我々は、次のことを要求する。

1　総動員法、徴用令、戦時刑事特別法、治安維持法その他いっさいの悪法令の廃棄。

2　戦争と軍部に反対し、あるいは社会の不正に反対して逮捕された政治犯の即時釈放。

3　職業、居住、転居の制限の撤廃。

4　言論、出版、集会、結社、信仰の自由の完全実現。

5　二〇歳以上の男女に対する選挙権の付与。

6　民主的政治制度の確立。

7　憲法改正のための国民議会の召集。

このようにしてこそ、自由、民主の新日本を建設することができる。

六　人民生活の改善

軍部は、武力の面から、わが国は「一等国」であるといっているが、わが国の勤労者(国内国外の居住者を問わず)の生活は、従来「三等国」人民より低く、しかも人民は、長期の戦争によって、一層貧困のどん底に陥っている。したがって、我々は次のことを要求する。

1　物価の引下げ、勤労者の税金負担の削減、不正な各種の負担(強制貯金、献金、物資献納、勤労奉仕その他)の廃止。

2　労働者と職員の「給料制限令」を撤廃して公正な賃金制度を制定し、勤務時間を短縮し、工場法を復活完備し、労働組合を復活する。

3　農民の作物の強制供出制度と農作物の作付統制令を廃止して公正な小作料を制定し、土地取上げを禁止し、大量の肥料を廉価で供給し、農民組合を復活させる。

4　学術研究の自由を保障し、学生の勤労奉仕と軍事教練を廃止し、進歩的な学生団体を復活する。

5　中小商工者に対し有効な更正救済対策をはかる。

その他、あらゆる方法でわが国人民の生活と文化の改善と向上を図る。

七　兵士、水兵とその家族の生活保証

徴兵された兵士の家族と退役兵士の生活は、きわめて悲惨なものがある。また、わが国の軍隊では、まったく人権が無視されている。したがって、我々は、次のことを要求する。

1　徴兵された兵士の遺族の生活保証。

2　退役兵士の職業の保証、傷病兵と傷痍軍人の生活の保証。

3　兵士と水兵の給与の改善、ビンタや虐待の厳禁、外出、通信、読書、集会の自由、選挙権をあたえ、満期兵の即時帰還・再徴兵の禁止。

このようにしてこそ、戦争の犠牲を一番受けている者の生活を完全に保証し改善することができる。

八　人民政府の樹立

以上に掲げたそれぞれの項目は、すべてわが国民各階層の切実な要求である。しかし現存の軍部と大資本家らの政府は、その実現に極力反対し妨害している。したがって、我々は戦争政府を打倒し、人民の福利と意思を代表する各界の進歩的な党派の連合によって、人民政府を樹立しなければならない。

岡野　進

一九四四年三月起草

延安リポート　第三七号

日本兵士の要求書(全文)

——一九四二年八月華北日本兵士代表者大会

第一回大会

(戦時情報局の戚桂華が重慶において日本語から翻訳したものである)*

* 本篇は反戦同盟記録編集委員会編『反戦兵士物語』に収録されており、訳文は基本的にはそれに拠った。

配布先

延安リポート

三五A号

三六号

三七号

注　延安リポート第三八号へ続く

(中国局)

ワシントンDC　二

昆明、ニューデリー、レド、オーストラリア、ホノルル、陸軍、フィリピン、スーズドルフ　各一

保管用ファイル　二

華北各部隊の戦友諸君に訴う

親愛なる戦友諸君！

自分たちは、諸君と同じ日本の兵隊であります。自分たちは、窮屈な軍隊を自ら飛び出してきた者や、戦闘の結果やむなく八路軍へ来た者であります。

しかし、今では、八路軍のなかで敵としてではなく友人として待遇され、自由で朗らかな生活を送っております。

戦友諸君！　諸君も知っているように、いくら地方では一人前の男として認められているものでも、いったん軍隊に入ったら一文の値打ちもなく、すべてが命令だ、軍紀だとばかり、口答えはいっさい許されないのであります。人間よりも銃や馬のほうがよほど大切にされております。ことに、戦争が長引き、初年兵の現地教育が行われるようになってからは、戦地である北支までが、内地の原爆のようにやかましく、窮屈になってしまいました。敵の襲撃よりも、上官からしぼられるほうがよほど恐ろしい。それほど

自分たち兵隊は、窮屈な目にあわされております。「もっと人間らしい生活がしたい、のびのびと朗らかな日を送りたい、いくら軍隊でも、もっと自由が許されて良いはずだ」。こうした気持は、兵隊なら誰でも持っています。だが、口には出して言えないのであります。

この文句の言えない戦友諸君に代わっておおっぴらに文句を言い、自分たち日本兵士すべての生活を良くすることを相談するために、自分たちはこんど延安で兵士大会を開きました。

そこで自分たちは、この戦友全体の希望や、要求を代表して、この大会で相談した結果、あらゆる方面にわたって兵隊の言いたいこと、希望することを二二八ヵ条(うち中心要求一二一条)を選び出しました。

この要求や希望は、みんなが一緒になって上官にかけあわなければ実現しません。では、どんな方法でかけあったらよいでしょうか？　この方法も、自分たちはよく考えて相談した結果、要求と一緒に作りました。

戦友諸君！　諸君もみんなで私たちの作った要求書をよく読んで相談し、勇敢に上官に提出してもらいたい。小隊、中隊の兵隊みんなが固まって、一緒にかけあったら、必ずこれは実現します。

たとえ、全部は聞いてくれなくとも、半分位はきっと実現されるにちがいありません。自分たちもこの実現のために、あくまでも頑張り諸君をどこまでも援助します。

昭和一七年八月二九日

華北日本兵士代表者大会

第一師団代表　山中　正
第一二師団代表　伊藤　正
第二〇師団代表　村山　正
同　海田弘道
第三二師団代表　田代　清
第三六師団代表　宮本　正
同　阿部忠一
第四一師団代表　白石新一郎
同　岡崎昌弘
第一〇五師団代表　松本敏夫
第一〇九師団代表　高木敏男
同　松井英男
同　中小路静夫

第一一〇師団代表　山口一夫
第一一八師団代表　石田美喜
独立混成第二旅団代表　中川秋夫
同　戸田　盆
同　秋山輝夫
同　竹内義雄
独立混成第三旅団代表　佐々木清
独立混成第四旅団代表　谷川直行
同　恒川吉男
同　重田唯好
同　稲津新太郎
同　大山光美
同　東　健一
同　加藤政夫
同　大森五郎
同　浅井悦男
同　浅野修二
同　梅田照文
同　高山　進
独立混成第八旅団代表　石塚　修

独立混成第九旅団代表　市川常夫
同　山本栄作
同　岸　純二
同　青木定夫
同　滝沢三郎
同　永井敏夫
同　大谷　正
同　山田善次
同　岡部　尹
同　後藤光昭
同　南　一雄
同　渡辺俊夫
同　三上　一
独立混成第一六旅団代表　秋田英男
同　木村　一
同　北村　巧
独立混成第一八旅団代表　田中新太郎
関東軍代表　岡田義雄
同　小林武夫
水兵代表　上杉栄一

要求目録

一　給養に関して
(イ)俸給と貯金。(ロ)食物。(ハ)酒保。(ニ)下給品。
(ホ)被服。(ヘ)恤兵品、慰問袋。(ト)娯楽。
二　軍紀、教育、私刑に関して
(イ)軍紀と敬礼。(ロ)精神訓話。(ハ)教育と訓練。
(ニ)進級と功績。(ホ)罰則と懲罰。(ヘ)侮辱と暴行。
三　書簡、外出に関して
(イ)書簡。(ロ)外出。(ハ)休暇。(ニ)面会。
四　読書、会合と政治に関して
五　軍事行動に関して
(イ)警備。(ロ)行軍と宿営。(ハ)戦闘。(ニ)略奪、暴行、殺傷、放火。
六　傷病兵に関して
七　下士官としての要求
八　下級将校としての要求
九　軍属としての要求
一〇　在郷軍人としての要求
一一　兵役制度および入営に関して
(イ)徴兵。(ロ)入営。(ハ)召集。(ニ)帰還と除隊。
一二　職業と生活保証に関して
一三　出征家族に関して
(イ)生活保証。(ロ)遺家族にたいする賜金。(ハ)諸負担の軽減、家族の現地慰問。
(ニ)小作料の軽減、土地取上げその他に関して。
一四　国庫に対する要求
一五　どうしたら、以上の要求を実現できるか？
備考―要求に×印をつけてあるものは中心要求を示す。

以上

一　給養に関して

(イ)俸給と貯金

×1　貯金の強制をやめて、兵隊の自由にさせてもらいたい。
2　貯金の引きだしは兵隊の自由にさせてもらいたい。
3　為替を自由に下げさせてもらいたい。
4　為替の横領や、行方不明を無くして、確実に兵隊の手に入るようにしてもらいたい。

5　公債を強制的に買わせないようにしてもらいたい。
×6　兵隊、および下士官の俸給と戦時手当を二倍にしてもらいたい。

（内地も、戦地も現在物価は戦前に比べると二倍、三倍に上がっている。）

しかし、あいかわらず原隊にいる一、二等兵は五円五〇銭、上等兵は六円四〇銭、伍長でやっと九円の俸給しかもらっていない。戦地に来ているものは、これに六割の戦時手当がついて、一、二等兵は八円八〇銭、上等兵が一〇円二四銭、伍長が一四円である。

しかし、将校は少尉で一三〇円ももらっており、なおこの他に、臨時に賞与をもらい、公金なども勝手に自分の懐に入れることができる。

だが兵隊は、現在のこの少ない俸給以外には一銭も入ってこない。それればかりか、この少ない俸給の中から貯金は強制的にさせられるし、公債なども強制的に買わされている。これでは楽しい日曜日に外出したときや、酒保に行ったとき、自由に遊べず、また欲しいものも食べられない。だからこの少ない俸給では足りない。どうしても現在の二倍もらわなくては不自由である。すなわち内地では一〇円以上、戦地では一七、八円は最低の俸給としてもらわなければ苦しくてたまらない。

兵隊、および下士官にも、将校と同じように賞与を与えてもらいたい。

（御国に尽くす体は兵隊も、下士官も将校もなんら変わりはないはずである。しかも、一番苦労して忠実に尽くしているのは兵隊だ、将校はいつも楽をしている。それだのに現在賞与をもらうのは将校だけで、兵隊は一銭ももらわない。

しかしこの賞与も、昭和一三年までは兵隊に出していたが、それ以後は出さなくなってしまった。ところが将校はいまも続けてもらっている。しかも年二回ももらっている。

これではあまりにも不公平である。一番苦労している兵隊、および下士官に特別に賞与をあたえるのは当然である。）

（ロ）食　物

×1　飯を腹いっぱい食わせてもらいたい。

（兵隊は、激しい演習のときはもちろん、とくに初年兵当時には腹がへる。しかし毎日飯も十分食べることもできないために、わずかな俸給の残りで酒保に行って食べたり、こっそり古兵の残飯を食ったりしなければ辛抱ができない。これでは初年兵はやりきれない。今後は十分飯を食わせて欲しい。)

2 食物は規定量のとおり食わせてもらいたい。

×3 代用食と減食をやめてもらいたい。

×4 前線の兵隊には乾物ばかりでなく、魚や、季節のものを食わせてもらいたい。

×5 兵隊の意見をとりいれて献立表をつくり、そのとおり実行してもらいたい。

6 将校の特別菜は自分の金で作るようにしてもらいたい。

7 食事の会計報告を兵隊に正直に発表してもらいたい。

(日常飯が少なかったり、お菜の質や、量が落ちたりした場合、兵隊は意見を出したくとも、その理由や規定量をはっきり知らないために、意見も出せない。

今後経理部で毎月、食事の会計報告を正直に発表して欲しい。

こうすることによって、初めて上官のいろいろなごまかしを防ぐことができ、自分たち兵隊の食べ物が良くなってくるからである。)

(八)酒　保

×1 酒保の販売は将校と兵隊の区別なく、公平にしてもらいたい。

×2 酒保の販売品は兵隊が欲しいだけ売ってもらいたい。

3 必要のない酒保品を兵隊に押し売りするのをやめてもらいたい。

4 損失、腐敗、または品物不足を理由にして、販売品の値上げをしないようにしてもらいたい。

5 酒保販売品を、地方商人とヤミ取引きするのをやめてもらいたい。

6 酒保販売品の売上げのもうけを、将校の会食にまわさずに、規定どおり兵隊の生活改善に使用してもらいたい。

(酒保ではかならず幾らかのもうけがある。この金の使いみちは、兵隊が日常楽しむ娯楽物品を購入し、これによって兵隊を慰労するよう、とくに規定されている。しかし、実際は将校の会食につぎ込まれて将校を楽しませているだけで、兵隊には、いいわけのように、わずかばかりの娯楽品しか与えない。

兵隊の酒保からもうけた金がこうではやりきれない。今後この規定を固く守って、もうけた金は、みな兵隊の生活改善に使用して欲しい。)

7 毎月、酒保製品売上げの決算報告を、正直に兵隊に報告してもらいたい。

×8 酒保の管理は兵隊にまかしてもらいたい。

(酒保は兵隊のために作られたもので、兵隊の一番楽しみにしている場所である。しかし、この酒保も上官の勝手にされていて、兵隊はちっとも自由でなく、まったく窮屈でたまらない。もしこれが兵隊の管理になったら、食べ物は、何もかも兵隊たちの手によって、兵隊の利益になるように処理することができる。兵隊のために作られた酒保を兵隊自身が管理するのはなんの不思議もない。)

(ニ)下　給　品

×1 甘いものを多く支給してもらいたい。

2 下給品の種類と数量を、もっと多くしてもらいたい。

3 下給品を酒保品として売るのをやめてもらいたい。

4 下給品のカラ伝票をきるのをやめてもらいたい。

×5 兵站司令部より支給される下給品の規定量を正直に公表してもらいたい。

(兵站司令部から、下給品がどれだけ支給されているか、その規定量をしらないために、途中で、どんなにごまかされても、また兵隊にわたる回数や、数量が少なかったりしても、兵隊は意見を出すことができない。

もしこれが兵隊に正直に公表してくれたならば、上官のごまかしもできなくなり、兵隊は規定量どおりの多くの下給品をもらうことができる。)

(ホ)被　服

×1 被服や兵器検査のときに、つまらないことに文句をつけてビンタをとるのはやめてもらいたい。

×2 代用衣袴の支給は新品にしてもらいたい。

×3 靴下、襟布、石ケン、靴ヒモなどは、兵隊の要求に応じて支給してもらいたい。

4　防寒手套や防寒靴下は二足以上支給し、それを消耗品と規定してもらいたい。

5　個人修理のできない被服は簡単に、工場修理、または、交換のできるようにしてもらいたい。

6　兵隊にぼろぼろの服を着せ、将校は規定に反してまで、兵隊の服を着るようなことをしないようにしてもらいたい。

(ヘ)恤兵品、慰問袋

×1　慰問袋は前線と後方、将校と兵隊の区別なく、平等に支給してもらいたい。

2　恤兵部日用品袋のなかの石ケン、タオル、フンドシなどを抜き取らずに、袋ごと支給してもらいたい。

3　慰問袋の中味を抜き取らないようにしてもらいたい。

4　個人あての慰問袋をごまかさないようにしてもらいたい。

5　恤兵金の使途を公表し、決算報告を確実にやってもらいたい。

(この恤兵金は、われわれ兵隊の家族から出ている尊い金である。だから　恤兵金の金額や、その使途をつねに兵隊に正確に公表するのは当然である。)

(ト)娯　楽

×1　慰問団は後方同様、前線にも届くようにしてもらいたい。

2　前線後方の区別なく、前線にも娯楽品の種類を多くしてもらいたい。

3　好きな娯楽は自由にやらせてもらいたい。

4　娯楽時間中は将校と兵隊の区別なく、不礼講にしてもらいたい。

×5　一般兵隊の娯楽室をもうけ、各種の娯楽品をおき、また、ラジオや蓄音機も備えつけて自由に聞かせてもらいたい。

6　娯楽会を毎月二、三回開いてもらいたい。

×7　毎日、夕食後の時間と、日曜、祭日の全日を娯楽時間と規定してもらいたい。

二　軍紀、教育、私刑に関して

(イ)軍紀と敬礼

×1　軍人勅諭中の「公務の他はねんごろに取り扱うべ

し」という規律を固く守り、私用のことまで「上官の命令だ」ということを乱用しないようにしてもらいたい。

×2　欠礼しても制裁を加えないようにしてもらいたい。
（兵隊は上官に常に服従し、敬礼もかたく行なっている。しかし日常うっかりして上官の通ったのも知らずにいることもある。これは故意に敬礼しないのではない。こうした場合、上官はすぐ呼び止めて小言をいったり、ビンタをとったりする。これではあまりにもひどいやり方である。こうした不注意で欠礼した時には制裁を加えないで欲しい。）

×3　軍隊語の使用を強制せず、地方弁を自由に使わせてもらいたい。
（二〇年も山の中や、田舎で育ったものが入隊しても地方弁をときどき使用するのはあたりまえである。しかし軍隊内では強制的に軍隊語を使用させている。ときたま地方弁でも使ったら、すぐビンタをもらう。これでは、兵隊は不自由でたまらない。話さえ通ずればよいのだから、ビンタをとったり、小言を言ったりしないで地方弁も自由に作わせてほしい。）

（ロ）精神訓話

×1　将校自身も守れないような面白くない精神訓話をやめてもらいたい。

2　精神訓話ばかりせずに、戦況および内地や外国の実際の状況を、正直に知らせてもらいたい。

3　精神訓話の内容について、質問を自由にさせてもらいたい。

（ハ）教育と訓練

×1　古兵と初年兵は兄弟である。兄は弟をいじめず、親切に指導してもらいたい。

×2　内務班教育をゆるくしてもらいたい。

×3　勅諭、典範令などの丸暗記を強制するのはやめてもらいたい。

×4　演習時間をもっと短かくしてもらいたい。

5　演習のときは軽装にしてもらいたい。

6　体の弱い者や、能力の低い者には、教育と演習を軽くしてもらいたい。

(ニ)進級と功績

×1　二年兵以上のものをいつまでも、一等兵のままでおかないようにしてもらいたい。

×2　将校個人の感情や利害によって、兵隊の進級、功績を左右するようなことをやめてもらいたい。

×3　貯金の多少とか、娯楽時間中の行動によって、兵隊の成績の善し悪しを決定するようなことは、やめてもらいたい。

4　傷病兵は、一、二、三等症の区別なく、進級を同じようにしてもらいたい。

5　進級、功績を決定するときは、功績係一人の独断でなく、兵隊の意見もいれて決定してもらいたい。

(ホ)罰則と懲罰

×1　兵器や被服が破損した場合に、懲罰を加えないようにしてもらいたい。

×2　兵隊を処罰するときは、戦友の陪審を許してもらいたい。

(兵隊を処罰するとき、将校一個人の判断で罰している。これでは正しい判決はできない、だから兵隊を処罰するときは戦友の陪審を許して、この戦友の正しい意見も聞いて、できるだけ公正にやってもらいたい。)

3　将校個人の感情や利益によって、兵隊の懲罰を重くしないようにしてもらいたい。

×4　将校や憲兵の不法行為を大目に見ず、規定どおりに処罰してもらいたい。

(ヘ)侮辱と暴行

×1　つまらないことで、兵隊をいじめるようなことをやめてもらいたい。

×2　兵隊を侮辱したり、ビンタをとることはいっさい禁止し、もし、これに違反したものは厳罰に処してもらいたい。

2-a職権を乱用して、無銭飲食をすることをやめてもらいたい。

×3　私服の憲兵に敬礼しないために、ビンタをとるようなことをやめてもらいたい。

4　高級将校や憲兵自身の不正行為や、犯罪を厳重にとりしまってもらいたい。

三　書簡、外出に関して

(イ)書　簡

×1　書簡の発信、受信の際の検閲を緩くしてもらいたい。

2　手紙を上官の前で読ませることは止めてもらいたい。

3　本人に無断で手紙の内容を消したり、修正したりしないようにしてもらいたい。

4　検閲にひっかかった書簡を、会報で公表しないようにしてもらいたい。

5　手紙を早く、確実に渡してもらいたい。

×6　自分の書きたいことは、自由に書かせてもらいたい。

×7　写真その他の品物を自由に内地に送らせてもらいたい。

×8　内地からの軍事郵便物を無料にしてもらいたい。

(ロ)外　出

×1　外出の手つづきを簡単にしてもらいたい。

2　外出の服装を自由にさせてもらいたい。

×3　日曜日、祭日および毎日夕食後は外出の自由を与えてもらいたい。

×4　兵隊の外出時間を将校と同じように長くしてもらいたい。

×5　外出先での敬礼、ビンタ、説教をやめてもらいたい。

6　外出先に兵隊の無料娯楽所を設けてもらいたい。

7　外出して軍隊給養を受けないときには、食事代を払い戻してもらいたい。

(ハ)休　暇

×1　勤務下番者には、一日の休みを与えるよう、規定を変えてもらいたい。

×2　討伐、作戦後は二、三日の休日を与えてもらいたい。

×3　二年以上の勤務者には、三ヶ月の休暇と休暇手当をあたえる規定をはやく実行してもらいたい。

(こういう規定は、昭和一四年頃からできている。これは兵隊はもちろん、下士官、下級将校でも、満期の期日がきても交代するものが足りないので帰してもらえない。そこで、とくに二年以上戦地で勤務した者には、この規定を適用して内地に帰し、ゆっくり休養させようというところから生まれたものである。しかし、この規定はできているだけで、いまだに実施されていないから、早く実施すべきである。）

×4 農繁期には、家の手伝いをするために、二週間の間、故郷に帰してもらいたい。

（内地の八師団、九師団などでは、農家の一番忙しい時に、兵隊を故郷に帰して手伝わせ、立派な結果をあげたことがある。これは、ただ試験的にやられただけであるが、これを全国的に普及して、軍隊の制度にする必要がある、そうすれば、今日の農家の手不足を少し補うことができる。）

5 出征前には一週間以上の外泊と日当を支給してもらいたい。

（二）面　会

1 居留民の面会にはいっさいの便宜をはかってもらいたい。

×2 面会人からもらったものを面会所で自由に食べたり、班内に持って帰ったりすることを許してもらいたい。

×3 面会所内の敬礼をいっさい止めてもらいたい。

4 面会所内の歩哨を止めてもらいたい。

5 面会人を、自由に営内に案内することができるようにしてもらいたい。

四 読書、会合と政治に関して

×1 新聞や書籍を自由に読ませてもらいたい。

×2 兵隊の懇親をはかるために戦友会を作ることを許してもらいたい。

3 兵隊の代表が将校の会議に参加し、自由に発言できるようにしてもらいたい。

4 意見箱を作って、意見具申が自由にできるようにしてもらいたい。

5 「軍人は政治に干与することを得ず」という規定をやめて、現役軍人にも選挙権を与えてもらいたい。

（こういう規則があっても、現在、東条大将は、堂々と政治にのりだして政治の元締めを握っている。現役軍人でも、高級将校にはこの規則があてはまらず、下級将校や兵隊だけがこの規則に縛られているのは、まったく不公平千万である。兵隊にも選挙権ぐらいは与えられていいはずだ。）

6 労働者や農民その他の団体に自由に加入できるよう

にしてもらいたい。

五　軍事行動に関して

(イ)警　備

×1　下番なしの連続勤務をやめてもらいたい。

×2　守則(特別守則)の丸暗記を強制しないようにしてもらいたい。

×3　勤務はすくなくとも四交代以上にして、とくに冬季は三〇分以内にしてもらいたい。

4　勤務前後の軍装検査、および申送りを簡単にしてもらいたい。

5　巡察将校が、つまらない質問や説教をするのを止めてもらいたい。

6　オンドル、ストーブの石炭を十分支給してもらいたい。

7　討伐出動後、留守員として残されている病人を勤務につかせないようにしてもらいたい。

8　勤務中、鉄帽をかぶる、かぶらないは兵隊の自由にさせてもらいたい。

×9　前線部隊と後方部隊との警備交代をもっと早くしてもらいたい。

(ロ)行軍と宿営

×1　全治していない病人を、討伐に連れて行かないようにしてもらいたい。

×2　落伍者をなぐったりせずに、馬に乗せるようにしてもらいたい。

3　雨中の夜間強行軍を、なるべく止めてもらいたい。

×4　予備弾薬および寝具は、馬ではこび、軽くしてもらいたい。

5　将校の私物や携帯口糧などを、兵隊に持たせないようにしてもらいたい。

×6　休憩時間を確実にし、一時間に一五分、馬の多いときは休憩時間をもっと長くしてもらいたい。

×7　設営準備をはやめ、できるだけ早くすませてもらいたい。

8　輸送中に、宿営したとき、自由に外出させてもらいたい。

9　兵隊の輸送は、客車、客船を使用してもらいたい。

(ハ)戦　闘

×1　戦闘中むりな命令を兵隊に押しつけないようにしてもらいたい。

2　退却するときは兵隊を全員確実に収容するようにしてもらいたい。

3　戦死者の収容をいいかげんにせずに、確実にやってもらいたい。

(ニ)略奪、暴行、殺傷、放火

×1　抵抗しない支那人に、しかも兵隊の好まない殺傷を、度胸だめしだといって強制しないようにしてもらいたい。

2　「東洋平和」「日支親善」のために人道に反する略奪、暴行、殺傷、放火をすると厳罰に処すという規則がありながら、将校みずからこれを無視して、こういう不法行為を兵隊に強制する命令を出さないようにしてもらいたい。

(陸軍刑法によると、略奪罪は一年以上一五年以下の懲役、強姦または殺傷罪は七年以上の懲役、重罪は死刑、放火罪は死刑以上各種の刑に処す、という厳しい規則が定められているにもかかわらず、将校みずからこの規則を破って、役に立つものは何でもとれ、ナベ、カマはぶちこわせ、生きものは何でも殺せ、家はすべて焼いてしまえと、兵隊に強制している。こんなことでは、いつまでたっても「東洋平和」「日支親善」が実現するはずがなく、かえって自分たち兵隊の帰国が長びくばかりだ。)

六　傷病兵に関して

×1　傷病兵をはやく入院させてもらいたい。

2　入院するときはすべて病院車に乗せてもらいたい。

×3　上官と兵隊を区別せず、荒治療をやめて、親切にやってもらいたい。

4　時間外の診断も、いやがらずに親切にやってもらいたい。

5　一、二、三等症の区別なく、同じように取り扱ってもらいたい。

6　入院中の点呼、敬礼、ビンタ、飯あげなどを禁止してもらいたい。

7　病人に代用食を食わさないようにしてもらいたい。

8　病人の手紙や俸給は、できるだけ早く渡すようにしてもらいたい。

9　病気にさしつかえない範囲内で、病人の要求する食物を与えてもらいたい。

10　完全に治らないうちに、退院させないようにしてもらいたい。

11　看護兵と軍警を、もっと増やしてもらいたい。

12　重病患者には、戦友一名つけてもらいたい。

×13　寝室および給養を、将校と同じようにしてもらいたい。

×14　病人には俸給以外に特別手当を支給してもらいたい。(八円八〇銭では欲しいものも自由に買って食えない。しかし将校はたくさん金を貰っているので好きなものは自由に買って食うことができる。国のために尽くそうとして病気になった兵隊に、特別に手当を支給して待遇を良くしてもらいたい。)

×15　傷病兵はすべて内地に送還してもらいたい。(戦地の病院は内地にくらべて設備も悪く、軍医、衛生兵も少ない。したがって当然なおる病人でも死ぬことがしばしばある。また、兵隊不足で全快しないうちに退院させて勤務につかせることがある。国のために犠牲になった傷病兵は、すべて内地に送ってゆっくり静養させるのがあたりまえだ。)

七　下士官としての要求

1　下士官にも貯金を強制しないようにしてもらいたい。

2　兵隊のまえで恥をかかさず、下士官としての体面を重んじてもらいたい。

3　将校の当然やるべき仕事を下士官にさせるようなことをやめてもらいたい。

4　功績は功績係の独断でなく、下士官の意見もとりいれて決定するようにしてもらいたい。

×5　現役下士官と予備役下士官の進級を、同じように扱ってもらいたい。

×6　意見箱をそなえつけて、いつでも意見具申ができるようにしてもらいたい。

×7　下士官に集合の自由をあたえ、いつでも会食、意見交換および意見具申ができるようにしてもらいたい。

8　二年以上勤務したものには直ちに三ヶ月の休暇と休暇手当を支給してもらいたい。

×9　賞与を従前どおり与えてもらいたい。
(昭和一三年一月、太原付近にいた山岡兵団のものは全部賞与をもらっていた。また昭和一五年一二月、独混一六旅団の亀田部隊にも賞与が支給された。)

×10　三等級制をやめて、二等級制にしてもらいたい。
(二等級制にすれば進級が早くなり、また俸給も多くもらえるからだ)。

八　下級将校としての要求

×1　俸給を強制的に内地へ送らず、本人に支給してもらいたい。

2　公債を強制的に買わさないようにしてもらいたい。

×3　下級将校に対する特別教育を止めてもらいたい。

4　兵隊の前で恥をかかさず、将校としての体面を重んじてもらいたい。

×5　下級将校の言動、書簡などに関して、細かい干渉をしないようにしてもらいたい。

6　前戦と後方との警備を高級将校と同じく、一年一回以上交代させてもらいたい。

×7　満期除隊を確実に実行してもらいたい。

8　二年以上勤務したものには、ただちに三ヶ月の休暇と休暇手当を支給してもらいたい。

×9　名門の出身、出身学校の相違、または高級将校の個人的感情や利害によって、苦、楽、安、危の職を与えるような不公平をなくすようにしてもらいたい。

×10　現役、特別志願、幹部候補生および一年志願将校の進級を同等にしてもらいたい。

11　功績は、中隊長以上の独断でなく、下級将校の意見もとりいれて決定するようにしてもらいたい。

九　軍属としての要求

×1　給料を最低一〇〇円にしてもらいたい。
(現在、北支では、傭員、雇員が軍属の八割から九割まで占めている、その給料を平均すると、七〇円から八〇円位である。しかし、物価は非常に高い。衣服は自分で買わなければならない、そこで毎月七、八〇円位では、その日暮しでたいへん苦しい。)

×2　衣服を官給制にしてもらいたい。

3　妻帯者には、無料で社宅を与えるか、または別居手当を支給してもらいたい。

4　傷病兵はすべて入院させ、親切に待遇してもらいたい。

5　出征家族に対しては、ガス、電灯料を廃止し、貯金、献金などの強制、徴収をやめてもらいたい。

6　遺族の扶助料を、もっと増やしてもらいたい。

×7　軍属の強制徴集をやめて、志願および辞職は、本人の自由にさせてもらいたい。

一〇　在郷軍人としての要求

1　防空演習、灯火管制および選挙運動などに、無料で、しかも無理にひっぱり出すようなことを止めてもらいたい。

×2　在郷軍人に対する旅行の足止めをやめ、自由に移転できるようにしてもらいたい。

×3　簡閲点呼の予習を止めてもらいたい。

×4　簡閲点呼の服装を自由にさせてもらいたい。

×5　簡閲点呼の旅費および日当を支給してもらいたい。

×6　簡閲点呼を簡単にし、厳しくやらないようにしてもらいたい。

7　在郷軍人の検閲、査閲および仮想動員を止めてもらいたい。

×8　教育招集期間を短くし、なお留守中の家族の生活を保証してもらいたい。

9　在郷軍人会会費を個人から取らずに国庫から出すようにしてもらいたい。

10　在郷軍人の貯金を強制しないようにしてもらいたい。

一一　兵役制度および入営に関して

(イ)徴兵

×1　検査官、憲兵の横柄な態度、言語を禁止してもらいたい。

×2　検査のときの服装、頭髪を自由にさせてもらいたい。

×3　徴兵の下検査を止めてもらいたい。

×4　検査場への往復旅費および日当を支給してもらいたい。

(ロ)入営

1　入営前の教育を止めてもらいたい。

×2　入営するときの服装を自由にさせてもらいたい。

3　付添人は、自由に班内へ出入できるようにしてもらいたい。

×4　付添人の往復旅費と日当を支給してもらいたい。

×5　入営のために、家族が生活に困る場合には、入営を免除してもらいたい。

×6　入営は一家族から一人だけにしてもらいたい。

(ハ)召集

×1　臨時召集、および充員召集は、少なくとも一〇日以前に本人に知らせるようにしてもらいたい。

×2　帰還兵の再召集をやめてもらいたい。

(ニ)帰還と除隊

×1　帰還の確定した兵隊を、最後の討伐だといって、引き出さないようにしてもらいたい。

×2　在営年限を従前どおり二年にして、満期除隊を確実に実行してもらいたい。

3　一緒に来た者は、一緒に帰してもらいたい。

4　帰還の時日を、自由に家族に通知できるようにしてもらいたい。

5　除隊と同時に、即日召集するのを止めてもらいたい。

6　伍長に任官させて除隊をのばすようなことは止めてもらいたい。

7　除隊を長びかせておいて、恩給がつく直前に除隊させるようなことは止めてもらいたい。

8　帰還みやげは、検査せず、また関税をかけずに、自由に持って帰れるようにしてもらいたい。

×9　家族の生活の苦しいものは、特別に早く帰してもらいたい。

10　三等症患者を現地にとどめず、内地に送還して治療できるようにしてもらいたい。

一二　職業と生活保証に関して

×1　在隊中、勤め人、職工などは現役兵、召集兵にかかわらず、入隊前の給料を全額支給し、その他の独立営業者や農民にも入隊前の収入全額を政府から支給してもらいたい。

2　休職して入隊するものにも会社は積立金および貯金の払い戻しをしてもらいたい。

3　除隊者には従前どおりの職業に復することができるようにしてもらいたい。

×4　在隊中は会社の仕事をしなかったという理由で、一般のものよりも昇給が遅れたり、賞与が少なかったりすることがないようにしてもらいたい。

5　傷痍軍人は職業と生活の終身保証をしてもらいたい。

一三　出征家族にかんして

(イ)生活保証

×1　出征家族に対しては日用品(食料品、綿布など)を他の家よりも、優先的に配給してもらいたい。

2　出征家族に対する恤兵金(品)の取立禁止を公表してもらいたい。

3　扶助料の手続きを、簡単に公平にしてもらいたい。

×4　扶助料を召集解除と同時にやめずに、本人の就職するまで支給してもらいたい。

5　一家族から一人以上出征したときは、その一人、一人に定額の扶助料を支給してもらいたい。

×6　出征家族のものが病気をした場合には、全治するまで、医療費はもとより、生活費も支給してもらいたい。

(ロ)遺家族にたいする賜金

×1　戦死者の一時金を多くし、また公債はやめて現金で支給してもらいたい。

×2　将校と兵隊の遺家族に対する賜金および待遇は同等にしてもらいたい。

3　遺家族のものが病気になったときの診断、入院に関するいっさいの費用を支給してもらいたい。

×4　遺家族の扶助料を、もっと増やしてもらいたい。

5　遺児の教育費は、成年に達するまで支給してもらいたい。

(ハ)諸負担の軽減、家族の現地慰問

1　国防献金および無料勤務奉仕をやめてもらいたい。

×2　出征家族に対する電灯料、水道料などを全廃し、また乗車、乗船賃を半額にしてもらいたい。

×3　水利組合費、附加税、戸数割などの公課を全廃してもらいたい。

4　家族の現地慰問を許し、官費で実行できるようにしてもらいたい。

(二)小作料の軽減、土地取上げその他に関して
×1　出征家族が要求するだけ肥料を配給してもらいたい。
×2　小作料を軽減してもらいたい。
×3　出征家族に対しては、米、麦、豆などの穀物の強制買上げをやめてもらいたい。
×4　出征家族に対する土地取上げをやめてもらいたい。
×5　出征家族の強制移転をやめてもらいたい。
×6　出征家族の船、自動車、馬、干草などの徴発をやめてもらいたい。

一四　国庫に対する要求

以上の諸要求が入れられて、兵隊、下士官、下級将校、および出征遺家族の生活が改善されたために、政府の予算が増加するときには、その負担を、一般勤労大衆にかけずに、戦争で儲けた大資本家に出させてもらいたい。

一五　どうしたら、以上の要求を実現できるか？

その方法

この要求書を見た者は、これらの要求が通ったら、兵隊の生活は大変楽になるだろうと、思うに違いありません。しかし、この要求は良いものだ、正しいものだと思うだけで上官に要求しないならば、この要求は、けっして実現するものではありません。誰かがやってくれるだろうという他人まかせでも駄目です。また各自がばらばらに要求しても、かえって、上官からなぐられたり、処罰されたりするのがおちで、必ず失敗するでしょう。

そこで、一番大切なことは、要求してみようという賛成者を多数集めることです。

イ　要求書を読んだものは、賛成者をどう増やすか(要求をどう広めるか)

1　要求書を読んだものは、まず、頼りになる親しい戦友に見せる。

2　次に、この要求書を参考として、現在自分の部隊内で、兵隊が一番不平不満に思っていてしかも下士官、下級将校でも賛成できるようなものを、親しい戦友間で相談して選ぶ。

3　選んだ要求は、人に話したり、手紙に書いたり、また便所その他の場所へ落書きする。

4　選んだ要求は、さらに戦友から戦友へ話したり紙

に書いてわたしたり、また便所その他の場所へ落書きしておいて、要求を分隊から小隊へ、さらに中隊へと広げていって賛成者を多くする。

5　他の中隊の戦友たちにも、電話、手紙、連絡兵などを利用したり、外出とか作戦のとき、各部隊から多くの兵隊が集まっているときに話したりして、さらに多くの賛成者をつくる。

6　賛成者を多くつくる場合、初年兵と古兵がかたく手を握りあうことが、一番大切です。同時に、やさしい下士官、小隊長にも、力になってもらうように努力しなければなりません。こうして、賛成者が多数集まったら、次に、どんな方法で要求を提出したら良いかを考えなければなりません。

要求提出の方法

どんな上官に提出するか。

イ　兵隊の気持ちをよく察してくれる班長や小隊長。

ロ　分遣にでて、兵隊たちと寝室を共にしている分遣隊長。

ハ　同年兵の予備役将校、または後備役将校。

以上の上官を通じて中隊長、さらに上級将校へ請願する。

ニ　要求の性質によって、直接高級将校に請願するのも一つの方法です。

どんな方法で提出するか

イ　無礼講のとき、個人、または全員で要求する。

ロ　討伐中の合間を利用して請願する。

ハ　電話で請願する。

ニ　全員、または大多数で請願する。

ホ　意見具申の形で、二人の代表者を送って請願する。(意見具申を、三人以上ですると処罰される規則がある)。

ヘ　文書で請願する。(賛成者は全員署名する)。

ト　兵隊が集まっているところへ、上官がきた時、みんなで請願する。

チ　大事なことは、第一に、賛成者は、先頭にたって請願するものをどこまでもかばい、処罰されないように努力することです。

次に、願いがいれられなくとも、がっかりせず、根気強くいく度も繰り返し請願する。そうすれば必ず通ります。

以上は、一つの方法にしかすぎません。この他、いくらでも良い方法があるはずです。どうか、諸君の仲間と相談して、良い方法を考えだし、みんなが一緒になって、上官に提出してみましょう。きっと要求は通ります。

その証拠として、

1　昭和一四年、独混四旅団第十三大隊の三中隊は、池田少尉以下三二名分遣に出ていましたが、そこでは給養が悪く、飯や下給品も中隊より少なかった。兵隊は勤務で疲れる上に飯もいっぱい食えないので、不満が高まり、給養をもっと良くしてもらいたいと、みんなで小隊長にいく度も繰り返し請願しました。小隊長もではひとつ骨折ってやろうと言って中隊長に意見具申し、いろいろ調べてくれた結果、経理係がごまかしていたのがわかり、経理係はさんざん油をしぼられました。そして、それからは分遣の給養は大変良くなりました。

2　独混三旅団第七大隊の一中隊では、定量の飯が与えられず、いつも食器に半分位しかなかったので、みんなが不平に思っていました。ある日、とくに飯が少なかったので、全員相談して、飯を食わないことにきめ、准尉を呼んできて「これを見ろ」とみんなでどなりつけました。准尉は、いかにもしゃくにさわったようでしたが、兵隊の一致した力に恐れをなし、一言も文句が言えずに「うん」と言っただけでした。そしてすぐ経理係のところへどなりこんで詰問した結果、経理係が飯や公金をごまかしていたのを白状し、それからは、飯も多くなるし、菜も良くなりました。

3　将校のなかにも、親切で兵隊の気持をよく察してくれる人がおります。

独混四旅団で、こんなことがありました。

将校が巡察にきて、「腹は減らないか」と質問したので、勤務員はみんな「腹が減ってたまりません。間食を出してもらえませんか」と正直に答えました。ところがその将校は「よー」といってにこにこ笑いながら帰り、早速中隊長に意見具申して、わざわざ遠方から、パン、アンマキ屋を呼んできて、間食を出してくれるようになりました。

この他、例をあげればいくらでもあります。またこんな例は、どの部隊にも必ずあることです。

このように、兵隊が一緒になって、勇敢に、根気強く、この正しい要求を上官に提出することによって、はじめて、これらの要求はとおり、現在のような窮屈な生活から抜け出して、のびのびした朗らかな日を送ることができるのであります。

延安レポート　第三八号

一九四五年前半の宣伝委員会の活動計画

I　活動内容と普及

一　華北における日本兵と日本人居留民に対する宣伝

現在、我々の宣伝活動の目標は、いまなお日本兵である。しかしながら、今年、日本人居留民に対する活動も非常に重要になってきている。その活動は昨年とほぼ同じ規模で行っている。週に二回のチラシ作成と戦地の日本兵への電話以外は、兵士や居留民に対する宣伝に焦点をあてながら、我々は連盟の支部への指令と統率に特に力を入れていかなければならない。

1　日本兵への宣伝

「日本兵士の要求」を実行することを主要目的としたようなビラの計画は、いくつかの特別なビラを除いて、延安では実行されなかった。その訳は、今日、そのような計画は、兵力と経験を増してきたそれぞれの支部で実行が可能であるからである。支部自身で自分の地域の現状を熟考してチラシを作った方が、我々がここで作るよりもずっと効果的である。

上述した特別なビラとは何か？　例えば、ある一地域で起きた出来事は、日本軍のかかわる所では普遍的な現象かもしれない。つまりそれはいろいろな場所で起こることかもしれない。よって、我々は日本の軍隊への活動喚起の普遍的な宣伝文を作成するために、そのような材料を有効活用しようとしている。これが前提である。続いて、我々は新来の兵士との討論会を開く必要がある。そして、現在の状況、兵士の士気と行動を厳密に調査し、これに基づき、それぞれの支部に正しい指示を与えなければならない。

2　日本人居留民への宣伝

過去に実施した居留民向けの宣伝に関しては、日本人兵士、日本人居留民双方を対象に連盟のプログラムと戦争の問題を共通に取り上げた宣伝を、ある程度まで一度に作成することができたといえる。もちろん、この先はなお一層、兵士と居留民双方向けに、前述の問題点を含んだ宣伝文を作成する必要がある。しかしながら、これだけではまだ充分ではない。これから、我々は居留民問題にとくに焦点を合わせた宣伝文を作成する必要がある。それゆえ、以前に居留していた学生から幾人かを選び、居留区の状況を研究するための調査委員会を結成した。この委員会は一定期間、活動する必要がある。その主な仕事は、居留民の現状、戦争や軍の当局に対する気持ち、彼らの火急の要求を正確に把握することである。この方向でのみ居留民達への宣伝を日ごとに広めていくことができる。

このようなケースでは、すでに作成した「兵士の要求」を大いに参考とすべきである。宣伝委員会は将来的に、居留民の政策委員会を結成し、活動を始めることに最善をつくすべきである。次に、上海、北平、南京、天津、武漢やその他の地域の日本人居留民にビラを配ることに力を注ぐべきである。それらの地域への配布方法として最適なのは、第一四航空部隊を使うことであるが、この方法はどんな広い地域にも使えるものではない。いずれにしても、日本人居留民への活動を強化するために最善を尽くすべきである。

3　日本人兵士と居留民へのビラの内容

兵士と居留民に向けてのビラは週二回配られている。そして、それらの内容は前年後半の六ヶ月の内容と同じ物である必要がある。その主要な内容は現在起きている出来事と、同盟の問題点の説明である。将来的には居留民向けの宣伝を、もっと質の良いものにしていきたいと考えている。しかしながら、現状では、おそらく次のように事前に準備されている。

a　現在の出来事を対象に週に四回(連盟の計画の説明、日本の問題、戦争の現状など)。

b　連盟の計画の説明(週に二回)。

c　その他の問題を週二回(居留民の問題、「労農学校」の紹介と「兵士の要求」の手紙など)。

二　故郷の同胞に向けての宣伝

過去において、我々は日本国内での活動を推進させる手段を持っていなかった。しかし、今日、我々のビラはアメリカ空軍によって運ばれている。それは、我々の活動範囲が広がっていることを意味している。日本の故郷の同胞に向けての活動が、将来最も重要な活動になっていく。

連盟の行動予定の説明
戦争の本質
現在の出来事
連盟の紹介
戦争と日本軍当局の特質
故郷の日本人の生活状態(状況を反映させる。原則として、いつのことといった制限はしない)。

毎月五回配布すべきである。

三　パンフレットの発行

ビラだけで前述したようなことを実行するのは難しいと考えられる。弱点を補うために万国共通の小さなサイズのパンフレットを発行する。主として、このパンフレットは華北の兵士や居留民向けとする。

今期、パンフレットを月一回発行することにした。予定は以下の通り。

二月　日本軍当局の犯罪史
三月　日本人民解放連盟とは何か?(その活動と歴史)
四月　日本労農学校の紹介
五月　戦争終了後の日本による植民地支配の終了
六月　日本人民解放連盟側へつくことのすすめ

四　『解放日報』向けの記事の作成

我々は、日本労農学校の現状を、中国人民や八路軍の将兵に宣伝するために、『解放日報』をよく利用している。しかし昨年はこの点にあまり注目しなかった。この欠点を克服するために、この仕事を担当するグループを設立する。このグループは『解放日報』のために月に二回記事を作成しなければならない。この記事の内容には、ニュースに加えて、学生達の印象も加える必要がある。*

＊ 一九四一年五月より四六年三月までの『解放日報』に掲載された日本人兵士の反戦運動およびそれに関連した記事のすべてが、太平洋戦争史研究会『華北における日本兵の反戦運動』(一)(二)として翻訳刊行されている。

五　連合国軍との関係強化

我々とアメリカ軍との友好関係をより強固にする必要がある。その方法としては、以下のものがある。

一定期間、お互いの発行物を交換し合い、お互いに批評しあう。

宣伝活動をできるだけ統一する。

我々の宣伝活動は連合国軍との協力関係を積極的に強めるような方法でなされなければならない。

具体的方法は次のとおり。

1　刊行物の交換とそれに対するお互いの批評。

2　連合国軍にシンポジウムその他で得た情報を提供する。

3　ビラ書きの手伝い。

さらには、連合国軍と協力するあらゆる機会を見逃してはならない。

六　連合国に住む日本人のための宣伝

1　民主国家に住む日本人のための宣伝

民主国家に住む人々に向けて、連合国への協力を呼びかけていかなければならない。具体的方法は次の通り。

a　可能であれば、彼らにメッセージを送るべきである(昨年、我々はアメリカに住む日本人にメッセージを送った。これをこれからも続けていくべきである)。

b　『ハワイ・タイムズ』その他の二世向け新聞にニュースを送るべきである。ニュースの内容は連盟の紹介(例えば、いかにして日本軍に対抗して連合国側の軍隊とともに戦うか、など)、労農学校の紹介を入れるべきである。現在、これらは月に一回送られている。

2　捕虜となった兵士、抑留された居留民向けの宣伝悲惨な状況にある彼らを慰めてやらなければならない。彼らを勇気づけ、反戦活動に従事させ、日本軍と戦えるようにし、我々と共に新しい日本を築いていけるように協力させる必要がある(昨年、我々はビルマの兵士に手紙とメッセージを送った)。

その方法は、以下のとおり。

a　我々の定期刊行物からいくつかの題材を選び、外国の兵士や居留民にある期間それらを送る。

b　できるだけ慰めとなる言葉を彼らに送る。

七　定期刊行物に関して

定期刊行物に関しては、計画があったにもかかわらず、充分実行できていない。それゆえ、今年の第一期中に、昨年の計画を完遂したいと思っている。この計画を実行するには、学校の教育部と協力し、具体的に実行に移す必要がある。

当面、定期刊行物は次のようなテーマを扱うべきである。

1　政治常識

2　共産主義者の啓発

3　日本と世界のプロレタリアの年代史

八　学校内での宣伝(学生に対する宣伝)

1　ニュースのリポート

『解放日報』から重要なニュースを選び、週に二回学生にリポートするのが第一である。

2　ポスターの文字書き

多くの宣伝活動を行う幹部を育成しながら、戦争の本質や母国の状況、戦争の先行きについての宣伝を行うために、シンポジウム、『解放日報』や日本語新聞、雑誌から得た題材を適切にアレンジし、ポスターに構成し直すグループを結成する必要がある。

九　調査活動

1　日本軍調査委員会

2　居留民状況調査委員会

3　ビラへの学生の印象の調査

4　『解放日報』の調査

Ⅱ　次の点に注目すべし

一　宣伝の内容を改善させるために

1　解放連盟の計画の具体的宣伝

昨年、解放連盟の計画を説明した宣伝物を発行したが、それは非常に抽象的なものであった。その問題を克服するには、我々が継続実行する予定の連盟の方針を具体的に説明する必要がある。連盟の方針は宣伝委員会によって決めることはできないが、少なくともそれが決定される前に、軍部と結託した財閥の資産没収に向けて宣伝を行う必要がある。我々は傷痍者とその家族などを守る。これは宣伝委員会の担当業務である。

2　政治的問題を具体的かつ詳しく説明するために

これからは、日本と世界の軍隊、政府、外交の説明を今までよりもっと具体的にしなければならない。

3　宣伝内容は、日本国民に対して日本の将来に希望を持てるようなものとなるようにしていかなければならない。日本国民や日本兵の戦争や日本軍に対する反感は、戦争によって苦しむ人々が増えるにつれ増大している。このことは、最近華北において日本人脱走兵が増えていることからも明らかである。したがって民主国家、戦後日本、平和維持、自由、幸福な生活の実現可能性を呼びかける宣伝を行っていかなければならない。そして、その望みを実現させるには、戦争や軍当局に対抗しなければならないことを教えなければならない。

二　宣伝の論調

1　アメリカの宣伝の学習

過去において、我々の宣伝は常に実に簡単な口調で書かれていた。これからは、さまざまな宣伝方法を用い、あらゆる角度から見ていく必要がある。この見地から、種々の材料をぶち込んで、あらゆる角度から綿密に練り上げるアメリカの宣伝の手法(もちろん、この宣伝の内容には幾つかの欠点がある)を我々は学ぶべきである。つまり、アメリカ流の宣伝技術を実際に学ぶべきである。

2　敵の宣伝についての研究

日本政府の宣伝については言うに及ばない。本質的にそれは反動的で欺瞞的なものである。しかしその技術は、そう悪いものではない。それは、とてもわかりやすく、特に国民感情をつかむものであった。そのため、我々はその点だけを学ぶ必要がある。もし宣伝の調子があまりに単純すぎれば、大して効果がないということを忘れてはならない。

三　幹部の啓発に関して

この問題に関しては未だに大きな成功を収めていない(岡野進氏による宣伝の講義と指導を期待している)。

第一に、見本としてビラの作成方法を学ぶ。ビラが作成されてきても、宣伝委員会の小委員会がビラの間違いや欠点を指摘したり、直したりせず、また、小委員会がビラを受け取ると、そのメンバーは間違いを無視し、ほんの少し訂正するだけであった。第二に、書かれたビラに注視する。それらに対する考慮はまだ充分ではない。これは新しい幹部を訓練する際の小委員会の無能さに起因している。さらに悪いことに、宣伝委員会はしばらくの間、ミーティングを持たなかった。また、彼らの活動を報告せず、その活動の一貫した批評も行わなかった。そのため、人々は将来の計画についての論議や決断をする機会が与えられなかった。以上の点は大きな失敗であった。それゆえ、宣伝委員会のメンバーは否定的な態度をとりがちであった。

要約すれば、宣伝委員会の中の小委員会メンバーはいつも新しい幹部の啓発について話しているが、決してそれを実行することはない。我々はこの弱点を克服しなければならない。さもないと、連盟の活動の発展は望めない。

1　宣伝委員会の定期会議

宣伝委員会の定期的会議は月に一回行い、当月の委員会の活動を批評し、次の月の活動計画を立てるべきである。こうすれば、委員会の全メンバーが活動に加わることができる。

2　説得的に文章を書くために

まず、宣伝委員会の全出席者は、その記事を綿密に検討し、批評すべきである。そうすれば、その記事も役立つものになる。これが、文章の書き方を集団的に人々に訓練する唯一の方法である。

3　集団的に書かれたビラ

我々は、ビラを作成するために、三、四人からなるグループを形成し、日本の新聞や雑誌からふさわしい内容の題材を選ぶ必要がある。ビラが完成したら、小委員会にそれを送り、批評してもらう。そうすればビラは大きく訂正される。最終的には、それらは宣伝委員会に送られ、公的な批評を受けることになる。その結果、日ごとに優れたビラが作成されて行くのである。

四　より高い他の組織とのつながりを強化するために

宣伝委員会は連盟の方針、計画、その他を大衆に宣伝し、彼らに連盟についてもっと理解させる必要がある。さらに、宣伝委員会は人々を組織化する重要な組織である。しかしながら、過去には宣伝委員会は他の組織とはつながりを持たなかったように見えた。これは、不運なことであった。連盟の宣伝委員会は最高指導部の計画に従って、活動を行わなければならない。さらには、学校当局(労農学校——英文訳者注)との親密な関係を保持しなければならない。また、良い仕事をするために、宣伝委員会の全メンバーを動員する必要がある。

五　工作の計画、方法、調査への注視

1　計　画

我々は現在までに最大限の計画を作成した。今から我々は今後の計画の方針を変更するつもりはない。それゆえ、まず小委員会は充分な調査を行い、正しい計画を作成するための会議を定期的にもつべきである。

2　工作の方法

過去、我々は正しい計画を持っていなかった。よって、工作が計画された時、それを実行できず、その工作は完全に泥沼にはまってしまった。さらに、この工作を実行するには、つながりの不足とまとまりのなさが弱点であった。

この観点から、まず小委員会は、可能ならばその仕事を宣伝委員会の本部で行い、この工作を行う全メンバー間の関係を考慮すべきである。その結果、長所や短所をお互いが理解できるようになる。さらには、メンバー間に親密な友情関係が芽生えるかもしれない。

3　調　査

活動調査は以前においては実行されなかった。これは小委員会の責務であった。今後、我々は任務を直接調査し、その弱点を克服しなければならない。もしそのような調査が実行されなければ、我々の活動に進展は望めないであろう。

場所　中国　延安
日付　一九四五年一月
出典　日本人民解放連盟宣伝委員会内小委員会

延安リポート　第三九号

日本宣撫のための若干の提案
――岡野進の見解

以下の概括的な分析は日本宣撫工作のための日系二世訓練の問題を取り扱うわけではないし、日本内部における反軍国主義者の活動の可能性に触れるわけでもない。ただ将来大きく展開する可能性のある我々の総力戦の一面を対象としたものである。

Ⅰ　本来、我々の日本への心理戦争は日本の海岸に接近する飛行機や船舶だけでなく、B二九からのビラ投下、サイパン、フィリピン、中国などからの中波、短波のラジオ放送によって強化されなければならない。

我々の宣伝は以下の点を主に強調すべきである。

一　直ちに強化せねばならない長期にわたる宣伝内容

1　連合国の目的。

a　戦争は連合国側が強要されたものである。

b　連合国は日本国民でなく、日本軍部を打倒するために戦っている。

c　連合国は日本を植民地化する意図もなければ、国民を奴隷化する意図もない。

d　連合国は戦後日本の内政問題に干渉する意図はない。

e　カイロ宣言に含まれている日本の将来に関する公式声明と連合国の戦争目的を一貫して詳しく説明しなければならない。

f　ヨーロッパの敗戦国に対する連合国の扱いを説明し、具体的な事例と事実で、日本人が連合国に隷属されないことを日本国民に納得させよ。

2　連合国による日本人の戦争捕虜や抑留者の人間的な扱いを納得させる写真、捕虜の手紙、事実の材料。

3　たとえば日本人民解放連盟のような連合国における民主的日本人組織の計画と活動。

二　上陸直前に出す宣伝文

1　なぜ連合国軍が日本に上陸せねばならないのかを述

べよ。

2　無駄な抵抗活動をあきらめさせよ。平和で幸せな民主日本に対する希望と保証を日本人に与えよ。その日本は彼ら自身が生き延びて、建設せねばならないものである。

3　連合国軍は悲惨な日本人に物質的援助を与えるだろう。連合国軍は自身の敵である軍部指導者を打倒するために戦っているのだ。

4　上陸前に宣伝を集中砲火させる際には、捕虜の家族や友人の抵抗を和らげるために、捕虜の実名を使え。この宣伝は地域限定である。特定のビラを書いた捕虜のサインと写真の入ったビラをふんだんに撒くべきである。捕虜がラジオや拡声器で自分の名前を使って、自分の家族や友人向けに放送を行うべきである。

そのような宣伝文は連合国の捕虜の処遇、連合国の戦争目的、サイパン、フィリピンなどでの連合国の日本人に対する処遇を強調し、日本人の身の安全を保障し、抵抗活動を最小限にするような努力をしなければならない。

最近、日本労農学校は生徒に無記名の調査を行った際、次のような質問をした。

a　あなたはあなたの家族や隣人があなたのサインしたビラを信じると思いますか。

b　本土進攻直前に撒かれるビラにあなたの名前が入ることに同意しますか。

最初の質問に関し、七〇パーセントが肯定し、六パーセントが否定し、二三パーセントが疑問と答えた。bの質問には、八一パーセントが承諾し、一九パーセントが拒否した。

我々は以上のことから、このタイプの宣伝は効果的との結論を出すことができよう。

5　日本国民とくに軍部に圧迫された進歩的な組織へのアピール。これらのアピールには連合国にいる著名な反軍国主義者の名前とともに、日本人民解放連盟や他の進歩的日本人組織の名称を入れるべきである。

その際、人民を解放し、民主日本を建設すべく、彼らの組織が連合国と肩を組んで戦っており、軍事独裁者を打倒するために帰国しようとしていることを言うべきである。

このような宣伝は地下の共産党、社会大衆党や他の社会民主党の元メンバー、労働総同盟や他の労組、日本農民組合や他の農民組合、学生組織、民政党や政友会の進歩的メンバー、軍部に抑圧されている人々に大変効果的であろう。軍国主義政府打倒に立ち上がり、人民の民主政府を樹立するよう人民を煽動すること。

Ⅱ　積極的な戦闘はいうまでもなく、宣伝、平定が功を奏するように、可能な上陸地点を調査すること。その特定の地点の地勢に明るい兵士や居留民の捕虜から情報を収集すべきである。この調査は緊急を要するので、全ての収容所でなされるべきである。

Ⅲ　誰が軍国主義者かそうでないか、好戦的か反戦的かを注意深く研究し、判断するために、日本の有名人物やそれほど有名でない人物の履歴、演説、声明、活動といった全てのデータの収集。これは我々が戦犯を判定したり、交渉すべき指導者を決めたりする基礎資料となろう。この研究は我々の平定活動を決定的に促進させるだろう。

Ⅳ　以前に出された結論であるが、本土生まれの日本人は宣伝や地方統治を含む平定工作に最適である。ヨーロッパでの連合国の経験はこの事実を証明する。

この平定工作のために、捕虜や抑留者からとくに選んだ日本人戦士を訓練しなければならない。

コージ・アリヨシ軍曹

延安、中国

一九四五年一月三一日

延安リポート　第四〇号

日本の労働者への宣伝と彼らの連合国軍との協力の可能性

——岡野進の見解

日本の労働組合運動の成果は一見、輝かしいものには見えないが、労働組合指導者は一九四〇年に労働組合が完全に禁止されるまでに、いくつかの民主的実践を経験している。日本の進歩的労働組合指導者はもっとも強靭な反戦、反軍国主義の集団の一つであったし、彼らの活動の立場は一貫していた。日本の労働者は代表を議会に送ったし、遅くとも一九三七年には、日本プロレタリア政党は加藤勘十のような闘士を議会に送った。

我々は、日本の労働組合主義者の中に、軍国主義に抵抗し、時機が到来すれば公然と戦争に反対し、戦後の民主的な日本政府に参加する連合国支持者を今日見出すことができる。我々の宣伝は、数こそ少ないがこれら地下共産党の指導を受けた日本の労働者の中に、ただちに反響を呼び起こすだろう。ともかく彼らに向けられた宣伝活動を媒介にして、労働階級全体に反戦の集団を拡大する努力を行わなければならない。

戦争に反対し、上陸時に連合軍を支持し、宣撫工作に参加する日本人労働者にアピールを行おうとするとき、日本における労働組合運動の若干の背景、その特徴、現在の労働状況の知識を持っておくことが必要である。

小史

日本の労働組合は一九〇四〜〇五年の日露戦争の頃に初めて出現した。主な指導者は高野房太郎と片山潜で、両人ともアメリカ帰りの労働組合の指導者であった。初期の労働組合は主としてアメリカ労働連盟を真似ていた。工場労働の劣悪さを改善するため、労働者はストライキを打ち、デモをして闘った。

日露戦争から一九一〇年のアナーキストによる幸徳事件まで、労働組合は弾圧され、取るに足りない印刷工の組合のみが生き残った。

一九一二年、改良主義者の友愛会が東京大学卒の鈴木文治によって創立され、大金融資本家の一人である渋沢男爵の支援を受けていた。キリスト教精神の浸透したこの組合は労使関係の協調を求めた。それは鈴木の所属するユニタリアン教会の一四人のメンバーで結成されたが、六年のうちに友愛会は三万人のメンバーに成長し、満州から北海道にまで拡大した。それは次第に戦闘的になって、一九一七年のロシア革命後には、左翼分子が勢力を伸ばした。友愛会は日本労働総同盟と改称し強力になったが、一九二五年に右と左に分裂した。左翼は総同盟の改良主義者によって放逐され、日本労働組合評議会を組織した。しかしながら、いくらかの最左翼労働者が総同盟に留まって、反動に抵抗しようとしたため、後にさらなる総同盟の分裂が起きた。

一九三七年以降、多様な労働組合が金属労働者、印刷工、船員、政府工場労働者によって組織された。印刷工はＩＷＷ（世界産業労働者組合）の線で組織された。左翼分子がさまざまな組合に成長した。これらは共産党主導のものであったため、右翼の指導者がしばしばそれらの抑圧を試みた。政府が一九二八年に左翼の評議会を解体したとき、共産党主導のグループが非合法に日本労働組合全国協議会を組織し、一九三一年と一九三二年に反戦活動を行った。全国協議会は一九三四年まで続いた。一九三七年から一九三八年にかけて全ての労働組合が共産党と左翼労働者に実際に結集し、兵士の家族を支援しようとした。そして労働組合が圧力団体となって政府に兵士の家族を支援させるよう努めた。これは合法的な反戦闘争の一形態として実行された。一九四〇年、四一年、四二年に共産主義者が愛知飛行機、神奈川などのいくつかの軍需工場の大争議を指導した。

一九三八年、政府は政府管理の〝御用〟組合である産業報国会を結成した。当初、組合員は自主参加であったが、まもなく各種の組合に圧力がかけられた。一九四〇年、全ての組合は解散し、産業報国会のみが残った。

抑圧と反動のこの時期に、共産主義者と左翼労働組合主義者が産業報国会の内情を暴露する宣伝活動を行った。彼らは労働者の不満と当面の要求を取り上げた。

一九四一年には、一万四六七四人の労働者が参加した三三〇件のストライキが、翌年には、一万三七五二人が参加した二五九件のストライキがあった。これらは政府発表の数字であるので、実際にはこれ以上の規模であったに違いない。数字は一見すごいものには見えないが、これらのストライキへの参加者が投獄されることを意味したということを銘記しなければならない。したがって左翼の影響力はこの時期にはなかったといってさしつかえなかろうが、全くなかったわけではない。

日本の労働組合の性格

一　日本の労働界における一つの特色は労働者の組織率が低いことであった。一九三二年には組織率が最高に達したが、労働組合はその組織率を全労働者の七・八パーセントと称していた。全労働者は四八六六万〇二七六人であったが、この内三七万七六二五人が組織されていた。この比率は以後減少し、一九三六年には六〇九万〇一一六人中の四二万〇五八九人、つまり六・九パーセントであった。一九四〇年は労働組合禁止の直前であったが、八五六万三〇〇〇人中の一八万四〇〇〇人しか組織されなかった。

政府と雇用者による労働組合禁止が低組織率の主要な理由であった。組合指導者は常に警察に監視され、ストライキ委員会は地下活動を余儀なくされた。労働組合指導者は逮捕され、組合員は雇用者に解雇された。会社組合以外の労組に加わることは、それゆえにさらに大きな犠牲を招いた。また労働組合を組織し、集団交渉を行うことに対する労働法による権利保障はなかった。

別の理由として、有名な組合指導者が広範な大衆から離れ、庶民の利害をしばしば無視したことがあった。さらに女性労働者とくに繊維工場労働者の大部分が組織されていなかったことも、その低い組織率を招いた別の理由であった。一九三六年には、労働者の四三・七パーセントが女性であった。したがって日本の労働組合は依然として揺籃期を抜け出ていなかった。

しかしながら、常に抑圧されながらも、八パーセントが組織されたことも事実であった。これは少なくとも日本労働組合運動の戦闘性を示している。

二　日本労働組合の第二の特色は労働組合の多さである。一九三九年には、加入者の全数が三六万五八〇〇人に過ぎないのに、五一七の組合があった。これらの組合の多くが連合組合であった。連合しつつ独立した組合は三四三であった。三四三組合は平均一三四六人の組合員しか持たなかった。

二七万人つまり組織労働率七〇パーセントの労働組合連合はラクレア(raclear)組織で、全労働加盟を含む一〇組合で構成されていた。

三　第三の特徴は労働組合の中で、運輸部門が一番よく組織されていた。それは海員労働者について言えた。運輸労働者は一九三七年には全組織労働者の三二・八パーセントであった。二番目は金属労働者で、三番目は化学労働者であった。

四　組合の連合が日本労働運動の一つの特色であった。たとえば日本労働総同盟は金属、繊維などの労働者によって構成されていたが、その総同盟は職能別組合を標榜しながら、別に九の他の組合で構成された。

五　日本の労働組合は真の産業組合ではなく、また明確な職能別組合でもなかった。日本の産業は依然として若く、職工の技能は低く、組織も弱かった。

六　一般的に言って、日本の労働組合の指導者や大衆は団結していなかった。これは日本の労働界のもう一つの特徴であった。大労働組合の指導者は腐敗し、〝ダラカン〟(堕落した幹部)と庶民から呼ばれていた。しかし地域を狭めてみると、多くの戦闘的指導者がいたことも事実だ。

大衆の方も全般的に戦闘的で、彼らの指導者に対し、革命的な労働組合の手法を使うことを求めることが多かった。たとえば労働者階級の共産党員は東京や大阪において一九三一〜三三年の反戦闘争やデモ、ストライキ、サボタージュを、特に総同盟の大衆に向けて扇動し、指導した。

一九三一年、海員組合の浜田〔国太郎〕が公然と満州事変を支持した。彼の立場が総同盟の指導者に暗黙のうちに承認されたとき、労働者は浜田に反対し、後に彼を組合から追放した。

一九三七年前後に左翼労働組合指導者だった加藤勘十や他の進歩的な指導者は地方の組合を組織化し、反ファシスト運動を行い、抑圧的で反動的な総同盟を支配した。

七　友愛会の改良主義の方針は日本の労働組合の主要な特色となった。しかしながら、一九一七年から左翼が勢力を増し、革命精神を労働大衆に注入した。一九二四年以降、赤色国際労働組合が日本の労働組合に大きな影響を与えていた。一九二五年、左翼勢力が組合に砦を築いたため、日本の労働組合は左右の陣営に多様な分裂を起こした。一九二八年から労働組合員の反応はより力を増した。

労働組合指導者

主要な戦闘的な労働組合指導者の大部分は現在獄中にいるが、川合義虎や渡辺政之輔といった幾人かは処刑された。ある者は自由であるが、警察の厳しい監視下にある。若い共産主義労働組合指導者は依然地下活動を行っている。一方、改良主義の労働組合指導者は自由を享受している。

若干の指導者をあげれば、鈴木文治、松岡駒吉、西尾末広のような総同盟の指導者がいる。前の二人は積極的な軍国主義支持者ではないが、戦争には反対していない。五九歳の鈴木は国会議員で、現在の労働者への影響は小さい。彼は日和見主義者で、日本軍部が打倒されたとき、民主陣営に走るかもしれない。五六歳の松岡は金属労働者で、下層から這い上がった。彼は実際に総同盟の指導者で、古い同盟員に支持者を持っていた。彼は戦争を間接的に支持しており、政府の労働政策に関与している。五三歳の西尾も金属労働者で、大阪の総同盟に影響力があった。彼は大阪選出の衆議院議員で、戦争を支持している。

我々は五六歳の米窪満亮のような現在隠遁している労働組合指導者を持っている。彼は日本海員組合の前指導者であった。彼はリベラルで、開戦後は全く静かである。彼もかつて国会に選ばれていた。

五二歳の加藤勘十は一九三八年に逮捕されるまで反ファシスト、反戦の指導者であった。彼は政治活動を放棄すると宣言して釈放されたが、一九四四年一一月に再び三年の刑の判決が下った。元新聞記者の加藤は、八幡製鉄所の一九二〇年ストの指導者で、全日本鉱夫組合の指導者であった。彼は日本無産党の指導者で、二回、衆議院議員に選出された。一九三四年、彼は日本労働組合全国評議会を組織し、同年、CIO(アメリカ産業別労働組合会議)の招待でアメリカを訪問した。

現在、牢獄にいる二人の著名で、今も戦闘的な共産主義の労働組合指導者は国領五一郎と春日庄次郎である。四一歳の国領は織物労働組合の指導者で、一九二八年に逮捕された。彼は一〇年の刑を受け、今も獄中にいる。四四歳の春日は一九二三年に投獄され、一九二六年に関東印刷組合を組織した。彼はロシアで研究し、一九二六年に帰国するや、大阪で労働組合を組織した。彼は一九二八年に投獄され、一九三〇年代半ばに釈放されたが、再び収監された。

現在の労働状態

日本の労働者に向けて宣伝と特殊なアピールを行う際に、我々がどんなことを熟慮すべきかを、その短い前史は提示している。

二七歳かそれより若い兵士や民間人の中には、一般的に労働組合組織に無関心な者が多い。もともと彼らは労働組合運動の経験がない。二七歳以上の者は多少とも労働組合に親しみがあり、ある者は労働組合活動に積極的に参加し、ある者はシンパであった。統計によると、日本の組織労働者は労働者全体の高々七、八パーセントであった。この数字は誤解されやすい。というのは実際、労働組合の経験者はそれを上回るからだ。つまり、主として政府の個々の労働者や組合への弾圧で、新旧の組合員の出入りが大きかったことにある。

今日約一千万の産業労働者がいるが、そこには学生、農民、破産した商店主、女性が多く、彼らはすべて労組の経験がない人々である。

宣　伝

それゆえ労働者が反軍部感情を多少とも高め、反戦的勢力を内部に組織するためには、国際労働組織のニュースによって海外の労働組合、組合労働者の権利などについての知識を日本の労働者に教え、産業報国会やその指導者の本質を暴露し、日本人に彼ら自身のための真の労働組合を組織するよう呼びかけることが必要である。労働組合を復活させる呼びかけは古い労働組合員に対して強力になされるべきである。

ヒューマニズム、階級意識、国際的意識を喚起するための日本軍隊への宣伝活動は、彼らを軍部や戦争反対に転換させるのに大きな効果を持つだろう。かつて労働という体験を持つ労働者大衆や兵士への宣伝が十分な効果を発揮するためには、政治的宣伝と組み合さねばならない。たとえば階級意識についていえば、彼ら日本兵が抑圧、侵犯、迫害している現地住民は彼らや彼らの妻、子供のような人たちであり、軍部のくびきに束縛された農民や労働者であることを訴えた宣伝の郷愁的呼びかけはきっと良い結果を生むだろう。

新しい指導者

連合国の収容所では、捕虜は再教育されねばならない。少数の強い信頼できる幹部集団が形成されたならば、捕虜は彼ら自身の問題を実際的に処理する自由を与えられるべきである。これだけでも捕虜にとっては素晴しい機会であり、将来における日本での労働組合やその他の民主集団の指導者を育てることになろう。現在日本の労働者は軍部ファシズムに蹂躙されているが、戦後の労働組合指導者を含む民主的指導者を育てるには、連合国の収容所にいる捕虜を選抜、教育し、訓練することが適切であろう。

古い労働組合指導者

戦争を支持した古い労働組合指導者や産業報国会の指導者は戦後の労働組合指導者にはならないであろう。むしろ新しい指導者が新日本に台頭する。彼らは進歩的になろう。大衆に受け入れられる古い指導者は戦争や軍部を支持しなかった人々である。

戦後の日本労働組合に望まれる保証と条件

一　労働組合の合法化と組織、集会、ピケット、デモ、スト、集団交渉を行う自由や言論、出版の自由といった基本的な保証の法律や行政による保証。以上の保証の侵害者への罰則。

二　最低賃金や最長労働時間。女性と朝鮮人の平等賃金。工場法の強化と改善。

三　特別な安全保証、たとえば老人年金や失業補償。

四　会社組合の禁止。

五　軍部支持者や戦争支持者の指導者ポストからの排斥。

六　労働組合の内部問題への政府や資本家の不干渉。

七　労働スパイ、探偵、スト破り組織の禁止。

八　政府補助による労働者の学問的、文化的教育。夜間学校、専門学校、大学での労働経済や労働問題の研究施設。

九　進歩的労働組合指導者の教育や訓練、進歩的労働組合の組織化と奨励。

一〇　政府への労働者の声の反映。プロレタリアや共産党を含む全ての政党の合法化。

一一　厚生省への労働組合の代表、さらに、設立が望まれる労働省への参加。労働や社会福祉問題を扱う委員会への労組の参加。

一二　国際的労働組織の振興とこれらの組織への日本労働組合の積極的参加。

コージ・アリヨシ軍曹

延安、中国

一九四五年一月三一日

延安リポート　第四一号

延安におけるエマーソンとアリヨシの講演*に対する反応

＊　エマーソンはその著『嵐のなかの外交官』で、この時の講演のことを回想している(一六一頁)。
「パール・ハーバー記念日の特別の催しで、アリヨシと私はスピーチを求められた。私は四五分にわたり、戦前の日米関係とアメリカ民主主義の栄光について日本語で演説した。そのなかで、私は、『ライフ』誌の最新号を見せた。そこには幸いにも日本文化のなかの肯定的要素がいくつかとりあげられていた。これは、民主主義国では戦時においてさえ言論の自由が守られている一例であると私は弁じた。アリヨシは、日本人を祖先とするにもかかわらず米国のために戦っている二世について語った。聴衆の反響は大変なもので、われわれが軍国主義者の一掃とか、新日本の建設というような点に触れると、必ずわれるような喝采が起こった」。

氏名　島村イサオ

履歴　国民学校卒、二四歳。村役場の役人、歩兵部隊、一九四三年五月に自発的に投降する。一九四四年四月に「日本労農学校」入学。

本文

「アメリカは、めかしこんだ上辺だけの国である」。これが、私のアメリカに対する以前の印象だった。自国には大量のカネと物資を保有しているにもかかわらず、他国の物資を欲しがっているからである。同時に他国を自分のカネと物資で締め付け、他国がこれらの物資に手を伸ばせないようにしている。また常に自国は世界一の国であると考えている。私はこれが今回の戦争の理由だと思った。アメリカ人が我々の学校を訪れるまで、こうした印象を抱いていた。とくに太平洋、中国および欧州の戦線の写真を見て、この考えをすでに捨て去った。写真展に行く前は、こうした写真は宣伝に使用されているだけだと思っていた。というのも、日本にいる時、私は日本人が撮影した多くの写真を見たが、それらは宣伝に利用されていたからだ。しかし写真展にゆき、これらの写真を見て、それが中国の戦線で見たものと同じ真実のニュースであることが分かった。

また太平洋、中国および欧州の最前線で優秀な武器を使用して強力な敵を攻撃しているアメリカ兵の勇敢な姿を見た時、「めかしこんだ上辺だけ」という印象は消え失せてしまった。

とくに私が感動したのは、パラオ島上陸作戦*についてである。アメリカ軍は敵の激しい銃撃に見舞われながらも小船で勇敢に上陸した。

＊　一九四四年九月一五日、日本軍が占領していたフィリピン東方パラオ群島のペリリュー島にアメリカ軍が上陸作戦を展開した。日本守備隊は二ヶ月余り抗戦の後玉砕。

これらの写真を見て、アメリカ人が国際法に則り、敵の兵士を可能な限りのあらゆる手段を尽くして寛大に処遇したことを知り、アメリカは他国を見下すような国ではないことを深く理解した。この国は愛を知っていることが分かったが、それについて私は依然として疑いを抱いていた。というのも心の中に強い偏見があったからだ。

しかし、一二月八日の会議に参加し、エマーソン氏とアリヨシ軍曹の講演を聞き、これまでの偏見をすべて捨て去った。

エマーソン氏は、「アメリカは平和を愛し、すべての紛争を平和的な手段で解決することを望んでいる」と語った。例えば、大東亜戦争が勃発する以前に日本の軍部は約六〇〇もの戦闘を起こしてアメリカを挑発したが、アメリカは日本に対して極めて寛容だった。これを聞いて私は、またしても非常に恥ずかしく思った。

エマーソン氏によれば、「ルーズベルト大統領は、一二月七日、天皇に日米間の平和維持に関するメッセージを送ったが、日本の軍部がこれを無視し、このメッセージが天皇に届く前に戦争を始めてしまった」という。日本では公表されていないこのニュースは私にとって初耳であった。日本の軍部は国民の対米憎悪を燃え立たせるために、これを秘密にしておく必要があったからだ。

日本の軍部が平和の敵であることがよく分かった。世間知らずの私のアメリカに対する印象は、ことごとく修正された。

氏名　井上ミツゾウ

履歴　中等学校卒、歩兵隊下級将校、一九三〇年入隊、一九四三年五月捕虜となる。一九四四年七月「日本労農学校」入学、三五歳。

本文

私は過去における、あるいは自分の入隊以来の日米の良好な関係についていくつかの例を挙げてみたい。例えば、斎藤〔博〕駐米大使がアメリカで亡くなった際、彼の遺体はアメリカの手によってアメリカ海軍の巡洋艦で送り返された。その他にもアメリカは、各国と親善大使を交換している。これまで、これらはアメリカの真の善意を表すものではなく、戦争回避の道具として利用されたに過ぎないと考えていた。これは私の偏見によるものだった。移住や屑鉄の輸出禁止、資産凍結など未解決の問題の責任はすべてアメリカ側にあると考えていた。それでも日本は来栖〔三郎〕大使をアメリカに派遣してこれらの問題を解決するなど、戦争回避に努めたが、アメリカはこれを拒否し、「ABCD包囲網」*を築き上げて日本を包囲し、日中間の紛争解決を妨害した、と信じていた。それ故にこそ戦争が勃発した。当然のことながら、日本がアメリカをあのように奇襲攻撃したことは正しいと思っていた。しかし、エマーソン氏の講演を聞いて、これまで起こった問題を振り返った時、アメリカは日本の恩人であったことに気付かされた。というのも、アメリカは日本文化の向上を助けて日米の貿易関係を確立した。そればかりか、日本に対して実に寛容だった。アメリカ艦パネー号が日本の航空機の爆撃によって揚子江で撃沈され、**アメリカの権利が侵害された時、アメリカは日本に抗議したものの、戦争による報復はまったく考えなかった。

* 日本の南進政策に対し、アメリカ、イギリス、中国、オランダが採った対日経済制裁を主とした包囲網。ABCDは各国の頭文字。

** 一九三七年一二月一二日、南京に近い揚子江上をパトロールしていたアメリカの哨戒艇パネー号を日本の戦闘機が爆撃し沈没させた。死者二名、負傷者四八名を出したこの事件にアメリカの世論は沸騰し、日本は謝罪して賠償金を支払った。

アリヨシ軍曹の講演では、〔アメリカ国内にいる〕日系二世の活動状況が分かった。この点についてはもっと詳しく知りたい。

写真については特別な印象はない。アメリカ軍の生活環境が分かる写真があれば良いと思う。

氏名　藤木イサオ

履歴　大学生、繊維組合役員、歩兵部隊兵長、一九三九年五月入隊、一九四三年三月除隊、一九四四年二月再入隊、一一月「日本労農学校」入学、二七歳。

本文

エマーソン、アリヨシ両氏の講演には大変感動した。

これまでアメリカに良い印象を抱いたことはなかった。それはアメリカ国民に悪い印象を抱いていたということではなく、アメリカの政策に対する印象が悪かったに過ぎない。

私はエマーソン、アリヨシ両氏の講演を聞いて、驚くと共に非常に有意義だと感じた。以前抱いていた偏見は、二人の講演を聞いた瞬間から消え去った。

実際に日本は文化、芸術、製品の輸入などでアメリカから非常に好意的な扱いを受けてきた。

一時はアメリカ製品が大量に輸入されたため、日本は「国産品愛用運動」によって国産品を保護する政策を採用せざるを得ないほどだった。私はこの運動に熱心に参加した。今でもこれは正しかったと思っている。ただし、アメリカから何かを学びたいという欲求を絶つことはできなかった。

私は一方でアメリカの文化、芸術および製品について学びたいと切望しながらも、他方でそれらを日本社会から締め出すという矛盾した考えを抱いていた。

日中戦争勃発以来、日本では「偏狭なナショナリズム」が成長した。私も例外ではなかった。

私は最も好戦的な人間の一人だった。

八路軍の捕虜になって日本労農学校に送られた当初、深い谷に突き落とされたような苦痛を感じた。しかし、真実について多少の新しい知識を得た時、私は長い夢からさめたようだった。

アメリカを新たに評価し始めたちょうどその頃、エマーソンとアリヨシ両氏が当地を訪れた。この二人の友人は、アメリカに関する正しい知識を与えてくれ、自分が日本の軍部と日本の熱狂的ナショナリズムの宣伝に騙されていたことを気付かせてくれた。

私はエマーソン、アリヨシ両氏とすべてのアメリカ国民にとても感謝している。

氏名　水野靖夫*

履歴　年齢二五歳、中等学校卒、村役場の役人、歩兵部隊一等兵、一九四三年八月捕虜となる。一九四三年一二月「日本労農学校」入学。

* 本名保谷政治。著書に『日本軍と戦った日本兵――一反戦兵士の手記』がある。ほかに「月夜の歌合戦」(『反戦兵士物語』所収)。『日中戦争下中国における日本人の反戦活動』にインタビュー記

事がある。

本文

この戦争、日本そして中国の抗日戦争に対するアメリカの姿勢ならびに在米邦人の生活状況について、私は次のように理解している。

第一に、アメリカ政府と国民は、抗日戦争を戦う中国人民に対して最大限の支援を行なっている。

（イ） 教 育

中国の軍事活動を強化し、日本の侵略者を中国から駆逐し、占領地域で苦しむ中国人民を解放するために東南アジアのアメリカ軍は、中国の空軍兵士と技術者を訓練すべく莫大な資金を投じ、勇敢な戦士を送り込んでいる。

（ロ） 経 済

中国経済を拡大させ、新しい中国の基盤を確立するためにアメリカは、技術能力を持つ若い在米中国人労働者を訓練してきた。

我々は、アメリカの輸送部隊がヒマラヤの高い山を越え、武器、物資、弾薬そして食糧を、日夜を問わず送り続けていることに大変感謝している。

（ハ） 衛 生

アメリカの陸海軍の軍医、衛生部隊、看護婦そして赤十字の職員は、生命の危険を冒してまでも最前線の困難な環境のなかでそれぞれの職務に従事している。

第二に、アメリカ軍の日本軍に対する態度について。

アメリカ軍が、ほんの数分前まで敵として戦っていた日本軍の負傷兵を治療し、輸血している様子を写した写真に感銘を受けた。その反面、日本軍が現在おこなっているアメリカ軍兵士への残酷な処遇は日本人の恥であると感じた。

第三に、パラオ島上陸戦について。

アメリカ軍が勇敢にパラオ島に上陸し、自国の防衛と恒久的な世界平和に命を懸けたという事実から判断して、日本の軍部による「アメリカ人は死を恐れる臆病者である」という主張は、捏造された真っ赤な嘘であることが分かった。アメリカ軍のこうした勇敢で確固たる態度は、アメリカの勝利を決定づけることになろう。アメリカ兵士の士気と心情から判断するに、彼らは侵略者に対して絶対に妥協的な態度を示さず、最後の最後まで戦い抜くと断言しうる。

第四に、第二戦線によるフランスの解放について。

アメリカ大統領ルーズベルトは、国民の支持を背景に、財政、物資、人的資源のすべてを動員して世界中の人々が期待していた第二戦線*を開き、ドイツのファシストに戦いを挑んだ。そして侵略者ドイツの占領地域で苦しめられてきた人々を解放し、世界の恒久平和を維持したのだ。その結果、非常に多くのドイツ兵が覚醒し、集団でアメリカ軍に投降した。

＊ 連合国軍がナチス・ドイツを東西両側面から攻撃するために設けた計画。一九四四年六月六日、英・仏・米を中心とする連合国軍がノルマンディーに上陸、ドイツ軍との決戦の火ぶたが切って落とされた。

数多くの日本国民もアメリカ軍によって解放されてきた。それればかりか、負傷兵は病院で快適に療養し、看護婦や衛生兵の手厚い治療を受けている。

これらの写真を見た途端、私は非常に興奮した。日本兵もこの写真を見たら間違いなく覚醒するだろう。無数の兵士が旗を捨て、銃を日本に向けて、アメリカ軍とともに我々の敵〔日本の軍部〕と戦うだろう。

次に、これらの写真からフランス人の少女たちがいかに幸福で元気であるかが分かった。彼女たちはドイツのファシストの残酷な支配から連合国によって解放された。これらの写真を見れば見るほど、アメリカの方針の正しさを確信する。新しい民主主義国家日本がすぐに誕生することを願っている。

一二月八日の討論会について

エマーソン氏とアリヨシ軍曹が当校を訪問すると聞いた時、私は非常に嬉しく感じて、彼らの講演を心待ちにしていた。両氏が当地を訪れ、講演をしてくれるとはまことに有り難いことだった。彼らの講演の要点は次のとおりである。

第一に、太平洋戦争前のアメリカの外交政策の内容とアメリカ国民の態度について。

この点についてエマーソン氏は、日米関係の歴史と日本軍部の意図を明確に分析した。講演の中で彼は次のことについて分かりやすい説明をしてくれた。日中事変は、日本軍部が引き起こしたものであること。日米の和平交渉の経緯。日本の独裁体制の下で日本の大使には何の権限も与えられていないこと。ルーズベルト大統領は天皇と駐日大使グルーにメッセージを送り、和平交渉に努力したことなど。これらの話の後、日本軍部の意図について聞かされ、私は動揺した。私は軍部を打倒し、新たな民主国家を樹立するために努力してゆきたい。

第二に、在米邦人に対するアメリカ政府の態度、彼らの生活環境そして戦争に対する態度について。

これまで私はこの問題について何も知らなかったので、大いに関心をもって聞いた。このテーマについてアリヨシ氏は何枚かの感動的な写真を使って説明し、日本軍部の欺瞞に満ちた宣伝に反論した。

第一に、真珠湾攻撃に対する日本国民の態度について。日本の爆撃機が真珠湾において多くの日本人を含むたくさんの人々を爆撃し、爆撃機が去った後では日本人がいかに迅速に負傷したアメリカ兵の救済を開始し、アメリカ人と協力してハワイの防衛を強化したかについて聞かされた時、私は感動するとともに、日本軍部の残虐な行為に嫌悪感を抱いた。

日米間の良好な関係を樹立するとともにアメリカを防衛するため、一四〇〇人にものぼる日系人たちが自発的にアメリカ陸軍第五軍に志願して、アフリカ、イタリア、イタリアとフランスの国境地帯に赴き、大きな戦果を上げたのである。

第二に、日系人に対するアメリカ政府の態度について。

戦争が勃発するとアメリカ政府は直ちに日系人を前線から撤退させ、彼らの生命、財産およびその他の自由を保護した。

その後も引き続き、日系人の地方議員をアメリカの市政に送ることができ、在米邦人には言論の自由や自分の意見を大統領に提案する自由がある。ここに述べたことは、これまで信じることができなかったことばかりだ。日本側を振り返ってみると、捕虜になったアメリカの医師や教授たちは、日本の中央捕虜収容所に収容されている。

私はアメリカ人に感謝しており、終戦後、日本の軍国主義者を法廷に送ることができれば良いと思う。

私はアメリカ軍の生活環境や捕虜への待遇に驚いた。これによって民主主義国家の力やアメリカ国民の意思を推しはかることができる。ある日、私はアメリカ人視察団の歓迎パーティーに出席した。そこでポイセイ大佐が兵士たちと一緒に歌を歌う様子を見た。そして彼らがいかに幸福で陽気であるか理解できた。日本軍の中ではそのような光景は見たことも聞いたこともない。

私の希望としては、我々の状態がアメリカ国民に伝えられ、アメリカ国民が置かれている状態に関する情報がすべての人々に頻繁に伝えられることを切に願う次第である。

最後に、一つお尋ねしたい。日本の戦争捕虜の処遇にあたって、アメリカが採用している教育、経済、組織等々に関する方法はどのようなものなのでしょうか。

氏名　勝山三郎

履歴　高等学校卒、年齢二四歳、一九四二年入隊、一九四二年七月中国到着、一九四三年一月捕虜となる。一九四四年二月「日本労農学校」入学。

本文

私のアメリカに関する知識は極めて単純で誤ったものだった。これまでは、アメリカが非常に裕福で文化的な国であることを知っていただけだった。アメリカは、政治的には自由主義の国だ、というのが私の知るすべてであった。日米関係については、何も知らなかった。しかし、本日、エマーソン氏とアリヨシ軍曹の講演を聞き、両国関係についてある程度理解し始めたところである。

徳川時代末期のペリーの浦賀来航から今回の戦争前夜に至るまで、アメリカは日本と真の友好関係を樹立しようと努力してきたことが分かった。アメリカは日本社会の発展に力を貸してきた。また大正一二年に起きた関東大震災の時のアメリカの姿勢について、また今回の戦争前に日米間の対立を平和的に解決しようとアメリカがいかに努力したかについて私は理解できた。

これらの事実から、私は戦争の責任は日本側にあると確信している。

一九四一年一二月八日午後一一時、日米間に戦争が勃発し、日本軍が真珠湾で大きな戦果を上げたことを、私はラジオの臨時ニュースで聞いた。その時、私はそのような戦果を非常に誇りに思い、「米英を撃破すること」について友人と語り合った。しかし、真実を知った今では、自分が何と愚かであったかと思う。

日本の軍部は、長年にわたって南太平洋における侵略戦争に備えてきた。準備が完了すると同時に、来栖大使をワシントンに派遣してアメリカを騙し、アメリカと他の国々を丸め込んだ。同時に日本は真珠湾を奇襲した。私は日本人としてこの行為を恥ずかしく思う。

この戦争で日本国民は何を得たのだろうか。中国での侵略戦争を例に取ると、開戦以来、日本国民は悲惨な生活を強いられ、何も得る物がなかった。

日本の軍部は打倒すべきであり、彼らの運命は風前の灯であることは疑う余地がない。アメリカ生まれの日本人が太平洋戦線でアメリカ軍とともに日本の軍国主義者と勇敢に戦い、欧州でヒトラーを撃破する様子を撮影した写真に私は大いに感動した。日本国民は他の国民と同じように、平和と正義を愛するが、日本の軍国主義者に騙されてきたのだ。

幸運にも我々は八路軍に救われ、彼らから多くのことを学び、日本軍部の打倒と、日本人民の解放を掲げる連盟のメンバーとして活動してきた。これは我々にとって名誉なことである。米中両軍が緊密に協力し合って日本人民を軍国主義的な帝国主義者の手から解放できることを私は期待している。

氏名　奥山ススム

履歴　国民学校卒、二五歳、バスの車掌、一九四〇年入隊、一九四四年八月捕虜となる。一九四四年一〇月「日本労農学校」入学。

本文

一　写真展の印象

これまで私はこの工業国に恐れを抱いていた。そして新しい戦争化学兵器が今回の戦いの間に製造されるだろうと考えていた。

写真展を見て、そのような兵器が製造済みであることが分かっただけでなく、その使用方法や目的についても理解できた。

再び、これらの写真はこれまで私が抱いていたアメリカに対する印象を塗り変えてくれた。

これまでアメリカ人に対する印象は、彼らは別の人種であり、目も髪も我々とは違っていて、鬼のように見える恐ろしい存在だった。しかし、これらの写真には解放されたフランス人が写っていて、外国人はそれほど恐ろしくないことが分かった。そればかりか、エマーソン氏に会い、彼と話してみて、アメリカ人が非常に親切であることが分かった。

二　日米関係に関するエマーソン氏の講演を聞いた。アメリカは日本との戦争を望んではいないのだが、戦わざるを得ないのだと聞いて、私はアメリカ国民に対し強い共感を持つようになった。

アリヨシ氏の講演を通じて私はアメリカの外国人に対す

る姿勢と在米邦人の生活環境について知ることができた。その結果、アメリカ人への憎しみを捨て去った。

我々は、アメリカのことを知らない日本兵や日本国民に真実を知らせる必要がある。

氏名　岡村ケイイチロウ

履歴　高等小学校卒、二四歳、労働者、歩兵部隊一等兵、一九四二年七月入隊、一九四二年八月捕虜となる。一九四二年八月「日本労農学校」入学。

本文

日本の軍部は「日本軍が南太平洋のすべての島々を占領すれば、砂糖やその他の物資を日本に運ぶことが可能となり、国民の生活は大幅に改善される」という宣伝を常に行っていた。しかし、日本国民の生活は改善されるどころか悪化する一方である。

エマーソン氏の講演を聞いてはっきりと分かったことは、アメリカはこの戦争の回避に努めたが、日本の軍国主義者が武力に訴えようとしたことである。したがってアメリカは、日本国民を軍国主義者の手から解放し、戦争が存在せず世界中のすべての人々が楽しく陽気にくらせる社会の樹立を目指して、日本の軍国主義者と戦わざるを得なかったのだ。このような姿勢から、アメリカは日本国民をけっして敵とみなしていないことが明らかである。私は、これは真実だと思う。

現在アメリカ軍が日本人民から成る連盟と同じ大義を共有し、互いに協力して日本の軍国主義者と戦っている事実から判断して、私はエマーソン氏の話の内容は正しいと考える。

さらにアメリカ軍と共に戦っている日系二世の生活状況に関するアリヨシ軍曹の講演は、軍国主義者の欺瞞に満ちた宣伝を暴露するのに十分だった。私にはアメリカ人が日本国民を敵とは見なしていないことがはっきりと分かった。在米邦人が日本の軍国主義者を憎み、アメリカ軍と共に戦っているという事実を聞いて、私は大変嬉しかった。今後、我々は軍国主義者と戦う努力を強化してゆく必要がある。

氏名　飯島ミ〔原文不明〕

履歴　中等学校卒、三〇歳、小売商、歩兵部隊一等兵、一九四三年二月入隊、一九四四年九月捕虜となる。一九四四年一〇月「日本労農学校」入学。

本文

一　戦争が始まった後、日本が日米間の紛争を平和的に解決する提案を行なったが、アメリカがこれに同意せず戦争が勃発したと日本では聞かされていた。私はそれを信じていた。しかし、エマーソン氏の講演を聞いて、アメリカ大統領が天皇にメッセージを送り、平和的な交渉による紛争解決を提案したことを知った。アメリカはまったく戦争準備をすることなく戦争の回避に努力したのだ。今、私は日本の軍国主義者の宣伝は欺瞞に満ちた道具に過ぎなかったことを理解した。

二　戦争が始まった後もアメリカは、日本の風景の美しさや素晴らしい家族制度など日本の長所を常にアメリカの雑誌や新聞で賞賛した。こうした点から考えてみても、私はアメリカは日本を自分の植民地にしたり、廃墟にしようなどと考えていなかったと確信している。

三　以前、在米邦人はアメリカ人によって皆殺しにされたと聞いた。しかし、実際には民間人だけでなく、負傷した日本兵までもがアメリカ人によって手厚い処遇を受けている。

四　アメリカでは、兵士やその家族の暮らしは日本よりはるかに良好である。

五　アメリカでは、兵士の方が将校より良い暮らしを送っている。これは日本とは異なる点である。この点は、まさにアメリカが真の民主主義国家であることを証明しているといえよう。

六　イタリア戦線で勇敢に戦った日系二世たちは、真の愛国主義者である。我々は彼らから学ばなければならない。

七　連盟が国際的な友人を歓迎し、日本の軍部打倒に向けて彼らと協力できるかどうかという点はきわめて重要である。

写真展の印象

「大和魂」を鼓吹しているような日本が、航空機の製造や化学の分野において、アメリカに太刀打ちできるわけがない。日本よりはるかに強力な生産力を誇るドイツでさえも、その正義と化学の前に、各戦線で連合国に投降しているのである。

アメリカの爆撃機がサイパンを爆撃した際に日本国民が混乱に陥ったであろうことは想像に難くない。しかし、ファシストの軍隊の戦闘能力を弱め、新たな民主国家を樹立するためにも、私はこれらの爆撃機に大いなる感謝の気持ちを表したい。

戦争中、日本では数多くの工場が建設された。これらの工場が破壊されない限り、日本の軍国主義者は戦争を止めないだろう。したがって、我々は日本の軍事施設を徹底的に爆撃して、早急に新しい民主国家を樹立しなければならない。

氏名　春日ノボル

履歴　大学卒、四二歳、上海領事館の事務員、新民会*(日本のファシスト組織──英文訳者注)顧問。

* 一九三七年、華北の占領地域に日本軍の肝入りで成立した中華民国臨時政府を支えるための宣撫目的の組織。地域・職能別に中国民衆を組織化し、幹部には日本人を配置した。日本の敗戦で消滅。

本文

エマーソン氏の講演によれば、日米通商条約の締結以降、アメリカは日本文化の向上に努め、自国の文化を日本に輸出し、とりわけ学校の設立に向けて対日投資を行なった。すなわち、アメリカは日米両国間の真の友好の確立に最善を尽くしてきたのだ。

アリヨシ軍曹は講演のなかで、アメリカにいる日本人がアメリカ政府と国民から手厚い処遇を受けている事実について語った。この点を考慮しただけでも、日本人がアメリカでいかに幸福で元気に暮らしているかがよく分かる。同時に、日系二世がアメリカの勝利のためにアメリカ国民とともに武器を取って戦っているという事実は、彼らがアメリカの好意に報いようとする現れである。この事実はアメリカ人がいかに日本国民に親切であったかを如実に物語っている。

我々は、過去や将来を問わず、常に日本人に親切な態度を示すアメリカに深く感謝している。しかし不幸にも太平洋において日米間に戦争が勃発した。この戦争の直接の原因は真珠湾攻撃である。これは日本の軍部の裏切りによるものだった。しかし、一部の日本人は、何故日本の恩人であるアメリカと戦争をしなければならないかという疑問を抱いている。アメリカの政策に何らかの落ち度があっただろうか。いずれにしても、私は太平洋で今回の戦争を引き起こした責任は日本の軍部の側にあると考える。戦争回避に努力し、深刻な状況下にあっても、日本国民に平和的に手を差し伸べたアメリカに対し、私は最大級の賞賛を送りたい。

宣伝写真を見て、アメリカの化学は「日本の化学」よりはるかに優れているという印象を抱いた。さらにこれらの写真を見て、日系二世から構成される軍隊の活動およびアメリカに住む二世たちの生活状態がよく理解できた。

私はこれまで軍国主義教育を受けてきた。つまり軍人魂と封建制度が持つ侵略の精神である。「我々はむしろ玉砕を望む」というスローガンは、軍人魂を表したものである。この精神こそが独裁政権を樹立し、侵略戦争を推し進めてきた軍部が持つ唯一の武器なのである。アメリカを見ると、彼らはすべての人々が幸福な生活を送ることのできる幸福な世界の確立に向けて全力を尽くしている。この事実は、エマーソン、アリヨシ両氏の講演や正面に置かれている写真からよく理解できる。つまり、アメリカは国際主義の正義の基盤に立って、アメリカにいる日本人を紳士的に扱っているのである。しかし日本では反対に、「玉砕」という言葉が人々を徒らに死へと追いやるだけである。これを「ヒューマニズム」の観点から考えてみても、ヒューマニズムというものは真の民主主義国家においてのみ持続しうるものだと言えるのである。

世界における新たな生命線の形成に向けて人民戦線で長らく不動の地位を占めてきたスローガン「アメリカ万歳」を私は声を大にして叫びたい。

氏名　上野トモイチ

履歴　小学校卒、三〇歳、労働者、一九四一年八月捕虜となる。一九四二年一一月「日本労農学校」入学。

本文

私は、これまでアメリカの状況についてあまり知らなかった。アメリカは豊かではあるが良い国ではないと思っていた。政治については、民衆が大統領を選ぶ大統領制は日本の天皇制とは違うと思っていた。こうした点から見ると、戦争はアメリカにとってけっして好ましいことではない。その上、アメリカの兵士は金につられて入隊して来るので、戦争が始まると彼らは命懸けで戦わないだろう。したがってアメリカは最後には戦争に負けると考えていた。しかしこのような考えは、八路軍に来て、そこで多少学習して変わってしまった。さらにエマーソン氏とアリヨシ軍曹の講演を聞いて、日本で聞かされていた内容の多くが真実ではないことが分かった。また日米は古くからの親密な友人であることもよく分かった。しかしアメリカとの和平交渉を拒絶したのは日本の軍部である。新聞、雑誌、書籍などには常に何かしら我々を侵略戦争に駆り立てるような反米的記事が掲載され、ついに彼らは兄弟同然の友人に対し戦争という手段に訴えたのだ。アメリカは平和を守ろうと努力したが、日本の軍部がこれを拒絶したために戦争が勃発してしまった。

そればかりか、エマーソン、アリヨシ両氏の講演の中で「日本人は実に同情すべき状況に置かれている」。「我々は日本の軍部を打倒し、日本人民とともに戦い、日本に民主主義国家を樹立しなければならない」という話を聞いたが、私の頭の中でアメリカの意図が鮮明になった。

次に、私はアリヨシ軍曹の講演を聞き、次のような印象を持った。大東亜戦争が勃発する以前、すべての在米邦人は戦争が始まるので日本に帰国した、と聞かされていた。しかしアリヨシ軍曹の講演を聞き、写真を見、アリヨシ軍曹にお会いして、在米邦人はまったく帰国していないことが分かった。帰国した人たちが多少いたかもしれないが、多くの日本人は今もアメリカに住んでいる。日本の爆撃機が真珠湾を爆撃したとき、これらの人々は非常に驚いたと思う。否、このような行為は恥ずべきものと感じ、彼らはこれを憎んだ。したがって日系二世たちが自発的にアメリカ軍に参加したとしても驚くにはあたらない。もしファシストの軍隊が世界に残っていれば、世界の平和はけっして守られないことを彼らは知っていたからである。

一つ質問をしたい。アメリカの将校と兵士への給与の支払いについてであるが、兵士の方が将校よりも多く支給を受けている。これは一体何故なのだろうか。

アメリカは世界の幸福のために国際法に則り戦争を遂行していることは間違いないと私は考える。

アメリカの友人や二世たちと我々が固く手を取り合い、もっとも非道な敵・日本の軍部と戦うことを私は期待したい。

これらの感想は、一九四四年一二月に書き留めたものである。

延安リポート　第四二号

ポウェイ*の反日ビラの批評

* ポウェイの場所については、本リポート第一七号の注参照。

延安の日本労農学校の学生(日本人捕虜)と日本人民解放連盟の宣伝委員会はポウェイ、重慶、南洋地域で作成されたビラについて見直しをし、その批評を行った。個々のビラは、教育的・文化的背景、捕虜期間(数ヶ月から六年間)、再教育や転向の度合いに基づき分けられた八路軍捕虜の代表から構成された各セクションに回覧された。ここで提起された批評は、宣伝委員会によって要約されたが、その際、彼ら自身もビラを批評し、いくつかの提言を追加した。

一見すると、その批評は率直で、なかにはかなり不躾なものも散見された。これは、学生が包み隠すことなく正直な意見を述べ、我々にとって最も役立つ批評にしようとしたためである。全部で約一〇〇名の学生たちがビラを批評し、この仕事にかなりの時間を費やしたが、それは彼らの望むところでもあった。宣伝委員会のメンバーは、この意見を相手側である我々に説明するために、参加者に署名を求めた。それと引き替えに、我々にも華北や華中で作成された日本人民解放連盟のビラを同じ様に率直に批評するよう依頼があった。そうすることにより、互いに協力し合って最も効果的な反日ビラの作成が可能になるからである。

批評は以下のことを示している。

(一)日本兵士はかなり危機的状態に追い込まれている。

(二)我々はビラの題材を厳選し、質の高いビラを作成するように心がけてゆくべきである。

(三)我々は、不必要にきつい言葉や表現を用いて日本兵士の感情を逆なでし、敵愾心を植え付けないように常に注意しなければならない。

(四)我々は、簡潔、明瞭、かつ要点をしっかりと見据えてビラを書く必要がある。

(五)我々は、理を説くだけでなく、相手の気持ちに配慮しながらビラを書き、相手の感情に訴えるようにしなければならない。

以下は、ポウェイの反日ビラの批評を訳出したものである。*

＊　ビラの写真を掲載したものは、該当番号の横に傍線を付した(以下同)。

一　生きてこそ大和桜＊　XJA―一五〔写真はXJA―一五A〕

＊　カール・ヨネダ『アメリカ一情報兵士の日記』(以下、ヨネダの日記)によれば、ポウェイのビラ作成は、エマーソンが指揮をとり、ヨネダがビラ起草の主たる担当者になった。そしてこのビラは、ヨネダがエマーソンに勧められて書いた初めてのビラであった。「私の起草した投降文はエマーソンによく出来ているといわれ、G2(参謀部)のOKを得て二万枚を印刷し日本兵に撒布された。……この伝単で投降した日本兵は一人もいなかった。もっと修正改善する必要があった」(四四年四月一七日。以下、年月日はすべてヨネダの日記による。ただし、日記中日付がはっきりしない記述は月のみ記す)。

タイトルは比較的良くできているが、日本では普通「大和桜」という表現はしない。

図中の中国人が銃を携えているので、日本人は監視下に置かれた捕虜のような印象を受ける。日本人捕虜がもっと幸せで楽しく暮らしている様子を見せた方が良い。＊

＊　ビラは表の図柄の違うものが二つ作られたが、本書収録の写真にはここに言う図柄の方は欠けている。山極晃『米戦時情報局の『延安報告』と日本人民解放連盟』の別冊「ビラ図録」には二つとも見える(四三頁第8図―1)。

内容――この種のビラは、感情に訴えかけるものでなければ効果的でない。相手への思いやりのある書き方、特に家族や未来への希望について書くことで、読み手を自殺から救うようにすべきである。

言葉遣いが難しすぎる。理解させるために文章はもっと簡単かつ柔らかい調子で書くべきである。「哀れな犬死」、「無駄死」のような表現は兵士に反感を起こさせるので使用すべきではない。

「昭和将軍」という言葉が使われているが我々には意味が良く理解できない。ビラは、兵士に天皇の「忠臣」となるように説いているが、捕虜になることは不忠な行為であると教えられているので、読み手はこの考えを奇妙に思うであろう。

「中米軍司令官」の署名は、中央アメリカ軍ととられる可能性がある。(最初の漢字二文字の「中」は、日本語では中国あるいは「中心的な国」の意味がある。)もし使うのならば、中米連合軍という表現を使用したらどうであろうか。また最高司令官の名称、印および署名を使用することが軍事的に許されるのならば、ビラはより権威のあるものとなり、兵士らに好印象を与えるだろう。

注意事項の段では「同通過証」ではなく「本通過証」とすべきである。投降パスの言葉遣いはもっと優しく、感情を込めたものにすべきである。冷淡できつい言葉は、生死の岐路にいる兵士には適切でない。

句読点(終止点、読点)は明示的に使うべきである。

二　百見一目に如かず* XJM—七

* ビラは「百聞一見に如かず」となっている。ヨネダの四四年五月の日記によれば、このビラはヨネダが起草した。ビラの写真は山極、前掲「ビラ図録」に見える(四六頁第10図)。なお、『祖国を敵として』にも活字にして収録されている(四〇二頁)。

このタイトルは本文の内容にはそぐわない。しかもこれは難解な文句である。また百見〔聞〕と一目〔見〕の間に「は」を挿入する方が良い。

全般的に、本文は思慮深さと優しさをもって書かれていて比較的良い。本文に、「寛大にして名誉を重んずる支那兵及び米兵の手当を受けている」と書いてあるが、すでに連合国軍の管理下に置かれている人々の快適な生活を強調すればさらに良くなるだろう。

この種のビラでは、さらに日本軍部のデタラメな宣伝、特に日本軍が主張しているアメリカ軍の暴行や残虐行為に関するデタラメな宣伝を暴露することが重要である。

我々の多くは、捕虜の「目隠し」を顔写真に使わない方が良いと感じている。眼の部分が空白になっていたら、読み手はその写真が強制的に撮られたニセ物であるという印象を持つだろう。さらに、実際の顔の表情を伝える眼が隠されていたら、写真は陰気で病的な雰囲気になってしまう。

二頁目の写真の説明文は、「すっかり仲良しになった支那兵士」となっている。しかし、銃を持って立っている中国兵を彼らは「仲良し」とはけっして思わない。

四頁目の〔中国人〕兵士が指差しをしている写真は、読み手に反感を与える。この場面は、捕虜の日本兵が軽くあしらわれ、見下されている印象を与える。このビラの写真の中ではラジオを聴いている兵士の写真が一番良い。

全般的に、このビラからは捕虜の日本兵が楽しく生活している印象が伝わってこない。兵士たちの活気ある共同生活の様子を写した写真の方がはるかに良かっただろう。

四頁目の文章は、「したがって、貴方たちも捕虜になるまでに無駄な時間を費やしてはいけない」という印象を強く与えるものとなっている。そのような理由から、快く兵士の関心を引きつけるという訳にはいかない。この文の代わりに捕虜たちの日常生活を具体的かつ詳細に書いた方が良かった。最後に書き添えてある短歌は難解である。

写真では、兵士は帽子をかぶっておらず、伸び放題で剃っていない頭髪はだらしなく見える。

誤字　伍長が俉長となっている。また娯楽が誤楽となっている。

三　死の行進* XJM—一〇

* ビラの写真は山極、前掲「ビラ図録」に見える（三八頁第3図）。

日本兵がこのビラを読んだら、間違いなく激怒するだろう。諸君は「無智」で「奴隷もの」であるとか、「北も南も敗戦す」あるいは「飢えて千死す屍の山」など、兵士たちの神経を逆なでするものばかりである。これは、効果的な宣伝どころか、中傷的で有害な宣伝でしかない！

表紙の挿絵もひどく配慮に欠け、兵士の感情を傷つける。「千死」とは、おそらく戦死の語呂合わせであろうが、日本語にそのような表現はないので、その意味を理解するのは困難である！

歌詞は非常に月並みである。このような悪いビラは作らない方が良い。

四　ビルマーの夜* XJM—九、XJM—九A

* エマーソンは前掲の回想記で、戦後日本人捕虜たちから聞いた話としてこのビラに言及している。「後日、捕虜たちは、一枚のビラが彼らの間では有名だったとわれわれに語った。それを暗誦できるようになった者も多かったという。そのビラは「ビルマの夜」と呼ばれ（『支那の夜』は、当時日本でもっとも人気のあった歌謡曲の一つだった）、ウォルト・ディズニーのところで働いたことのあるクリス・イシイという若い二世の画家がさし絵を描いていた」（『嵐のなかの外交官』一二四頁）

もしこの挿絵で日本兵が夜の歩哨に立っているところを描こうとしたのであれば、絵からそれは伝わってこない。そこにあるのはジャングルの趣だけである。

日本語では、「ビルマー」ではなく、「ビルマ」と書く。

XJM—九Aは、XJM—九より格段に改善されている。後者は漠然としていて、読み手の心を惹きつけない。

ビラの本文は、勝利のことばかりが書かれている。このビラは自画自賛の宣伝でしかない。これは悪い例である。

もしこのビラが表題のように、「ビルマの夜」を、(一)日本の夜と結びつけ、(二)兵士の夢と彼らの家族の夢とを関連づけて描こうとしていたのであれば、兵士の感情にもっと訴えかけることができたであろう。

五　負傷兵の治療*　XJM—二一〔写真はXJM—二一A〕

* ヨネダの四四年五月の日記によれば、このビラもヨネダが起草した。

国際赤十字の徳義を用いたのは非常に良い。しかし、ビラ本文は箇条書き的で素っ気ないため、読み手は計画書か報告書を読んでいる気分に間違いなくなるだろう。本文はもっと親近感を表に出し、読み手の気持ちを配慮した文章にすべきである。

日本の負傷兵を看病している写真があれば、このビラはもっと良くなっただろう。赤十字のシンボルを深紅にし、もっと小さくすれば挿絵として挿入できたので、ビラはさらに良くなったはずである。

六　丸山大佐　何処よ*　XJM—六四

* ヨネダの四四年九月の日記に、「九月最初の伝単は、ミチナから部下を見捨てて逃げ出した無責任な大隊指揮官に関するもの」とあり、さらに一二月のところで、「ミチナの守備隊長だった彼が、陥落する数日前に部隊長、傷病兵、そして慰安婦を置き去りにして後方に遁走した無責任を徹底的に糾弾したもので、これは以前に出したものだが、さらに広く撒布するための再版である」とある。このビラは二度撒かれた。

丸山大佐の消息の説明を取り上げたのは良かったが、将校と対立する兵士を煽動するようにもっと力強く書けば、さらに効果的であった。そのためには、兵士が普段使っている分かりやすい言葉を使うべきである。

このビラの中にも、難しすぎる言葉が沢山ある。挿絵の絵も良くない。実際、切腹の儀式で使われる三宝はこれとは少し違うし、刀の代わりに短刀が使われる。

七　アンブタイの戦友達よ*　XJM—六二〔写真はXJM—五二。タイトル「安部隊の勇士達よ」〕

* 「アンブタイ」は安兵団、すなわち第五十三師団(師団長武田馨中将)。安兵団はミートキーナを目前にして命令が変わり、モウガンで戦っている第十八師団(菊兵団)の救援に向かわされた。このことが、ミートキーナの陥落を早めたといわれる(四四年八月)。

裏面本文の内容の方が、表のものより良い。その理由は、日本軍司令官の非人間的な厳しさと残酷さが表現されているし、書き手はメッセージを兵士の感情に訴えているからである。もっと力強く書けばさらに良くなっただろう。

表の文は、おそらく読み手の反発を買うだろう。それは、アメリカ軍の優位性と力のみを強調しているからである。それ故に読み手は投降し、降伏しろと言っているように聞こえてしまう。

他のビラと比較して、このビラは難しい言葉が少ないが、「諸兵」、「来光」などの奇妙な言葉が使われているのは良くない。

八　「万死に一生」今なり*　XJA—一六

* ヨネダの四四年五月の日記によれば、このビラもヨネダが起草した。

このビラはお粗末である。日本軍の敗戦の事実しか強調していない。さらに、兵士たちを「汝等」と蔑称で呼びかけている。これは、必ず彼らの怒りを買うだろう。日本軍を降服へ導くために、彼らが危機的な状況の中で包囲され、彼らの絶望的な状況を知らせる意図でこのビラが書かれたのであれば、言葉遣いは簡潔にし、文章は日本兵の反感を買わないように書くべきである。さもなければ、好ましい結果は得られない。さらに、日本軍の敗戦を繰り返す代わりに、彼らがなぜ負けたのかを分かりやすく兵士たちに語った方がより効果的であったと思う。

この文体は非常に難解である。

この種のビラは使用しない方が良い。

九　前線にての想出に*　XJM—二〇

* ヨネダの四四年五月の日記によれば、このビラもヨネダが起草した。

このタイトルは本文の内容に相応しくない。

これは死亡した日本兵の日記であるとはっきりと説明した方が良い。さもなければ、アメリカ軍によって偽造された日記であると、読み手が考える可能性がある。我々学生の約五〇パーセントがそのように考えた。

日本軍は兵士が日記をつけることをかなり以前に禁止したが、書くことの好きな者は今もなお日記をつけている。さらに、ビラ本文が日記からの抜粋であると明記されていなくても、それを隠す必要はない。日本軍司令部は、それらが日記の抜粋であるとはっきりと分かるからである。

もし、〇〇中尉と、〇〇軍曹が死亡しているのであれば、彼らの名前を出しても一向に差し支えない。そうすれば、兵士たちはもっと深い印象を受け、ビラの信用度も高まるだろう。

三頁目の説明は、「アメリカ軍が日本の補給船を沈没させているので、君達は食糧が不足しているのだ」ということを言いたいように見える。これは実に敵のために宣伝をやっているようなものである。

概して、前線にいる日本兵の逆境に関するものと、兵士をそうした状況に追いやった軍の向こう見ずな政策を指摘したものとの両方について、配慮しつつ書いた方がはるかに良いだろう。このやり方によって、兵士の不満は軍部に向けられてゆくに違いない。アメリカ軍への憎悪や不満の気持ちを起こさせるものはすべて避けるべきである。三頁目の挿絵は誇張された印象を与えるので適切ではない。

四頁目の説明は曖昧である。兵士に対しもっとはっきりと(不躾ではなく)指示した方が良いだろう。

一〇　日本兵士よ*　XJM—六

* ビラの写真は、山極、前掲「ビラ図録」に見える(四二頁第7図)。

「ビルマは将に絶海孤島の宿命を追ふ」。ビルマの兵士たちはなぜ死にもの狂いで戦っているのか。その理由は、アメリカが日本の補給ラインを脅かしているからである。このようなビラは、おそらく日本兵を苛立たせ、マイナス効果を及ぼすものと思われる。

軍の向こう見ずな戦争計画の結果、国民が食い物にされていることを示す方が良い。

一一　飢餓を求むか、それとも据ゑ膳を喰ふか?　XJM—一一

表題も内容も「我々の側に来い。そうすれば美味しい食べ物を与えよう!」と言っている。このような意図があまりにもあからさまに表現されていては、必ず日本兵の反感を買うだろう。日本兵であれば、間違いなく「我々は犬ではない。たとえどんなに我々の苦しみが大きくとも、絶対に餌におびき寄せられた挙句、捕虜などにはならない!」と言うであろう。

「空腹か」というような言葉遣いは、「許容限度」を超え

ている。

日本兵を投降させようとする際に、物質的な処遇の良さを語るだけでは彼らの心は動かない。日本では昔から、教育において精神面を強調し、物質面は軽視されてきた。そのため、このビラは「アメリカの絶対的な物量主義」に眉をひそめ、反発している軍部にうまく利用されてしまう。

写真に関しては、このビラを見た兵士たちは、食べ物の写真を撮るだけなら撮影用にいくらでも並べることができると思うであろう。

それ故、この種のビラでは、実際にアメリカ軍から丁重に扱われ、生活を楽しんでいる多くの日本兵の写真を載せた方がはるかに良いだろう。捕虜となった兵士たちが何故に、どのようにして、そのような幸福な生活を送ることができるのかを説明することが重要である。

一二　死戦を越えて誤戦となり＊　誰の責任か　XJM―四八A

＊ヨネダの四四年八月の日記によれば、このビラもヨネダが起草した。「二万枚以上を印刷、編集部も「上出来だ」とOKした。ところが俘虜「五人組」の反応を得るのを忘れていた。彼ら曰く、「五銭や一〇銭銅貨は千人針と同じく災難よけ、または命拾いのお守りで神聖なものである。これを皮肉ることは日本兵を侮辱することである。宣伝の効き目はあべこべになる」という。あわててこの旨を日本部に報告し撒布を中止した」。四八―Aから四八―Eまでの五枚のビラには表に同じ絵が色違いで描かれているが、これらはいずれも実際には撒かれなかったようである。

敵の言葉、すなわち小磯の演説を利用したのは良い。しかし演説をただ繰り返しただけでは、戦争責任が誰にあるのか、読み手には分からない。説明を多少付け足し、責任は軍部にあることをはっきりと示せ。

「米英」から「達成」までの文章は必要ないし、付け加える意味もない。

次の爆撃目標は？　XJM―四八B

このビラは同時に、日本兵たちに「自分たちが前線で戦っている時に誰の郷里が危機に陥っているのか」という不安をもたらすように思う。この危機的状況は、無能な軍部によってもたらされたことも強調すべきである。

「敗け戦」、「仮借なき爆弾の見舞」などの言い方は間違いなく日本兵を苛立たせ、怒らせるだけなので避けた方が良い。これらの言い回しは文中では必要ない。さらに、この表題は読んだ者を簡単に怒らせてしまうだろう。

海軍は何処?　XJM—四八C

このビラはとても良い発想だ。「海軍は何をしていて、何処にいるのだ」という疑問は、今では国民の誰もが心の中で抱いており、表だってこの質問を発し始めている。

さらに東条の発言を引用したのは良かった。

結論で、この攻撃は軍部に対してのみ行われたものであることに触れておけば、もっと良くなったと思う。またビラが軍部と国民・兵士の間にくさびを打ち込むことができれば、さらに良いものになったと思う。

責任は重し　XJM—四八D

冒頭の「戦陣訓」からの引用は、一段と激しく戦おうという兵士たちの戦意を高めさせることになると思う。この引用は削除すべきであった。そして兵士らにすべての苦難を負わせた丸山大佐の無責任さを、より強調すべきであった。

印度侵入失敗!　XJM—四八E

弓兵団長*の言葉と、大本営の発表の関係を兵士たちが理解するには無理が伴う。「戦線を整理し次期作戦準備中」という弓兵団長の発言を読み、それとその前に述べた言葉とを比較して、部隊の作戦が失敗に終わったと理解できる兵士はほとんどいないだろう。

＊　弓兵団は第三十三師団(師団長は田中信男中将(ビラでは「田中信夫少将」))。

加えて、最後の説明がよく理解できない。

このビラは効果的ではない。

概して、この種のビラは短い方が良い。兵士たちは「戦死を超えて等々」の言い回しを、日本軍敗戦の痛烈な冗談と捉え、その結果、激しい敵意を抱くことになろう。他の言い方に変えてみてはどうだろうか。

一三　何故給与品が俺等の手に渡らないのか?　XJM—五三

このビラはスケッチが連続しているので大変面白い。しかし九番や一〇番のスケッチのように、アメリカのせいで給与品が入手できないと兵士に思わせてしまう。イラストはあまりに思わせぶりである。

このビラは次のように改善できると思う。日本から運ばれてきた給与品は、いろいろな将校らによってさまざまな場所で「略奪され」、「抜き取られる」ことを示すのである。また酒など給与品の恩恵に浴している将校らの晩餐の様子を伝えるのだ。この気楽で快適な暮らしを前線の兵士や下級将校の生活と対比すれば、後に彼らは、後方に留まっている部隊長や高級将校に対して怒りや不満を持つようになるであろう。

可能であれば、日本軍内部におけるこうした不法行為の具体的事例を日本人捕虜から入手することだ。

そうした事実に基づいたビラは、最も良いものである。

一四　日本の勇敢なる戦士諸君！*　XJM―三三

* ヨネダの四四年六月の日記によれば、このビラはヨネダが日本人捕虜「五人組」の手助けを得て発行したビラの一つである。

日本の軍部は「連合国軍はハンブルグとベルリンの軍事施設と居住地区を無差別に爆撃した。これは実に残虐、冷酷で非人道的である」と発表している。

このビラは、要するに軍部による偽りの宣伝を全面的に裏書きしていることになる。冒頭で、ビラの書き手は、故郷を思う兵士たちの気持ちを動かそうと努力を傾注している。しかし後半では、家族が悲惨な爆撃を受けていると述べることによって、兵士たちの恐怖を募らせようとしている。これでは良い結果は得られない。ただ単に彼らの敵愾心を煽り、軍部の宣伝を支持することになってしまう。

このビラは次のように改善できると思う。アメリカ軍はやむを得ず日本を攻撃している。しかし日本国民を標的にしている訳ではない。軍事施設や軍需工場が標的である。国民がこのように苦しまなければならないのは軍部に原因がある。軍部は国民により多くの塹壕を掘るように叱咤し、強要しているだけである。彼らは号令をかけるだけで、国民の生活を少しも支えようとはしていない。それ故、世界の中でも日本の都市部の空襲防衛対策は世界で最悪である！　この全責任は軍が取るべきである等々。

文章は、郷愁を誘い、心に強く訴えるように書くのは当然である。

四頁目に「ヒトラー、ムッソリニーの如き狂人」とある。この二人は英雄であると日本人は教え込まれているので、解説なしでは、「本当の意味」を把握できないであろう。「天皇陛下の平和を望む……」と書かれているが、軍が独断で戦争を始めたことを兵士たちに理解させるには、解説が必要である。さらに、「諸君の愛読する『源平盛衰記』」と書かれているが、兵士の大部分はこの本を読んだことはないし、言うまでもなくそれを評価することもできない。引用文も難解である。

もしビラの書き手が、文学的な作品を創ること、あるいは美文調の文体で書くことに努めているのであれば、言葉遣いが一般の兵士には難しすぎて、内容を把握できないであろう。

一頁目の冒頭にあるのは、古歌である。概して、兵士たちはこの意味をすぐには理解できないと思う。

一五　あはれミチナ*籠城軍の最期　XJM―四七

* ミートキーナ Mitkyina. ビラに「ミチナ」とあるのは現地の呼び名。ビルマ鉄道の終点に当たるビルマ最北端の都市。アメリカは、インド・アッサム州のレドからミートキーナを通り、バーモを経て中国雲南省に通じる「レド公路」を開こうとしており、ここを死守しようとする日本軍との間で激戦が展開された。当時従軍記者としてバーモにいた作家火野葦平は、米軍機が撒いたこのビラを拾ったと書き記している(「「死の筏」について」(藤野英夫『死の筏――ミイトキナの激戦』所収)。

このビラは良い。兵士たちの勇敢さに敬意を払っているし、兵士の身になって書かれている。一方、指揮官たちの卑怯さを暴露し、攻撃している。他のビラと比較すると、文体は非常に簡潔で内容も分かりやすい。

しかしあえて欠点を挙げるとすれば、最初に指揮官の卑怯さ、無責任さを強調した表題を付けるべきであった。さらに兵士たちの感情に訴えかけ、彼らを衝動的に動かしてゆくものに欠けた内容である。またビラは「内地の戦争責任者」という表現を用いているが、これは理解しにくい。「軍部」、「軍閥」、「軍事指導者」などの言い方をした方が良かった。これらの言葉は同様の場面で日本でも使われている。

指揮官たちの行動を攻撃するのに「武士道精神」を強調したことはこのビラのもう一つの良い所である。

一六　日本空軍の反撃、逆に命取り　XJN―四八

日本の軍部は、日米の空軍戦力に格段の差があることを認識している。さらに、前線の兵士たちも敵方の優勢を自

身の身を通じて十分に経験していると我々は感じている。このビラは、このことを兵士たちにだめ押ししようとしている。「生意気に」、「厚かましく」、「木っ端微塵」、「敗戦に次ぐ敗戦」など、ただ単に兵士たちの感情を苛立たせ、逆なでする言葉がやたらと使われている。

自らの劣勢はいやと言うほど分かっていても、敵方に「諸君は戦力面で劣勢であり、絶対に勝ち目はない！」と言われたら日本兵は激怒するであろう。彼らは「貴様…」と罵りはしても、諦めがちに「ビラに書いてあるから、そうなのだろう」とは絶対に言わないだろう。

これは、悪いビラである！　同じ内容を扱うにしても、なぜ日本軍が遮二無二戦わねばならないのか、それは誰の責任なのかを穏やかに説明すれば、はるかに効果が上がっただろう。

一七　東条の没落*　XJNL—一六〔写真はXJNL—一二〕

* ヨネダの日記によれば、四四年七月一八日、東条内閣が総辞職したのを契機にこのビラを起草した。

このビラには、東条は「辞職を以って…責任を負った」と書かれているが、そうではない。反対に、国民の目には東条は辞任することによって責任逃れをしたと映っている。東条と彼の軍閥は平和を愛する国民の意思を無視して戦争を始め、日本を現在の窮地に追い込んだ責任を取るべきである。この点が、このビラの主旨であったはずだ。そして結論部分で、日本国民の平和と自由と繁栄への本当の道は、国民に苦しみをもたらした軍部に反対し、日本を崩壊に導く戦争を終結させることによってのみ見出せるだろう（小磯〔国昭〕は軍部の一分子である）と指摘すれば効果的であったと思う。

ビラの最後の数行に書かれている同じような言明は反感を買うだけである。

一八　連合軍のカレンダー*　XJM—一九

* ビラの写真は、山極、前掲「ビラ図録」に見える（五八、五九頁第21図）。

カレンダー形式〔のビラ〕は非常に興味深い試みである。しかしこれは連合軍の勝利を描いているだけであり、こうした一方的な見方は日本兵を簡単に怒らせ、彼らの反感を買うことになるだろう。彼らはこれを敵の宣伝と見なし、この情報をまったく信用しないであろう。日本軍についてもいくらか紙面を割き、公平にこのカレンダーを書けなかったのだろうか。またこれは大き過ぎるし、体裁も良くない。小さくして小冊子の形式にするか、その位の大きさにした方がはるかに良かっただろう。

一九　号外*　XJNL—九

* ヨネダの四四年六月の日記によれば、この号外は「五人組」の手助けで発行した新聞半頁に近い大型のビラ、とある。ビラの表の写真が、山極、前掲「ビラ図録」に見える(六〇頁第22図)。

表面にある地図は、上陸と空爆の様子を描いているが、これは非常に良くできている。ニュース記事は難解な文体で書かれており、出来も良くない。もっと簡単で短く、明瞭に書いたほうが良い。

ヨーロッパに関する記事は、イタリア戦線、第二戦線、ロシア戦線で包囲されつつあるドイツの差し迫った運命だけを強調すれば、より効果的であったと思う。日本兵たちはそれ以外の記事、例えばアイゼンハワー元帥の命令などにはまったく関心を持っていない。さらにドイツの敗北後、日本がどうなるのかを記事で分かりやすく説明(反感を起こさせないように)した方が良かっただろう。単に「日本への反響」と書くだけでは不充分である。

二〇　戦陣ニュース*　六月号　XJNL—八

* ヨネダの日記に、「(四四年)六月のはじめ、英軍の『軍陣新聞』にならって、私が責任編集者になり二頁の『戦陣ニュース』第一号を出す」とある。これがその第一号と思われる。新聞の第一頁が、山極、前掲「ビラ図録」に見える(六一頁第23図)。『軍陣新聞』は、日系人の岡繁樹が義弟の山本郁三とともに、カルカッタでイギリス軍に従軍しながら発行していた新聞。ルビつき活字を用いて印刷していた。

この新聞はアメリカ軍の連戦連勝の様子を伝えているだけで、その他のことは何も触れていない。これでは、兵士たちに好ましい印象を与えない!「勝利のニュース」に代えて、戦争に関する幅広い解説や分析、日本軍敗戦の経緯の説明、兵士らがニュースを理解する上で助けとなるような他の記事が必要である。

日本国内のニュース、アメリカ軍の手中にある日本人捕虜の状況が含まれていれば、さらに良いだろう。

戦陣ニュース　九月号*　XJNL—一五

* 該当の『戦陣ニュース』九月号の一部分と思われるが、『祖国

を敵として』に活字にして収録されている(三九三〜三九六頁)。

これもまた、大部分を戦時ニュースが占めている。新聞はもっと日本の記事を取り上げ(兵士たちは故郷のニュースに飢えている)、サイパンの日本人関係のニュースにもっと紙面を割くべきであった。兵士たちはサイパンのニュースに興味を持っているので、より詳細に書くべきであった。

軍曹　コージ・アリヨシ

中国、延安にて

一九四五年一月二四日

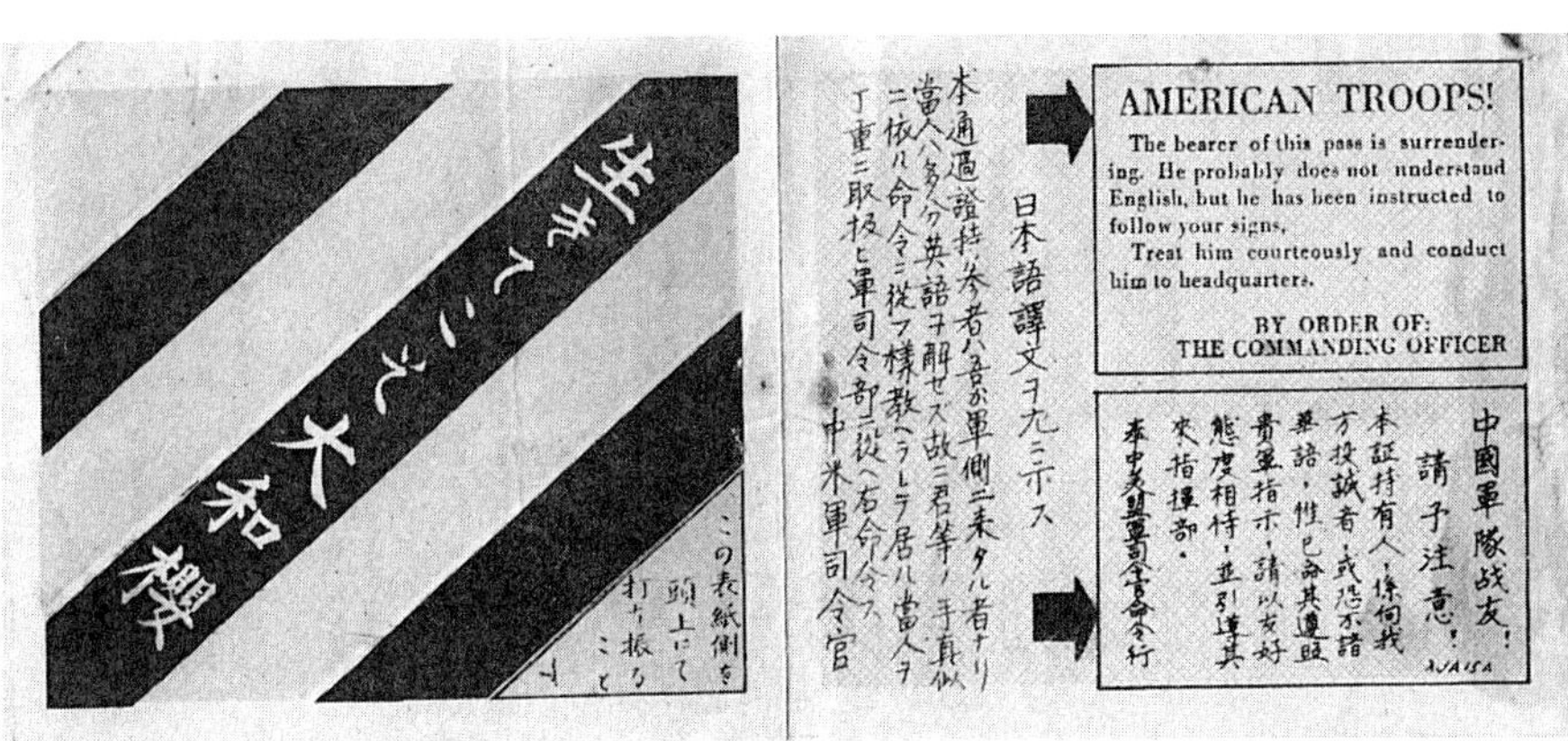

XJA-15A 表

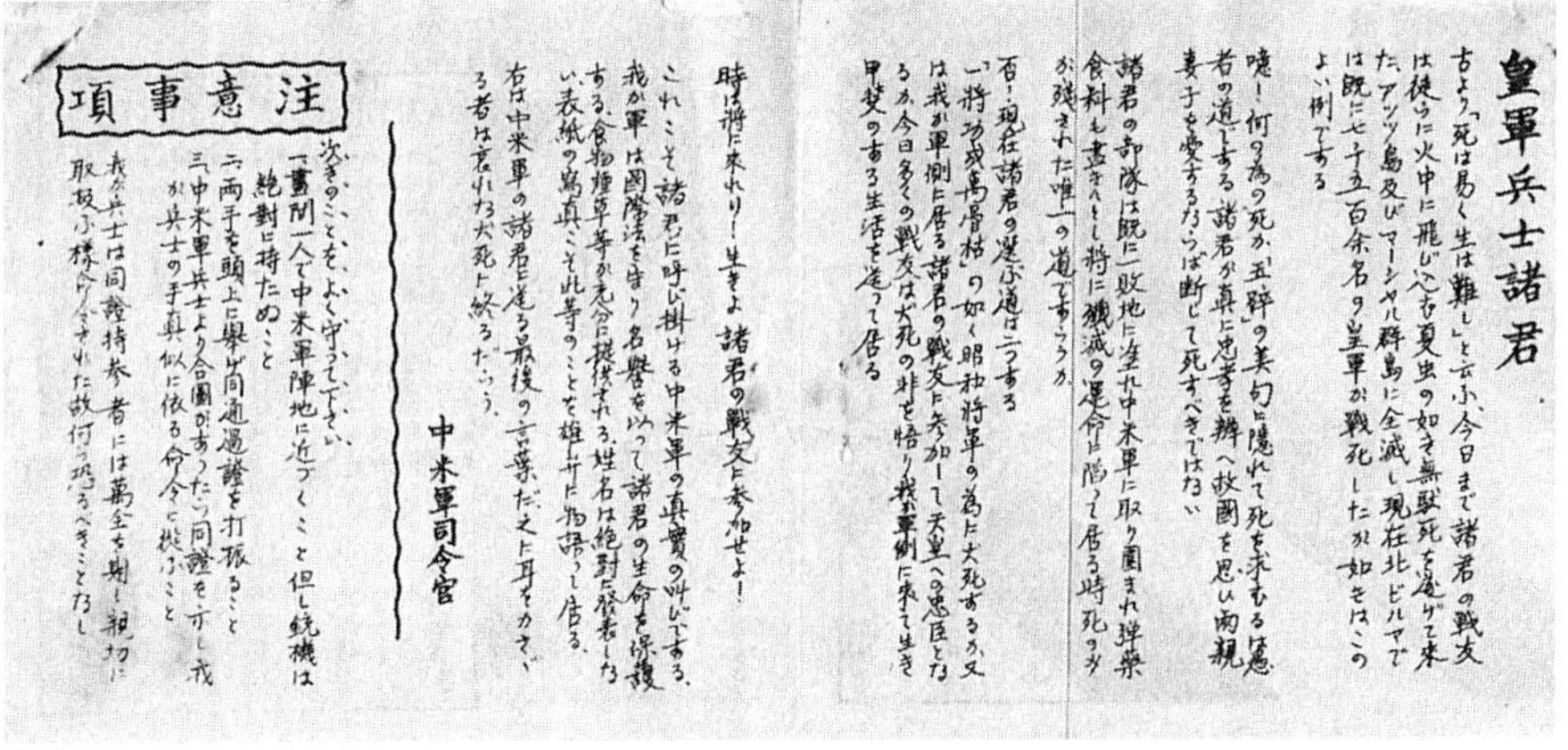

XJA-15A 裏

XJM-9 表

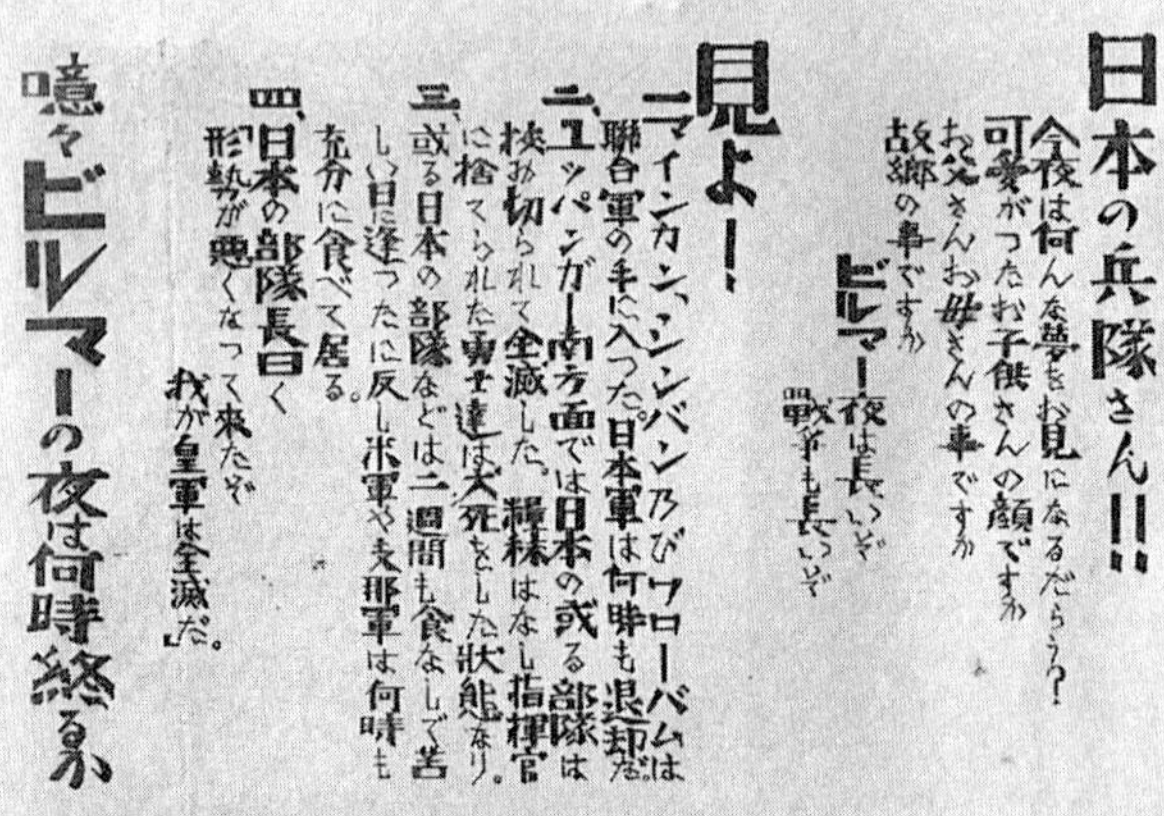

ビルマーの夜

日本の兵隊さん!!!

今夜は何んな夢をお見になるだらう?
可愛がつたお子供さんの顔ですか
お父さんお母さんの事ですか
故郷の事ですか

ビルマー夜は長いぞ
戦争も長いぞ

見よ!

一、マインカン、シンバン乃びワローバムは聯合軍の手に入つた。日本軍は何時も退却だ。

二、ユッパンガー南方面では日本の或る部隊は挟み切られて全滅した。糧秣はなし指揮官に捨てられた勇士達は犬死をした状態なり。

三、或る日本の部隊などは二週間も食なしで苦しい目に逢つたに反し米軍や支那軍は何時も充分に食べて居る。

四、日本の部隊長曰く
形勢が悪くなつて来たぞ
我が皇軍は全滅だ。

噫々ビルマーの夜は何時終るか

XJM-9

XJM-9 裏

ビルマの夜

日本軍の兵隊さん!!

今夜はどんな夢を見る?
可愛い〱子供の夢?
父さん母さんの事ですか?
それとも故郷の事ですか?

長い〱ビルマの夜
長い〱ビルマの戦

見よ!

一、フーコン地帯の戦ひで全部を敵に奪はれて
米支二軍の追撃に日軍今や退却中
後へ!後へ!とモーガン地帯

二、英軍はカチン兵まで共に率き
ミチナー・ミチナー!と猛進す

三、空輸部隊の英軍は日軍線の後方に
北方ビルマの日軍が南ビルマの日軍へ
命の綱の輸送道絶つて終へ糧食弾薬

四、或る日軍の将校は告白したり左の如く
「戦況頗る悪化せり!皇軍遂に惨敗だ!」

噫!何時明け来る　ビルマの夜

XJM-9A

XJM-9A 裏

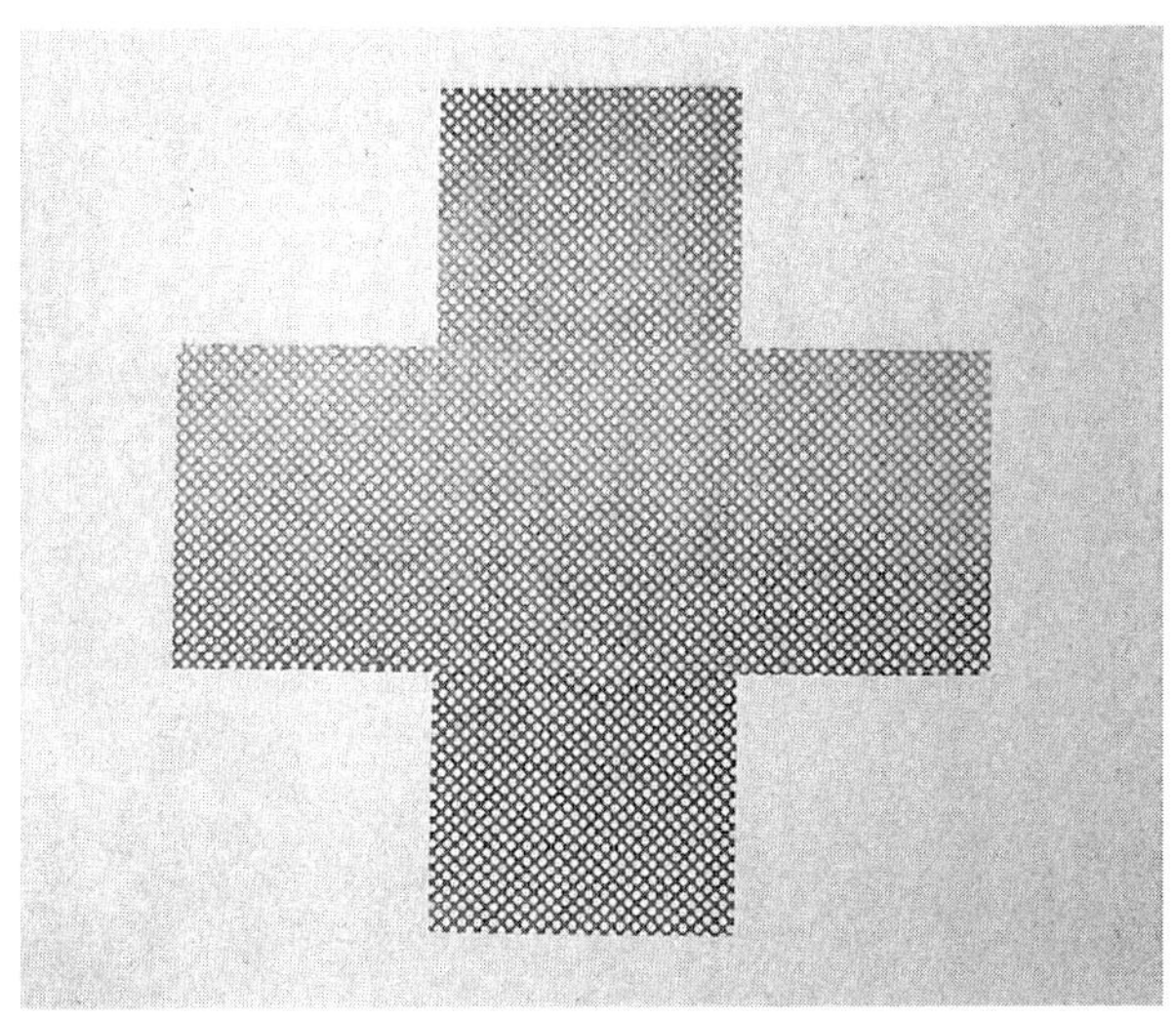

XJM-21A 表

負傷兵の治療

一、中米軍所屬の米軍衛生隊及び英軍の衛生隊は人道を象徴する赤十字の徳義を守り人種宗教の如何を問はず治療に当る。

一、現在北ビルマで負傷又病氣した多くの諸君の戰友は技能卓越の軍醫及び看護婦に依つて最良の治療を受けて居る。治療は中米英兵士が受けると同様である。

一、戰線では應急手當を受け重患者は直ちに最新醫療器設備の野戰病院に空送さる。

一、國際法を嚴守し食糧、衣服煙草その他の必要品を支給す。

一、北ビルマで負傷又悪疫に罹る共「武士は徳義を重んず」の米英衛生兵を忘れるな。

中米英軍司令官

XJM-21A

XJM-21A 裏

丸山大佐 何處よ

明治天皇の勅諭に『義は山嶽よりも重く死は鴻毛よりも輕し』とあり、指揮官は常にこの訓示を口癖の如く部下に説いて居る。

にも拘らず、ミチナで勇敢に戰つた第百十四聯隊の兵士を指揮した筈の聯隊長、丸山房安大佐の行狀はどうだ。

彼は七月下旬ーミチナ陷落一週間前ー防衛戰不利と見るや、歩ける病傷患者を前線に送り、歩けぬ者は之を見すてゝ、己の命ほしさに壯健な部下若干を伴つてイラワヂー河を渡り、南方のジヤングルに遁走した。

その上に、大切な部下の代りに慰安婦迄も伴つ

XJM-64 表

たが、聯合軍偵察隊の追擊が急となるや之等をも置きつ放しにして、中緬國境線に近きシマを迂回して雲南省まで逃れた。途中で歩行出來ぬ者はジヤングルの中に取り殘され、死の道を辿つた。

驥足を伸ばし得ず、一敗地に塗れた丸山大佐一行は、山間僻地に彷徨ふこと數週間、漸くにしてバーモへの道を發見したと。

さて、丸山大佐が再び諸君の指揮官になつたら鼻高々と英雄面をするだらうか？それ共指揮官としての任務を怠り廉恥に堪え得ずして武士としての最後の手段を取るだらうか？

日本軍の勇士よ、諸君が丸山大佐を見たら、『ミチナに無縁の孤墳と化した戰友の英靈に對して何と申し譯をするか？』『ミチナの川向ふナンタローに取り殘された傷病患者をどうした？』と聞け！

丸山大佐の如き將校を再び
指揮官として仰げるだらうか

XJM-64 裏

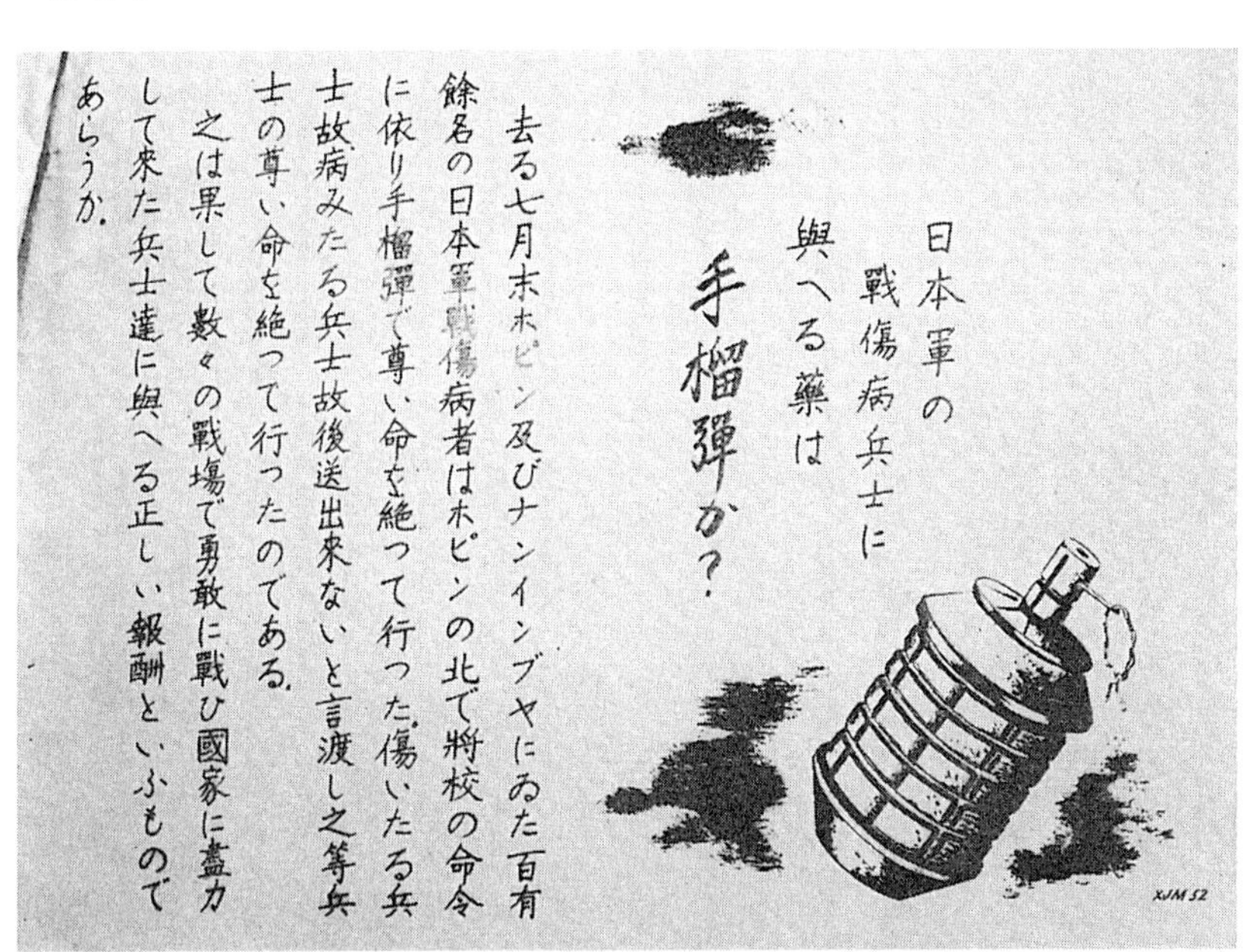
日本軍の
戰傷病兵士に
與へる藥は
手榴彈か？

去る七月末ホピン及びナンインブヤにゐた百有餘名の日本軍戰傷病者はホピンの北で將校の命令に依り手榴彈で尊い命を絶つて行つた。傷いたる兵士故病みたる兵士故後送出來ないと言渡し之等兵士の尊い命を絶つて行つたのである。

之は果して數々の戰場で勇敢に戰ひ國家に盡力して來た兵士達に與へる正しい報酬といふものであらうか。

XJM-52 表

安部隊の勇士達よ

諸兵の戰友は毎日の様にマラリヤ又は脚氣腹痛等の為に倒れて行つてゐるではないか。

諸兵は之等の戰友が藥を飲み傷の手當を受ければ助かるのに苦しみ死んで行くのを眼前に見て悲嘆と激怒に胸は張り裂けんばかりであらう。

之ばかりではない。諸兵の戰友は戰死してもそのまゝで埋葬されずにゐる。何故か言ふまでもなく聯合軍の追擊急なるが為である。

諸兵を追擊してゐる英軍兵士は身心共に元氣に滿ち〳〵た新手でありまた新兵器を備へた精鋭である。諸兵が如何に勇猛果敢とは言へ、この優勢なる英軍を相手に果して勝つと言へるであらうか。

武士は相身互ひである。諸兵の戰友數百名は目下聯合軍側で手厚い看護と衣食を與へられてゐる。

忘れるな！諸兵は無益な横死を避ける事が出來る。諸兵の戰友達が諸兵の來光を待つてゐるのだ。

XJM-52 裏

「萬死に一生」今なり

嗚呼！汝等寡兵を以ってよく優勢聯合軍と苦
闘せり。なれど汝等遂に孤立して運命此処に決定す！
汝等が指揮官丸山大佐は今はと若旅兵士向けぞ
の退却を命じたるぞ。汝等既に命脈なく此の一戦に
移る此の期に当り、此の場にて汝等今ぞ大死に
直面す。
聯合軍既にミチナを擁し西、北、南より之を襲ふ！！
汝等が戦友十有余日又に分乗し東岸向けて漕ぎつ
かんとす。噫！されど今は只だ我が銃機の好餌
となり河川水を血で流す。
ミチナが北方サブスップ、南方バーモ、西方モゴーンへと向
ふ道路、河川、鉄道は既に早々英軍空挺隊に封鎖され
回又聯合軍に切断されたり ナンチ又我軍撃破せり。
モゴーン既に危機に瀕す！ 第十八師団が補給路たる。彼
のモゴーン西方四十八粁の点も早や英軍空挺隊は出撃しそ
の鉄道路を断つ、増援隊の望も早や之絶望となる。
汝今飢に面し、戦友相次ぎ周囲に倒る！
呼び起せよ！ 汝が記憶！
去りし日の戦ひに、汝が戦友ㇾ有益なる道をとり今
我が軍後方にて衣、食、住の快を知り、余生を人類に
貢献せんとす。
時ぞ今なり！要らざる死を避けて戦友に参加せよ！

XJA-16

XJA-16

XJM-20(1)

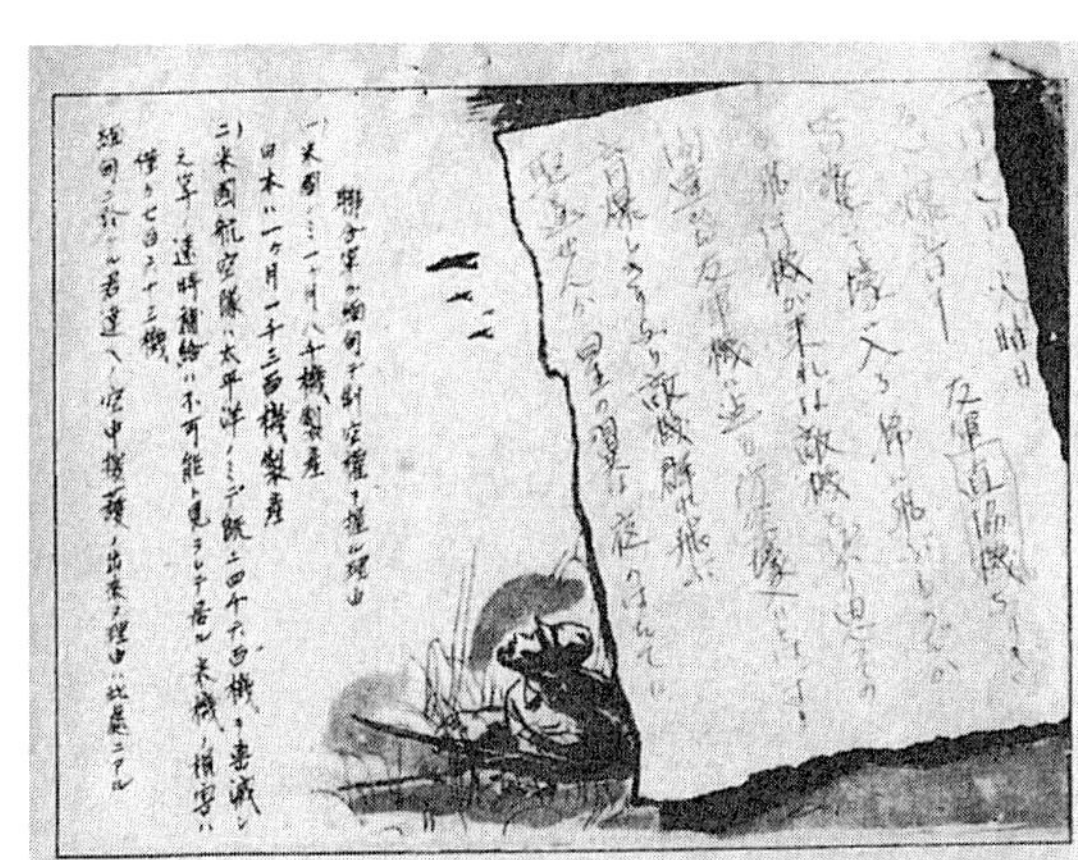

XJM-20(2)

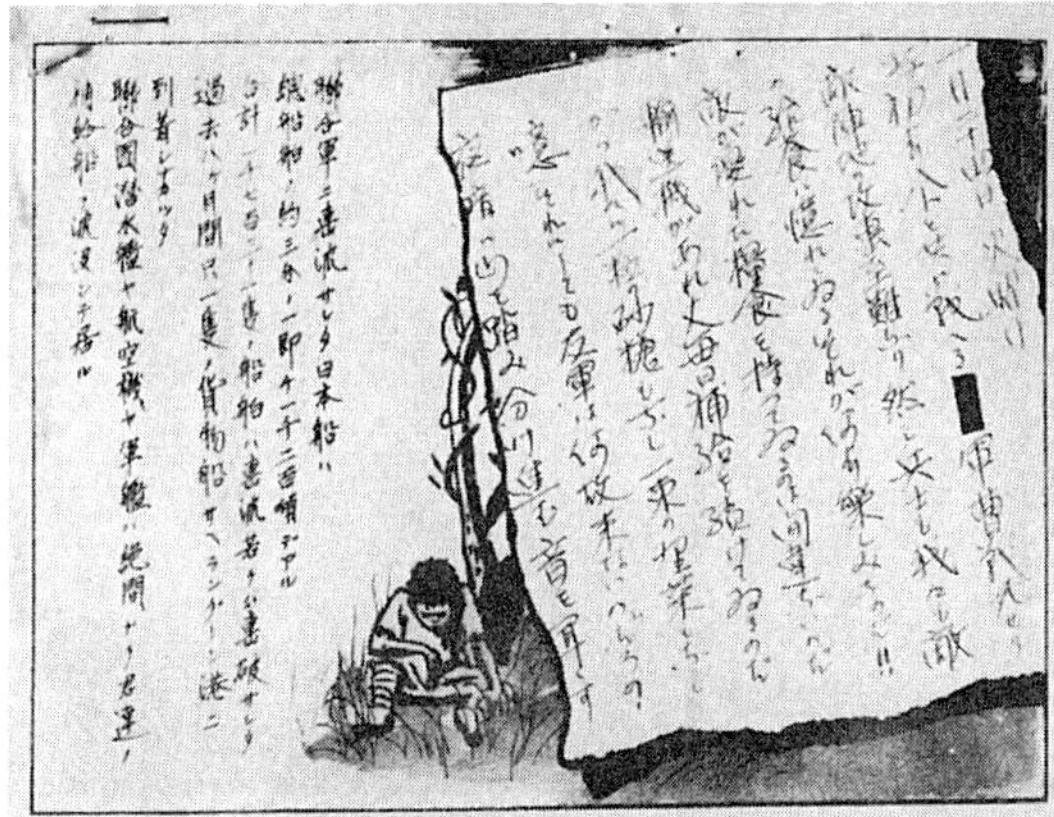

XJM-20(3)

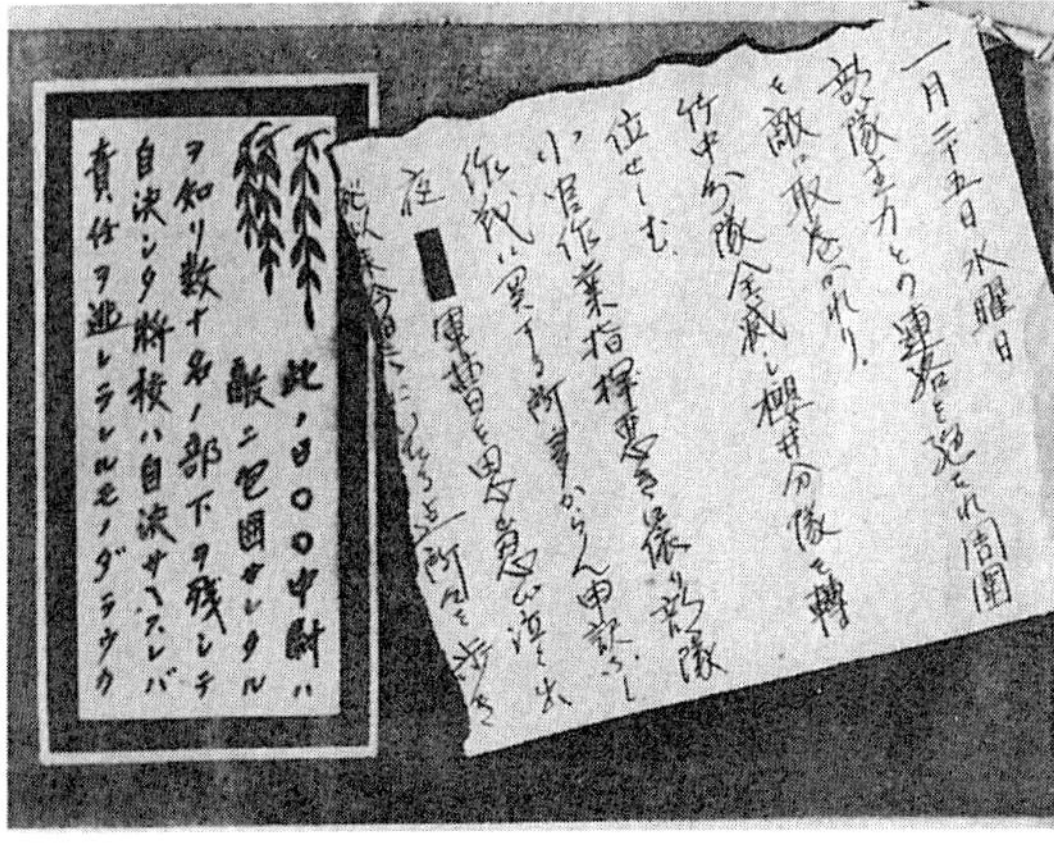

XJM-20(4)

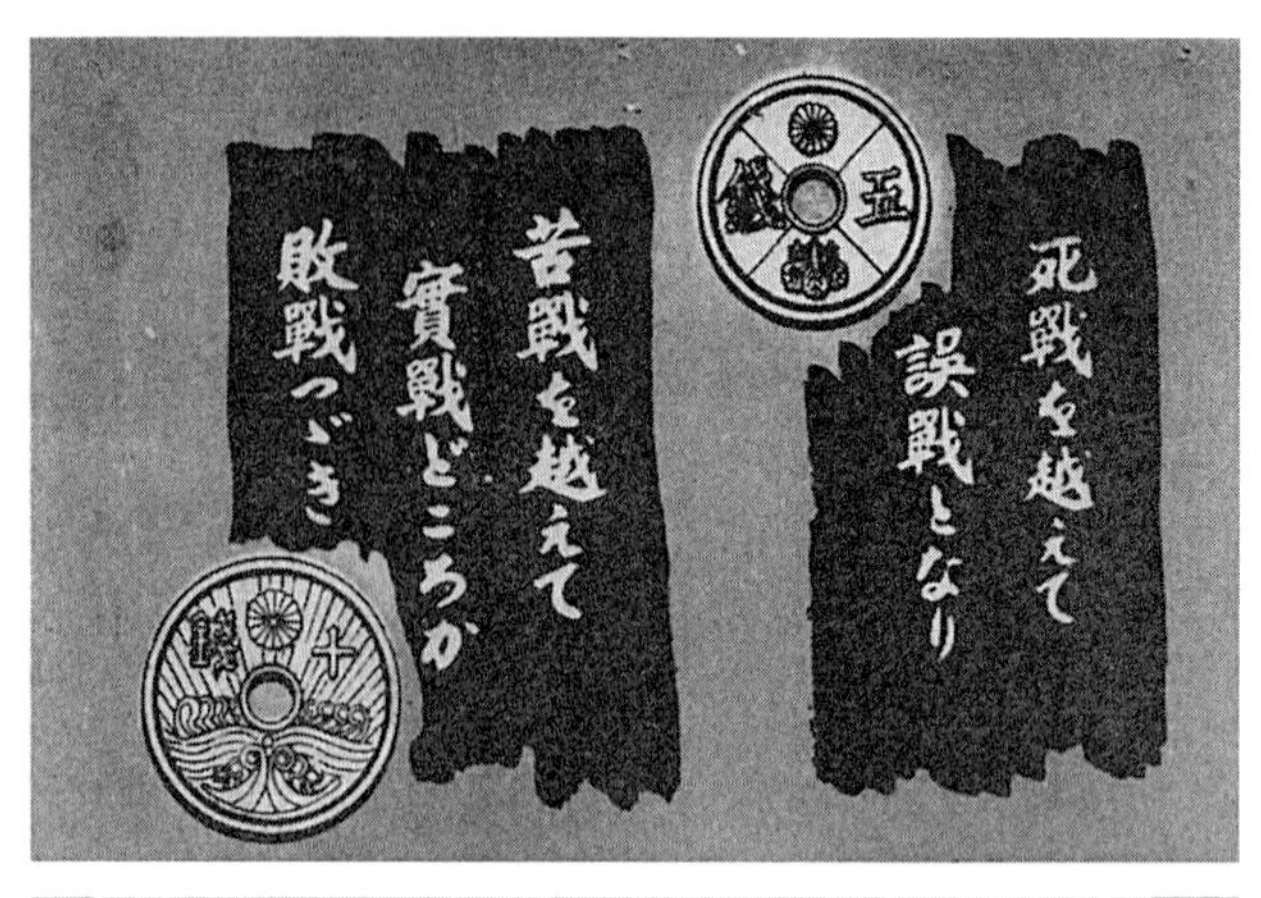

XJM-48A
表

誰の責任か？

「今や…米英の阻む處となつて御聖慮の達成容易ならざる事態に直面せるに止まらず皇國の本土すら敵の侵入なきを保し難きに至つたのである。…今日の戦況は極めて熾烈であり困難なる狀態は戦線の随所に起つてゐる。…今や人類史上未だ且てなき非常の大戦となり皇國又前古未曾有の國難に際會してゐる」

（八月八日同盟小磯首相の演説より）

・
・
・

日本をかくの如き悲惨な狀態に導いた責任は誰が負ふか！

XJM 48A

XJM-48A
裏

次の爆撃目標は？

日本軍兵士諸君！

遠方の地ビルマのジヤングルで負け戦を續けてゐる時諸君の郷土は假借なき爆弾の見舞を受けてゐる。

この責任は軍部指揮官共の無能政策に依り防止策を怠つたにある。

爆撃された都市は

東京名古屋横濱　昭和十七年四月十八日
八幡　昭和十九年六月十六日
八幡戸畑大村佐世保　七月八日
長崎　八月十一日
八幡福岡　八月廿、廿一両日

XJM 48-B

XJM-48B
裏

海軍は何處？

『我が軍は米英海軍を粉砕せり』
（昭和十七年五月廿七日帝國議會に於ける前首相東條の演説より）

『殊に米國の反攻は遂にマリアナ諸島（サイパン島）にまで突進に至った、帝國は重大局面に立つに至つた。』
（昭和十九年七月十八日サイパン陥落に際し前首相東條の聲明、同日東條内閣は總辭職せり）

。　。　。

日本兵士諸君！帝國海軍は諸君に補給も援兵も出來ず況してや日本領土すら守られぬ状態にあり

XJM 48-C

XJM-48C
裏

責任は重し

『責任は極めて重し。一業一務忽せにせず、心魂を傾注して一切の手段を盡くし、之が達成に遺憾なきを期すべし』
（戰陣訓、本訓其の二より）

。　。　。

日本軍兵士諸君！
戰不利と見るや、丸山房安大佐は病傷患者を見捨てゝミチナより遁走した。又彼は部下が同地防禦戰で死傷しつゝあったに拘らず鯨飲享楽に耽った。之で指揮官としての責任を果したと云へるか！

XJM 48-D

XJM-48D
裏

印度侵入失敗！

『インパール攻略の態勢成る。兵團は決死必勝を期して敵の本據に突進せんとす。思ふに今次會戰の成否は大東亞聖戰完遂の分岐點なり。諸官は死…必成に邁進せざるべからず。』
（六月二日弓兵團長田中信夫少將）

『我部隊は八月上旬印緬國境線附近に戰線を整理し次期作戰準備中』
（八月十二日大本營發表）

。　。　。

日本軍兵士諸君！印度侵略は失敗に終った。次の敗戰は田中少將の言の如く『大東亞聖戰』ならん。

XJM 48-E

XJM-48E
裏

何故給與品が
俺等の手に
渡らないのか？

一、
續く内地の爆撃で
工場は減産又減産

二、
輸送船團内地を出れば
台灣沖で潜水艦

三、
やっと港を
見出せば敵の
迎ひの爆撃機

XJM-53

四、海底に沈み
損ねの給與品
陸揚げすれば先づ
将校

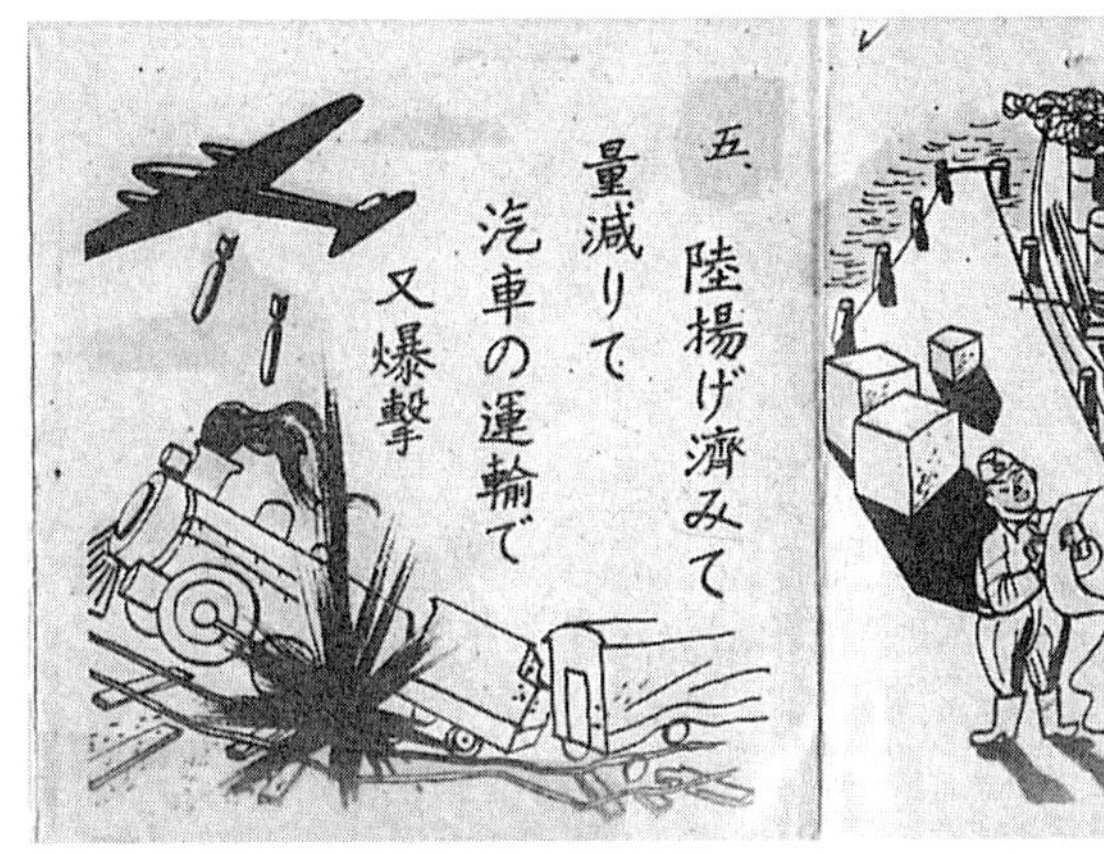
五、陸揚げ済みて
量減りて
汽車の運輸で
又爆撃

六、前線本部に辿りつき
此處で又もや
抜き取られ
七、壕の中の苦戦勇士
糧秣、煙草は
前ぶればかり。
受けるは
塩と彈丸か？
塩
XJM 53

XJM-33(1)

日本の勇敢なる戦士諸君！

諸君が故國の「ミヤコ」を去つてより、年移り、月変る事幾度ぞ。戦場に砲聲暫く休み、諸君が銃を横たへて休息する時、空飛ぶ鳥、又梢に鳴く鳥を見るならば、「あゝ、あの鳥は日本から飛んで来たのならば、都にある我が最愛の父母妻子兄弟姉妹は未だ生きて居るのか」と尋ねて見度いと思ふであらう。

諸君の父母、妻子、兄弟、姉妹は日夜諸君の安否を心配し、思案に暮れて居るのみならず、食料品の缺乏、物價の騰貴、高い税金に苦しんで居る。けれど命だけは無事で暮して居るであらう。

然り。日本に居る諸君の最愛の人達は今までは無事であつた。けれども彼等の無事な時は此の先長く續かぬ。彼等の上に時々刻々危険は迫りつゝある。遠からず彼等の命は風前の燈の如く果敢なきものとなるであらう。

早晩我が聯合國の空軍は雲霞の如くに日本に押し寄せて、東京や、大阪や、名古屋や、京都を始め、其の他の地点を爆

XJM-33(2)

撃する。其の時何人か諸君の父母、妻子、兄弟、姉妹の安全を保證し得るものぞ。

斯る爆撃が如何に悲惨なものであるかは、伯林を始め独逸の主要都市の被った爆弾の洗禮を見れば明らかである。伯林のみが空襲でも既に百三十回に及んで居る。千機以上の大空中艦隊は日夜来襲し、一度に約二千噸の爆弾を投下し以て伯林を焦熱地獄と化した。ハンブルグ・ハノーバー・マンハイム・ケルン等独逸の主要工業都市は悉く同様の悲運に際會した。

思へ、此の聯合國空軍が全力を日本に移す時はどうなるであらう。数万噸の爆弾や焼夷弾が日本にばらまかれたら、木造の日本、防火設備のない日本はどうなるか？空襲下に諸君の最愛なる人達は軒端に設けた塹壕に飛び込む外はなく、果してそれで安全が期せられるであらうか？

勿論人道を重んずる聯合國は悲惨なる空撃を繰り返す事を好むものにあらず、けれども非道狂暴の軍閥を倒して、日本を救はんが為には、涙を呑んで此の悲惨な戦法は繰り返されるものである。

XJM-33(3)

兵士諸君、考へよ!! 此の惨事を招致したのは誰の罪であらう。ヒトラー・ムッソリニーの如き狂人の前に叩頭して、對米英開戦不可避の因をなしたのは軍閥ではなかつたか？帝國憲法を足の下に蹂みにじり、畏れ多くも天皇陛下の平和を望む御宸念にさへ叛いた軍閥ではないか。

諸君の愛讀する「源平盛衰記」の開巻第一に、

驕る者は久しからず、春の夜の夢の如し、
武き者必ず滅ぶ、風の前の塵の如し。

と書いてある。驕る軍閥は夢の如く消える。武力をのみ頼みたる軍閥は風前の塵の如く滅ぶ。

敢て問ふ。斯る軍閥と情死するか？

XJM-33

XJM-33(4)

あはれ ミチナ籠城軍の最期

日本軍兵士諸君

悲惨を極めたミチナの攻防戰は遂に終局を告げた。

聯合軍は去る三日午後三時四十五分日本軍最後の抵抗を粉砕して同市を完全に占領した。

これにより北ビルマ日本軍要衝が悉く聯合軍の掌中に帰した譯である此の戰闘に於いて十八師團及び五十六師團の諸兵士達は悪戰苦闘を續けよく勇敢に戰った吾々聯合軍は諸兵士達に敬意を表せざるを得ない、尚指揮官に裏切られ死地に追詰められた儘置去られた兵士達に同情を寄すものである。

ビルマ方面最高指揮官河邊大將並びにその幕僚はラングーンで坐視してミチナ陷落の運命は免ぬかれざるものとし、前から諦めて居たにも拘らず最後の一人までミチナを死守させた彼等指揮官は個人の名譽を維持し、敗戰の失策を

XJM-47 表

糊塗せんとして居るのだ
「一將功成萬骨枯」と言ふが如く、河邊の名譽の為今回の作戰で日本兵士は實に三千名以上の尊い犠牲者を出した。

又何百の傷病兵は手當も受けずに見殺に置去られた。その中幸にして聯合軍によって瀕死状態から救助され後方で手厚い治療を受けて居るもの尚多數に上って居る。

又卑怯にもミチナ陷落一週間前第五十六師團長水上少將は部下を見棄てゝ脱出し、又三日後には第百十四聯隊長丸山大佐も又傷病兵を前線に殘し數人の部下を連れて姿を隠した。

若し諸君は此の護國の英靈だとか又皇運無窮の為だとか言ふ風に考へれば、水上少將と丸山大佐は先づ陣頭に立たなければならない筈だ、日本兵士諸君よ實を云へば諸君の指揮官は全く内地の戰争責任者と同様な人間で私慾を欲いまゝに御國の為とか云ふ事を考へて居ない。

戰争責任者達は戰争の破局を自認しても飽くまでも個人の威厳と私慾の為國運を賭すのだ。

諸君よ彼等の私慾の為に犬死に甘ずるか？

XJM 47

XJM-47 裏

第42号

東條の没落

東條内閣は去る七月十八日突如總辭職した。之により東條大將は内閣總理大臣及び陸軍大臣の要職を辭し更に参謀總長の椅子をも去り遂には豫備役に編入された。

ビルマ戰線の日本兵士諸君よ、之は何を意味するものであるか？

之は單に日本をこの悲慘なる大東亜戰に陥れた軍閥の最高指揮官東條が没落したことだけを意味するものである。

東條は辭職を以って各戰線に亙って連續的敗北を重ねた日本軍敗戰の責任を負った譯である。

内閣總辭職直前東條は國民に對し日本軍の重要基地サイパン島は米軍の手中に陥ったと發表した。

この戰鬪のみに於いて日本軍は一萬七千人の尊い犠牲を拂い而ほ同島の

XJNL-12 表

占領によってアメリカの重爆撃機は僅か五時間以内に日本々土を空爆することが出來ることゝなった。斯くて日本を斯る大敗北に導き又未曾有の危局に陥れた東條は辭職する外に道はなかったのである。

今やアメリカの強大な艦隊は日本の玄關口にまで堂々と無敵の猛進撃を續けて居る。

アメリカ軍は既に大宮島上陸に成功し續々戰果擴大中である。又超空の要塞B29重爆撃は日本の各都市に對して連續的爆撃を加へんと待ち構へて居る。

東條は遂に退陣した。最早國を救ふ策が盡きて居る。

ビルマの日本兵士諸君!!
頼りとする指導者を失った
日本は敗北必至だ
諸君の奮戰は無益乃命取だ

XJNL-12

XJNL-12 裏

延安リポート　第四三号

岡野　進（野坂　鉄）小伝

岡野進すなわち野坂参三は山口県（長州）萩町に一八九二年に生まれた。萩は明治維新の発祥の地であり、長州明治軍閥の中心でもあった。そこは徳川時代に明倫館（現松陰神社）で英雄精神を若者に教育し、明治維新の精神を鼓吹した吉田松陰の生地であった。明倫館から明治維新の幾人かの指導者が輩出した。

この環境に生まれたため、岡野は軍人生活にあこがれるガキ大将だった。彼はこうして幼年学校（陸軍予備校）入学をまじめに考えていた。しかしそのような願望が幻想に終わる家族環境の急変が起きた。というのは彼が最も実用的な教育を受けることによって、家計の危機を改善する必要性に迫られたからである。岡野は六人兄弟の末っ子であったが、生まれた頃に、彼の家は倒産していた。それゆえ末っ子でも、家族を貧困から抜け出す手助けを求められた。封建時代、岡野の両親は、灰肥料の商いをしていた。灰肥料は産業革命の日本への浸透とともに導入された化学肥料に取って代わられた。数年にして維新の革命の影響で、岡野家は裕福な地位から貧困な家に転落した。岡野の両親は商売ができなくなり、耕作地もなかったので、家族を支えたのは早く学校を辞めて仕事に就いた年上の兄や姉であった。

家族の収入は少なく、最低生活を支えるのがやっとであった。米が主食であったが、塩だけで食べて、他に何もないこともあった。茶さえ買えなかったので、普段、塩入りの熱湯を米にかけて食べていた。栄養失調は避けられず、ユーモアのうまい岡野は、このせいで発育不良となったという。彼は五フィート二インチ（一五七センチ）であった。

岡野の人生には、彼の人格形成に影響を与えたいくつかの画期がある。日本の共産主義運動に一九二二年に参加し、現在の日本共産主義者の指導者兼スポークスマンになって以来、普通の生活をほぼ完全に否定し、秘密警察の追及に耐えながら献身的な共産主義者になった時代。その間での指導的な進歩主義者との出会いや積極的な政治運動との関与だけが、漸進的にイデオロギー上の変化をもたらしたわけではない。むしろ、現実の強い社会的・経済的な力が、彼を残酷に打ち砕き、彼に社会的、政治的覚醒をもたらしたといえよう。

最初でおそらく最も重要な出来事は、彼が七歳のときに起きた。ある日、岡野は学校から帰って、家に足を踏み入れたとき、金目のもの全てに貼られた差し押さえの赤紙を見た。それから彼は母や姉の押し殺したむせび泣きを耳にした。

岡野が話すときキョロキョロ動く彼のソフトで親切なまなざしがふいときつくなり、目が据わるときがある。それは彼がめったに起こらなかった経験を語り、振り返るときである。かつて彼はこう述べた。「私は寂しい不思議な感情に取り付かれた。我々は一人ぼっちであり、我々の周りの世界は全く暗闇であると感じた。こうして私は貧困が個人や家族にもたらす恥辱がなんと大きいかということを学んだ」。

岡野の父が、返済不能におちいった債務者の保証人になったせいでこの事件が起こった。岡野はそのとき富の不平等な分配を見た。そしてこれが彼の若い心に拭いきれない印象を刻んだ。

岡野が一四歳のとき、彼の両親が死去した。彼と次兄のみが家にいた。他の兄弟は町に働きに出ていた。翌年岡野は家を出て、神戸商業学校で勉強するため神戸に行った。彼は材木商であった長兄から援助を受けた。

彼が商業学校に在学しているとき、幸徳事件が起きた。この事件は彼の思想に強い影響を与えた。幸徳秋水はアメリカで教育を受けた無政府主義者の指導者であったが、他の二、三人とともに一九一〇年に天皇暗殺の陰謀を行ったとの口実で逮捕された。一二人の無政府主義者が処刑され、残りの一二人が終身刑を受けた。桂〔太郎〕内閣のこの陰謀は社会主義者と進歩的風潮を日本から追放することであった。

この歴史的事件は岡野に社会主義や無政府主義への興味と関心を喚起し、彼を静かなシンパにした。岡野はこう言う。「それは世界をより深く見る、とくにより暗い側面を見つめる機会を私に与えてくれた。私は誰が正しいか悪いのかは分からなかったが、彼ら無政府主義者の持つ人道主義と英雄主義に高い敬意と関心をいだいた。後になって私は桂内閣の陰謀について知った。その事件を知って、私は震えるほどショックを受けた」。

一九歳の岡野は学年末の論文に社会主義をテーマに選ん

だ。彼の教師はその論文を上級のクラスで読んで、級友の前でそのようなテーマを書いた岡野を激しくなじった。彼は岡野を学校と社会の恥だとして叱った。しかしながら岡野は「落胆とも恥辱とも」考えなかった。彼は自分の思考が正しいと感じていたので、表現した思想に確信を抱いていた。

その論文の主要な論拠はイーリ Ely 教授*の本であったが、そのタイトルを岡野は思い出せない。彼の兄が持っていたこの本には社会主義の章があり、同書から社会主義の基本概念を懸命に学んだ。それまで社会主義に関する政治的知識は皆無だったが、この章で社会主義について初めて知った。しかしその主題が彼の関心を引きつけ、今日では「非常に表面的な分析」に見える章を四苦八苦しながらやっと読み終えた。

＊ 本リポート第八号、八五頁の注を参照。

岡野はその理論に深い感動を覚え、将来社会主義に関する論文を書くことになろうとの霊感を受けた。それらは家庭の財産差押えという彼の幼年期の体験、どこにでも見られる富の不平等な分配、両親の死後の兄や兄嫁への扶養の依存などへの回答であった。

卒業の際、岡野は働くべきか、教育を受け続けるべきかという問題に突き当たった。岡野は社会意識が彼の知的好奇心を呼び起こしたので、研究を続けたいと熱望した。兄や義姉は彼の大学進学を支援することに同意した。

慶応大学は豊かな家庭の学生が通う大学であったので、岡野は出自や財政の点でそのような環境にふさわしい人物とはいえなかった。しかしながらそこが他の大学よりも自由な風潮があり、社会科学を教える唯一の大学であるとの理由で慶応を選んだ。すでにこの時には岡野は社会主義こそが日本を救済する唯一の道になろうとの信念に傾いていた。彼はまだマルキストではなく、マルクスの著作を読んだこともなかった。マルクスの本の出版は禁止されていた。岡野にとって日本の緊急かつ大きな課題は広範な大衆の組織化と統一であり、これを達成するためには、人民の教育が必要だった。彼はこれに向けて貢献したいと欲したし、参加の道を探求していた。

そんなある日、彼は労働組合指導者の鈴木文治と帝国大学のある教授が講演することを知り、その会合に出席した。その後彼は鈴木に会うと、改良主義的労働組合の友愛会を手伝いたいと申し出た。鈴木は労働組合に関心を寄せる学生に出会って驚き、さらに一般庶民の労働者が行うような仕事をしたい、という学生がいることに驚いた。岡野の申し出は直ちに受け入れられ、友愛会の機関誌『労働及産業』の編集部に加わった。執筆の際、彼は参三が参二と間違えられることが多いので、野坂鉄という筆名を使い出した。

友愛会は古いAFL(アメリカ労働総同盟)の型をまねて一九一二年に作られたもので、その指導者は産業と労働の調和ということに最大の力点を置いていた。後ろ向きの姿勢であったが、その他の姿勢は取れなかったのであろう。東大卒の鈴木は芝浦近くのユニテリアン教会の秘書であったが、労働者に対する態度は家父長的であった。彼は自分の教会から一〇人の労働者のグループを組織したが、一九一三年に岡野が友愛会に参加したとき、その数は二〇〇名に増加していた。会員は主として金属労働者で、彼らの目的は労働、生活条件の改善と賃金の上昇であった。基本的には友愛会には「キリスト教的な精神」が貫徹していた。

社会主義ではなく人道主義が岡野を友愛会に参加させた動機であった。彼は労働者が目的を実現するためにはインテリの支援が必要であると強く思っていた。それゆえ岡野は大衆集会に参加し、労働記事を書いた。休暇を利用して岡野は神戸に行き、川崎造船所の労働者と話をした。彼は集会に出、さらに小グループとも話した。そうして労働者たちは彼をインテリとして受け入れると、彼から熱心に学ぼうとした。彼はしばしば招待され、労働運動にかかわったので、大学での研究は二の次となった。岡野は労働運動での学生参加者の前衛となった。

こうして彼は大衆運動の実際的経験をする一方、〝ブルジョア〟大学に出席し、社会主義の文献を広く読んだ。彼は英語の知識が浅いにもかかわらず、英語で書かれた社会主義関係の本を借り、苦労して読んだ。彼は日本語の刊行物も読んだが、その中には後に有名な共産党指導者となった堺枯川(利彦)の『新社会』があった。また、後に憲兵大尉に殺されてセンセーショナルな話題となった大杉から、彼はフランス語の個人指導を受けた。

この期間中の岡野の考えは、主として日本の当時の進歩的労働組合指導者に一般的であった社会主義とIWW(世界産業別労働組合)の理論の混合であった。

岡野はこの時期にマルクスに接した。小泉信三教授は共産党宣言の英訳を持ってイギリスから帰国し、野坂はこのパンフレットを借りた。小泉は〝ブルジョア〟教授であったが、ヨーロッパで拡大する革命運動に影響され、若くて進歩的であった。小泉は後に反動化の波が強まったとき、ファシストと軍国主義の支持者となったが、彼の初期の進歩的傾向は岡野にある影響を与えた。小泉は今日慶応大学塾長で、小磯内閣の顧問である。

慶応卒業の際、「サンジカリズムを論ず」という題の論文を書いた。小泉はその卒業論文に高い評価を与え、岡野をまじめな学生と見なした。後に岡野が外国に研究に出たとき、小泉は彼を援助した。彼はクラス二番で卒業した。

卒業後何をすべきかが問題となった。彼の兄は実業界に入るよう求めた。卒業前に一つの就職先の話があった。雇用者が慶応へ来て金持ちの子弟の学生に就職の話を持ってくるのは普通のことであった。鐘淵紡績会社のボーナス込み月一〇〇円という初任給の地位を受け入れていれば、彼は生活が安定し、兄や義姉に幸せをもたらしたであろう。しかし労働者の大衆運動への執着は個人的なつながりや報酬よりも強かったし、彼の意識は労働者の中で働くことを義務と感じていた。

さらに岡野の個人的な友人は労働者の中にいて、学生にはいなかった。彼は自然と労働者と気楽に付き合うようになり、彼らは家に用事もないのに自由に来て、時間を過ごしていた。一方彼はクラスメートの家を訪ねなかったし、彼らも彼の家には来なかった。

岡野は月四〇円の友愛会で働き出したが、この報酬でさえ、組織の資金が不足すると、すぐに打ち切りになった。しかし岡野は友愛会に留まった。兄や義姉から生計の援助を受けたし、書き物や翻訳でこれを補った。

岡野はすでにこの時点で、労働組合は革命的にならねばならないし、改良主義の友愛会は労働組合の要求をほとんど満たしていないと見ていた。それゆえ彼は労働者たちに革命教義を教えるために、講義し、執筆し、面会した。一九一七年のロシア革命は日本の自由で進歩的な運動に巨大な影響を与え、彼のマルクス主義に対する考えを前進させた。歴史的な革命は彼に明確な展望を与え、日本はマルクス主義によってのみ解放されると確信した。彼の熱意はマルクス主義やロシア革命の本を濫読するに従って高まった。

一九一九年、彼は学業を継続すべきだと言う兄のアドバイスを受け入れた。兄は、懸命に働いてもろくに給与もくれない労働組合を辞めさせて、彼をどこかの大学の教授にしようと考えた。英国の労働組合を研究するよい機会になるとの兄の提案は岡野の心を捉えた。

彼はロンドン・スクール・オブ・エコノミックスに入り、シドニィ・ウェッブ*の講義に出席し、労働組合調査でチューターとなったクレメント・アトリー**に出会った。岡野の時間の大半は学外での調査や研究に注がれた。彼は定期的に『産業及労働』に記事を寄稿し、調査を実施し、後に日本へ持ち帰る情報や材料を収集した。彼の主要な関心は英国の労働運動の研究と英国における社会主義者の運動の研究と参加にあった。労働調査所で調査方法を学んだ。この経験は、後年日本で彼が調査機関を設立する基盤となった。

* Sidney James Webb (1859–1947). イギリスの政治家、社会学者。フェビアン協会に入り、漸進的社会主義を宣伝した。ロンドン大学の London School of Economics の創立に尽力した。のち労働党内閣の商業相、殖民相を歴任。主著に *The history of trade unionism*, 1894 や *Industrial democracy*, 1897 等がある。

** Clement Richard Attlee (1883–1967). イギリスの政治家。弁護士から、フェビアン協会に入る。ロンドン大学の社会科学講師、労働党下院議員を経て、戦後の最初の首相となった。主著に *Labour Party in perspective*, 1936 がある。

一九二〇年にイギリス共産党が結成されたとき、岡野はそのメンバーとなり、ロンドン中央支部の代表としてマンチェスターの第一回大会に出席した。その大会中に炭鉱労働者の三角同盟スト*が進行していた。代表がロンドンに帰った後、彼らの本部がロンドン警視庁に急襲された。岡野は望ましからざる外国人と烙印を押され、三日以内に英国を出国するよう命じられた。彼に対する告発は、(1)共産党大会への出席、(2)危険思想の演説であった。その大会前後に岡野は日本人の労働運動にかんする英語の演説を行っていた。

* 炭鉱夫組合、運輸労働者連合、鉄道労働者連合の共闘ストライキ。

日本大使館の斡旋で、岡野の滞在許可は三日から五日に延長された。英国を出てパリへ行った彼は、東京で知りあった日本人の芸術家の友人と一ヶ月を過ごした。次にスイスへ行ったが、到着後、パリの友人が手紙を寄越し、警察がある日遅く来て、彼のことを尋ねたと伝えた。ジュネーヴでは国際連盟の日本人の友人と過ごした。そのあとスイスからベルリンに行った。そこには共産主義者や社会主義者の組織がたくさんあった。当時世界で最大の労働組織であったドイツ労働総同盟に興味をおぼえた岡野は、とくにドイツ共産党運動とその労働組合への影響について勉強した。彼はドイツ共産党員と親密な関係になり、まずドイツの労働組合を研究する機会を得た。

岡野は一九二一年の冬、日本労働総同盟(岡野がロンドンにいるとき、友愛会はこの組織に合体した)の代表としてモスクワを訪問していた。彼のパンフ「日本の労働運動」がモスクワではすでに翻訳、紹介されていた。

一九二一年のモスクワは商店が閉まって、町は荒廃していた。三年目の内戦が東部で拡大しており、人々は革命の生みの苦しみに出会っていた。岡野は人民の苦痛を見たが、しかしロシアを動かしているより広く、深い流れが彼の視野に入っていた。彼はこれを見て取り、内外の干渉軍やあちこちでの妨害にもかかわらず、ロシア革命は成功するとの確信があった。

国家に基盤をおいた労働運動は岡野にとって新体験であり、その研究をするために、彼は一ヶ月半の滞在の間、モスクワ近辺を旅行した。労働者組織は国家に支持され、革命的であった。そしてここで彼は革命的労働運動と共産主義への信頼が正しいことを見て取った。労使の調和によって労働問題の完全な解決を図ろうとすることは無邪気な考え方であると彼には思えた。

岡野はモスクワにいるとき、片山潜に会った。当時の日本共産党指導者であった片山はアメリカから到着していた。片山は政治亡命者としてアメリカにいて、日本人共産主義者の団体の組織化に当っていた。またアメリカから日本の共産主義の運動を推進し、日本共産党の組織化の主要な担い手の一人であった。ロシアでは彼はコミンテルン執行委員会のメンバーで、一九二三年に死亡するまでしばしばコミンテルン執行委員会幹部会員になった。岡野は片山の死後、コミンテルン執行委員会において日本共産党の指導者となり、スポークスマンになった。

帰国の際、日本軍が東部からロシアに干渉していたので、シベリアから日本へ戻ることは難しかった。それゆえ岡野はベルリンへ旅をしたが、そこで秘密警察に連行された。彼は名前と記録のある身分証明書を示したが、添付写真が英国人であった。しかし、ロンドン警視庁が彼の写真を撮ったとき、間違って英国人の写真を添付したと言って、彼は窮地を難なく脱することができた。

岡野はマルセイユへ進み、そこで上海行きの船に乗った。すでにこの時、日本の新聞は岡野への攻撃を始めていた。

一九二二年、日本の新聞は岡野が英国を強制退去させられ、無賃乗車で帰国途上にあると報じていた。その帰国の旅の間、彼は合法的かつ公然とした行動を取ったので、帰国後、神戸、次に東京で尋問されたが、警察は彼を捕える理由が見出せなかった。

帰国早々、岡野は日本労働総同盟書記の仕事にすべり込み、その機関誌『労働』を編集した。彼には慶応大学から講師の話が来た。彼はそれを受け入れ、世界の労働問題やヨーロッパの社会状態を三ヶ月間講義した。その講師の間に彼は大学で進歩的学生グループを組織し、その中から野呂栄太郎や秋笹政之輔が現れた。

岡野は総同盟の左翼グループを組織し、指導した。そして一九二二年に堺枯川や山川によって地下の共産党が結成されたとき、彼と彼の労働グループがその党に参加した。その翌年の三月一五日に、共産党の秘密会議が東京から三〇分のとあるレストラントの二階で一三人の代表者により開催された。この会議は肥料会社の株主総会という名目で開かれ、終日続いた。

日本共産党の当時の主要な課題の一つは明文化された方針であり、岡野は綱領起草委員会の代表としてその会議に出席した。

その会議は成功し、ついに広汎な基盤を持った党が組織され始めた。だが会議によって作り出された勢いは短期間しか続かなかった。というのは会議の記録を預かっていた早稲田大学の佐野学教授が警察の厳しい監視下にあったため、その記録を彼の友人に保管させていたところ、実はその友人が警察のスパイであったのである。それが発覚するやいなや、党指導者は逮捕に備えた。五人のメンバーが党から逃走するよう指示されたが、岡野を含む残りの者は留まって、成り行きを見守ることとなった。党員たちは最高刑一年の治安警察法で処罰されると確信していた。

岡野は今にも検挙されるのを予感しながら働いていた。早朝、検挙を行うのが一般的だったので、もし朝、何もなければ、帰宅まで大丈夫だ、と岡野は感じていた。逮捕を待つことはつらいことであったが、ついに一ヶ月半後の六月五日の朝、共産主義者の最初の逮捕が行われた。

岡野は一九二三年九月の大震災のときは獄中にあった。刑務所の庭から東京上空に大波のような煙が立ち上るのを見た。刑務所の棟には二〇人の共産主義者がいた。彼らは看守に影響力を持っていたので、最初の揺れがきた後、すぐに外に出された。他の棟の多くの囚人は幸運とはいえなかった。岡野は狂気となった囚人たちが監房の棒にしがみついて出してくれと金きり声をあげているのを見た。また彼は刑務所が崩壊して、まだ開錠されていない監房を押しつぶそうとしているのを見た。囚人たちは庭に出た後、さまざまな要求を出した。そして刑務所全体が焼け落ちれば、彼らは釈放されるだろうと告げられたとき、ある囚人たちはその建物を放火しようとした。結果として、軍隊が騒動の鎮圧に呼ばれた。この数日間の騒ぎで岡野は二度死にそうな危険な目にあった。

共産党指導者は一九二三年六月から一二月まで収監されていた。彼らは一九二四年から二五年に開かれる裁判を待っていた。その間、彼らは仮釈放されていた。

釈放されてから、岡野は数人の指導者とともに地下の共産党活動を続けた。彼は一九二四年三月に創設した産業労働調査所の所長であった。その調査所は日本の政治、経済、労働問題や世界の政治状況の材料を収集したり、研究をしたりした。調査所は自由主義的なインテリの核となり、その所員たちは『産業労働調査時報』、『インターナショナル』という二誌に寄稿し始めた。後者の雑誌は海外の革命運動の情報を掲載し、コミンテルンの活動を報道した。調査所はまた本やパンフレットを刊行し、さまざまな刊行物を通じ、学生や労働者に影響を与えた。

この当時は大衆的な学生組織と農民運動の時期であり、人民の経済的、社会的な思考が急速に変化していた。労働者階級のなかで左翼が勢力をのばし、岡野は総同盟の左派を指導した。左右の衝突が一九二五年の総同盟の分裂を引き起こしたとき、彼は左派グループとともに放逐された。労働者階級の最も古い付き合いのあった連中から切り離されることに、彼は後悔や残念な気持ちが起きなかった。というのは雇用者にストライキ権さえも売り渡した、古参の指導者の腐敗を、彼は見て取り、彼らに反対していたからである。すでに岡野は外国から帰国後、二、三のストライキを組織し、指導していた。

岡野は日本労働組合評議会に参加し、一九二八年までその組織を指導した。一九二五年には日本共産党の合法機関紙『無産者新聞』の創刊の手助けをした。彼は労働農民党の組織者の一人であった。彼は一九二三年の秘密共産党集会に参加したという古い罪科で一九二五年に八ヶ月間獄中にあった。

一九二七年と一九二八年に、広範な地下工作が日本共産党によって実行され、全般的に進歩的な運動が新生面を開いた。岡野の産業調査所は二つの雑誌、本とパンフの発行のほか、広汎な調査を実施し、共産主義グループの主要な研究資料作りに貢献した。岡野は日本労働運動や政治に関する固い雑誌に記事を書き、英語やドイツ語の資料を翻訳した。彼の書き物や翻訳には、『日本政治便覧』、『労働年鑑』(編)、レーニン『労働組合論』(翻訳)や赤色労働組合インターショナル刊行の記事、パンフの翻訳がある。

一九二八年の総選挙で労働農民党が二〇万票を獲得したとき、左翼運動はピークに達した。しかし反動勢力は即座に進歩勢力打倒に動いた。総選挙から一ヶ月が経たないうちに、三千人の共産主義者が警察に大量検挙された。岡野は捕まり、彼の家の近くに住んでいた評議会指導者も捕まった。どの警察署も残酷に痛めつけられる共産主義者でごったがえしていた。最初の数ヶ月間、拷問された者のうめき声を耳にしない夜はなかった。

一九二五年の投獄の間に起きた一つの例をここに出そう。かつてある僧侶が彼を転向させようと訪ねてきた。僧侶は禁制の茶菓を持参し、長い間岡野と話した。議論は刑務所生活の単調さを紛らす楽しいものであったが、一週間後、僧侶は岡野の転向は絶望的だと感じた。

一九二九年、ある検事が先の僧侶がしたように、岡野の心を探ろうと訪ねてきた。岡野は彼を追い払ったが、共産主義者の中には、検事に影響され、何人かの裏切り者が出た。

貧しい食事、狭苦しい孤独な場所での監禁、運動不足が二年後に岡野を苦しめだした。晴れた日に彼は外に出て、刑務所の中庭を散歩することが許された。当初は友人から雑誌や本の差し入れが許されていたが、後には宗教や科学の本しか監獄では読めなくなった。岡野は看守を教育し、味方としたので、彼らがときどき外の政治の情報を少しだけ持ってきた。

岡野の眼が彼を悩まし始めた。深刻な状態ではなかった。しかし、もし刑務所当局を納得させられれば、手術のためそこを出る良い口実となった。数年前彼は白内障の手術をしていたのだが、持病が再発したのだ。彼はたびたび当局に訴え、獄外からも彼の兄や弁護士が働きかけた。医師が岡野の眼を救うには緊急手術が必要だという手紙を書いてくれた。裁判所は岡野に一ヶ月の仮出獄を認めた。

裁判所の出した退去命令によって、東京に住めなくなったので、岡野は神戸の兄の家に身を寄せた。手術で目は回復したが、なお痔、腹膜炎、肺炎、糖尿病が襲ってきた。こうして次々と患ったため、病院を転々とした。警察は彼への厳しい監視を続けた。仮釈放を延長させるため、医師たちは警察当局へ月々の経過報告を送っていた。彼は八ヶ月間塀の外におかれたので、その間、共産党中央委員会にアドバイスした。一九三〇年末までに、中央委員会は中央委員ならびに日本共産党代表として岡野をモスクワに送る決定を下した。その後半年の間に逃亡の準備を進め、一九三一年三月にそれを決行した。下関を出て、大連、シベリア経由でモスクワに行った。

モスクワでは、岡野は一九三一年のコミンテルンの執行委員会プレナムに参加した。彼は「日本の状況概要と日本共産党の課題」の起草を手助けした。このとき、彼は彼の国際的名前となる現在の岡野進を名乗るようになった。

岡野は一九三一年から一九四三年まで、日本の内外で地下活動を行った。この体験を話すと、日本の秘密警察の犠牲になる人が多数出るため、この履歴については口外できない。

一九三三年に岡野はコミンテルンの執行委員会プレナムに再び参加した。一九三五年には、第三インターナショナルの会議に参加した。そのとき、彼は執行委員に選ばれ、さらに執行委員から常任幹部会員となった。一九三六年に人民戦線にかんする日本共産党への指示を書いた。

岡野がソ連で過した期間は比較的短かった。大部分が日本に近いところか日本国内にいた。彼は日本の反戦運動や前線の運動を、満州事変や支那事変の間、地下から指導した。これは岡野のもっとも収穫の多かった政治運動の時期と言えよう。

一九四三年春、岡野は陝西省延安に突然、徒歩で入ってきた。＊そしてそれ以降彼は中国とくに華北と華中で日本人の反ファシスト運動を指導した。そこでは六百名の日本人民解放連盟が日本軍国主義者と戦争への反対活動を攻撃的、徹底的に行っていた。彼は、延安に到着してまもない一九四三年七月七日の日中戦争六周年に、「日本国民に訴う」というパンフレットを発行し、即時停戦と軍事独裁の打倒ならびに永続的な平和の下での民主日本の樹立を日本人民に呼びかけた。

＊　岡野は周恩来らとモスクワから一九四〇年四月に延安に入り、

四三年五月に岡野の名前で公然と活動し始めた、と戦後語っている(『野坂参三選集　戦時編』参照)。ただし、延安に入った正確な日付けは一九四〇年三月二六日のようである。

岡野は日本労農学校の校長となり、捕虜を再教育し、幹部を養成している。卒業生は前線に派遣されて、政治教育を受けていない工作者と交代して宣伝工作を行っている。岡野の解放連盟は八路軍や新四軍の抗日宣伝の一機関である。このパンフレットで、延安の岡野や幹部はこの一一月に開催される予定の解放連盟の会議を準備していると述べている。日本軍の背後には共産軍の根拠地が散在していて、そこには解放連盟の多様な支部があった。それらに会議の開催が通知され、その代表団がすでに延安に向けて行進を開始している。よく警護された日本の鉄道や無数ともいえる日本軍との前線を徒歩で横断して延安に到着する旅は、実際に一年近くかかる場合がある。

華北や華中の戦争捕虜、脱走者、日本の反ファシストたちは、軍部の敗北によってのみ日本を救えるとの信念を行動で一貫して示す誠実な岡野に敬意を払い、尊敬している。ある日本軍歩兵隊元少尉はこう語っている。

「岡野指導者が延安にきてから、我々の反戦運動に新しい生命が注入された。それぞれが、日本に帰れるとは思っていたが、将来がどう切り開かれるかに確信がもてなかった。同志岡野は我々に確固たる未来を示し、その目的達成の行動に指針を与えてくれた。彼の示す理念や分析は正確で、道理にかなっている。彼は先見の明があり、遠い将来を見通しながら当面の課題を処理している。そして私の知っているかぎり、一つのミスも犯したことがない。しかし彼は批判を受け入れる度量があり、またそれを歓迎している。それは驚くほどである。同志岡野の将来の展望は全日本人民の望むものである」。

このような発言はほんの一例であって、延安の日本労農学校ではそれは百倍になろう。前線には延安に行って、岡野の下で勉強したがっている解放連盟員(再教育を受けた捕虜)がきわめて多数いる。かれらは「日本国民に訴う」を読み、彼の呼びかけに耳を傾けた。最近も一人の日本軍元中尉の医師[*]が岡野の所で勉強するため延安に来たが、彼は前線の八路軍の平和病院で三年間医療活動に従事していた。

＊　山田一郎。山田の回想「八路軍病院での医療活動」「新生への道程」(いずれも『反戦兵士物語』所収)を参照。

岡野は静かで、控え目な指導者で、落着いたソフトな話し方をする。バランスの取れた精神の持ち主で、緻密さと事実を重視している。だれかと問題を議論するときはいつも、相手とともにその考えの概要を把握し、解決法をとことん追求する。一方、彼は他人にたいしてもこうした議論の進め方を期待し、双方が相手に役立とうとする。長年にわたって、受難や迫害を被ってきていても、岡野は冷淡ではなく、誤りを犯した者や虐げられた者に対し大いに同情を寄せる。たとえば、彼を暗殺し、解放連盟を破壊するために日本軍が送ったスパイを、日本労農学校で再教育することに全力をあげているのである。彼にとって、スパイを人間のくずとして社会に放置するのは残念なことである。岡野は捕虜の再教育の成功に異常なほど強い信念をもっており、事実、彼の仕事は大変成功している。彼は前線で独立した宣伝活動を行う強い幹部を養成した。彼らは岡野の支援で、日本軍への八路軍の宣伝を指導し、日本労農学校の運営管理の仕事を実際に遂行している。

岡野が過酷な親分ではなく、冷たい鉄の固さをもった指導者でもないことは、以上のことから素直に結論づけることができよう。階級闘争は彼にとって死をかけた闘争である。自殺的行為になりかねない任務に人々を送らざるをえないことがある。彼は地下のルートで日本に人を派遣しているが、彼らからはなんの知らせも届いていない。しかも彼自身が実際二〇年間、迫害されたり、追跡されたりしている。大衆運動の指導者として人生の大半を過ごした岡野は、自らはいつもその背後にいて、彼の研究機関や直接的な指導を通して〝第一線の活動家〟にアドバイスした。延安では、当初、日本人民解放連盟を指導する形で表に出てきた。そのような背景をもっていながら、彼は日本の自由主義者や進歩主義者のなかに強い個人的な敵や対立者をもたなかった。彼は改良主義的な労組から上がってきた。したがって社会民主主義に精通している。彼は労働者のなかで職業をもったインテリであり、慶応大学の学生として最初に労組に加入した。一九一三年以来、一般労働者と道をともにしてきたという記録をもっている。岡野は現在も戦後も日本で多様な自由主義的、進歩的なグループをまとめる大きな役割を果せる人物であることは明らかである。彼は現在でも日本の支持者や協力者と接触を保っている唯一の有名な日本人の反軍国主義指導者であろう。

岡野の健康は厳しい生活のなかですばらしい回復を見せ

ている。今回、彼は延安から日本の反軍国主義者を指導するだけでなく、朝鮮独立同盟、台湾その他の南方グループの指導者にもアドバイスしている。彼は八路軍の日本研究グループを指導し、中国共産党やその軍のために日本の状況を分析し、解説し、全ての抗日宣伝活動を指揮し、『解放日報』(延安の日刊紙)に寄稿している。日本と連合国の戦争における彼の主要な貢献は、日本で最近出された刊行物を占領地域から延安に収集し、配布していること、日本本土や日本軍の情報を捕虜から収集していることである。

岡野はときどき寒い冬に外に出て日光浴をしているが、それはリューマチの左腕の苦痛を和らげるためである。彼の夢みた自由な日本が近づいており、連合国の軍隊とともに日本に帰国するのを待ちこがれている。彼は根本的には革命主義者であるが、実際的な志向をもつ穏健な共産主義者である。このため、彼は社会主義の前段階として日本で確立せねばならないのが資本主義的民主主義であると見なしている。近い将来を見ると、大企業や、太平洋戦争以来の軍国主義的な過激派は無論のこと、本質的に帝国主義的な侵略者である穏健派の行動がこの戦後に抑制されず、大衆民主主義が停止させられたら、日本は真の民主主義を達成するために、苦痛を伴う不必要な革命闘争を行わねばならなくなろうと見ている。

日本は国内に反対勢力はあったものの、外国からの民主的な影響を受けてきたし、国民はある程度は同種の民主主義的な経験を受けてきた。岡野の回顧によると、一九二八年前後にマルキシズムとリベラリズムの強い再興の波がおきたが、それは今や夢のように非現実的なものになってしまったという。日本はそのような時代を過去のものにしてしまい、その時代は今日のファシズムの背景としてはきわめてぼんやりしている。この時代の直後に政府の強い反動的弾圧がなされ、一〇万部以上の部数を持つマルキシズムの月刊誌などの刊行物や岡野の産業労働調査所を含めたプロレタリアの調査機関が消滅した。

一九二八年の総選挙では、普通選挙法によって二〇万人が左翼の労農党に投票し、全部で四つのプロレタリアート政党が議会で八議席を得た。さらに全体の八一パーセントの有権者が投票に行った。それはどの国の最初の普通選挙と比べても高い投票率であった。一九三二年には進歩的な運動の高揚があって、社会民主党が百万票を得た。

岡野によれば、このような歴史背景を持つ日本では、人民の手で政治的権威をもつ大衆政府を樹立することは可能である、という。合法化された共産党を含めた全ての政党の連合政府樹立が、彼の希望であり、野心でもある。そして、これを実現するため、日本への宣伝活動が必要であるとして、岡野の解放連盟はその活動を一九四四年一月に反戦宣伝活動から日本の解放ならびに人民の日本の樹立に拡大した。岡野の日本労農学校は数ヵ月以内に新しい教育の段階に入る予定である。つまり幹部は政府の行政と積極的な軍事的任務を訓練され、八路軍や新四軍の方針に沿って戦うだけでなく、連合軍が日本に上陸した時、ともに戦うことを考えている。さらに、もっとも優秀な幹部のなかから調査専門員を選抜し、解放連盟が戦後日本の再建と回復に建設的に貢献できるような政治、経済、社会計画を立案できるようにしようとしている。

岡野の主要な当面の課題は、反戦、反軍国主義闘争だけでなく戦後日本の指導者の訓練である。そして彼の解放連盟への希望は全ての政党が合法化された際、民主的な連合政府の一翼を担うことにある。今すぐにも、岡野は外国にいる日本人の反ファシスト、反軍国主義者を組織化することを望んでおり、彼らが日本の反戦勢力を目覚めさせ、組織化するために広く基本的な政策で協定を結び、一つの旗の下で結集することを願っている。もし連合国とくにアメリカが日本人、日系アメリカ人、捕虜の中から反軍国主義的連合ないしグループを組織することになれば、岡野は自分の解放連盟をより大きな連合体の一支部にしてもよいとさえ考えている。

岡野は全ての外国にいる日本人に、日本の解放細胞を組成するための彼の努力に参加することを呼びかけた。そのようなグループは連合国が日本に上陸し、占領したとき不必要な生命の損失を軽減させることになろう。彼らは占領の際に、日本人や連合軍の双方の痛みを最小限軽くし、民主的政府の樹立を容易にし、太平洋の永続的な平和の基礎を作ろうと呼びかけている。

コージ・アリヨシ軍曹

延安、中国　一九四五年一月二二日

延安リポート　第四四号

日本兵士代表者大会及び華北日本人反戦団体代表者大会の諸決定

目次

イデオロギー訓練
個人談話
個人批判会
修養会
一般教育
記念日講演
工作能力の養成
宣伝工作
組織工作
教育工作

第四部　新規加盟者の扱い
感情的つながり
物質的状態に関して
衛生
娯楽と運動
生活上の規律
教育
送還する者への教育
留まる者への教育
延安日本労農学校の入学資格

第五部　華北抗日軍に対する八路軍の援助
八路軍敵軍工作部への援助

戦闘中の工作

第六部　組織に関する諸問題
兵士大会とは何か
反戦同盟とは何か
共産主義者同盟とは何か

付録　敵軍政治工作の一部としての「日本兵士の要求書」

（この資料は）日本人反戦同盟華北連合会により陝西省延安において、一九四二年八月、日本語で出版された。[*] 全一二〇頁。日本語からの翻訳は重慶の戦時情報局中国部の韓玲女史が行った。

＊『華北日本人反戦団体代表者第一次大会決議集』と題して刊行された。上記大会における討論を総括し、野坂参三が執筆した。本篇は反戦同盟記録編集委員会編『反戦兵士物語』にその全文が、『野坂参三選集　戦時編』にその抄録が載っているが、本リポートの英訳はそれらとニュアンスを異にするところがある。そのため、本篇はあえて英訳を底本としてその訳文を掲載した。

思えば日本人反戦団体が結成されたのは三年前のことであった。結成以来、反戦団体は急速に発展し、この三年間で八つの支部団体が開設されるに至った。反戦団体の勢力増大を感じた日本軍部は、あらゆる手段を用いて兵士たちの思想統制を試み、あるいは反戦団体内部の攪乱を策して多くのスパイを送り込んだが、その目的を果たすことはできなかった。反戦団体は日進月歩の勢いで成長発展し、現在では華北に多くの日本人反戦団体が存在している。[*] これらの反戦団体は日本軍部と戦うため、その力を一つに結集しようとしている。

＊ 巻末の「日本人民解放連盟組織図」を参照。

かくして反戦同盟延安支部が反戦大会の開催を呼びかけた際に、各地の反戦団体は進んでそれぞれの代表を派遣した。同時に、一九四二年八月一五日には日本兵士代表者大会も開催された。

大会開会式は代表者と聴衆で溢れた議会議事堂で行われた。森健同志による過去数年間の同盟活動報告を皮切りに式典は始まった。続いて代表者たちが大会議長団を選出し、多くの来賓が祝辞を述べた。その中で朱徳氏は八路軍ならびに新四軍を代表して講演を行った。彼の後には、中国共産党と辺区政府の各代表が激励の言葉を述べた。最後に茂田江同志が演壇に立ち、任務完遂のために全力を尽くすつもりであると演説を行った。彼の演説が終わった時、延安在住の日本人のほとんどが辺区自衛軍への参加を希望し、そこにいた人々に温かく迎えられた。こうして式典は友好的な雰囲気の中で閉幕した。

兵士大会　兵士大会は八月一六日から一九日にかけて挙行された。この大会には一八の師旅団を代表する兵士ならびに華北日本軍で軍役についていた兵士たちが出席した。この大会では、軍隊内部での日本兵士の生活をいかにしたら改善しうるかが主要な議題となった。彼らは自らが受けた日本人将校による不平等な扱いについて不満を表し、傍聴者からも質問や提案が提起された。そして二〇項目からなる目標とそれを達成するための手段と方法を含む計画が決定された。さらにこの大会は、日本軍部による虐待、暴行、略奪などの行為を暴露し、日本軍国主義者に抗議する旨を決議した。

反戦団体大会　兵士大会に引き続いて、八月二〇日から二九日まで反戦大会が開催された。

六つの反戦団体の代表者が参加する中、この大会の議事は各団体の工作報告から始まった。

二〇日には森同志が反戦同盟延安支部の活動報告を行った。二一日には杉本同志が覚醒連盟本部を代表して報告し、二二日には松井同志が反戦同盟第一支部について話をした。それに続いて質疑応答が円滑になされた。

二三日は休会となったが、その日の夜、八路軍総政治部は代表者たちのために映画会を開催した。翌二四日に大会は再開され、二六日まで反戦工作に関する基本方針が議論された。

各団体の成果と弱点、それに反戦団体の基本的任務が話し合われた。最終的に、宣伝や教育などに関する包括的な方針が採択された。また詳細な方針書を完成するために六名の起草委員が選出された。

ついで華北反戦同盟の綱領と規約が二六日に討議され、その結果、反戦同盟と覚醒連盟を統合し、日本人反戦同盟華北連合会を結成することが決定した。最後に、この新しい組織の役員を選び、会長には杉本同志、副会長には森同志、そして三須同志とその他数名が他の役職に選出され、すべての議事が終了した。

閉会式は八月二九日に挙行され、席上、大会の宣言書を満場一致で採択した。続いて八路軍総政治部主任が演説をし、さらに反戦同盟延安支部から小林同志が壇上に上がり感謝の言葉を述べた。最後に、出席者一同は「インターナショナル」を合唱した。

在華日本人反戦同盟華北連合会規約

第一条　本会は同盟本部(在重慶)規約第七条に基づき(重慶本部は一九四一年に解散した*——翻訳者)、華北における反戦同盟支部によって組織し、「在華日本人反戦同盟華北連合会」と称す。

* 鹿地亘の主催する重慶の反戦同盟本部は、国民政府からの解散命令によって、四一年八月二五日に解散した。

第二条　本会は華北連合会綱領の実践を目的とす。
第三条　本会は左記の事業を行う。
一　各支部に対する指示および援助
二　各支部との連絡
三　宣伝および教育(特にこれらの研究)
第四条　本会はその最高決議機関(決議を行う機関——翻

訳者)を華北代表者大会とす。

第五条　華北代表者大会は、年一回これを開催す。各支部は支部大会において、支部員五名以下に対して一名、一〇名以下に対して二名の割合で代表者を選出し、大会に派遣する。

第六条　大会の期日に至らなくても、全同盟員の半数以上、または全支部の半数以上の要求がある場合、または執行委員会が必要と認めた場合は、臨時大会を招集することができる。代表者が大会に参加できない場合は、各支部大会の決議事項の総合をもって、華北代表者大会に代えることができる。大会、あるいはこれに代わるものの規則、日時、場所などは執行委員会が定める。

第七条　本会の最高執行機関は執行委員会であり、大会につぐ決議機関とする。執行委員会は会長一名、副会長三名、委員七名で構成し、大会で選出される。執行委員会は延安におく。

第八条　会長、副会長、委員の任期は一ヶ年とする。ただし、任期が満たないうちに改選の必要が生じた場合、および全同盟員の半数以上、あるいは全支部数の半数以上の要求がある場合は、臨時大会、あるいはこれに代わるものをもって改選することができる。

第九条　会長は本会を代表し、本会に関する一切の業務を総攬する。副会長は会長を補佐し、会長に事故がある場合は、これを代理する。

第一〇条　常任委員会は会長、副会長および執行委員会で選任された三名の執行委員によって構成する。

第一一条　常任委員会のもとに宣伝・教育、組織の二部をおく。なお必要に応じて各種の委員会を設けることができる。

第一二条　執行委員会は晋南東、晋察冀その他必要な地方に地方分会を設ける。地方分会は執行委員会の基本的指示に基づき、該地方における支部の連絡および統括を行い、かつ工作の便宜上または該地方の特殊的問題に関して自主的執行の権限を持つ。

第一三条　地方分会の決議機関は該地方支部の支部代表大会とする。代表者選出に関しては各支部大会の決議の総合、または地方分会委員会が定める。

第一四条　地方分会の執行機関は地方分会委員会であり、該地方支部代表大会で選任される。ただし、(連合会)執行委員会の批准を必要とする。地方分会委員会は書記二名(正副書記)と委員若干名で構成する。

第一五条　支部は同盟員二名以上で組織し、執行委員会の許可を必要とする。支部の決議機関は支部大会とする。

第一六条　支部の執行機関は支部委員会であり、支部大会で選任される。

第一七条　支部委員会は書記一名と委員若干名で構成する。ただし、支部員五名に満たない場合は書記のみ選任する。

第一八条　支部は必要に応じ、小組を設けることができる。支部委員会は小組長一名を任命する。支部の詳細な規則は支部大会で定め、地方分会委員会の批准を必要とする。

第一九条　本会に新たに加入する団体は、執行委員会の審査承認を経なければならない。

第二〇条　本会の経費は支部納入の会費および寄付金によってまかなう。会費の額は別に定める。

第二一条　本会の趣旨に違反した同盟員あるいは支部は、大会またはこれに代わるもの、または執行委員会の決議により、除名に至るまでの処罰を受けることがある。

第二二条　本会および地方支部は工作の援助と指導を受けるために、八路軍および新四軍の指定した顧問を招聘することができる。顧問はすべての会合に出席し議事に参加することができる。ただし、決議権は持たない。

第二三条　本規約は華北代表者大会の決議によらなければ変更することができない。

在華日本人反戦同盟華北連合会綱領

一　この中日戦争は日本の軍部と資本家が起こした不正義の侵略戦争であり、日本兵の生命を犠牲にし日本人民の生活をおびやかす戦争である。したがって我々は、この戦争に反対し、日本軍を全占領地から撤退させるために闘う。

二　日本兵の大半はこの戦争を正義の戦争と信じさせられ、知らないうちに軍部の道具と化している。したがって我々は、日本兵に戦争の本質を知らせ、さらに彼らの政治的自覚を促すために闘う。

三　軍部は日本人民を圧迫し犠牲にして他国を略奪する野蛮な侵略者であり、現在の政府は軍部独裁の戦争政府である。したがって我々は、これら人民の敵を倒し、平和と自由と幸福をもたらす人民の政府を樹立しなければならないことを日本兵に確信させるために闘う。

四　中日両国人民をはじめ朝鮮、台湾および南洋諸島の人民は、ともに日本軍部に圧迫されている犠牲者である。したがって我々は、全東洋の人民と団結して共同の敵、日本の軍部に反対する共同闘争を行い、真の東洋平和を建設するために闘う。

五　我々は以上に目的を実現するために、華北における中国軍の抗日戦を積極的に援助する。

第一部　総　論

「ヒトラーを打倒せよ」「日本の軍国主義者を葬ろう」というスローガンは、平和と自由を愛する世界中の人々に迎え入れられている。反戦同盟はこのスローガン実現のために全力を尽くすであろう。

これが反戦同盟の基本的任務である。

反戦団体の成果と弱点　この任務のために、わが日本人反戦同盟および覚醒連盟は、創立後なお日が浅いにもかかわらず、またさまざまな困難があったにもかかわらず、相当の成果を収めている。

一　三年前には、後に反戦同盟となる反戦団体はわずかに覚醒連盟ひとつにすぎなかったが、現在では八つの反戦団体を持つまでになっている。

二　我々は八路軍と新四軍を支援して相当な成果を上げたと言うことができる。

例えば、以前に比べて食糧の質と量は相当低下している。また代用食や被服類、さらには本国から送られて来る慰問袋の数は減少している。

三　日本兵の任務は相当困難で危険を伴うものとなっている。華北の日本軍は数の上では減ってきているものの、占領地域を小数部隊をもって警備しなくてはならない。日本軍よりも相当強力な八路軍および新四軍との戦闘は、彼らにとって非常に困難かつ危険である。

四　日本人民の生活はますます苦しくなっている。特に太平洋戦争以降、人民の生活は物資の不足と政府統制のために悪化の一途をたどり、政治的自由も奪われてしまった。こうした悲惨な状況は手紙を通して家族から兵士たちに伝わり、政府の宣伝に反し、兵士たちの士気に影響を与えている。

五　新兵に対する古兵の虐待が横行している。上述のような状況下で、日本兵の間には日毎に不満と厭戦気分が拡大している。高級将校は、新兵に対する古兵の虐待を咎めるのではなく、むしろ煽っている。それは、古兵と新兵とを反目させることで、彼らが高級将校に対して団結するのを防ぐためである。これが、最近、古兵による暴行が激しくなっている理由である。

第二部　宣　伝

すでに述べたように、わが反戦同盟の第一の任務は、華北における日本軍隊内の兵士の戦闘意欲を挫き、戦闘力を弱め、できる限り早く日本軍を打倒することである。したがって日本兵に対する宣伝工作こそが我々の最重要任務である。もちろん長年にわたって愛国主義を教え込まれてきた兵士に宣伝工作を行うのは容易ではない。より困難なことは、兵士たちを誤った道から正しい道へ導こうと工作している人々が、まさに彼らが対峙している敵であるという点である。これが、我々が宣伝工作で期待していたほどの成果を上げられなかった理由の一つである。しかし、このことは客観的理由にすぎない。これ以外にも我々は認識すべきいくつかの重大な欠点を持っていた。それ故に、我々は今後の方針をたてる前に、まず、この欠点を検討する必要がある。

A　過去における我々の宣伝の欠点

覚醒連盟と反戦同盟を除いて、全ての反戦団体が多くの宣伝工作を兵士に対して行ってきたが、この宣伝工作の結果として内部から反動勢力との戦いを組織した、あるいは中国軍に自発的に投降した日本兵はほとんどいない。このことから、我々の宣伝工作がうまく行われていないことが明らかとなる。

しかし、「八路軍はけっして捕虜を殺さない」ということが、今では全ての日本兵に知れ渡っており、これは我々の成果としてあげることができる。しかしこれはむしろ、八路軍と新四軍の捕虜に対する方針それ自体の成果であって、我々の宣伝工作の成果ではない。

我々の宣伝工作の欠点は、我々の宣伝が日本兵の心情や要求にうまく応えて来なかったことである。我々は、日本兵の政治的意識が非常に低いことを軽視する一方で、彼らは覚醒し、すぐさま日本軍部に対して反抗するであろうという希望的観測から出発していた。また我々は、より高次の要求のための戦いに彼らを導くことを怠ったのだ。我々が期待していたような成果を得られなかった主な理由はここにある。

この他にも宣伝の実施方法で多くの欠陥があった。これらは次項で扱われる。

B　今日の基本的な宣伝工作方針

以上の欠点を克服するために、日本兵の実情、士気、要求を精査した上で我々の宣伝工作を遂行して行かねばならない。

それには、いくつかの「日本軍隊研究会」の支部を各地に開設する必要がある。延安支部は、今後、これらを通じて多くの資料を得られるようになるだけでなく、八路軍も政治的・軍事的課題に関するより多くの材料を獲得することができるようになるであろう。

今日ではこの戦争は正義の戦争だと信じている日本兵でさえも、軍内部の物質的・精神的生活状態に幻滅し、将校らに不満を抱いている。さらに彼らの郷愁感が厭戦気分を生み出している。我々は、こうした状況を理解しているのであるから、兵士たちを助け、激励して彼らが将校に対しさらに強い不満を表すようにしてゆくべきである。さらに我々は、軍内部の生活改善のための闘争に彼らを立ち上がらせなければならない。今後のわが宣伝工作の重点はここに置くべきである。こうした目標に向けて彼らを闘争へと導くことは、現在の日本軍の実情からみて可能である。日本軍内部における士気の低下と諸矛盾のために発生した自殺、逃亡、上官への反抗事件などは、まさにこのことを裏付けている。

日本軍内部におけるあらゆる闘争は、たとえそれが政治的問題とは直接関係のないように見える食糧や待遇の改善を求める闘争であっても、大きな政治的意義を持っている。

兵士の目を開かせ、上官への反抗へと向かわせることは、兵士の政治的自覚と階級意識形成への第一歩である。それはまた、兵士の上官に対する盲目的服従を取り払う第一歩でもある。軍規に対する不服従と生活状態改善のために闘争することは、彼らの団結と自己の力の強さに対する自覚を促す第一歩でもある。

我々の中心的任務は、日本兵の心情に見合った共通の問題を掲げて彼らに対し宣伝工作を行うことであるが、当然のことながら、我々の宣伝がこのような狭い範囲に限定されるということではない。むしろ兵士の政治的自覚を呼び起こして行かねばならない。しかし兵士の知識水準からすれば、こうした宣伝は教育的なものにすぎないのであり、したがって、それは宣伝の中心でもなければ、行動の中心でもないことに留意すべきである。

次に、反戦同盟は八路軍の政治部に所属する一部門ではないけれども、すでに述べたように、同盟の宣伝工作は八路軍の方針と指示に従って遂行されるべきである。具体的に言えば、同盟による宣伝工作の政治的方向は八路軍と新四軍の政治的基本方針に基づいているのであるから、我々は彼らの指示と指導を受けるべきである。しかし宣伝物の作成自体は我々で行わなければならない。また宣伝物の配布については、両者の協力の下に、主として八路軍と新四軍が行うべきである。

C　日本兵に対する宣伝の内容

以上のような基本方針に従って、我々はどのような宣伝工作を遂行できるのだろうか。

兵士を生活環境改善のための闘争に立ち上がらせることが、我々の当面の中心的任務である。これは、華北日本兵士代表者第一回大会ですでに採択されている点であるが、我々はこれを積極的に活用しなければならない。日本兵は、多くの不満と要求を持っているが、彼らはそれをどのように上官に示したら良いかを知らないでいる。そればかりでなく、だれに不平を言ったら良いのかさえ分からないでいる。第一回大会の「日本兵の要求書」は、兵士たちの不満をはっきり表現し、また、だれを相手にして、どのように不満をぶつければ良いのかを明瞭に示している。この「要求書」は、我々の武器となる一方で、現在もまだ自覚していない兵士たちを目覚めさせるきっかけになろう。

この「要求書」に述べられている兵士の要求は、次のような基本方針を考慮しつつ兵士たちの状況を研究し、討論した結果、作成されたものである。

一　兵士にとって最も切実で、かつ兵士の闘争意欲を喚起する要求を提案すべきである。

二　どれほど切実な要求であっても、性的な充足を求める要求のように兵士の闘争意欲を弱めるようなものであってはならない。正しい要求とは、軍隊内での階級闘争、つまり高級将校と兵士の間の闘争を激化させるようなものでなければならない。

三　日本軍の士気と戦闘力を弱体化させるようなものでなければならない。

四　軍部に対抗して、軍服を着た兵士、労働者、農民の共闘を促すようなものでなければならない。

五　これらの要求の実現に向けて行動する際、できる限り合法的に行うことが望ましい。また、要求のすべては実現可能性のあるものでなければならない。

次の問題、すなわち「要求書」の活用方法について次に述べよう。まず、「要求書」の全文を兵士に宣伝しなければならない。それは、兵士たちに兵士大会の存在と、その要求を知って欲しいと考えるからである。さらに、彼らが置かれている環境を兵士自身が理解して欲しいと思っているからである。そして、要求書全文の中から中心的な要求を選び、ビラを印刷する際にそれらを掲載する。このビラの中で兵士大会の目的や性質、闘争方法などの説明をすべきである。ビラの内容は「要求書」のものとは異なり分かりやすくすることで、広い範囲に配布することが可能となる。

次に、「要求書」の(重要な)要求の一つ一つを取り上げ、それをテーマにしてビラを作成する。例えば、「飯を腹いっぱい食わせろ」という要求をテーマとして取り上げ、さらに、兵士に対する粗末な食事配給と将校の贅沢な生活を対比し、上官にこそこのような不平等な待遇の責任があることを兵士に理解させる。この場合、各部隊で発生した最近の出来事を実例として利用し、兵士に説明すべきである。この方法でのみ我々は、兵士たちを上官に対する闘争へと立ち上がらせることができるのである。したがって、「要求書」の全ての項目を同時に取り上げる必要はなく、もっとも切実な要求から先に取り上げなければならない。

我々は以上三つの方法によってたえず兵士に対する宣伝を行わなければならない。

しかしながら、「要求書」を不変不動のものと考えてはいけない。これは一つの参考書として、また工作の手引きとして利用されるべきである。

各部隊における兵士の具体的状況に変化が生じた場合、我々はいつでも「要求書」を変更することができる。我々はなるべく迅速に最も重要な要求を掲げて、兵士の真の敵である日本の将校との闘争へと彼らを決起させなければならない。日本の部隊の間で闘争に決起させることができれば、それは大きな成果であり、勝利の一歩となろう。もちろんそうなったとしても、我々は満足することなく最初の一歩を踏み出した兵士たちを第二、第三の歩みへと導かねばならない。だが、この方法は我々にとって初めての試みである。このような工作では、我々はまったく経験がないといって良い。我々はこの方法を研究し、経験を通じてそれを改善していかねばならない。(*Emancipation Daily* 誌に掲載された論文「日本兵士の要求と政治工作」を参照せよ。)

兵士間の厭戦気分の強化　兵士を高級将校との闘争に駆り立てる宣伝のほかに、戦争に疲れた兵士たちの厭戦気分を強める従来の宣伝も続けて行うべきである。彼らの士気を弱めることは、日本軍の弱体化を早める重要な手段の一つである。この宣伝を進めて行く際、我々は以下の諸点に重心を置かなければならない。

一　兵士の望郷心を強めること。

兵士たちは折に触れて故郷を偲ぶ。故郷から便りが来た時、寂しい時、夜の歩哨にたつ時、戦死者の遺品を整理する時などは特に故郷を偲ぶものである。我々は彼らに故郷での良き日々を思い起こさせ、それを現在の境遇と対比させて、故郷に帰りたいという気持ちを募らせ、より一層厭戦気分を高めるようにしなければならない。さらに、兵士が故郷から受け取った便りや彼らが書いた日記の内容を利用することも必要である。

二　悲観的気分を煽ること。

戦争はいつになったら終わるのか？　これは日本兵全員が知りたい問題である。戦局の拡大につれて兵士の間には不安と悲観気分が拡大している。この兵士たちの悲観的気分をさらに助長させるために、我々は彼らに戦争の見通し、現在の戦況を伝えなければならない。だがこの場合に注意すべきことは、兵士たちを非難しているかのような言い回しをしないようにすることである。そうしなければ彼らの反感を招くことになるだろう。

三　「御身大切」意識を特に強調すること。

「死んで花実が咲くものか」(つまり死んでも何の役にもたたないということ)、あるいは、「負傷した際に、果たして自分の家で病になった時に受けるのと同等の手当てをしてもらえるか」といったことを強調し、兵士の戦争をさぼる気分を煽らなければならない。

四　八路軍は捕虜を殺さない。

現在、華北に数ヶ月または一年以上いる日本兵のほぼすべては、八路軍が捕虜を殺さないことを知っている。しかしなおこのことをさらに徹底して彼らに知らしめ、虐待を恐れる新兵がけっして自殺をしないように教えなければならない。この場合、過去に行った「我々は捕虜を大切に扱う」というような宣伝をしてはならない。それは日本兵の誤解を招くかもしれないからだ。むしろ我々は捕虜を「兄弟として友人として」もてなすと説明すべきである。

日本兵の政治的自覚の喚起　この宣伝を実行に移すといっても、今すぐに兵士が何か重要なことを実行することが期待されているわけではないし、我々は彼らが今この時点で行動することを望んでいない。しかし、兵士の政治的自覚を喚起することは究極的な目標達成のための根本である。

一　戦争の本質を説明すること。

日本兵の大半は日本軍部の宣伝を鵜呑みにしている。そのような兵士に対し、いきなり彼らが参加している戦争は侵略戦争であるとか、不正義の戦争であるなどと中味のない言葉を発しても効果はない。また資本家階級がどのように貧しい人々を搾取しているのかと言っても、兵士は理屈には興味を持っていないので効果がない。資本家の不正や軍部の横暴を具体的な例を使って説明し、兵士が容易に理解し、納得できるようにするのが良い方法である。

二　兵士の階級意識を呼びさますこと。

兵士たちは実のところ軍服を着た労働者であり農民であ

る。しかし彼らのイデオロギーははっきりとしていないため、我々は彼らの階級意識を呼びさまし、彼らがどの階級に属しているのかを知らしめなければならない。そのためには、出征前の彼らの境遇と現在の故郷や友人の境遇を比べて考えさせるようにし、このような変化をもたらした社会的・政治的事件について明確な説明をするのが最良のやり方であろう。だが日本兵は政治問題への関心は低く、三面記事の社会的記事に多少関心があるだけである。したがって、その政治理解力は十分とは程遠い。この場合でも、我々は彼らが政治問題に関心を抱くように導いてゆかねばならない。

三　敵の宣伝を反駁し暴露すること。

日本の軍部は偏狭な愛国主義と排外主義を国民、特に兵士に植え付けるために、実に多くの恥知らずなデマ宣伝を行っている。それ故、兵士の自覚を促す上で彼らの宣伝を暴露し粉砕することが不可欠である。我々は常に敵の宣伝を分析し、事実に照らしてそれらを批判しなければならない。

四　反戦同盟の存在を知らしめること。

我々は兵士であり、日本人でもある。このことは、我々の目標ならびに彼らと我々の関係、そして日本兵と日本人民を侵略戦争から解放するという反戦同盟の目的を日本兵に対して説明しなければならないことを意味している。同時に、八路軍における我々の生活と労農学校での我々の生活を彼らに紹介することも必要である。

D　宣伝の形態と内容に関する注意

以上の方針に従って実際に宣伝物(ビラとチラシ)を作成する場合、以下の諸点に注意しなければならない。

一　宣伝物は慎重に作らなければならない。我々の作るすべての宣伝物は前線で危険を冒している八路軍兵士に直接的な影響を及ぼすことを知る必要がある。我々はこのことを銘記し、慎重の上にも慎重な態度で宣伝物を作成しなければならない。宣伝物の作成の前には、その内容と書き方を充分に議論し、作成後も慎重にそれを検討すべきである。当然のことながら、この仕事は一人だけで片付けられるものではない。

二　日本兵にけっして反感を抱かせないこと。我々は現在も日本軍兵士であるのだから、かつて軍隊にいた時の気持ちを何度も思い起こし、その時の気持ちに返って宣伝物を作らなければならない。例えば、この戦争が不正であることを兵士たちに説明する場合、彼らの感情を考慮しなければならない。一方的に我々の主観的願望から「……だから反戦せよ」などと呼びかけては、良い結果どころか反感を抱かせることになってしまう。空疎な言葉を並べたてるのではなく、事実をもって説明する、宣伝らしからぬ宣伝が最良の宣伝なのである。

三　宣伝材料は事実に基づくものであること。「多分こうだろう」とか「そうなるかも知れない」などの表現を含んだ材料を用いて宣伝することは、誤りを招く原因になるので非常に危険である。他方、断定的な内容を持った宣伝材料を用いる場合、実際に起きた出来事を使わなければならない。例えば、確たる裏付けがないままに、ただ単に日本人を欺こうとして「米機六〇〇東京を空襲す」といった内容の宣伝を行えば、それはデマ宣伝となってしまう。我々はこのような宣伝材料を作成してはならない。

四　無意味な宣伝物を作らないこと。兵士の気分に訴えかけようとして宣伝の質を下げ過ぎて何の意味のないものを作ってしまうようなことは容易に起きる。我々はこのような間違いを犯さないように注意しなければならない。

五　宣伝を書くにあたっては、兵士に分かりやすい文字、表現を用いること。日本文らしくないおかしな文章を使用すべきではない。また、いたずらに美文をひねくった文章も避けるべきである。我々が使う言葉は、読み、書き、会話において兵士が親しんでいる言葉を使うべきである。兵士が理解しづらくなるので漢字の多用を避け、どうしても漢字を使わなければならない時はカナをふるべきである。

六　具体的事実を利用し、積極的に宣伝を行うこと。宣伝は、季節、世界情勢、敵の戦闘状況、宣伝の対象となっている日本兵の状況などに応じて臨機応変に行うべきである。このような宣伝は兵士の関心を高めることができる。

七　特定の敵の部隊に対して系統的に宣伝を行うこと。我々の宣伝の欠点の一つは、宣伝内容があまりに一般化されすぎていた点にあった。それ故、いつでもどこでも利用することはできるが、そうした宣伝はほとんど効果がない。我々は特定の敵の部隊を目標とすべきである。

敵の部隊の状況はそれぞれ異なるので、各部隊を調査し区別し、特定の宣伝を実施するため一つの目標をその中から選び、それに対して宣伝を継続的に行うべきである。したがって目標となる特定の部隊の一つ一つの状態を詳しく調査する必要がある。当然のことながら、それには多くの困難がともなうだろうが、実行されれば大きな成果を生み出すであろう。もし我々の目標としてきた部隊が移動した場合、我々の最善策はその部隊の移動先の地区の支部へその部隊の状況を知らせ、その支部に我々と同じ宣伝工作を続けさせることである。

八　宣伝の性格と内容によって署名を変えること。今後、我々は宣伝の内容に応じて、より適切で効果的な署名を使うべきである。すなわち、宣伝内容に従って、反戦同盟、八路軍、兵士大会もしくは個人の名前のいずれを使用すべきかを決めるべきである。署名の使い分けの基準は以下の通りである。

八路軍が自らの政策や辺区政府の現状を紹介する場合は、八路軍の名前を使用すべきである。その宣伝が兵士の政治的自覚を促すような場合、または反戦運動について宣伝する場合は、日本人反戦同盟の名を使うべきである。その他、兵士の親しい戦友からなる兵士大会が宣伝を行う場合、兵士大会の署名入りの宣伝はより効果的であろう。

したがって宣伝物の大半は兵士大会の署名を使うべきである。もし兵士個人の名前、あるいはある部隊の名前を宣伝に使う場合——とくにその部隊のメンバーがそこにいる場合、あるいはその仕事が複数の個人の名前の下で行われる場合、あらかじめその同意を得なければならない。また実際に存在しない団体の名前を使ってはいけない。我が同盟に所属していない団体の名前を使用する場合は、あらかじめ許可を得なければならない。

九　歌や絵を利用すること。現在、いくつかの敵の部隊では「夜は冷たい、戦争はつらい」という我が同盟が作った歌が歌われている。我々は誰もが簡単に理解し、歌える分かりやすい民謡をいくつか作るべきである。さらに、日本兵の反感を買わないような絵を描くことも必要である。

E　宣伝の種類と具体的方法

これまで述べてきたことは、すべての宣伝物に適用できる一般的原則であったが、ここでは宣伝の方法について述べることにしよう。

一　ビ　ラ

ビラは我々の宣伝工作の中心であり、もっとも普遍的な宣伝手段でもある。ビラは地方的特殊性や性急な状況の変化に対応しやすいので、宣伝の要求をもっとも満たすことができる。ビラの作成に関する注意点は次のとおりである。

第一に、ビラは読者の興味を引くように書かなければならない。そしてあまり長くてはいけない。人の興味を引くような見出しをつけ、できるだけ漫画などを使うべきである。とにかくビラは絶対に短くなければいけない。それは、低い教養レベルにある日本兵に読ませるためだけではなく、思想的に厳しい統制化にある日本兵は、大きく長いビラを密かに読むことができないからである。我々は、兵士が片手に銃を持って行進しながらでも読めるようなビラの作成に全力を傾けなければならない。したがってビラは原則としては五〇〇字を超えないようにすべきである。

第二に、一つのビラにたくさんのことを盛り込まないこと。むしろ一つの中心的なテーマについて読者が十分に理解できるようにすべきである。

第三に、内容に乏しい悪文の記事を使わないこと。数は少なくても良く書かれているビラを編集し、大量に印刷するのが最良のやり方である。

二　新　聞

我々には二種類の新聞がある。ひとつは日本兵向けに書かれた宣伝用の新聞であり、もうひとつは八路軍内の日本兵を対象とする機関紙的な新聞である。前者は日本兵との接触がもっとも頻繁にある前線で発行される。「漫画付録」などもこの種の新聞に加えられるべきである。機関紙的な新聞は八路軍内の日本兵向けのものであるが、可能な場合には日本軍の兵士に散布することもある。それ故、この種の新聞の編集に際しては、何も知らない兵士を対象にしているわけではないので、その内容は多少専門的なものでなければならない。

1　編集上の注意

イ　新聞で取り上げるニュースや出来事は、広範囲にわたっていて多種多様なものでなければならない。

ロ　より多くの人が新聞に寄稿する必要がある。通信員は重要である。全ての同盟員が通信員となり、寄稿者となって新聞を支援しなければならない。多数の支援と創意によってのみ新聞は充実し、発展する。

ハ　新聞で取り上げるニュースや出来事は権威あるものでなければならない。デマや恣意的な見解は厳禁である。また新聞が兵士の手に渡るまでの時間を考慮して、時宜を得た最新の記事を載せるべきである。

ニ　大きなサイズの新聞を作ることはできないので、短い記事を掲載すべきである。

ホ　新聞にはできるだけ多くの写真や漫画を入れ、またできるだけ娯楽的な記事等を入れること。

2　新聞の散布に関する注意

大きな新聞はビラのように散布するわけにはいかないので、兵士たちの目に付きやすい所に貼っておく方が良い。しかし、小さいものならばビラのような散布の仕方で良い。可能ならば分遣隊に定期的に送るのも良いだろう。

以上のことはすべて定期刊行物にも準用できる。

三　ポスター

呼びかけポスターは「討伐」作戦にやってきた日本兵のすべての目に付くところに利点があるので、その内容は「掃討」作戦の苦しみや困難、つまり戦争の残虐性や殺人、放火、暴行、略奪などがいかに悪いことかを強調するものでなくてはならない。ポスターのメッセージは長すぎてはいけない。兵士が説明なしに一目見て分かるもの、その内容に共感できるようなものでなくてはならない。そしてポスターは、短く急所をついたものでなければならない。

1　過去の欠点

イ　これまでのポスターは、「軍国主義者を倒せ」「反戦せよ」など、あまりにスローガンの要素が強かった。

ロ　説明なしには分からないポスターがあった。例えば、「日本兵は我々の敵ではない」といっても、なぜ敵でないのかを説明していなかった。

ハ　日本兵の反感を買うポスターがあった。例えば「空に向かって撃て」というポスターを見た時、日本兵は「では敵が襲撃してきたら、我々はどうすれば良いのか」と疑問を持つだろう。

2　ポスターの作成に関する注意

イ　中国民衆向けのポスターが書かれていないところに書くこと。例えば、八路軍が中国民衆向けに「打倒日本帝国主義」と書いたポスターのすぐそばに「戦争を止めよ」と書いても、このポスターはまったく効果がないだろう。

ロ　民衆の住居には書かないこと。そのようなことをすると、その家が日本軍に焼かれる恐れがある。

ハ　ポスターの内容はその場所周辺の特徴を考慮して書くこと。例えば、山道の岩には行進の辛さをうたったポスターなどを書いておく。

ニ　中国人の同志に書いてもらう場合には誤字がないようにすること。

ホ　できるだけ芸術的に書くこと。ただし小さい文字や極端に芸術的な文字は避けること。

四　戦闘中の日本兵への呼びかけ

過去の経験によると、戦闘中のスローガンの呼びかけは政治的効果が少ない。戦闘が小康状態の時に呼びかけを行えば、兵士たちは好奇心から聞くことだけは最後まで聞こうとした。だが、すぐにまた射撃が再開されるので、このような戦闘中の呼びかけは、ほとんど政治的効果がなかった。実際に呼びかけを聞いただけで日本兵が降伏してきた例は一度もない。日本兵は劣勢の時でも最後まで抵抗したり、自爆したりすることがある。彼らの戦闘力がまだ十分残っている場合、あるいは集団でかたまっている場合、彼らは最後まで抵抗する。しかし一人あるいは二人というようにバラバラに孤立した兵士に対する呼びかけは効果的であった。その理由は、第一に、集団でいる日本兵は八路軍の呼びかけを信じられないこと、第二に、集団的拘束があるために兵士は個人的行動を取ることができないからである。したがって我々は平生から常に八路軍の捕虜政策を宣伝し、八路軍の各部隊にこれらのスローガンを徹底してうまく利用する方法を教えねばならない。さらにスローガンを呼びかける時期についても、その適切な時期、すなわち日本軍が敗北し、あるいは戦闘での決定的瞬間になった時に初めて呼びかけを行うようにして行かねばならない。呼びかけで使えるスローガンは次のようなものである。

1　兵士の生命の安全を強調するようなスローガン。

2　戦闘行為を停止させ、我々の側に投降して来る方法を伝えるスローガン。そして、中国人が発音しやすく、日本人が聞き取りやすいスローガンを選ぶ必要がある。

これらは呼びかけの政治的効果に関するものであるが、

呼びかけは軍事的に有利な結果をもたらす場合もありうる。戦闘中に日本の歌を歌ったり、日本語で呼びかけを行ったりした場合、日本兵は一時射撃を止めて多少とも動揺し、八路軍にとって有利な状況が展開するかもしれない。このような目的のために呼びかけを行う場合、部隊の指揮官の下にこの任務を果たさなければならない。

戦闘中ではなく、交歓のための呼びかけもある。こうした呼びかけでは、次の点に注意しなければならない。

1 必ず身体を隠して呼びかけること。

2 事前に打ち合わせをせずに多くの兵士がばらばらに叫ぶと日本兵が聞き取れない。スローガンは大勢で同時に声をそろえて叫ぶか、一人がずっと呼びかけること。

3 呼びかけの際は発砲しないこと。

4 味方の軍の重要陣地がある所からの呼びかけはしないこと。

5 奇襲、または軍事行動の妨害になる場合には呼びかけないこと。

6 日本兵が呼びかけに応じて投降してきたら絶対に発砲しないこと。

戦闘中に反戦歌を聞いたからといって日本兵が感動するようなことはめったにない。反戦歌は、捕虜になった日本兵に好感を与えることができる程度のものである。したがって反戦歌をそれほど重要視する必要はない。

五 交歓

日本兵との交歓は、彼らの八路軍に対する敵愾心を弱め、民族的偏見をただし、戦闘意欲を減じ、日本軍崩壊への端緒となるものである。交歓によって相手側と何らかの協定を結ぶことができれば、八路軍の作戦行動に大きな便宜を与えることになるだろう。現在の日本兵の意識から見ると、彼らに接近し、初歩的な宣伝を行うには、交歓が最善の方策である。特に孤立した小拠点は交歓を行うには有利な状況が整っている。我々は、この宣伝方法を従来よりももっと重視し、注意深く研究してゆかねばならない。

交歓は、兵士が本隊を離れ、個人の任務についた時に行えば非常に有効である。また、連絡手段を失い孤立した駐屯地にいる兵士に対してこの方法を行うことも可能である。交換の方法には次のようなものがある。

1　贈り物、慰問袋、タバコ、酒などを手紙と一緒に中国の民衆に頼んで兵士たちに届けてもらうこと。この場合、「日本軍打倒」などのビラをその中に入れてはならない。そうしたビラは、交歓の目的を台無しにしてしまう。

2　通信。まずは日本兵をいたわるような手紙を書くこと。彼らに好感を抱いてもらえるようなことを書くのが良い。宣伝はあまりしすぎないこと。場合によっては、電話を連絡手段として利用できることもある。

3　ある程度親しい関係ができたならば、興味を引くような新聞や定期刊行物を彼らに送るのも良い。しかしその場合、それにふさわしいものを送るように注意しなければならない。

4　夜間、歩哨に接近するには大声で話しかけたり、歌を歌ったりするのが良い。その場合、親しみを持たせるような話をするのが良い。その場合、ビラで扱うような深刻な話でなく、内地の話など親しみを持たせるような話が最適である。また歌は政治的なものでなく、兵士が良く知っているやさしいもので、兵士がそれを聞いた時に故郷を偲ばせるような感傷的でしんみりとしたものが良い。できればアコーディオンに合わせて歌うのが良い。尚、こうした宣伝工作を行っている間に敵から射撃されたり、包囲されたりしないように注意しなければならない。

歩哨の任務中にこのような交歓を行える可能性はより大きい。あらかじめ互いに射撃しないという合意が得られれば、日本軍の斥候が我々の言うことに耳を傾ける可能性はより大きくなる。これは今後我々が実行しなければならない最重要課題の一つである。すべての同盟員は積極的に創意を発揮して、この工作を発展させなければならない。

六　戦死者の取り扱い

日本軍の戦死者や遺体がある場合には、我々は同胞として八路軍と共に彼らを埋葬しなければならない。もし状況が許せば、墓標を立て、墓標には感傷的な、あるいは厭戦気分を起こさせるような碑銘を書くことが重要である。但し、長すぎたり、極端に宣伝的なものはいけない。また可能であれば、葬儀などを行うこと。戦死者の戦友がいれば、その人を喪主として葬儀を行ったら良いだろう。そして前後の事情を戦死者の所属部隊や内地の遺族に知らせるべきである。戦死者の友人が手紙を書き、八路軍の手紙と一緒に送るようにすべきである。我々や八路軍の手で遺体を埋葬できない場合は、戦死者を日本軍に送り返すか、遺体の所在地を日本軍に知らせ、遺体を引き取らせるべきである。遺体収容に来た日本軍を絶対に攻撃しないということをこの知らせの中で強調すべきである。もし墓標を立てたら、八路軍あるいは政府の名で、それに手を触れてはいけない旨、中国民衆に告示すべきである。八路軍か政府の名前を墓標に記すこと。こうすることで、日本兵に好感を与え、思わぬ宣伝になった。

F　中国民衆、八路軍将士に対する宣伝

宣伝工作を実行するにあたり、実際に日本軍と常に接近している八路軍将士や中国民衆の支援、特に前線の将兵と遊撃区の民衆の支援が必要である。実際にビラまきや手紙の送達など通信の仲介をするのは主にこうした人々である。したがって彼らに敵軍工作の重要性ならびに我々と彼らの共通の考え方を充分に理解してもらわなければ、我々の宣伝工作を完遂することは難しい。この工作は最前線や遊撃区において特に重要である。

一　遊撃区の民衆に対して。八路軍および前線部隊と協力して地元住民に対して演説を行う。通常、演説時間は短いものだが、それを有効に利用して演説をしなければならない。演説の内容は、我々と中国民衆が実際に共闘していることを示すものでなければならない。それにより、我々はたかが日本人ではないか、というそれまでの考えを放棄させ、彼らの抗日意識を鼓舞することができるのである。同時に、日本兵の立場と対敵軍工作の意義などを説明すべきである。

二　一般の抗日基地内の民衆と将士に対して。民衆や兵士の会合にできる限り参加すること。新聞を利用して、抗日運動の進展状況や日本兵の生活を紹介すること。日本人の反戦団体の存在を知らせるだけでも大きな意義がある。

三　演劇その他。適当な機会に反戦的な演劇を上演すること。その際、劇の出演者と工作の状況などを考慮する必要がある。また、手軽にできる歌や踊りをするのも良い。事情が許せば、八路軍に加わって民衆宣伝を行う宣伝隊を組織すべきである。

G 調査と研究

我々の宣伝は正義であり真理である。我々の敵、日本軍部の宣伝は不正義であり欺瞞である。しかし敵はその強力な宣伝機関と優秀な宣伝技術によって不正義を正義といいくるめ、欺瞞を真理とすり替えることに長けている。したがって我々は自らの宣伝内容を正確にし、その方法と技術の改善に最大の努力をすべきである。

第一に、我々の宣伝の対象である日本軍に関する研究の必要性を改めて強調しなければならない。相手を理解せずにいかなる宣伝工作も不可能である。我々の宣伝は、綿密かつ正確な調査と研究に基づいてなされなければならない。我々が敵から捕獲した文献や日本の新聞、雑誌、世界情勢などの調査研究を怠ってはならない。宣伝資料を作る際は、自分たちの立場ばかりでなく、第三者の立場からも、また敵の宣伝をも利用すべきである。そうしてこそ我々の宣伝は効果的となる。不断の系統的な宣伝の調査研究こそが、我々の宣伝工作を発展させる鍵なのである。

第二に、我々自身、自らが作成した宣伝への批判を怠らないようにすると同時に、他者の批判や意見に耳を傾けるべきである。特に最近我々に加わり、多くの場合に非常に有益な働きをしている日本兵たちの率直な意見を聞くべきである。この他、八路軍の「敵工部」と協力し、我々がすでに行った宣伝の効果を研究し、宣伝工作のさらなる改善を期すべきである。

第三部 同盟員の教育

反戦闘争を遂行する任務は言うまでもなく一般同盟員と同盟幹部の肩に課せられている。

反戦同盟の成否と力を左右するのは、彼らの反戦意識と工作能力である。したがって彼らの教育と訓練は同盟の中心任務の一つである。ことに、創立したばかりで、偏狭な民族主義を叩き込まれた日本兵から構成されている同盟においては、同盟員の教育と訓練がより重要である。一言で言えば、同盟の将来は、同盟員の教育と訓練に左右されるのである。

わが反戦同盟と覚醒連盟とは教育の意義を認識し、これに多くの努力を払い、短期間に成果をあげた。特に延安における労農学校の創立とその工作活動は、成功してきたといえる。だが、我々の教育工作上もっとも致命的な弱点は、理論と実践が乖離している点である。前線の同盟支部においては、同盟員は日々の工作任務に忙殺され、理論学習の時間的余裕と機会がない。一方、後方の同盟支部の同盟員は、理論研究に没頭し、工作の実際面を無視する傾向がある。したがって我々は、前線の同盟員には理論学習を、後方の同盟員には実際の工作学習を奨励する必要がある。

さて、同盟員の教育と訓練にはいろいろな種類がある。それらは同盟員の教養のレベルに従って、二種類に分けられる。

第一に、同盟に加入したばかりで政治意識の低い同盟員には初歩的な教育を受けさせる。第二に、すでに中級以上の教育を終えた者には最上級教育を受けさせる。

この他に、日本軍から同盟にやって来たばかりの日本兵に対する教育の問題があるが、これは次項「新規同盟員への対策」の一部で取り扱う。

しかし、これまで述べてきたことは一般原則であり、それぞれの場所の現実の状況いかんによっては何らかの修正が必要であろう。重要な点は、さまざまな困難が存在する前線では初歩的な教育を行い、一方、有利な条件の下にある後方では、より高度な教育を行うべきである。

次に、教育方法は一般的に場所と条件によって二種類に分けられる。一つは、理論学習と実際の工作を分けることなく同時に行う方法である。つまり、工作を実際に行うことによって重要な理論を学習する。もう一つは、ある一定期間に理論を学習し、その間は一切の工作を実践しない方法である。同盟員には基礎的理論の学習が非常に必要とされていることから、当面はこの第二の方法に重きを置くべきである。前線において理論を実践することはかなり難しいかもしれないが、それでも尚我々は兵士の教育機関の設立に努力すべきである。例えば、日本労農学校の講習会はいくつかの場所に設置されるべきである。なぜなら交通の連絡が非常に困難であるため、前線から後方に多数の学生を送るのは不可能であるからだ。少なくとも、陝西省南東、山西、察哈爾(チャハル)、河北にそれぞれ一つずつ分校を設けるべきである。

教育内容に関しては、政治理論の教育、思想意識の鍛錬、そして工作能力の養成から構成される。我々の教育の究極の目的は、反戦工作の実際の能力を養成することにある。効果的な工作を行うには、まず同盟員がプロレタリア意識を持ち、正しい理論を身につけなければならない。プロレタリア意識を持つための武器の一つは、プロレタリア理論の学習が必要である。したがって理論、意識、工作能力における教育は、相互に関連し合い、作用し合っている。もしその一方面だけに偏ると、我々の教育の目的を達成することはできないだろう。

反戦同盟が一定期間に一定の学生を訓練する場合、そこで中心になるべきものは理論学習である。これを通じて、学生の意識と工作能力はより一層高まるだろう。我々は、同盟員の教養レベルが非常に低いことを認識しなければならない。我々が理論学習に重点を置かれなければならないのはそこに理由がある。

A　理論教育

理論教育といっても、必ずしもすべての同盟員がマルクスやエンゲルス、レーニン、スターリンを学習しなければならないということではない。これらは共産主義者が学習すべき事柄である。反戦同盟が同盟員に対して行うべき理論教育は、反戦闘争は正義であり、その大義のために努力すべきことに確信を与えるような政治理論である。簡潔にいえば、初歩的な革命理論である。なぜならば、同盟はその性質上、反戦闘争のために一命を惜しまないという決意を必ずしも加盟条件とはしないからである。むしろ、戦争に飽き飽きした人々をも我々は喜んで迎え入れるのである。したがって同盟に加盟したばかりの者に対する理論教育は、ごく初歩的なものから始めなくてはならない。それでは、こうした初歩的な理論教育を半年から一年で行わなくてはならない場合、我々はどうすることができるのであろうか。「反蚕食戦」や「遊撃戦」などが行われる前線では、系統的な教育を行う場所や適当な教員を見つけるのも相当困難なことである。

しかし、初歩的理論の教育は同盟員の思想的基盤を作る上で大切なものであって、例えば、彼らが公式主義とか主観主義のような誤った方向に導かれて行ったならば、その方向に発展してゆくからである。

だからこそ、同盟はあらゆる困難を克服して、この重要な初級教育を行ってゆかねばならない。

そのためには、八路軍や新四軍から支援を受ける必要がある。例えば、革命闘争の経験のある八路軍の同志を招き、教育方針に関する助言や教育内容の作成を手伝ってもらうなどの方法が考えられる。

同盟は、同盟員の階級意識を高め、反戦闘争に向けて奮起させるためにも、戦争の性格や日本のファシズムの本質、そして日本および世界の将来に関して正しい解説をしなくてはならない。

同盟の各支部はその地方の状況に適した方法で教育を行い、そのための一定の時間を確保すべきである。

次に、参考のために延安日本労農学校の科目内容を見ることにする。

一　時事問題解説　　日本兵はニュースに飢えている。そこで、彼らに日本、中国、世界の最近の重要な出来事に関する正しい報告を与えると共に、戦争の本質、中国とソ連に対する見方、ドイツや日本のファシズムの本質、日本や世界の将来について教えなければならない。さらに、近年の歴史の学び方を教える必要もある。この講義は単なるニュースの伝達ではないし、また、誤った説明や情報を与えてもいけない。したがって講師は世界の事情に精通しているだけではなく、適切な判断力も備えていなくてはならない。

二　初級経済学　　初級経済学の講義は、資本主義諸国の経済不況を扱う。富める者と貧しい者がいるのはなぜか。抑圧者と被抑圧者との関係はいかなるものか。これらの講義では、学生は資本主義に関する正しい理解と資本家に対する憎悪を習得し、階級意識を強めることを目的とする。また戦争がなぜ資本主義諸国で起こり、社会主義諸国では起こらないのかについてもふれる必要がある。教材は、マルクス著『賃労働と資本』、日本労農学校編『政治教程——資本主義社会の解剖』である。

三　政治常識　　この講義の内容は以下の通りである。古代から現代までなぜ世界は変化し、膨張して来たのか？なぜ我々が今日住んでいる社会は変化するのか——階級闘争、政党(共産党)、ファシズム、帝国主義、戦争、革命、資本主義の崩壊と社会主義の勝利、ソ連の制度、日本と世界の将来。この講義によって、戦争に対する正しい理解を獲得させ、資本主義は必然的に崩壊し、勝利は無産階級にあることを学生たちに理解させることを目的とする。参考として、エンゲルス著、日本労農学校編『科学的社会主義』を参照せよ。

以上の講義のうち二と三は、充分な時間的余裕がない場合、あるいは適当な教師がいない場合、一つの講義に合併して行うと良い。しかし、それもできない場合は、三つの講義を一つにして行うことが可能である。これらの講義で陥りやすい欠点は、事実を軽視する学生たちに抽象的理論を教えるという間違いを犯しやすい点である。これでは、学生を公式主義に陥らせることになるだろう。そこで講義の際には、現代史、特に日本の歴史と現状を引用して教えなければならない。したがって講師は特に日本において起こった最近の出来事に注意を払う必要がある。

四　日本問題　日本の歴史、日本の支配階級と政治機構、経済力に関する捏造された日本政府の宣伝を暴露し、打破すると共に、正しい知識を与え、同時にまた、日本国民の生活や彼らの闘争について言及し、そうすることで軍部と大資本家に対する憎悪を強めるようにしなければならない。

したがって、この講座の講師は、日本に関する正しい科学的知識を学生に与えるだけでなく、彼らの敵である軍部と資本家に対する闘争に奮起するように努めなければならない。参考として、延安敵工部発行『日本便覧』、延安支部発行『最近の日本の政治事情』、解放日報版『敵情』を参照せよ。

五　中国語　加えて、中国国内の同盟員は日本語の書籍が不足しがちな前線では、中国語を学習しなくてはならない。我々は中国語の書籍から工作にとって重要なものを学ぶことができる。しかし中国語の学習は同盟の教育方針の中心ではないので、それにあまり時間を割くべきではない。同盟員は、中国語の学習のために中国人の同志と接触する機会を利用すべきである。同時に、同盟は交換教授、すなわち、中国人教師は日本人に中国語を、日本人教師は中国人に日本語を相互に教えあう方法を行うべきである。例えば、敵軍工作幹部学校と日本労農学校の学生は語学学習のために組を作って交換教授を行い、ある程度の成果を上げている。

最後に、教養レベルがかなり低い同盟員に対して基礎的な一般教育を施さなければならない。この教育の内容は、国語(字句の読み方や解釈)、算術(分数や比例など)、そして自然科学(常識程度のもの)である。

これらの講義の中心は、日本問題と政治常識である。しかし新同盟員に対しては、彼らの理解力に応じてその内容を変えるべきである。

六　講義上の態度　講義では、どのような態度を取るべきであろうか。第一に、学生の気持ちに注意を払い、彼らを楽しませるように心がけることである。第二に、分かりやすく説明し、学生の関心を引くような面白い講義にすべきである。教師は聞き取りやすいように声を発し、講義の中心は何度も繰り返し話をしなければならない。素早く書き取りができない学生に対して教師はゆっくりと何度も説明し、理解しにくい問題は学生に遠慮なく質問させるよう心がけること。第三に、講義の成果を測るため学生に試験をすること。

これらの教育方法に加えて討論会のような会合組織が確立されるべきである。

七　上級教育　上級教育はどこでも行えるものではないから、これに関する一般的方針を立てることは不可能である。日本問題についての学習を行う最適な条件を備えている延安の労農学校に学生を送り、上級教育を受けさせるよう各支部に期待する。前線から学生を送るのは困難であるため、前線でもいくつかの小さな研究会を開設するのが良いだろう。

C　イデオロギー訓練

同盟員の大多数は労働者と農民の出身ではあるが、日本国内で革命運動に参加した経験がない。したがって彼らの大半の階級意識はあいまいな状態であり、小ブルジョワ意識の影響を受けている。また同盟の幹部の中には小ブルジョワ出身者が少なからずいる。こうした関係で、同盟内に小ブルジョワ意識がまだ存在していることを否定することはできない。そのために、この有害な思想意識をただして、無産階級イデオロギーを呼び覚まし、これを強化することは同盟の最も重要な仕事の一つである。

反戦同盟と覚醒連盟には過去において、次のような問題点を抱えており、それが工作活動に悪影響を及ぼしていた。例えば、日本軍についての具体的な調査研究を怠り、日本兵との接触を好まなかったために、反戦同盟の公式にのみ基づいて宣伝物を作成した同盟員がいた。また反戦同盟は大衆団体であり、偉大な革命的任務を負っていることを忘れ、同盟を革命家の小集団にしようとする傾向があった。

さらにもう一つの傾向は、日本人反戦団体との統一戦線を無視、または軽視する傾向があったことである。こうした傾向のすべては、誤った思想意識が反戦同盟と覚醒連盟の政策に影響を与えたために生じたのである。

このほか、同盟および連盟の同盟員の中には種々の悪い傾向をもつ者がいる。例えば、中国人に対する蔑視、排外的民族主義、日本軍部打倒と人民政府樹立に対する懐疑をあらわす者がいる。また個人の利益を優先し、公共のために尽くすことを好まない利己主義的な者もいる。同時に、こうした利己主義者は、同盟の規則や規律をやぶって勝手な行動を取ろうとする自由主義者でもある。彼らは他人からの批判をけっして好まず、受け容れようとはしないし、また政治的に遅れた者を蔑み、他人を助けようとはせずに、自分だけが偉い者であるとの思いを抱いている。

わが同盟はこうした自由主義的思想をできるだけ無くするように努力しなければならない。それには次のような方法がある。

一　個人談話　第一に、同盟は下部組織を強化し、各支部は特に同盟員への観察を強め、我々同盟員はどうあるべきかを説明しなければならない。古くからの同盟員で、上述のような問題のある行動をとる者に対しては、批判会を開く前に個人的な談話を行い、あらゆる問題を正当に解決すべきである。同盟員との個人的な談話が可能であれば、大きな成果を得るだろう。特に全員が一同に会する機会に乏しく、少数の同盟員しかいない小集団との接触機会が多い前線においては、個人談話形式で行う方が容易であろう。

二　個人批判会　同盟員の思想意識の訓練において、個人批判会は欠かせない。個人批判会は、同盟員五、六名の小グループ単位に分かれて頻繁に会合を持ち、そこで互いに批判し合うものである。批判の内容は、工作についてだけでなく、個人の日常生活の態度にもおよぶ。こうした批判会によって、各同盟員の長所と短所を明確に把握することができ、短所は直され、長所はさらに伸ばされていく。各同盟員は他の者の批判を有り難く受け容れ、欠点は素直に直さなくてはならない。批判する際は、だれかを意図的に攻撃するのではなく、同志を助けるような態度で行わなくてはならない。これが批判の第一歩である。実際のところ、外部に表れた行動についての批判よりも、行動の基となる思想意識についての批判の方が、はるかに重要である。

三　修養会　修養会とは、すべての同盟員の言行について討論する方法である。批判会と違っているところは、批判会で批判を受けたにもかかわらず、なおその短所を直せない同盟員がこの修養会でさらに批判されるのである。また、大勢で討議した方が良いような場合とか、特に全員の模範とするにたるような行動があった場合に、修養会で話し合われるべきである。この会合は定期的に行うものではない。

四　一般教育　思想意識の鍛錬は、理論教育と密接な関係を持っているが、ここで取り上げる一般教育の目的は、英雄的な人物を紹介し、闘争意識を高めるとか、プロレタリア意識や小ブルジョワ意識とはどのようなものかを教えることである。

五　記念日講演　同盟は、いろいろな記念日、例えば五・一五記念日*、メーデー、一〇月革命記念日、あるいは各支部成立記念日などを利用して講話を行い、同盟員を奮起させなければならない。一例として、五・一五記念日、すなわち日本労農学校開校式における講演は出席していた全ての聴衆を奮い立たせ、これを機に、間違った思想を修正させた者がいた。

＊　日本労農学校の開校記念日。一九四一年五月一五日、日本労農学校の開校式典が延安の八路軍大講堂で挙行された。毛沢東がこの式典のために書いた題詞が読み上げられ、八路軍総司令朱徳が祝詞を述べた。出席者は二千名に及んだ(本リポート第四五号四三五頁、及び孫金科『日本人民的反戦闘争』一七二頁参照)。

以上、我々は思想意識の訓練方法について述べてきたが、その中で最も中心となるものは個人批判会である。この批判会においてのみ徹底した批判がなされるのであり、それによって同盟の工作は強い影響を受けるのである。

六　工作能力の養成　同盟で行う工作は、宣伝、組織、教育の三つに分けることができる。したがって同盟は同盟員のそれぞれの個性と能力に応じた適切な教育をしなければならない。

工作能力を養成させる上でもっとも良い方法は次のとおりである。

1　宣伝工作　第一に、できるだけ多くの宣伝を書かせること。これは、口先だけの奨励では成果は上がるものではない。宣伝物を実際に書かせたり、収集したりする機会を作らなければならない。第二に、書き方を指導すること。これは書き方を教え、良い宣伝と悪い宣伝の違いを説明し、彼らの文章能力を高めるための基本となるものを指示することである。第三に、教育を受けた者たちが批判会や研究会、あるいは編集委員会などの組織を作り、そこで互いの文章を批判し、改善することができる。その結果、文章能力が飛躍的に伸びるだろう。第四に、宣伝工作に不可欠な文化能力を高めること。口頭宣伝能力を向上させるには、会合に参加させて、勇気を持って演説させることがもっとも良い方法である。また、弁論会を組織することも良い。

2　組織工作　組織工作の水準を高めるためには、第一に、同盟員に実際の工作の経験をつませることである。そのために、同盟は多くの組織(支部大会、各種委員会、小組会、討論会、個人批判会など)を設けたのである。

場合によっては同盟員に工作を実際に経験させ、工作をどう分担し、点検し、評価するか、を習得させることに我々は全力を傾けなければならない。第二に、組織を愛護し、尊重するよう適切な教育を同盟員にしなければならない。組織への忠誠心を持った者は、より懸命に任務を遂行するからである。第三に、同盟員相互に、個人を正しく観察できるように習慣づけることが必要である。そうすることで彼らの工作能力は、徐々に進歩するだろう。第四に、会合の形態と方法を学ばせるために大衆集会や記念集会などに同盟員を出席させる必要がある。

これまで述べてきたことは、前線でも後方でも行うことのできる組織化能力の養成方法である。特に、前線では必要に応じて宣伝隊を組織する場合が少なくない。したがって同盟員は八路軍や新四軍と接触する機会を利用し、そこから組織工作を学習しなくてはならない。要するに、組織化能力の養成は、実際の工作を通じて達成できるのである。

3　教育工作　同盟員の工作能力を高めるために、我々は彼らに政治理論を徹底的に学ばせなければならない。彼らには勇気と自信をもってそれに取り組んでもらい、教育方法と宣伝対象の人々の状況を良く考えさせなければならない。そこで必要となるのは、経験豊かな者の中から何人かを選び出し、日本労農学校もしくはその支部の教育幹事として、または助教として従事してもらう。延安の日本労農学校は同盟から多くの教育幹事を選んでいる。過去数年、同盟は教育工作を重視しなかったために、我々が望んでいたほど同盟員の能力を向上させることができなかった。

第四部　新規加盟者の扱い

現在、我々が直接に接して話し合える日本人は日本軍から来た者である。こうした新来者の問題は同盟の将来にとってはなはだ重要な地位を占めている。

一　感情的つながり

新来者の大多数は捕虜としてやって来た人々である。彼らが政治的に目覚めた動機は、多くの場合、我々の理論的宣伝工作の結果というよりも、八路軍および新四軍との感情的つながりの結果、呼び起こされたものだといえる。したがって彼らには何よりもまず感情面から接近してゆくことが肝要である。彼らに対し宣伝工作のみを行えば、かえって彼らの反感を買うだろう。

また新来者の多くは反戦同盟員を「非国民」、または八路軍の「回し者」と見ている。彼らは我々を信用しないであろう。彼らと我々の間には常に大きな壁が存在する。彼らが我々の言葉に耳を傾け、我々を信用するようになるには、この壁を取り除く必要がある。それを達成するための方法の一つは、彼らとの感情的つながりを打ち立てることである。

我々はなぜこのような方法を採用しなければならないのか。彼ら日本人は言葉、習慣、風俗がまったく違った国に来て、当初は希望を失い、自殺を図ろうとする者もいる。このような状況の中で彼らが心の底から望んでいるのは、兄弟や友人が示すような愛情である。この点では、自ら進んで我々に加わった者でも大差はない。

さいわい、我々は彼らと同じ日本人であり、同じ境遇を体験しているので、彼らに接近するのにもっとも適している。すべての同盟員は工作や学習の際に、余暇を効果的に利用して彼らに接近し、孤独と絶望、悲嘆の中にある彼らに光明と希望を与えるようあらゆる努力をするべきである。もっとも重要なことは、彼らに親しく接してゆくことである。しかし我々は、この点で間違いを犯すことがしばしばある。例えば、不注意な言葉や行動のせいで彼らの反感を買うことがある。そこで我々はこうした間違いを是正して行かねばならない。

我々が特に注意しなければならないのは、新来者に対する中国人の態度である。確かに、中国人の中には日本人の新来者を敵とはみなさず、非常に親切に彼らを啓蒙しようと努力する人々も多い。しかし逆の態度に出る中国人がいることもけっして否定はできない。したがって中国人も新来者に接する態度に注意してゆくべきである。

二　物質的状態に関して

新来者にとって物質的問題は最大の関心事である。彼らは抗日根拠地の経済状況を理解しておらず、日本国内の物質的生活を基準に比較をしてしまう。それ故に、ここでの経済状況をもって彼らを満足させるには多くの困難がともなう。我々が彼らにはっきり理解させなければならないことは、この中国内陸地域の経済的困難の原因が日本軍の罪行にあること、と同時に、どうすれば彼らを物質的に満足させることができるかという点である。

物質的状態に関して、新来者の気持ちを察することは良いのだが、我々が彼らにしてやれないことを話すよりも、彼らが望むものを準備してやるべきである。食事に関しては、八路軍から食材をもらって同盟員が日本式の料理を作って与えるべきである。

三　衛　生

この問題もまた物質的問題と関係している。衛生問題に関して我々は、愛児に対する母親の如く行動し、衣類の洗濯や食器の洗浄、そして特に前線においては彼らの健康には十分に注意を払うべきである。

このことは特に前線の病院で治療を受けたことのある新来者に対して必要なことである。なぜなら、怪我を負った新来者の他の誰よりも、我々の親切な対応を必要としているからである。我々が彼らに対しこのように親切に接したならば、彼らはきっと我々に感謝し、我々の言うことにもっと耳を傾けるようになるであろう。

四　娯楽と運動

娯楽と運動は新来者の暗い気持ちを和らげ、我々との良き関係を築く上で効果的な方法である。野球は新来者が非常に喜ぶ運動であるので、同盟は野球道具を用意すべきである。さらに、各種の遊戯、碁、麻雀、カルタなども彼らとの友好関係を築くのには良い方法である。また、同盟員たるもの、こうした娯楽や運動をする時にもけっして彼らに不愉快な印象を与えてはならない。

五　生活上の規律

我々は同盟の組織のもとに一定の規律ある生活をしている。しかし、新来者が喜んでこの規律に従うはずだという期待の下に、彼らにそれを強要してはならない。我々が期待するのは、新来者が自ら進んでこの規律に従うようになることなので、この点に関して我々は忍耐強くなければならない。

しかし新来者に好き放題にさせても良いということではない。例えば、彼らが意図的に民衆や八路軍の同志に良くない行動をした場合には、その行動が悪いものであるということをきちんと伝えるべきである。また望郷の一念にかられて逃げ出した後、再び戻ってきた場合には、寛大な態度を取ると同時に、逃亡は彼ら自身の利益に反する行為であることを説明しなければならない。

六　教　育

1　送還する者への教育　　新来者に対する教育で、何よりもまず理解させなければならないことは、我々の立場である。すなわち、我々自身も日本人だということである。我々も彼らと同じ日本人であり、日本人の自由と幸福を考えればこそ、日本軍部の始めた侵略戦争に反対しているのだということを教えなければならない。彼らがこのことを理解することができれば、我々の言葉に耳を傾けるようになるだろう。

日本軍に二、三日のうちに戻りたいという新来者に対しては、そうでない者に施すのと同様の教育を与えてはならない。この場合のもっとも適切な方法は、彼らをできるだけ親切に扱うことである。そうすることによって、彼らは我々に感謝の念を持つであろうし、我々の捕虜政策を理解するであろう。

また長い間留まった後に日本軍に帰ることを望む者に対しては、八路軍の紹介や我々の捕虜政策の真意などを詳しく説明すべきである。また中国の抵抗運動や反戦同盟の設立についても詳しく伝えるべきである。この場合、彼らの中には我々に対する態度が素直でない者が相当多くいることを考慮し、彼らを強制的に教育するようなやり方や、あしざまに罵るようなことをしてはならない。

彼らがいよいよ八路軍を去る時には、元来の携帯品は与え、武器の携帯は彼らの判断に任せるべきである。＊

＊『反戦兵士物語』では、「武器以外は元来の携帯品を与えることが本人の安全のためにも適切な処置である」となっている。

2　留まる者への教育　（新来者の中には）戦時状況や地理的関係から日本軍へ戻ることができず、やむなく八路軍に留まることになった者のみならず、日本軍から脱走して八路軍に捕らわれた者もいる。彼らに八路軍内に留まり、我々と共に戦おうと決心させるべきである。もちろんそれを強制してはいけない。彼らが自らそうと決心したら、我々は彼らの教育を始めるべきである。

すでに述べたように、最近こちらに到着した新来者に対する教育の中心は、同盟の目的を理解させることである。それには、本人を一般同盟員の講義に参加させ、担当の同盟員が彼らを援助するようにさせることが必要である。この時期に、彼らと容易に親しくなれるのは同郷の同盟員である。彼らは日本の状況や最近の出来事について関心を持っているので、そうした問題について話すことが必要である。

3　日本労農学校（延安）の入学資格　延安の日本労農学校には系統的な学習ができる施設があり、反戦同盟の幹部を養成することを目的としている。この学校に入学できる学生の資格は次のとおりである。

イ　労働者、農民、知識階級の出身であること
ロ　スパイの疑いのないこと
ハ　愚鈍でないこと
ニ　小学校程度またはそれと以上の学力があること
ホ　身体壮健であること

第五部　華北抗日軍に対する八路軍の援助

日本軍との戦い、ならびに華北における八路軍への支援は重要な任務であり、同盟員は積極的に八路軍を支援しなければならない。これは八路軍に対する支援となるだけではなく、反戦運動の強力な一員として自己を鍛錬することができるのである。

一　八路軍敵軍工作部への援助

八路軍敵軍工作部への援助はとくに重要である。同盟は、日本語によるビラ、スローガン、反戦歌の作成の手助けを行うべきである。

1　対日本軍宣伝物の作成　八路軍の発行する宣伝物の作成に参与する場合、その任務を担当する部局の指示に従って行わなければならず、我々だけの考えで工作をしてはならない。宣伝物の内容は中国の同志とよく協議し、文章を書くのは同盟員が行う。もちろん誤りや修正があった場合は速やかに訂正しなければならない。宣伝物が日本兵にとって分かりやすいかどうか、それが反戦同盟の基本方針に合致しているかどうか、これらの点に我々は注意を払わねばならない。(別項宣伝の部を参照せよ。)

2　日本語文献の整理　これは、日本軍から押収した軍事的文献、および日本兵が持っていた新聞、雑誌、手紙、日記などの整理である。

これらの資料は、日本の軍事的・政治的状況、兵士の士気、そして日本国内の状況を知る上で極めて重要である。しかし、過去において我々は、これらの資料を整理することもなく、それらを充分に研究することもなかった。そこで我々はこれらを何度も読み返し、整理してゆかねばならない。それ以上に、特に日本人が走り書きした手紙ははっきりと理解することが困難なので、我々がそれを整理し、読めるように書き直す必要がある。また、これらの資料の中から重要な情報が見つかることがしばしばある。したがって、こうした資料の整理には大きな意味がある。

3　対部隊教育工作　八路軍兵士および敵軍工作部に対して、簡単な日本語、スローガン、そして反戦歌に関する教育を行うべきである。

以前、我々は部隊ごとにスローガンと反戦歌を教えていた。そのために、これらのスローガンを基礎にして、日本兵の感情に適合した大衆的スローガンと反戦歌の作成が容易となった。

4　敵軍工作部における訓練班教育　これは主に旅団あるいは連隊において、部隊の中下級幹部を教育するもので、一ヶ月以内の期間で行われる。この場合、訓練担当者は上級将校が指示した教育内容を基にして、部隊の責任者と諮って期間を決定し、教育計画が訓練期間に応じて決定される。教育計画が決定したら、特殊な事情がない限り、何人たりともこれを変更することはできない。

この教育には注意が必要である。中国人学生には日本語の正確な発音を教えなければならない。奇妙な声で宣伝者がスローガンを叫ぶのを日本兵が聞いて吹き出すことがけっしてないようにしなければならない。例えば、「オーイ日本の兵隊さん」というのは、まず「日本の兵隊さん」がきれいに発音できるように教え、続いて同様に「兵隊さん」の正確な発音を教えるというように、二つに分けて教えるべきである。

また、教育を受ける者の出身、文化程度、および部隊の特殊性などをよく理解することが必要である。彼らの態度が不真面目であったり、不快であったりしても、けっしてこれに腹を立てたり、消極的になってはいけない。親しく教育を受ける者の間に入ってゆき、どうしたら彼らが訓練に興味を持つのか、教えた内容をどのように覚えさせることができるかを良く研究すべきである。奨励のためには成績の良い者に褒美を与えるとか、あるいは「社会主義」競争をさせることも一つの方法である。

5　部隊一般兵士の教育　この教育は、ほとんどは訓練班を卒業した者がそのほとんどを行うが、同盟員がその部隊に出張した場合には、日本語の発音の間違いなどを矯正すべきである。時には彼らが初歩的な教育をすることも必要になる。この教育は時間が決められない場合がほとんどである。おそらく朝食前か夕食後の時間を利用して行われるべきだろう。

二　戦闘中の工作

1　捕虜政策　八路軍に捕虜となった直後の日本兵の取り扱いは難しいが重要である。一般的にこの時の日本兵は非常に興奮し、恐怖し、絶望し、心は平静を失っているために、しばしば自殺を図ろうとする場合がある。この時、日本人である我々が優しい言葉で彼らに接するならば、平静さを取り戻し、将来の取り扱いも非常に有利になる。

一般に、捕虜となってから彼らを捕らえておける期間はせいぜい二、三日である。この間、我々はできるだけ彼らに接近して出身、思想、性格を調べ、これを彼らの処置を決定するための参考資料として責任者に提供するよう全力で取り組まねばならない。

イ　戦闘中における宣伝　壁スローガンや火線での呼びかけについては、別項宣伝の部に述べてある。

ロ　文献収集　火線上では混乱のために、多くの資料が戦闘中に失われてしまうことが非常に多い。同盟は、この点に留意し、できる限りこうした資料をしっかりと携帯しなければならない。

ハ　対民衆工作　この点は、別項の宣伝の部ですでに述べた。

ニ　軍事技術教育　大砲、機関銃、その他の軍事技術は訓練班において教授する。

この教育でも日本語教育の場合と同じ態度を必要とする。

ホ　その他　八路軍の依頼に応じて同盟員は土木建築などの分野で援助しなければならない。同盟員は八路軍以外の抗日団体に対しては八路軍の許可を得て援助を行うべきである。

ヘ　援助工作における同盟員の心得

a　部隊と良く和合すること。部隊と共同で工作する場合は、まず工作を始める前にその部隊の工作スタイルを学ぶこと。

b　生活態度について

部隊の隊員が不注意で起こした小さなことに不平不満を抱いたり、怒ったりしてはならない。部隊で工作に従事する同盟員は、できうる限り本来の工作以外の雑事にも参加しなければならない。そして、我々は、八路軍が我々の友人であり、彼らが我々を優遇しなければ何もしない、などという考えをけっして抱いてはならない。

また、八路軍の一、二の将兵の欠点を見ただけで、八路軍全体の欠点だと考えるようなことがあってはならない。

その他、部隊の命令に反し、自己の意見をむやみに主張し、勝手な行動をとったりしてはならない。部隊で工作にあたる同盟員は、その部隊の命令には絶対に従わなければならない。

同盟の組織を忘れないこと。

我々が組織から離れて個別に工作する場合、ややもすれば同盟の組織を忘れ、組織を無視してしまうことがある。同盟員は自らの所属組織と密接に連絡を保ち、組織の指導を受けると同時に、定期的に報告をしなければならない。

第六部　組織に関する諸問題

ここでは、主として大会で討議された問題だけを取り扱う。

同盟と他の団体との関係について。反戦同盟とは何か。これは他の団体、例えば兵士大会や共産主義者同盟とはどこが違うのか。この諸団体の定義を明確にする必要がある。そうでなければ、反戦同盟の任務や活動に誤解と混乱が生まれる危険がある。これらの団体は同じ信念をもち、同じ方向へと進んでいる。つまり、戦争をできる限り早く止めさせ、自由で幸せな日本に住めるようにすることである。しかし現時点における彼らの主要な任務はそれぞれ異なっている。

兵士大会の主要任務は、日本軍内における同胞の兵士たちの物質的・精神的要求のため、日本兵を闘争へと奮起させることである。したがって、生活状態に満足していない兵士ならだれでも兵士大会に参加できる。

反戦同盟も同じ目的に向かって歩んではいるが、兵士大会よりも一歩先を歩み、その任務は軍隊生活の改善のみならず、過酷な現実について彼らを啓蒙し、侵略戦争を止めるように闘争に踏み出させることである。したがって反戦同盟に加盟しようという兵士は、この戦争の本質を理解し、反戦同盟の目的のために戦う意思のある者でなければならない。

共産主義者同盟は反戦同盟よりもさらに先を進み、侵略戦争を止めさせるためにも、また幸福な日本を作るためにも、現在の日本の古い社会制度を新しいものに変えなければならないことを主張し、これを目的として闘争する団体である。したがって共産主義者同盟は非常に広い範囲の仕事をする。例えば、それは日本国内に革命を起こす運動にまで参加するのである。それ故、共産主義同盟に加盟する者は、単に日本の侵略戦争に反対することだけに限らず、日本の革命に献身的に参加することを決意した者でなければならない。

付録　敵軍政治工作の一環としての「日本兵士の要求書」

日本および世界は我々の工作にとって有利な情勢にある。このことは、日本政府が「長期の戦いを」などの標語を掲げていることからも明らかである。この標語は日本兵に悪影響を与えている。というのも、五年以上続くこの戦争で彼らはすでに疲労困憊し、厭戦気分を高め、士気を低下させているからである。このことは、我々を取り巻く客観的条件が以前よりもいっそう好転していることを意味している。一方において、主観的条件も同様である。

第一に、党中央は敵軍工作の重要性をはっきりと認識し、この工作活動をさらに推進させている。

第二に、我々は「支配的精神の改造運動」を通じて、悪しき慣習と怠惰な習慣を除去するための基盤を作り上げている。

第三に、反戦団体代表者大会と兵士大会が同時に開催され、あらゆる問題が議論され、解決をみた。さらに、「日本兵士の要求書」が慎重に検討され、この大会で決議された。

「日本兵士の要求書」がそれほど重要なのは何故なのだろうか。その理由は、この要求書が二二八項目もの広範な分野の要求を含んでいる点にある。例をあげるなら、軍隊生活の改善、許可なしに行われる私刑の廃止、戦争での被害、そして兵士の家族の保護から日本軍による中国人への残虐行為に至るまで、あらゆる種類の問題が盛り込まれている。これらの要求の四二パーセントは兵士の物質的状態に関するものであり、二七パーセントは劣悪な規則ならびに兵士が被る苦痛に関するものである。

これらの要求は兵士たちの切実な願いの表れであり、彼らは私的、公的な場を問わず、常にこうしたことを話しているのである。今では日本軍の兵士や将校も八路軍の宣伝を受け容れ始めている。さらに兵士大会では、これらの要求が好意的に検討されただけでなく、それを実現させるための方策についても決議がなされた。これらの方策は、偉人や聖人の類だけでなく、一介の兵士でもわずかな努力で実行できるものである。この「要求書」の特徴は、だれでもが宣伝工作で利用できる具体的な方法を提示している点にある。これまで我々が多くのスローガンを作りながらも、日本兵を彼らの敵である軍部との闘争へと奮起させることができなかったのは、現在、我々が行っているような、闘争を実現化させてゆくための具体的で実行可能な方法を見出せなかったからである。

すでに述べたように、「日本兵士の要求書」はけっして聖書ではなく、あくまでも推薦書のようなものにすぎない。我々は、この中からもっとも正当なる要求を選び出し、それを小冊子やビラの形にして兵士に配布し、常に彼らの身の回りにおいておけるようにしてゆかねばならない。

我々は一つや二つの目標を実現できたからといって満足してはならないのだ。我々はさらなる要求の実現に向けて努力する必要がある。

さらに、これらの要求のほとんどは一般的な要求であって、なかには戦争反対を明確に掲げた項目は存在しない。自らの生活のために戦う兵士たちの姿は、一見自分たちのことにしか関心を持っていないかのように見える。しかし実際のところ、こうした彼らの戦いは、戦争に反対し、彼らの反戦行動を必死に抑圧しようとする戦争屋に反対するという大変重要な意義を持っているのである。すなわち、より多くの将校たちが彼らを抑圧しようとすればするほど、兵士たちはそれに反抗するようになるのである。こうした闘争を通じて兵士たちは、戦争の勝ち負けに関係なく、日本軍内部に存在する野蛮さと矛盾をはっきりと見極めることができるようになる。兵士たちはこれまで以上に将校らに対する憎悪を強め、反発し、そしてこの戦争と日本軍の真の姿を見ることになる。比較的容易に実行しうる一般的な改革のみに我々が安住し、それに満足してはならない理由はそこにあるのである。

我々の宣伝の中心は兵士の要求にあるが、同時に、兵士たちの階級意識を高め、侵略戦争の真実を暴露し、兵士たちを正しい道へと導くような宣伝材料を我々は作成してゆかねばならない。我々が縷々述べてきたことは、「要求書」の重要性とそれをどのように活用するのか、という点である。

「日本兵士の要求書」は我々が日本軍を崩壊に追い込むための新たな武器であることは間違いない。我々がこれを有効に活用することができたなら、飛躍的な成果を得られるであろう。

延安リポート　第四五号

日本労農学校
——一つの研究

コージ・アリヨシ

配布先
(中国局)APO八七九
ワシントン　二
昆明、ニューデリ、レド、オーストラリア、ホノルル、陸軍、フィリピン、戦略課報局、スーズドルフ、ファイル保存用　各一

目次

一　序

日本人捕虜の政治的再教育のための日本労農学校(中国語

では「工農学校」は一九四〇年一〇月に八路軍によって創設された。

もともとその学校は八路軍の対敵宣伝工作に、政治意識のある日本人を訓練し、対応させることを意図して緊急に設立されたものであった。これは将来性のあるプロパガンディストの完全な政治的再教育を行うという課題を含んでいたが、その必要性は満たされた。

それ以来、延安や他の第一八集団軍(八路軍)根拠地の日本労農学校*において、数百人の日本軍兵士が新しい基本的な態度、価値観、信念を持った考え方に転向していった。彼らは日本軍やそれを動かす大資本に反対するようになった。現在、彼らは日本に民主的な人民政府を樹立するために戦っている。

＊ 労農学校の分校には、山東分校、晋西北分校があった。

今日、学校の卒業生は戦場の宣伝工作において、彼らの中国での後援者に取って代わっている。実際、八路軍はその抗日宣伝の責任の全てを、その学校と仲間の組織の日本人民解放連盟〔以下、解放連盟〕に委任して来た。

この教育プログラムの成功の理由は数多く、学生の特別な態度や能力はそのひとつにすぎない。その学校は年齢、階級、教育水準や政治的背景に関係なく、捕捉した全ての日本人捕虜を訓練するために受け入れている。その学校や解放連盟を混乱させるために送り込まれたスパイや破壊者でさえも、日常的にそのコースに誘い込んでいる。

むしろ成功は情緒的、経済的な要素に依存している。全ての戦争捕虜と同様に、日本人捕虜は捉えられたとき、混乱、動揺し、欲求不満の状態にある。かてて加えて、日本軍は日本兵捕虜の存在を認めないので、彼らは母国のない男、いや彼らの言葉では「死んだ男」なのである。八路軍は友情と厚遇で彼らをこの意気消沈状態から救い上げる。日本人将校の威張りくさった指導や管理に代わって、八路軍の父親的温情主義が現れる。自由と個人の自主性が尊重され、好まれる。次第に捕虜は八路軍の闘争の歴史を学び、八路軍の信念や目的を共有し始める。これは難しい転向ではない。多くの日本兵は経済的に貧困な階層の出であるため、労働者階級の悲惨さや搾取についての八路軍のマルクス主義的な説明を受け入れやすい。

物質的に八路軍は日本人捕虜・学生にさしたるものを提供しているわけではない。しかし低いとはいえ、その待遇は彼らを捕捉した者よりは一般的に高い。八路軍は最良のサービスを捕虜に与えようとしている。学生は華北の農民のように洞窟に住み、板のベッドで眠るが、中国人よりはましな食事を与えられている。これは中国兵や農民の承諾を得ている。彼らは日本人との生活水準の違いを認識しているし、さらに日本人は「国際的な友人」であり、客人として価値ある連中だと考えている。（ある学生は辺区参議院の議員に選ばれ、別の学生は延安の市議会の参議員である。）*

＊　一八五頁の注参照。

このリポートで以下に詳細に描かれるこうした処遇や訓練は、これらの日本人が彼らの同胞に対する戦場宣伝工作に適しているだけでなく、日本での政治的指導者としても役立つと延安では見なされている。*後者の議論はまだ仮説的であるが、前者の実績は最終的に証明されている。アメリカの基準を採用すれば、この日本労農学校はアメリカの宣伝機関が学ぶべきモデルといってよいだろう。

＊　岡野によれば、現在の学生集団の三分の二（一九四五年一月現在一三五名）が宣伝工作にいつでも出動できる用意があり、今年末に予定される連合軍の日本占領と平定工作の軍団に協力すると言っている。（原注）

二　日本労農学校の総則

第一条　本校は日本労農学校と称す。

第二条　本校の主要な目的は日本兵士に政治教育をほどこすことである。

第三条　本校の学習のコースは次のごとし。必要に応じてその他の科目も追加される。

a　政治学
b　経済学
c　社会主義*
d　日本問題
e　中国語
f　時事問題

＊　原文は「socialism」。しかし『反戦兵士物語』所収の「日本労農学校総則」では「社会学」となっている。

第四条　学習期間は一年とする。

第五条　日本労農学校の学生は審査委員会に推薦され、入学願に名前を署名した者である。学生の規則と規約は「日本軍工作者の規則と規約」に準じる。

第六条　日本労農学校は八路軍政治部に所属する。政治部は五人の理事から成る理事会を任命する。理事会は学校の行政についての最終決定を行う。

第七条　八路軍政治部は校長、副校長、教務主任、学生主事を任命する。校長は校務を統括し、副校長は校長を補佐し、必要なときは校長の職務を代行する。

第八条　理事会は学生審査委員会、教育委員会、経済委員会その他必要に応じて作る委員会を任命する。各種委員会の構成と任務については別に定める。

第九条　日本労農学校の学生は学習、生活に必要な設備、用具、宿舎などを無料で提供される。学生は日本労農学校の規則を守らなければならない。この規則に違反した者は本校のさまざまな処罰から放校にいたる処罰を受ける。

学生は学習のかたわら生産に従事するものとする。学生は学生会を組織することができるが、それは学習、紀律、保健、衛生、リクリエーション、娯楽、生産、その他学生生活に関する事項の改善について学校当局と協議し、提案を行う。

三　日本労農学校の細則

(一)　日常生活の規則

1　学生は定められた時間に学習し、休息をとらなければならない。他にしなければならないことが生じた場合、学生は学校当局に許可を求めねばならない。

2　学生は教室や点呼、集会のなされる場所で報告しなければならない。

3　学生は左腕にバッジをつけなければならない。バッジを紛失したときは、学校当局に通告し、別の物をもらう。学生は衣服をきちんと着用せねばならない。

4　学生は自分の部屋や約束事をきちんとしなければならない。特別な掃除は一週間一度なされる。

5　学生は学校の許可があるとき以外は、教室内で遊んだり、娯楽に興じたりしてはならない。

6　学生は公共物を大事にしなければならない。もし壊したら、すみやかに学校に報告しなければならない。

7　学生は学校当局の許可が得られない限り、学校に必要でないものを持ち込んではならない。

(二)　日番や週番の学生について

1　学生組織の規則にしたがって、学校は班の週番や日番の学生を指名する。

2　週番や日番の学生が持つ任務の内容、任務を行う方法は以下のようである。

a　班の週番は班の指導者から選ばれる。

b　班の週番の期間は一週間である。

c　班の日番は順番に班の各メンバーによってなされる。

d　日番の期間は一日である。

3　班の週番や日番の学生の責任

a　班の週番は学校の風紀を調べ、一般的な生活規則を守り、気づいたことを隊長に報告する。

b　当番の学生は清潔と整頓に心がける。

c　週番や日番の学生の交代が決まったときは、学生は学校から受け取った物を返し、完遂できなかった仕事を学校に報告しなければならない。当番の学生が別の者に交代する時間は、就寝前である。

(三)　休暇をとる規則

1　勉学時間中は、学生は特別な仕事がない限り、外出は許可されない。

2　学生は労働日、休日にかかわらず、外出の際は学校の許可を得なければならない。外出時間は点呼後の夕方である。四時間外出する学生はクラス長を通じ、班長の許可を得なければならない。学生は公的な仕事で外出する際にも、そうしなければならない。

3　学校の許可なしに学生は外出することができない。

4　班の週番や仕事についている学生は外出できない。彼らが外出する必要ができたときは、班長の許可を得なければならない。班長は他の者を代わりに指名せねばならない。

5　集団で外出する際には、学生はきちんとした服装をし、統制の取れた態度で行動し、不必要な物を持ち出してはならない。

6　以上の場合、班長は司令官である。班長が行けない場合、団長が彼の代わりを務める。

(四)　病人に関する規則

1　班長の許可を得れば、病人は休養が取れる。

2　病人が医者に行かなければならない場合、学校から書類をもらって病院に行くことができる。

3　医者の診察結果によって入院せねばならなくなった病人は、指定の病院に入院できる。ひとたび入院すれば、病人は病院の規則を守らなければならない。伝染病の場合、病人は隔離されなければならない。

(五)　空襲時の規則

1　空襲から警報解除までの時間、学生は班の週番の指令に従わなければならない。自由な行動は許されない。
2　空襲警報の間は、部屋から何も持ち出してはならない。
3　空襲警報の際、全ての学生は防空壕に入らなければならない。外に出て敵の空襲の目標にされてはならない。
4　警報解除前はタバコや火をつけたりしてはならない。
5　夜間空襲の場合、火を消さなければならない。
6　笛を吹くのは空襲警報の知らせである。一方、鐘は解除の知らせである。

(六)　面会客を迎える際の規則

1　面会客を迎える時間は娯楽休憩や日曜の午後に限られる。勉学時間には、特別な用事以外は面会が許されない。
2　面会客には日曜以外はクラブで面会しなければならない。他の学生に迷惑をかけないために、教室で会うのは禁じられている。
3　面会客は名前、職業、所属する機関名を書かなければならない。この情報は当局に提出される。
4　学生が面会客に食事をもてなしたいときは、前もって団長に告げなければならない。
5　物品や手紙は出すときも、受け取るときも班長の手を通じなければならない。
6　面会客は学校の許可なしに学校に滞在してはならない。

(七)　図書館の管理

1　図書館は学生の勉学のために設立された。
2　学生の便宜を図って、本の貸借は学生自身が行う。
3　図書館の規則は別に定める。学生はその規則に従わなければならない。違反者は以下の処罰を受ける。

a　個人的に警告される。

b　全学生の前で警告される。

c　追放の警告が発せられる。

d　追放される。

四　小史

日本人捕虜の政治教育は、山西省東部の太行という軍事的な小地区で早くも一九三八年半ばに八路軍によって始められた。しかしこれは戦闘状態下で非公式に実行された。捕虜は八路軍遊撃隊と一緒に行動し、農家や洞窟に一時的に滞在したとき、中国語の混じったパンフレットや本を与えられ、勉強するように言われた。八路軍の対敵宣伝工作者や政治工作者との普段の会話によってその読書からの知識、理解の不足が補われた。

再教育を受けた日本人は宣伝工作に従ったものの、最初は中国人を支援するだけであった。その後、日本人に工作の一部が委ねられたが、政治的な背景や訓練が欠けていたので、いつも中国人が彼らに一緒に付き添い監督指導した。

一九四〇年一〇月に、総政治部が延安で日本労農学校を設立した。その後分校が山東省、晋西北、新四軍地区に設立された。最初のクラスは一一人の学生で構成された。彼らの内の二人は約一年、延安で中国人の宣伝工作志望の学生や政治工作者に日本語を教えた経験があった。彼ら新来者はある程度の政治教育を受けていたが、八路軍に反抗的で、捕虜になったことで挫折感を持ち、自己の未来に幻滅していた。

学校の主要な教師と幹部*は全員が日本で勉学したことのある中国人であった。二人の古参の日本人学生が彼らとともに新来者を転向させるように協力していた。

＊　延安では、幹部"cadre"は再教育が済んだとみなされて、責任あるさまざまな地位を持ち、新来者の再教育を手助けしている古参の学生を意味する用語である(原注)。

新入生は学校の教科に興味を持たなかった。彼らは八路軍がくれた割り当て食料を売り払ったり、学校の食事は日本軍時代よりも劣っていたので、外食したりした。(学校で毎日食べる常用食にはキビが入っていた。小麦粉をまぶした肉、うどんか中国パンは一〇日に一回、肉は週一回であった。)

新入生は不平を言い、学校の規則を破った。ある者は朝起きなかった。あるいは風呂に入らなかった。というのは川から彼らの住む丘の上に水を運ぶのは大変面倒であったからである。二人の年配学生つまり学生幹部には彼らに規則を強制するのが困難であった。二人は反抗者のために丘の上に水運びまでして、集団に協力させようとした。一二月に新入生集団が到着した。その中には、前線ですでに再教育された者が幾人かいた。彼らは八路軍支持派を強化し、次第に集団全体を味方につけた。

一九四一年、五・一五事件〔一九三二年〕の記念日に当る五月一五日、学校の公式の開校式典が八路軍の総司令朱徳将軍を主賓に迎えて延安で開かれた。将軍はこの機会を捉えて、多数の日本人学生が希望している八路軍への参加請願に許可を与えた。彼はこう言った。八路軍は彼らの遊撃隊への参加を歓迎するだけでなく、日本軍国主義者と戦う(日本人自身の)人民軍を組織化するための準備的な研究を行うことで彼らに協力したいと。

朱徳演説は日本軍部の敗北に言及した点がとりわけ学生に大きな感動を与え、多数の動揺していた者を八路軍側に完全に引き寄せた。ある学生達は一九三八年に毛沢東中国共産党主席の書いた「持久戦論」を勉強していた。毛沢東の分析は正しく、彼の予言が実現していることを知り、彼らは日本軍の戦争遂行力への信頼感を失い、究極的な中国の勝利を確信するようになった。(付録―高山参照)

当初、学校は基礎的、初歩的な主題を教えていた。「政治学」、「社会科学」、「神は存在するか」、「時事問題」などがカリキュラムに含まれていた。多くの座談会が開かれた。教師が経験を積み、新しいより進歩的な学生が参加するにつれ、カリキュラムは改善された。課外活動も増加し、学生間の友愛が形成された。

一九四〇年七月、日本人反戦同盟が八路軍のさまざまな根拠地に支部を持ち、延安に本部を置いて設立された。(延安リポート「八路軍の心理戦争」〔本リポート第二号、第三号〕を参照。)学生はこの組織名で宣伝活動を行っていたが、一九四四年一月、日本人民解放連盟に改称された。この変革は一九四三年春に延安に到着した岡野進の提案によるものである。彼は現在、労農学校長で、解放連盟の長である。

幹部が訓練を修了すると、彼らは学校の研究上、管理上の責任を負った。卒業生は八路軍や新四軍の根拠地へ派遣された。(彼らが八路軍の山東地区根拠地へ動くのに三ヶ月から六ヶ月、はるか南の中国海岸の根拠地には約一年かかった。）公式の政治教育を受けたことのない熟練の前線工作者は、訓練された幹部が彼の代わりに到着すると、今度は彼が学校に学習のために派遣されるようになっている。今までに約四〇人の訓練された幹部が戦場に行っている。

学校が発展するにつれ、八路軍の宣伝工作者のたんなる供給基地という本来の目的に加えて、さらに新しい目的も持つようになった。現在の目的は次のものである。

1、学生に政治教育をおこなうこと。
2、戦争に反対する日本人民を結合させること。
3、戦争を中止させる勢力と能力を発展させること。
4、戦後日本の再建への参加に向け、日本人民を準備させること。

そのモットーは「正義、平和、友愛、勤労、実践」である。

五　組　織

校長の岡野進は学校の全ての事柄に管轄権を持つ。彼は学校の基本方針を決定し、多様な重要地点に送り出す幹部を指名する。岡野校長は指導者の訓練を強調し、独断的な指導者よりも相談役として自分を位置づける。彼は学校の問題の管理において、とくに幹部と緊密に接触し、彼らを助言し、批判している。

全ての学校活動は記録され、数多いリポートが教務主任を通じ校長に送られる。

教務主任は学校の学生指導者で、校長岡野に対してのみ責任がある。彼は幹部委員会と相談しながら全ての学生活動を監督し、学校教育計画を練る。彼は全ての部門、集団、委員会、班のリポートを読み、コメントを付け加え、それらを校長に届ける。可能なときはいつでも、教務主任は研究集団の指導者、班長、校友会の集会に参加する。

幹部委員会は行政隊長（日本人労働者集団の隊長）、政治幹事、教育幹事、共産主義者同盟と日本から来た民間人で政治亡命者の沢田氏（付録参照）から構成されている。幹部委員会の会合は責任ある教育管理者から召集される。委員会は学校教育計画、工作者、政治問題、教育部に関する全ての事項を承認する。安全の問題は学校の性質上、一番重要であるが、これも幹部委員会の責任である。

行政隊長は教育管理に責任を持つ。彼の任務は主として管理面で、概してアメリカ陸軍の一等軍曹に相応する。彼は全員のラッパでの起床、点呼と体操を受け持つ。彼は学生間の秩序と規律を維持し、宿舎割り当て、会食、生産に

日本労農学校組織図＊

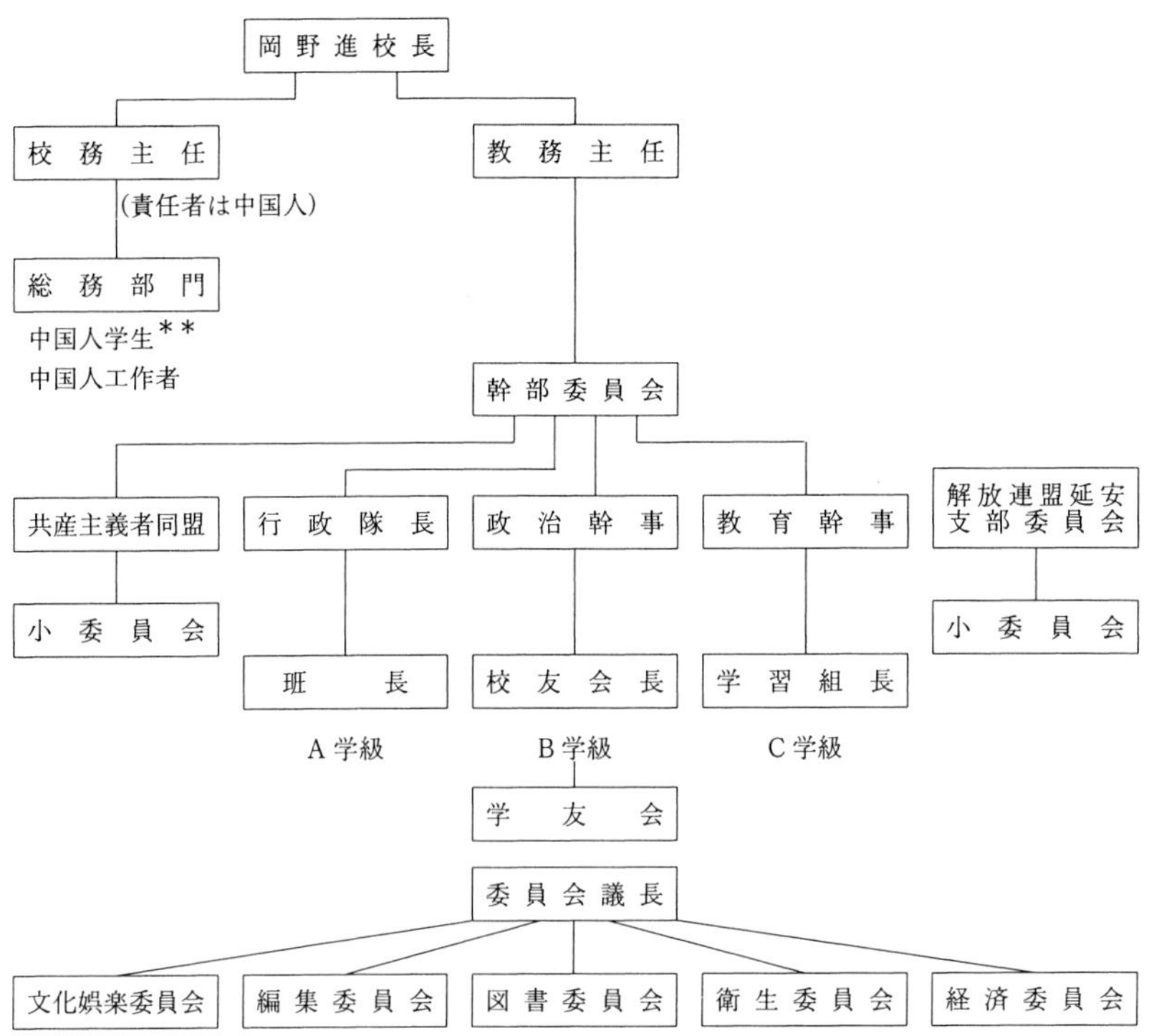

責任がある。

＊　労農学校は前半の時期と学生数が増加した後半の時期とで組織機構に変化があった。この図は前期のものと思われる。後期の機構では行政は教務から独立し、校長の下に教務、行政・校務、研究部、宣伝部と四つの部門が並ぶ組織機構となっていた（孫金科『日本人民的反戦闘争』一六九〜一七一頁）。

＊＊　表の「中国人学生」とは、労農学校の隣に敵工幹部学校があり、中国人学生はそこにいた（前田光繁注）。

政治幹事はスパイ活動の監視、スパイの摘発、反抗的な人物の扱いの責任を負う。彼はもともとスパイ活動の調査のために作られた全学生から成る班の同志親交会の助言者でもある。

教育幹事は各学級や学習集団の指導者を監督し、指導する。彼は学生の態度を観察し、彼らの理解力を測定し、学習のコースを編成し、学習方法を指導し、学習集団の議論をリードする。また月一回教育会議を招集して、前月の工作を反省し、翌月の計画を行い、コースの改善や授業や学習の提案を受け取る。

学習組長は各班の指導的幹部である。彼らは政治問題や教育の幹事を補佐するために各班に割り当てられている。

班長はその班に関係する問題を行政隊長が処理する際に彼を補佐する。普通、比較的新しい学生が指導力を高めるために班長にさせられる。

校務主任は総務の管理者である。彼は八路軍の代表であり、学校に所属する唯一の中国人幹部でもある。彼は教育以外の全ての学校の事柄を監督し、学生が学習から気をそらすことがないようにしている。彼の下に八路軍の工作者・兵士が学校に駐在し、その維持のために働いている。

校友会

全ての学生は校友会の会員である。その会は課外活動や学生間での親密な同志精神を養成するのを目的としている。その議長は四ヶ月の任期で選ばれ、教務主任の直接指導下にある。秘書と会計係各一人が四ヶ月毎に選ばれる。会員は毎月五元(辺区の貨幣)を支払われる。* それが学友会の活動に使われる。

* 学生は毎月給料として、当初三元を支給されていたが、この当時は五元を支給されていた。しかし、その後激しいインフレになり、支給額も変動していった(前田光繁注)。秋山良照『中国戦線の反戦兵士』では給料は一ヶ月二元とある(一〇七頁)。

学友会には五つの常任委員会があり、それぞれの長は四ヶ月毎に選ばれる議長が務める。

一、文化娯楽委員会　この委員会は一般に日曜の午後に催される隔週ごとの非公式な集まりに責任を持つ。また前線から最近到着した新入生の歓迎晩餐会を援助する。また、火曜と土曜の午後に催されるチーム対抗戦(人気は野球とバレーボール)への参加を奨励する。

二、編集委員会　壁新聞『実践』を編集する。特集記事は学生生産活動、戦況、模範学生、反抗者などを扱う。記念日や季節の祝日には、特集版が出る。リポーターは毛筆で書き、余白にイラストを入れて明るくする。五個から八個の記事が一度に壁に貼られる。

三、図書委員会　本、パンフ、雑誌、新聞の回覧と保管に責任を持つ。全ての読み物を、来た学生に提供する。

四、衛生委員会　学校の衛生一般に責任がある。週二回学校に来る医師を補佐する。

五、経済委員会　校友会の代表と同様に学校のゴミの処理をする。彼はまたゴミ問題に関し、学生に討論させる。委員会の別のメンバーは学友会の経済を扱う。

共産主義者同盟

共産主義者同盟は一九四二年六月、学生によって組織された。これは幹部の組織で*、同盟員は教育、宣伝、生産の指導者である。

＊　実際は幹部だけの組織ではなく、意識の高い者は参加することができた(前田光繁注)。

その長期的な目標は日本共産党とまったく同じで、たとえばただちに戦争を止めること、軍国主義の日本政府を打倒すること、平和、民主的な日本を作ることである(延安リポート第一〇号「日本共産党の計画」参照)。

同盟の当面の目標は指導者を教化し、日本人民解放連盟を改善し、同盟の目標を実現することである。そうすることによって、新しい日本人学生を導く強い指導者集団としての必要性に応えることになる。というのは、学生が一つのイデオロギーを捨て去り、新しいイデオロギーを取り入れる間の移行段階には混乱がつきもので、それには指導者が必要だからである。

八路軍の五五〇人から六〇〇人の日本人捕虜の内、約一〇〇人が共産主義者同盟のメンバーである。延安では、一〇五人の内、四三人が同盟員である(一九四四年一一月一五日現在)。延安で高い比率になるのはそこでは幹部や古参の学生の比率が高いためである。

共産主義者同盟員になる条件は、同盟の承認と支持である。同盟員の身分を求める応募者のほとんどは、すでに解放連盟のメンバーである。連盟員の誰かによって推薦された応募者は全ての共産主義者同盟員によって審査されるだけでなく、意欲的な非同盟の学生、つまり連盟員によって審査される。しかし候補者への最終的な投票は、同盟員によってのみなされる。

集団の学習会は共産主義者同盟によって隔週に行われる。これらの会合は解放連盟のメンバーにも開かれている。秘書の指導の下に、各集団は学校の問題や「共産主義者はどうすれば人民に最善の奉仕ができるか?」といった主題について議論をかわす。

日本人民解放連盟

共産主義者同盟の会員資格が制限されているのに対し、解放連盟は大衆組織である。延安の一〇五人の学生中八八人がメンバーである。解放連盟の主要な任務は反日宣伝工作である。その下部委員会の一つが宣伝委員会で、基本方針を決定し、華北、華中の二つの地方協議会、三つの地区協議会、一七の解放連盟支部に指令を送る*。委員会がラジオを通じてローマ字の日本語ビラのテキスト、最近のニュースの解説と論評を、宣伝部隊が展開している前線根拠地へ送っている。

＊ 巻末の「解放連盟組織図」参照。図では地区協議会は五つ(但し孫金科『日本人民的反戦闘争』では四つ)、支部は二〇。

解放連盟の延安支部は七つの下部委員会を持ち、集団批判を定期的に行う集いを催している。

解放連盟は延安の新入生の再教育や再教化にはほとんど関係しておらず、それらは主として労農学校や共産主義者同盟があたっている。

六 教師と学生

日本労農学校は、岡野校長と沢田氏を除けば、捕虜である。

一九四五年一月の統計では、当校の学生の四〇パーセントが脱走者、自主的な捕虜、落伍者である。残りは戦闘で捕まった。岡野校長や幹部によれば、脱走者や自主的な投降者はこの数ヶ月漸増している。

以前にまとめられた統計がその背景を大体説明している。しかし年齢、前職や軍役で現在の学生集団の構成数字は少し変化している。現在では、より年配の学生が入って来ている。それは若い徴兵者が中国よりも南方に送られているからである。民間人の年齢も新民会顧問四人が捕まったことで高くなった。より多くのスパイが解放連盟を破壊しようとして送り込まれるようになった。最近捕まった兵士の中で、労働者の比率が上昇した。

一九四三年八月現在の学生二〇〇人の統計

前職	%
工場労働者	三四
農民	三二
商人	一二
商店員	九
公務員	八
漁民	二
大工	二
僧侶	一

年齢	%
二二	二
二三	八
二四	一〇
二五	二三
二六	一八
二七	一三
二八	八
二九	六・五
三〇	四
三一	四
三二	一
三三	〇・五
三四	一
三九	〇・五
四五	〇・五

軍役の部門	%
歩兵	七八
衛生兵	五
砲兵	四
憲兵	四
工兵	三・五
輜重兵	三
海軍	〇・五
その他	二

階級	
二等兵	六
一等兵	五四
上等兵	二五

一九四四年三月現在の学生一一八人の学歴

尋常小学校卒	一二
高等小学校卒	八六
中学校卒	一五
専門学校卒	四
大学卒	一
計	一一八

労農学校に来た学生の大半は日本人民解放連盟の晋西北支部を通って来ている。そこの分校で、新来者は予備的な教化を受け、一一日間の徒歩の旅に出る。くつろいだ会話やパンフの学習を通じて、幹部は動揺、落胆した男たちに、戦後の日本へ帰還する新しい希望を与え、日本の戦争指導者についての知識を教える。現在の軍国主義政府が打倒され、民主日本が設立されれば、彼らは名誉の帰還ができるということを、幹部は新来者に告げる。

晋西北には二つの学校がある。いずれにも公式の学級は開かれていないが、新来の捕虜を預かる幹部は抗日宣伝工作に従事しているので、このような教化はお手の物である。

第一学校と第二学校の学生は別々に延安に送られる。これは到着すると、前者が労農学校に、後者が第二学校つまり第二部に入るためである。延安に来てから編成を行うと、第二学校に入れられた学生間に当惑、不必要な恨み、怒りを引き起こすからである。八路軍と解放連盟の方針は全ての捕虜の教育であって、告白したスパイや犯罪人も見込みなしとして捨て置かないのである。この方針は文化、学歴の背景に関係なく全ての学生に向けられる。

新入生は労農学校で古参の学生によって暖かく迎えられる。教務主任は彼らに方向指導(オリエンテーション)を行い、行政隊長は学校の規則、紀律や配給システムを教える。実際的な事項の説明が終わるとすぐに、新入生は夜の非公式な集まりで歓待される。合唱、日本の踊り、芝居、浪花節が演じられ、新入生がその輪に加わるように勧められる。

新入生には規則は厳しく適用されない。彼らには自らを適応させ、方向づける機会が広く与えられている。そして彼らが新しい仲間の中にくつろぎを感じるようになるまで、古参の学生が班で一緒に食べる洞窟まで食事を運んでくれる。(食堂はあまりに混んでいて、全ての学生が一度に食事ができないので、特定の洞窟で生活する学生は、そこで食事もとる。）仲間のような雰囲気が新入生に醸成されると、それが新社会への同化を促進する。

学校には約一五の班があり、それぞれが六人から八人の学生から成っている。各班の学生は彼らの洞窟で寝食や学習のほとんどを行う。班のメンバーはミックスされている。全ての班が学歴、転向の度合い、性格の強さからバランスが取れるように、グループ分けされている。言い換えれば、彼らはそのように仕分けされているので、新入生は容易に新生活に溶け込め、そして反抗者やスパイの活動が観察可能となる。

入学は自発的になされる。新入生は教務主任によって個人的に面接される。学校に入りたい者は以下のような入学願いに署名しなければならない。

日本労農学校への入学願いをご許可ください。もし受理されれば、私はまじめに勉学し、学校の全ての規則や紀律に従います。もし私がその紀律を破れば、学校の規則、紀律によって、懲戒、処罰を受けても反論いたしません。

署名

新入生はその背景によって大きな相違が出る。ある者は他人よりも公式な教育を受けた年数が長い。学校に学習のために来る経験ある宣伝工作者は少なくとも一年間の新教育を受ける。

学校にいる学生は全員日本の家族を守るために新しい名前を採用する。

新入生への岡野校長の説話　ある朝、新入生のあるグループとの座談会の前に、岡野校長は自己紹介を行い、それから短いが、次のようなくだけた話を行った。「新入生諸君、あなた方は延安に来ることになるとは夢想もしなかった。そしてそのような思いがけぬことになったのはあなた方の落ち度ではない。あなた方は日本軍が中国人を解放するために正義の聖戦を行っていると信じて華北へ来たわけであるが、厳しい戦闘経験を通じてそれが間違いであることを発見した。あなた方の苦難も家族の苦難も軍部がもたらしたものである。ひとたび軍部が打倒されれば、日本には新しい政府が生まれよう。そのときあなた方は日本に名誉の帰還ができるし、その際には人民政府の中で積極的な活動を行わねばならない。これを行うために、あなた方は今から準備しておかねばならない。」さらに彼は学生に八路軍と日本軍のどちらが正しいかと尋ねた。「あなた方は学校で勉学すれば、あなた方の苦難の原因を発見するだろう」。

岡野校長は学生に忍耐を求め、学校に一つの試みを与えて欲しいこと、早まった結論を出す前に、教えられたことに耳を傾けて欲しいことを求めた。「あなた方はみんな一度死んだのです」と彼は言った。「多くの人が疑わずにそうしているように、あなた方がこれを受け入れ、新しく生きる計画を実行すれば、あなた方はなんでもできるようになるでしょう。不可能なことを実現するのは、あなた方の力なのです。偏見を捨て、自分自身で新しい人間になってください。この際、今までの生活を一新して、人民のために働きましょう」。

七　日常のスケジュール

午前六時　起床ラッパ
　点呼
　体操(三〇分)
七―八時　勉学時間
八―八時三〇分　朝食
九―一二時　学級(講義)(冬季のように一日二食しかとらないときには、彼らは一時間休息する。)
午後一―三時　勉学
三時　夕食
三時三〇分　娯楽、生産、洗濯など。
五時　点呼、時々合唱
五―六時　入浴と休息
六―八時三〇分　討論、勉学と集会
八時三〇分　就寝。幹部や特別の仕事をする許可を得た者以外は寝床につく。*

＊時間については、記録者によって若干ずれがある。中小路静夫、秋山良照、水野靖夫らの回想によれば、起床六時、体操六時半まで、自習六時半から八時まで。朝食八時から八時四〇分。学習八時四〇分から一二時まで。昼食一二時から一時。学習一時から四時一〇分まで。夕食四時一〇分から五時。自由活動時間五時から六時半。点呼六時半。学習討論七時から九時。消灯九時半。孫金科『日本人民的反戦闘争』のスケジュール表は中小路らの回想に

近いが、同書によれば、冬と夏とではスケジュール表に三〇分の時差が設けられていた(一八一頁)。

八　勉学のコース

A学級

日本労農学校の学生はA、B、Cに分けられる。A学級は新入生、B学級はより進んだ集団、C学級は学校の上級のメンバーである。学生の学問的背景は全く考慮されない。全ての新入生は準備学級から始まり、新教育の基本を叩き込まれる。

A学級　学生の心の条件付けが主要な課題である。したがって同志扱い、礼儀正しい扱い、学生間の協調的、従属的な態度が重視される。最初、公式の教育、政治的教化よりも集団への「帰属」意識を発展させることが強調される。さらに再教育は学級の勉学に限定されず、終日継続される。ある幹部が言うには、新入生や古い抵抗者を再教育するベストの時間は、みんなが就寝し、消灯してからである。上の学級にいる学生が行う親しい会話や心のこもった話し合いが公式な教化と同じほどに効果的である。

A学級の主要な教科書は岡野校長が書き、盧溝橋事件六周年の一九四三年七月七日に出版された「日本国民に訴う」というパンフレットである。このパンフレットは満州事変、支那事変を議論し、現戦争の背景と性格を説明している。それは日本人民の労苦、被害を説明し、軍国主義を打倒して戦争を終結させるためには、日本の普通の大衆が団結しなければならないことを述べている。

教師は学級でその教科書を朗読し、それについて説明する。学生は質問することを奨励され、教師は日本の問題の具体例を挙げながら興味を引き出そうと努める。授業は非常に噛みくだいてなされ、教科は最も遅れた学生(尋常小学校卒)向けに編集されている。

学生は授業後、進んだ学生の手を借りて自分の班で復習する。ある者は文字の読み方を習得するために朗読し、ある者は書き方を練習する。たとえば専門学校や大学卒のより高度の学問的な背景を持つ学生は学習組長の指示で彼ら自身の勉学を進める。各洞窟にはC学級からそのような指導者が一人ずつ配置されている。

「日本国民に訴う」の学習には約一ヶ月かかる。学生は週二回二時間半、学級に出席する。自由時間は学級や復習に当てられる。「日本国民に訴う」を勉学するほかに、学生は岡野校長の時局講座に二週間に一回出席する。沢田氏は一週二回三〇分のニュース解説を行う。

筆者はA学級の二つの授業に出席した。以下は筆者が学級でとったノートによる。

一一月一四日　今日は「日本国民に訴う」の第二章を取り上げた。教師は一度に二、三段落を読み、理解できない言葉はないかと学生に尋ねた。

この章で扱われた問題は「なぜ戦争が起きたのか?」であった。つまり教師が学生に言ったのは、戦争は支配的な軍閥の権力と資本家の富を増加させる、ということだった。たとえば、課税、債券購入、自由の抑制、軍役と労働による収奪、戦争の惨禍を通じ、困苦と災難が人民に降りかかった、と強調した。

彼によると東条〔英機〕、板垣〔征四郎〕、梅津〔美治郎〕は関東軍の軍閥である。鮎川〔義介〕と久原〔房之助〕は満州の資本家であり、三井と三菱は古い金融資本家である。彼ら皆が満州事変で利益をあげた。その間に満州は独立を失い、警察網が日本人の移民までも圧迫している。満州人はこれらの移民を「日本人苦力」と呼んでいると教師はいう。

次に教師は英米帝国主義から東洋を解放するという日本の宣伝工作方針を扱う。彼は満州からフィリピンまでの政府がいずれも日本の傀儡になったと述べた。ビルマは英国と闘争しているインドに隣接しているので独立を与えられたと、彼は述べた。これは資源が豊かでないビルマは、日本の支配を必要としているために取られた政治的攻勢である。彼が言うには、フィリピンはその島々が解放を求めているオランダ領東インドに隣接しているので名目的な独立を与えられた。

教師によれば、日本の指導者が政治的思惑によって支配した領域を搾取するのに汲々としていることは容易に見てとれるという。彼は学生に尋ねた。日本は朝鮮や台湾に独立を与えたかと。

教師は、日本とアジアの人民が軍部の権力を奪うのが早ければ早いほど、アジアと日本に平和が来ると言った。解放連盟はそのような計画を持っていて、以前ここで学んだ卒業生がこの計画の実現のために学習し、働いている。

一一月一六日　この日の学級では「軍部の戦争」を勉強した。「日本国民に訴う」のこの章では、「政府援助」、「軍部」、「軍閥」、「八紘一宇」、「聖戦の目的」といった多くの用語が出てきた。教師はこれらの用語を学級で討論にかけた。

教師は授業後、筆者に日本のスローガンはそのあいまいさゆえに明確に理解することが、自分にも学生にも難しいと語った。

授業中、教師は軍部がスローガンをしょっちゅう変えるが、不変の事実は軍部と資本家が人民を犠牲にして金を貯めていることだということを学生に強調していた。彼はさまざまな日本企業の戦争利益に関する最近の日本の雑誌の統計を引き合いに出して、この主張を裏付けようとしていた。

教師はパールハーバーの騙し討ち的な攻撃と遅れた宣戦布告を、さらなる膨張と搾取のための軍部の計画として説明した。

彼は解放連盟が軍部に反対する中心的な日本人の勢力であること、そして学生が彼らの人民をベストの形で救済できるのは、この組織への参加を通じてであると述べた。彼は解放連盟のスローガン「ただちに戦争をやめよ」、「軍部打倒！」、「民主人民政府樹立！」を説明した。

一人の学生がそのスローガンを反芻してみたが、とても理解出来ない、日本人民は戦いをやめられないと主張した。戦争には二面性があり、敵が攻撃してくる限り、日本は反撃せねばならないと。

教師が日本は間違っているし、不正義の戦争をしているとして、こう説明した。「日本の人民は苦しんでいて、その苦しみは軍部にだまされ続ける限り続くだろう。諸君は教育を受け、賢明にならねばならない。そうなれば軍部支持を止めるようになろう」と。

B学級

政治教育はB学級で熱心になされる。A学級は約一ヶ月かけて学生を教育訓練に慣れさせる方向指導の教科である。学生はB学級に入ると、解放連盟の計画や方針、戦争、日本資本家と軍部について少し学び、日本資本主義経済の構造の大雑把な見方を身に付けるようになる。

B学級は政治常識という政治経済の初歩の教科を取る。A学級と同じように、授業は一番遅れた学生を対象に進められる。教師は常に主要なポイントを繰り返すし、今日の日本の生活から例を出して説明する。コースは理論よりも応用問題に力点をおいて、できるだけ現実を理解するように進められる。

教科は約一〇〇時間かける。各授業は三時間である。教科には一五週余りかかる。各授業に学生は少なくとも二時間の予習をする。そして授業後にノートや講義要綱を復習する。

各授業の後、教師は授業で取り上げた主題に関連した討議を集団で行わせ、応用問題や質問を学生に出す。その質問をめぐり二つの討論会が催される。一つは講義のあったその日の午後、もう一つはその夜になされる。討論会は小さな単位でなされるが、双方の討論会に同じ集団が属さないように、学生はバラバラにされる。

この教科は四ヶ月という短期間に学生がC学級に進み、そこで理論の学習ができる準備をするために、健全な政治的考え方の基礎をつけることを目的としている。政治常識の教科の目的は三つある。

一、日本は特殊な神の国家であるという誤った概念の除去。日本人指導者の欺瞞的な教育の暴露。

二、戦争について学生を啓蒙する。これは支那事変や大東亜戦争を日本軍部による帝国主義的侵略戦争として暴露することによって達成される。学生の精神を軍部と戦争に反対するように啓発、教化すること。

三、戦争と軍部支配から日本人民を解放するように学生を教化すること。日本人民は自由、平等、平和、民主日本の樹立のための闘争に立ち上がらねばならない。人民を覚醒させることは学生の任務である。

「政治常識」の教科は四部に分かれる。

一、日本資本主義時代以前の社会機構。

二、日本資本主義とその特殊な経済と政府の関係。

三、人民の民主主義＝我々の目的。

四、現戦争と日本の将来。

次が教科の概要である。

一、日本の資本主義時代以前の社会機構。その時代の政府と経済の概略と社会発展の論文。

a、古代日本社会

人類世界の起源――神の時代という神話の暴露

社会とは何か

社会変動がどうして起こるのか

家族制度の経済と生計

b、中世の日本

奴隷の起源

「階級」、「国家」、「政治的権威」とは何か
封建制度と封建経済の特性。封建制度の崩壊。人民民主革命と明治維新
二、日本資本主義とその特有の経済と政府の関係。戦争とファシズム——日本人民の課題。
a、日本の資本主義的経済
資本主義の生産機構とその矛盾
富者と貧者間の不平等とその理由
経済危機、大衆失業と飢餓
資本主義の発展と労働運動
経済的、政治的危機を避けるために始まった戦争
帝国主義的侵略
b、日本の政府
日本の民主化に不徹底であった明治維新
封建社会の遺制による支配
軍部と天皇制
土地地主による支配
支配閥と共謀するブルジョアジー
支配者の政策、その中核は軍部の権力
人民に対するテロ的な専制
外国侵略の一貫した方針(軍部)
政治的経済的な危機の回避
資本主義発展の段階としての侵略戦争
c、日本の戦争
1　正義の戦争——戦争を視る方法——アメリカ、英国、ロシア、中国の解放戦争
2　不当な戦争
a　日本、ドイツ、イタリアの起こした侵略戦争
日本の戦争は侵略という不当な戦争——日清戦争、日露戦争、満州事変、支那事変、大東亜戦争は全てが侵略戦争である。それゆえ軍部と資本家の権力と富を奪え。日本の侵略戦争のゆえに、人民は大きな犠牲を払わねばならないし、その結果として生活水準は三等国並みになる。
ファシスト的軍部が戦争を始めた。
b　ファシズムとは何か
c　日本軍部ファシズムとその政策
d　日本人民の任務——軍部打倒、ファシズム反対
e　日本人民の軍部とファシズムへの闘争

f　日本人民の勇気ある反戦闘争。日本共産党はこの闘争でリードする

g　民主的な機関や民主的人民の反軍部活動

3　我々の目的——人民の民主主義

a　民主主義の種類　英米的議会制度、民主的ソヴェト制度

b　民主日本樹立への闘争　反ファシズム派と集団の統一、強力な人民連合戦線

c　民主国家の統一と彼らの協調した闘争

4　現在の戦争と日本の将来

a　枢軸国家の敗北

b　連合国の勝利

c　反ファシズムの勝利は日本人民の勝利である。それゆえ日本人民に必要なのはファシズム反対の姿勢をとること

d　戦後日本は民主、平和、繁栄国家となろう

貨幣と通貨についての講義　筆者はB学級の二つの講義に出席した。最初の講義は貨幣の性質と使用についてであった。教師が貨幣は商品として使用されるが、その機能的役割は変わるので、他の商品とは異なると述べた。貨幣は商品の価値を測定する尺度として、交換の媒体として、そして三井、三菱のような大資本家による金融的操作のために使用されると述べた。

需要と供給が商品の価値を決定するというのは、懸命に努力しながらも常に貧しい人民から真実を隠そうと努めている資本家が行う間違った説明であると教師は言った。もし需要が商品の価格を決定するとすれば、自動車と時計はそれぞれに同じ需要があれば、両商品は同じ価格となろう。需給でなく労働が、商品の価値の決定的な要因である、と教師は言った。

金融資本についての講義で、教師は日本人の大資本家は銀行を通じて貨幣を循環させているが、この貨幣は金や銀に十分に裏打ちされていないと説明した。日本の通貨は第一次大戦後のドイツマルクのように価値を落としており、日本人民はその表示価値を持たなくなった貨幣を保存したまま、今や飢えようとしている。占領地では、日本政府は金や商品に裏打ちされていない日本政府発行の通貨を現在使っている。この価値のない通貨を使って、資本家・軍部連合は石炭、石油やその他の資源を現地人から奪っている。

この強盗を可能にするのが領土の植民地化である。そのために日本兵が送り込まれている。日本人民はかかる征服からなんらの利益を得ていない。これは満州事変以後、日本人民の苦難が増したことに見て取ることができる。一方、鮎川や久原は百万長者になった。数人の学生が彼ら資本家は日本で金を稼ぎ、商品の購入に使っているのではないかと言った。彼らは、金は交換のメディアであって、金融資本家の陰謀に巻き込まれている形跡は人民の生活のどこにも見られないと言った。

教師は答えた。人民は金を求めていつも努力するが、金をためることができない。軍部と資本家が人民を搾取するために新しい役割を演じている現在では、人民は金のために苦しんでいると。

商品としての労働に関する講義　　二回目の講義で教師は商品としての労働について論じた。彼によれば、この労働は人間社会の存在のために必要である。そしてその価値は保存と訓練に必要な費用によって決まる。食料、家、衣服は労働の維持に不可欠である。労働の使用価値には、必要な労働と余剰労働がある。労働者には労働に必要なための給与が支払われるが、余剰労働には支払われない。余剰労働が作り出す商品やサービスは雇用者や企業家の利益になる。これが労働の効用価値を作る。

次が労働の効用価値を説明するために出された例示である。

「ある労働者が織物工場の四時間労働で二円を受け取る。彼は同じ重量の原綿から一〇ポンドの綿糸を処理する。雇い主の支出は、労賃の二円、原綿の一〇円、減価償却の二円、その他の一円である。こうして工場主は一〇ポンドの綿糸を生産するのに、一五円に相当する支出を行う。最終商品を市場において一五円で販売することは、資本家の生産意欲を高めない。それゆえ彼は生産量を二倍にし、二〇ポンドの綿糸を作る。こうして彼の費用は原綿、減価償却、その他の費用で倍増するが、労賃ではそうならない。彼は二〇ポンドの綿糸を労働者に八時間労働させて作るが、支払う労賃は二円である。かくして四時間の余剰労働で利益を生み出す。この二番目の場合、全費用は二八円なのに、綿糸は三〇円で売れる。二円の利益は労働者を犠牲にして獲得される。」

それゆえ労働が商品の価格の決定的要素であると、その教師は説明した。中国や南方へ進出する資本家の欲望は生活水準の低い地域の苦力労働者を利用することであった。低賃金の苦力が作る商品は資本家に国際貿易で巨大な利益をもたらすだろう。この生産の仕組みはかれらに世界市場での競争力を与える。国の人民の購買力は向上しないだろう。というのは、もし向上しても、生活水準が上昇し、その結果、労働の価値や商品の価格も上昇するからである。

日本人民は資本家に対抗することはできない。なぜなら政府、軍、警察網を支配する軍国主義者に資本家が支えられているからである。したがって軍国主義者は打倒しなければならない、と教師は述べた。

講義後に教師は学生に翌日の夜に次の主題をめぐって議論を行うといった。「日本の労働者は働けど働けど、なぜいつも貧乏なのか」(延安リポート第二四号参照)。

B学級のカリキュラムは岡野校長の時事問題の隔週講義と沢田氏の週二回のニュース解説を含んでいる。

C 学 級

C学級の学生は学校の上級生であり、幹部や沢田氏も含んでいる。彼らの内のある者は以前にこの教科を終えていた。この学級の主要な教科書は「ロシア共産党史」というパンフレットの形で出版されているものである。読解の授業はこの教科を既習した古い幹部によって指導され、遅れている学生の文化的水準の向上を図る。幹部も教科書の内容を説明する。幹部が満足に答えられない質問は全て岡野校長に回され、彼が週二回の講義で回答する。

岡野校長の講義はくだけている。彼はその教科に興味を繋ぐために、学生の身近な体験と教材を結びつける。筆者が講義に出席したとき、岡野校長は彼が「人民の真の指導者」と描くレーニンの気取らない性格について話した。彼は共産主義が危険な政治哲学ではないことを繰り返し学生に納得させようとした。彼は自分が二〇年以上、共産主義者であり、そのために投獄されたが、自分にどこか怖いところがあるかと、学生に繰り返し尋ねた。そして、真の共産主義者は利己的ではなく、人民の仲間であると述べた。もしそうでないなら、数年の投獄、拷問に耐えられないし、転向してしまうという。

教科書を学習したり、講義を聴いたりするのと平行し、学生は毎週二回の討論の時間を持つ。各講義の後、岡野氏は討論の議題を出す。また進んだ学生、遅れている学生に合わせて別々の議題を出すこともよくある。

最近出された議題は、「どうすれば共産主義者が日本政府に参加できるのか」、「日本共産党は日本の他の政党にどのような態度をとるべきか」、「人民の戦争とはどんなものか」などである。学生のレベルは進んだ者、遅れた者とマチマチなので、そのレベルに応じて議題を出す。たとえば進んだ学生には、「新聞はどうあるべきか」を出し、遅れた学生には「綱領と規約との間にどのような差異があるか」を出している。

前の議題に関しては、学生はソ連の最初の新聞『イスクラ』を討論の材料にした。『解放日報』(延安発行)の目的や機能を論じ、日本での人民の新聞がどうあるべきかを語った。「人民の戦争」の討論に参加した一人の幹部は指摘された主要な問題点を次のように要約した。討論は三つの小主題に分けられた。一　目的、二　参加者、三　闘争から生れる政府。彼はC学級の学生の一般的な考えを次のようにまとめた。一　軍部の打倒、二　搾取を除去するために資本家を管理すること、三　民主日本の樹立。

もしその運動が広範かつ強力になり、人民の手に権力が握られるようになれば、天皇制は一撃で破壊されよう。闘争の参加者は労働者、農民、小ブルジョアといった軍部の手中にあって、被害を受けている全ての人民である。軍部打倒は天皇制を大きく弱めるだろうと彼は述べた。

その幹部はC学級の全員が日本の未来をこのように考えるまでに前進したと語った。

C学級の学生は自分の学習のスケジュールを完全に消化する他に、学生を監督したり、指導したりする彼らの個別の義務を遂行している。教務主任、政治幹事、行政隊長、学習組長はC学級のメンバーである。

労農学校の卒業は時と次第による。たとえば前線での宣伝工作のような重要な仕事が発生すると、学生はこの学校を急に卒業する。学生は学校にとどまる限り、学習を続ける。

A学級やB学級と同様に、C学級の学生は沢田氏のニュース解説や岡野氏の時局講義を彼らの履修課程の一部として聴講する。

将来の計画

A、B、C学級は、現在のカリキュラムを終了した後、その三学級はそれぞれ日本問題を学習することになる。授業は岡野校長が担当する。明治維新以前の日本史には軽く触れ、それ以降が詳細に扱われる。その後、学生は宣伝の技術や方法を勉強する。熟練した工作者が実践的な訓練を行うことになる。宣伝工作の訓練が終了すれば、A、B学級がそれぞれB、C学級に進級する。現在のC学級の大部分は特殊な訓練のために留め置かれることになっている。三つの学級を終了するのにかかる時間は一年である。

宣伝工作を行うために前線に派遣されない者は、日本問題の調査工作とか積極的な軍事任務といった政府管理者のための訓練がなされることになる。

政府管理の教科　管理工作の教科の目的は連合国軍の日本上陸後の占領期や戦後の政府に参加する学生を訓練することである。学生は辺区政府で学習し、政府の仕事の実際的な経験を習得することになろう。

調査工作の訓練　C学級の一部は日本問題の調査を前進させる調査工作の訓練を受けることになる。彼らは戦場が日本に近づき、宣伝活動が強化されるにつれていっそう必要になろう。延安は占領地からもたらされる日本の情報が多く、また岡野校長が日本研究所を運営しているので、その学生を訓練するための格好の場所である。

積極的な軍事任務の訓練　一九四四年一月、解放連盟と八路軍が転向した日本人に活動的な軍事任務共同訓練を実施する決定を行った。兵士は八路軍と連携して戦い、もし可能なら、日本上陸作戦に参加することになろう。岡野校長は戦争が一年半以上続くと考えており、彼の現在の計画では今から約一年後に大規模訓練を始める予定である。

学校の現在の方針は岡野校長が述べているように、延安に優秀な幹部を温存し、全面的な工作を行えるためのあらゆる経験を積ませることである。

九　座談会

（政治常識教科――B学級）

議題　日本人労働者はあくせく働いているのに、なぜいつも貧困にあえいでいるのか。

B学級のメンバーが討論を行い、書記がそれを筆記した。学生は議長、書記を順番に引き受けた。そして今回がB学級の二〇回目の討論であったので、全ての学生は両方を担当できる能力がついていた。議長と討論グループは幹部ないし学習組長に担われていた。

討論の前に議長は三人の学生に前回の内容を要約し、学んだ点を分析するように求めた。

一、最初に発言した学生は自分が学校を卒業したとき、成功したいとの大志に燃えていたと言った。彼は両親や兄弟もそう思っており、自分の境遇を改善したいと希望していた。しかし社会が彼を快く受け入れてくれなかった。彼は工場で搾取された。雇い主は従業員に会社のためを考え、懸命に働けと言った。というのは、こうすることが労働者の生活を向上させる唯一の道であるからと言った。その学生によれば、彼の雇い主は労働者の汗と苦労をよそに贅沢な生活をしていたと今は理解している。全ての労働者と同じく、彼は資本を持たなかったので、彼の労働を低賃金で売るしかなかった。資本家はなんらかの利益を生まなければ労働者を雇用しない、と彼は述べた。それゆえこのような社会では、人民の大多数は幸福で快適な生活ができない。人民の生活状態を改善するためには、資本家は打倒されなければならないし、これは資本家の護衛である軍部を打倒することによって達成できると。

二、二番目の学生は入隊前は船員で、華氏一三〇度のボイラー室の近くで働いていた。彼は低賃金で働いていたが、そのような少ない賃金でこき使われる理由がわからなかった。彼には資本がないので、自分の肉体を売るしかないことが今では理解できた。日本の資本家が彼らのために女性や子供を低賃金で働かせる理由がわかってきた。さらに若者を海外に送って戦わせる理由も見えてきた。それは資本家が新領土とその人民を搾取するためである。そうしたシステムは人民を貧困にさせることによってのみ利益を生む。それゆえファシズムは打倒されなければならない。そのためには、学生は解放連盟を強化し、日本軍部に反対する宣伝工作や人民の民主日本誕生のための工作に参加しなければならない。これは岡野氏のリーダーシップと指導で実現できると、彼は言った。

三、三番目の学生は日本ではいつも懸命に働いたにもかかわらず貧乏であったという。彼はあくせく働いたのになぜいつも貧乏かという理由がわからなかった。しかし、労農学校に来て、岡野氏のもとで学習して以来、日本人民の貧困の理由が理解できるようになった。もし労働者が賃上げの要求を出せば、資本家は警察を呼んで彼らを弾圧した。そのような搾取者は彼等とともに一般人の労働の果実という「甘いジュース」を飲んでいる軍部とともに打倒されねばならない。

その報告の後、学生たちは、その日の夕方の設問である「日本人労働者はあくせく働くのに、なぜいつも貧困にあえいでいるのか」について順番に答えた。

議長は労働とは何か、労働価値とは何か、労働の能率がいかにして商品になるのか、どうして資本家は生産過程から利益をあげるのか、といった疑問を提示した。学生たちは前日の指導者の講義をほとんど一字一句そのままに繰返した。実際、ほとんどの者が二円の利益を上げるのに、二〇ポンドの綿花を生産するという例に言及した。

雇用主による労働の搾取にかんする討議の間に、雇用主にとって自分の機械の速度を上げ、八時間でなく四時間被雇用者を使い、二円を払い続けた場合、生産量を増やすのは搾取なのかとの質問が出された。ある学生はこれも搾取であろうと述べた。議長はこの学級の議題と無関係であるとしてその質問を取り上げなかった。幹部はこの問題は将来の講義で触れると述べた。

議長が討論を要約した。彼によれば、日本の戦争指導者は日本を一等国と呼んだが、人民は三等国の生活をおくっているという。第一に、システムが悪く、天皇制や封建的資本主義を日本の望ましくない特徴だと述べた。それゆえ学生は日本を人民のためのより良い国にするために学習し、力をつけねばならない。その間に、彼らが日本軍国主義を打倒せねばならない。

議長は討論後、議長への批判、参加学生の態度、そして今後の討論の改善法への意見を求めた。

一人の学生は、議長のすぐかっとなる傾向、学生の反応を引き出す能力不足、多様な回答や説明を促すことへの失敗、彼のいつもの消極性や討論を論題に沿ってスムースに運ばせない仕方を批判した。それでも彼によれば、全体として討論は興味深かったという。

別の学生は、討論には繰り返しが多すぎる、と述べ、講義の材料が、討論に限定していると議長を批判した。

三番目の学生は討論に三人の学生が十分に参加していないと指摘した。彼は議長が全員を討論に参加させなかったと批判したが、何人かが軍部や資本家の打倒を公言したことをほめた。

幹部は、興味ある討論が続き、ほとんどの学生が自由に発言したと言った。これはグループ討論が学生の教育に価値があることを示している。しかし学生がそれぞれの主題を理解する前に、討論を次から次へとあわただしく運んだということで議長を批判した。学科の単なる繰り返しでは十分ではない、と彼は言った。最後に議長が自己批判した。

筆者の観察

筆者の感想では、二人の学生、つまり議長と書記を除けば、参加者の間に生き生きとした問題関心や知的好奇心が欠如していた。彼ら二人は他の者よりも八路軍と長く行動をともにし、延安に来る前に前線での宣伝工作を行った経験があった。

学生は授業を暗記するという日本人の習慣から抜け出ていなかった。上の二人だけが独自な思考を行う能力を持っていた。授業内容のオウムのような繰り返しがほとんどの議論で見られ、同じ材料がほとんど全ての学生に使われていた。

学生が軍部や資本家の打倒を唱道したとき、彼らの幾人かは訳もわからずにしゃべっているように見えた。議長が天皇制や封建的システムを望ましくないと述べたとき、学生はコメントを出さなかった。議長の思考はグループの思考よりもはるかに先行しているように見えた。

この特殊な討論は彼らの関心を持続させなかったし、かれらを大いに動かすことはなかったが、学生がそのコース全般に興味を持っていたことは明らかである。実際に全ての学生が市民生活でも、軍隊でも日本的システムに苦しんでいたので、この苦しみに焦点を合わせたコースは全体として彼らの関心を捉えている。

三八歳になる准尉のように偏見を依然として強く抱いている数人の学生に対しては、そのコースがただちに大きな影響を与えることはできないだろう。しかし、しかるべき時にその新しい理論を彼らは吸収するだろう。これは先輩学生の一〇〇パーセントの転向が実証している。

その討論に参加している学生の平均年齢は二五歳で、一番若いのは二二歳、一番の年長者は三八歳であった。彼らの大半は一九四四年四月八路軍に来た。

討論の記録は指導者が後に読む。そして十分に理解されなかった質問は次の講義で彼から説明されるだろう。指導者はメモを読んだ後、印象を書き込み、それらを教務主任に送る。教務主任はコメントを記し、そのリポートを岡野校長に渡す。

一〇　自己批判と集団批判

延安では、批判は各学生が自分自身を最もよく見つめる鏡と見なされている。その中には各人の良い点や悪い点が反映されており、性格向上のための信頼できる指針である。批判は厳密な反省の形をとっても良いし、集団によってなされても良い。それは労農学校だけでなく、八路軍地域ではどこでも見られるし、〝小鬼〟つまり少年によってさえ実践されている。少年たちの多くは戦争孤児で、軍隊が彼らの家であり、いずれ将来は八路軍の幹部になる若者である。

しかし学校では、岡野校長は批判と自己批判を学生の進歩に不可欠なものと信じている。彼によれば、それは深く染み付いた古い思考を脱ぎ捨て、新しい生活様式を受け入れるのに役立つ。それは利己的、個人主義、ご都合主義を排除する。それは相互をよりよく理解させ、彼らが猜疑心や不信感を持たずにより密接に協調するという結果を生む。さらに、もともとそれ自体が目的ではないが、集団的批判はスパイを摘発するのに役立つ。

学生は入学したときから、建設的批判を受容するように次第に条件づけられる。新入生への批判はソフトになされるが、彼らが再教育で進歩するにつれ、自己批判と相互批判がより個人的に、より突っこんで、そしてより厳しくなる。この再教育の局面を新入生が理解するのはなかなか困難である。なぜなら運命というものが彼らの全ての生活に染み込んでいるからである。彼らは母国でも軍隊でも横暴な指導を受け入れ、それに盲目的に従うように教育されてきた。労農学校で得た表現の自由は彼らにとって全く新しい経験であるが、礼儀正しさとメンツをたてることは依然として相互にとって考慮すべき重要なことである。

学生は責任ある地位に就くにしたがい、相互の欠点を遠慮なく調べ、指摘する。幹部や共産主義者同盟員は相互に容赦なく批判するため、傷つきやすい者は落涙する。

筆者は解放連盟の行う労農学校での批判集会に出席した。二つの班の班長が討議の対象になり、それぞれが一時間余り批判にさらされた(二つの批判集会は別々の洞窟で同時に進行した)。

一　洞窟は小さなランプで薄暗く、内部はタバコの煙で充満していた。二〇歳代の学生たちが低い間に合わせの腰掛に座り、二つの火鉢の周りを取り囲んでいたが、暖かくはなかった。議長と書記がテーブルにつき、批判される第一班の会議指導者がテーブルに腰掛を寄せると、議長が開会を宣言した。その班長が自己批判を始めた。

「前回の批判で、私はうぬぼれが強く、学生とうまく交わらないと指摘されました。私は自分が利己的で、個人主義的であることを知っています。母が家にいる頃、そう言っていましたので、こうした欠点を直そうと努力しました。私は今懸命に勉強していますが、最近は講義要綱やノートを使っていません。それゆえ私の班の者には、私が勉強していないと見えるかもしれません。私は最近より注意を払って授業を聞こうとしています。何人かの学生が暗記するのではなく、自分で思考すべきだといったので、ノートや講義要綱に頼らなくなりました。最近は、私はもっと講義要綱を使うべきだと認識しました。数回学生と議論した後に、私が行きすぎていたと感じました」。

議長が批判を求めると、自主的に手を上げた最初の学生が、班長は延安に来てから少しも向上していないと述べた。彼は責任ある地位を与えられたのだから、目に見えるように向上しなければならなかった。討論集会の間、彼は、班長が議論のための議論を行って、学習を妨害したと言った。発言者は、班長が自分の方が悪いのが明らかとなった後でも、学級で教師と議論を続けたことに不満を述べた。教室を出るとき、班長は教師の方が正しいかもしれないが、もっと彼は確信を持つべきだと言った。

別の学生が付け加えて言うには、班長は討論の部屋を出るとき、「ここは牢獄のようだ」と言った。その発言者は班長がそう言った理由を知りたがった。議長からその答えを求められると、班長は冗談だったと述べた。二人の学生がそのような冗談を言ったことを批判すると、彼は謝った。

三番目の学生は、その班長が自分の班員を満足させるために極端な行動をとることを批判した。ある日、発言者が班長の洞窟に湯を取りに行った。その水は二つの班で共有するものだったが、班長は半分以下しかくれなかった。

さらに議論が続いた。その人物と同じ洞窟に住むある学生は、彼が他人に異常に敏感で、疑い深いと言った。二人の学生が話していると、班長は話の内容を知りたがった。彼はいつも他人がひそひそ自分を批判していると思っていた。一、二度、彼は自分の班員に言った。「どんなことをしゃべっていたか全部言ってくれ。君に不利になったり、迷惑をかけたりしないようにする」と。

その班長の学習態度を批判する際、ある学生は彼が自分では物知りだと思っていると言った。そのような態度は彼自身に悪いだけでなく、熱心に努力している他の学生にも悪い。発言者は言う。「彼は頭がよく、誰もそれを否定しない。しかしこの学校には講義を全て吸収できるほどのきれ者はいない」。

他の学生が、班長は〝日本での幸せな日々〟の思いにふけっていると語った。彼が言うには、当人は自分の過去を忘れていない。全ての学生は〝一度は死んだ〟ものの、復活の苦悩の中に置かれているので、過去を切り離すことが必要である。この新しい人生の中で、彼らは人民のために働くという新しい方向に向かって努力しているので、個人主義は忘れなければならないという。

批判を受けた後、班長は起立して、いくつかの質問に答え、ただちに自己改善を始めると表明した。議長はその批判をまとめ、主要なポイントを当人に指摘した。彼はそれをノートした。

二　第二班長はわがままだと自己批判した。彼は自己革新に努めてきたが、自分になお多くの欠点があることを知っていたと述べた。

ある学生は班長が自分の過去を称賛し、その中に身を置いて生きていると批判した。彼が言うには、班長の頭は混乱していて、進歩的に思考していないので、その態度を厳しく改めないと、学生の士気に害を及ぼすと。

別の学生は、班長が過去の中になぜ生きているのかを知りたがった。班長は学生の「士気高揚」のために自分の過去を語ったと答えた。それなら、飲酒や買春の話が学生の士気を高揚させるのかとの質問を受けた。

次に、班長は生産活動に時間を使いすぎると批判された。別の者は、彼が蓄えに重点を置き、自分の生産集団に生産物を分配しないと批判した。班長は自分が金儲けのために働いているわけではなく、他の学生のモデルになるように努力したと答えた。彼は自分の班をモデル生産班にしたいと思っていたのである。

結論のところで、その班長は自分が人間であって、一夜に変身するのは困難であると述べた。しかしながら彼はこれからトライしてみたいと言った。三人の学生がこの点を強く批判し、「明日からではなく、今から」変身する決意をしなければならない、彼には他には批判されるべき点がないのだから、より立派な人物になるであろう、と言った。

議長が批判を要約すると、班長はメモをした。班長になってから、当人は大きく変化したと、議長は述べた。彼は非常によく責任を取っているように見える。かつて彼は非協力的で、反抗的、だらしなく、けじめがなかった。これは責任感の大切さをよく示しており、学校で班長を交替させる方法を今後も継続しなければならないと、議長は強調した。

教務主任による批判

教務主任が討議に出席した。彼は積極的な参加こそしなかったが、その夜の集会の終りに自分の意見を述べ、批判にはまったく満足できないと言った。彼は次のように述べた。全体として学生はあまりにも控えめであった。彼らはもっと詳細に批判し、相互の行為について個人的な感情を表明すべきであった。そうするには、相互により密着して観察をせねばならない。批判がより具体的であれば、それらは当人にとってより価値があったであろう、と。その夜の批判で、学生は当人のよい点に常に言及していた。これはある程度は必要だが、賞賛よりも欠点の指摘の方が学生に役立つだろう、と。

教務主任は次のような結論を引き出した。「我々全員は一度死に、今新しい生活の基盤を建設中である。我々は以前多くの誤りを犯してきたが、それを繰り返すことはできない。さらに、異なった価値観や態度をつくりあげ、別のシステムによる新しい人生を始めるには、当然大きな変革が必要であり、普段の悪い点は除去しなければならない。それらは相互批判を通じて除去されねばならない。批判された者はその瞬間から自己革新を行わねばならない。少なくとも彼らはその熱意を持たねばならない。」

一一　防諜手法

日本軍への宣伝工作者の働きがより効果的になるにしたがい、日本軍は解放同盟を破壊するためにより訓練したスパイを八路軍の根拠地に送っている。

労農学校の約一〇パーセントはスパイとして来た。その内の六人はスパイ工作の特殊訓練を受けていた。スパイの五〇パーセントは完全に転向し、転向者の中には共産主義者連盟に参加した者もいる。連盟に参加したがっているが、まだ資格がないと感じられる者が三人いる。転向者の中から研究集団リーダー、班長、一九四四年の辺区労働英雄*になった者がそれぞれ一人ずついる。

＊「辺区」とは、抗日戦争中に中国共産党がいくつかの省にまたがる周辺地帯に建てた根拠地をいう。例えば「陝甘寧辺区」「晋察冀辺区」等。

その労働英雄は労農学校で選ばれた三人の内の一人である。彼はさまざまな選挙を勝ち抜いて、辺区労働英雄になった。その運動期間中に、労働英雄たちは自分の履歴を公表し、なぜ自分の班から候補者として選ばれたのかを有権者に知らせ、あらゆる質問に答えている。スパイだった者が全ての工作者によって改心させられ、ついには労働英雄の称号を獲得したという事実は、彼が代表者・模範生として辺区の学生や人民に受け入れられたことを示している。

現在学校には、自らのスパイの使命を一部告白した三人の学生がいる。彼らは他の学生と同様に扱われている。しかし彼らは学生によって、「こっそり」と監視されている。岡野校長や幹部によれば、時期が来れば全てのスパイが告白するという。親切、仲間意識、再教育、それに加えて告白しても刑罰を科されないし、家族に迷惑をかけることはないという保証があるからこそ打ち明けるのである。

スパイの大多数は脱走兵として入ってくる。日本軍への宣伝工作者と日本兵の間に良好な接触と「友好関係」がある地域では、工作者は電話回線盗聴による会話や日本軍トーチカへの手紙によって、疑わしいと思える脱走兵全てを探索する。可能なときはいつでも、捕虜はただちに調査、尋問され、なんらかの怪しいところがあれば、「潔白証明なし」とかスパイ疑惑グループとかに分類される。捕虜は繰り返し尋問される。前線で捕虜を扱った幾人かの幹部によれば、彼らは捕虜に履歴をなんども書かせ、言動の矛盾点を発見しようとするという。

捕虜は履歴が不完全であったり、疑わしかったりした場合には、延安の第二学校に送られた。しかし現在は、多くが労農学校に送られる。学校は相当頑固な捕虜を収容しても、そのほとんどを転向させることができる力量を持っているので、極端に悪い者のみが第二学校に送られる。

政治幹事が労農学校での防諜活動の責任者である。彼の組織は反抗する者やスパイに対抗する「強い」男を一人ずつ各班に配置している。モットーは「一人の強いスパイには一人の強い男」である。リーダーを支える班には他の学生がいる。そのリーダーは同時に学習組長でもある。この資格を持つ彼は人目につかない形で工作をすることができる。

学習組長は実質的に班を指導し、班員の活動や態度に関する日報を書いている。週報は政治幹事に渡される。さらに彼らはチャンスがあれば、疑惑のある者や悪質分子の再教育を行う任務を負っている。彼ら自身もチャンスを作り出す。というのは班の中で学生は一緒に生活しているので、同志意識、会話やグループ学習の形での再教育が比較的容易に実行されるからである。

もともと共産主義者同盟員が防諜網を作っている。彼らは真の転向者であり、彼ら全てが幹部である。冬の夜には、長期間にわたって連盟員が交互に監視していた。それはスパイの計画逃亡やスパイと中国人連絡員とのあらかじめ手はずを整えた接触が予想されたときである。何人かのスパイが慎重な監視を行う連盟員によって取り押さえられた。岡野は日本軍の元歩兵少尉の話をよくする。彼はスパイとしての行動を起こそうとしていたため、「貴重な睡眠」を取り損なった。その少尉は洞窟で誰か動く気配がするたびに、夜中に起き上がった。岡野は彼にもっと休息するよう再三注意した。岡野によれば、この少尉は実際の行動を行う時には、ほとんど神経衰弱にかかっていたという。

しばらく前に学生校友会が結成され、学生が出かけたときはいつでもスパイの活動を規制したり、チェックしたりすることになった。その校友会では、三、四人の小集団が結成され、学生は集団で外出した。そして共産主義者同盟員が集団の中に何気なく配置された。今日でも、学生はスパイに警戒的になり、疑わしい仲間には密着して観察を行っている。それゆえ嫌疑を受けた者が村に行くときはいつも、転向者の一人が自動的にその嫌疑者に連れそう。不要な混乱を避けるべく、あらゆる試みがなされている。

今まで六人のスパイを含む四件の逃亡が学校で起きている。学生に完全な自由を与えている状況から見て、この数字は四年間のものとしてはよい記録であると、岡野校長は感じている。逃亡学生は数日後に中国人農民や八路軍に全員捕らえられた。

逃亡学生を学生たちの前に引きだし、尋問、批判を行うのは、学校の習慣である。そこでの質問や批評が厳しすぎるために、それを見せられた新入生は当初反発した。彼らは四方から攻撃されるスパイに同情した。しかしスパイが学生の名前、部隊、故郷の住所を収集し、それらを日本軍に引き渡すこと、連絡員から渡された薬で学生を毒殺すること、解放連盟を破壊すること、幹部を暗殺することといった彼らの使命を告白するにつれ、学生はスパイが憎むべき敵であると次第に認識するようになった。

先だっても、農民たちに捕らえられたある逃亡スパイを処刑して欲しいと、学生たちが毛沢東中国共産党主席に請願した。毛主席はそれを却下した。というのはスパイを処刑しないのは、八路軍の方針であるからである。逃亡スパイは学校では捕縛後に決して手荒く扱われない。学校ではスパイはスパイとして扱われない。彼らはすべての他の学生と同じ特権、仲間扱い、処遇を受ける。第二学校に送られるスパイだけがわずかばかりの制限を受ける。

スパイや学生が地方の刑務所にたまたまいたとすれば、政治幹事か幾人かの幹部が彼を再教育するために定期的に訪問する。現在、延安市刑務所に一人の学生がいる。

一二　谷川直行のスパイ経験

脱走兵として八路軍に来てから一年八ヶ月後に、谷川直行は自分がスパイであると告白した。彼の任務は以下のものであった。

一　日本人民反戦同盟と解放連盟の前身である覚醒連盟を破壊すること。

二　幹部や学生をスパイして、彼らの以前の部隊、故郷の住所、所属する八路軍の部隊の名前を探り出すこと。

三　八路軍と幹部の関係、軍での彼らの教育や機能を調査すること。

四　新入りの、ほとんど教育を受けていない捕虜をそそのかし、日本軍に帰隊させること。

五　八路軍の諜報を収集すること。

谷川は控えめだった。太行根拠地での八ヶ月の収容期間中や労農学校において、注意を引くようなことは何もしなかった。彼は学校で監視されることはなかったし、幹部が言うには、告白がなされる少し前まで、彼にかんする記録は「全優」であった。告白したとき、谷川は班長であった。彼はその地位を守るだけでなく、今日、共産主義者同盟員、学習組長、解放連盟延安支部の会計係に選ばれている。

谷川は尋常高等小学校を卒業し、現在二五歳である。貧しい家の出で、卒業後すぐに会社の小僧の見習いや使い走りになった。非行少年になって、いつもトラブルを起こし、ついには親から勘当された。入隊前の一年間、彼はルンペンのような生活を送っていた。

一九四〇年一二月半ば、入隊後二週間で、彼は華北に来て、三ヶ月の軍隊教育を受けたが、訓練中怠けており、自分がスパイ工作に選ばれるとは夢想もしていなかった。中隊長がある日彼を呼んで、まったくの志願扱いであるので、諾否は自由だと言った。谷川はその工作をむしろ好んだ。なぜなら彼は刺激を求めており、アメリカのギャング映画が好きだったからである。

一九四一年四月、谷川は陝西省延長の本部に送られた。各種部隊から一二人の兵士を集め、谷川の言う最初の学級を編成し、華北でのスパイ工作の兵士訓練が行われた。

もともとそのスパイ工作は覚醒連盟の活動に対抗するためであった。八路軍は一九四〇年に百団大戦*という大規模な反攻攻撃の際、多数の日本兵を捕獲していたし、これらの捕虜が紅軍のために宣伝工作を行っていた。さらに覚醒連盟は太行地区で集中的な宣伝攻勢を実施していた。スパイ学校の志願者は学校で、紅軍のために工作している国賊者の大部分は脱走兵や落伍者であるが、一九四〇年の反攻期間に捕獲された者も若干いると教えられていた。

＊ 八路軍の百個連隊が山西省で一九四〇年八月に行った鉄道沿線への大規模な奇襲作戦。

三ヶ月の訓練期間の間、一三人の志願者は通行許可証を与えられず、他の兵士と交わったり、手紙を書いたりすることを禁じられ、家族にも訓練のことを話してはならないと指示された。彼らは普通の兵士よりも大事にされた。したがってビンタを食うこともなく、比較的良い食料を与えられた。

彼や他の学生も不安や自信の無さから精神的に苦悩していたという。彼らはとくに精神教育のコースで夜遅くまで勉強した。彼らの教師は、精神力と確信こそがいかなる困難を乗り越えるためにも必要だと言っていた。

最初の二、三週間、教師は精神的教化を重視した。彼は国の政治、天壌無窮の皇運を講義した。日本は永久の神の国、武士道の国であると、教えられた。彼はスパイの重要性を吹きこまれ、それは数千の軍隊と同じ価値があると言われた。彼らは日本の戦争の「大義」を教え込まれ、尋問への答え方、毒殺の仕方、ナイフや銃剣の使い方を訓練された。また、敵の状況や最近の出来事についての講義も聞いた。

有名なスパイの話も聞かされたが、教師は数人のスパイの失敗談もしゃべった。最大の敵は精神の動揺であると、口をすっぱくして教え込まれた。

志願者は暗号工作を訓練され、中国人連絡員との接触方法や八路軍根拠地への進入法も教えられた。行動の一貫性が強調され、脱走兵として敵前線に入ろうとするなら、武器や上着を携帯してはならないと教えられた。

卒業後、谷川や他の者は自分の原隊に帰るか、それとも他の部隊に入るかの選択を与えられた。自分たちがスパイ工作の訓練を受けたことを原隊の兵士に知られたくない者もいた。彼らは全員が八路軍に送り込まれるとは予想していなくて、日本軍部隊内での「思想教育」に使われると感じていた。谷川は以前の部隊に復帰し、諜報部で働いていたが、二〇日後に八路軍に潜入すべしとの命令が下った。

谷川は兵站列車の護衛として動き、途中下車した。中国人農民に捕まると面倒なことになると言われていたので、夜、歩いた。三日目、丘に数人の敵兵を見かけた。西瓜泥棒を装って、表に出た。兵士が彼を見付けて、発砲してきたので逃げるふりをした。彼は連中が八路軍だと分かっていたし、丸腰の日本兵は殺さないと教えられていた。谷川はわざとつまずき、取り押さえられた。

捕捉後一週間たった七月、谷川は数人の日本人宣伝工作員に会った。一九四二年一月、彼は杉本〔一夫〕、吉田〔太郎〕、山田〔一郎〕に会った。彼らは太行地区で幹部として働いていた。杉本は覚醒連盟の組織者であった(付録参照)。吉田は宣伝工作隊を指揮し、日本軍医療隊の元中尉だった山田は年中宣伝工作を行っていたが、残りの時間は八路軍の医療班を手伝っていた。彼は太行の国際平和病院支部において助手の仕事をしていたが、最近その地位を離れ、延安の労農学校で勉強している。

これら三人の幹部は三日間、谷川のいる覚醒連盟の支部に滞在した。谷川はこの訪問がすばらしい機会を提供してくれたと思ったが、取り立てて目立つことは試みなかった。彼は五ヶ月後にはスパイとして弱気になっていたという。八路軍の日本人工作者は彼を大事にしてくれたし、会話やパンフレット研究を通じて彼を再教育しようと努めていた。この期間中に、彼は彼の後を追って紅軍根拠地に入った中国人連絡員と一回だけ接触した。これは捕まって間もない頃であった。谷川には日本帰りの学生である中国人通訳があてがわれていた。彼らは夕方の散歩をした。この散歩で、谷川は行商人に変装したその連絡員に会った。谷川は何かを買い、その中国人にいくつかの記号を書いた紙幣を渡した。そこに彼は「道」を書き、中国人は「道」という意味の「路」を書いた紙幣をくれた。接触は成功した。翌日、谷川は無事到着したとのメッセージを二枚の紙幣に挟んで行商人に渡した。この後、彼は覚醒連盟本部に移送され、連絡員との接触の機会が失われた。

スパイは四ヶ月に少なくとも一回は連絡員に接触するようにとの指令があった。谷川はこの最小の義務さえも果たせなかった。彼は接触できる可能性がないままに日々が過ぎていくにつれて、いっそう悲観的になった。そして、中国人スパイが射殺されたということを時々耳にして、これが連絡員の運命であると信じるようになった。

この時期の滅入るような衝撃は他のスパイの投降と告白であった。谷川はこのスパイも接触を絶たれ、絶望感にとらわれ、自分の秘密を漏らしたのであろうと思った。谷川は幹部からそのスパイを友人として扱いながら、自分の会話に十分に注意するように求められた。そのとき谷川は幹部が自分を同様に疑い、自分が監視されていると感じた。

谷川によれば、精神的苦悩はこの時期、実際耐え難いものであった。そこでその地区を掃討に来た日本軍の方へ逃げようかとも考えたが、結局思いとどまった。というのは彼は任務に失敗したので、帰隊は即死刑を意味すると考えたからである。

掃討作戦の間、彼は村々での中国人の焼け焦げた残骸、陵辱された婦女子の泣き声、焼けて廃墟となった家のまわりを泣きながらうろつく農民たちを見た。彼らを哀れに思ったが、これが戦争だとも感じた。冷淡さを装いながらも、彼は敵に善良さを見出し始めたと言う。しかしこれは彼の精神的救いにはならなかった。というのは、自分はスパイとして弱気になっていると自覚していたからである。

谷川は彼に向けられる全ての人の行動や態度にも感動させられた。彼が意気消沈しているときはいつでも、政治工作者や覚醒連盟員が彼に同情を寄せ、激励してくれた。彼は演劇や演説を通じて農民を教育する手助けをする覚醒連盟員が、中国人によって「国際的友人」として受け入れられているのを見た。彼は八路軍が農民と協力しながら働き、行く先々で心から歓迎されるのを実見した。(谷川は果樹園から梨を取って、農民に一度厳しく抗議されたことがあった。彼の通訳は何も言わずに、梨の代金を支払った。もし人民から物を取り上げて支払いをしなかったら、八路軍も「地獄」の軍隊と思われただろうと、谷川は言う。）

一九四二年春、谷川は日本兵代表者大会に代表として延安に送られた。その会議で、元兵士たちは日本軍や指導者に対する不平不満をまとめた。終日の論議の中で、代表者は軍隊での彼らの苦しみ、彼らが受けたビンタや酷使、将校たちの腐敗、貧しく不十分な食事への苦情を並べ立てた。それらは集められ、「日本兵士の要求書」という宣伝のパンフレットになった。谷川は兵役の改善の要求に賛同し、その委員とともに働いた。会議後、彼は延安にとどまり、労農学校に入った。

当初、政治常識のコースは彼にはあまりにも難しかった。政治学や経済学に今までなんの関心もなかったので、それは当然だった。しかし彼は次第に新しい教育が好きになっていった。というのは、現実的に虐げられた日本人民の生活を扱い、その苦しみを分析、説明してくれたからである。彼は初めて自分の生涯の苦しみへの回答を見出したと、言う。彼は新しい教育に真実を見るようになった。しかし覚醒するにつれ気が狂いそうになった。なぜなら、転向すれば自分は日本の国賊となるだろうし、結果的にスパイとして暴露されることになるからである。しかし彼は学級を離れることができなかった。そして出席することによって、彼の古い世界が身の周りから転がり落ちることになった。

彼は入学後四ヶ月で班長になった。夜、自分のようなスパイがそのような地位を占めていいものかどうか自問したが、彼はその地位を拒否できなかった。

もうこのときにはスパイや破壊活動を行う意思がまったく残っていなかったと、谷川は言う。

時事問題の講義で教師はイタリア、ドイツ、日本の敗北を予言した。精神力で日本が最終的に勝利すると当初は確信していたが、新しいリポートやコメントに接する度に確信が揺らいだと、彼は言う。

ある日、会議で「スパイの問題」が取り上げられた。全ての視線が彼に向けられていると感じたという。幹部が言うには、スパイは普通の兵士と同様に軍部によってだまされた兵士である。日本軍は日本人反戦同盟の勢力を認めてきたので、日本人工作者やその組織を破壊するためのスパイを八路軍に次々と送り込んでくるだろう。それゆえ全ての学生はスパイに警戒しなければならない。しかしスパイを迫害すべきでなく、彼らを仲間として扱い、彼らを教育すべきであると。

それからしばらくして、学校から逃走した数人のスパイが中国人農民に捕らえられ、学生たちの前に尋問のために引き出された。学生たちはスパイが彼らの計画を白状し、軍部によってどのように使われ、どんな理由で「教育」されたかをしゃべるように要求した。だがスパイは学校に戻され、友人として扱われた。

こうしたことが谷川の良心を深くとがめ、たびたび自白しようと心が動いた。親でさえも自分の息子をそんなに時間をかけてまで救おうとはしないだろうと彼は感じた。少なくとも自分の両親がそんなことをしてくれないのは確かであると思った。しかしながら告白の大きな障害となったのは、自分がそうしたら自分の家族が困ることになるであろうという心配であった。八路軍はスパイを処刑せず、自分や自分の家族まで守ってくれることを知っていた、と彼は言う。しかし彼は日本軍が彼の任務放棄を知るのではないかということを恐れた。

一九四三年三月、政治幹事に呼び出された谷川は、個人記録に矛盾があると言われ、若干の質問を受けた。彼はそれに答える前に時間を与えられ、しつこく追及されなかったという。ある日彼は全てを告白した。学生や幹部は彼の自白を問題にすることはなく、彼に班長を続けさせた。

谷川は自分が他の多くのスパイと同様に失敗者であることを知っている。将来、スパイがその任務を成功させるためには、「もっと強い人間」、もっと高度の訓練を受け、教化された人物が担うことになるであろうと彼は感じている。

一三　第二学校

学生のなかには主として身元調査のため第二学校に送られる者がいる。しかし記録に問題がないと証明されれば、彼らは政治教育のために労農学校にすぐに転校させられる。これはスパイの場合も同じであって、彼らが洗いざらい告白し、供述情報が幹部や岡野校長を満足させれば、学校に送り返される。継続的にトラブルを起こす反抗的な者は第二学校に送られるが、幹部たちは隔離方式を用いて新入生に悪影響を与えないようにしている。彼らには再教育の短期のコースが与えられているし、ひとたび協調的になれば、彼らは労農学校に送り返される。

第二学校は一九四四年四月二〇日に開校した。労農学校設立から三年半後である。第二学校の必要性は学生の規模が大きくなったためである。前線で長い期間の準備的な再教育や完全な素性検査を行わないで、学生が派遣されるようになった。また日本軍が解放連盟を破壊するためにスパイを送り込み始めた。第二学校を設立する決定は一九四四年一月の華北、華中の日本人反戦同盟の拡大執行委員会でなされた。

設立当日から第二学校に入った一六人の学生のうち、九人が今は労農学校で勉学している。スパイの共犯者であることを告白し、まじめに労農学校で勉学したいと望む者がいれば、彼はすぐに釈放されることになっている。この特殊な学生は華北の冀魯予(河北省・山東省・河南省)地区から来たが、幹部殺害の陰謀が露見した。現在、辺区労働英雄になっている者と給食委員をしている者は、労農学校から逃走した後に第二学校に入れられた。前者はスパイ共犯者であり、後者はスパイであった。二人ともその後に指導者になっている。

第二学校には守衛がいないし、学生の自主管理に任されている。労農学校に見られる規則と規制は第二学校でも同様に生かされている。唯一の違いは村を訪問する通行証が学生に与えられていないことである。学生が校舎を離れて川へ洗濯に行くとか、映画や演劇を見に行くときは、集団で行く。今まで第二学校から逃亡した者はいない。

日本軍の元少尉(付録、大山参照)は第二学校を管理している。彼は日本人幹部や日本から帰国した中国人の学生に助けられている。二人の日本人幹部は二つの班に隔離された学生と一緒に洞窟に住んでいる。学生は労農学校と同様に洞窟で勉強している。

学生の再教育には時間がかかる。幹部によれば、学生を叱ることは害のみあって益なきことである。第二学校での主要な危険は、学生が団結して幹部に反抗することである。それゆえ幹部は仲間的雰囲気を維持するように努めているが、学生同士があまり親密になるとか、派閥をつくったりしないように注意している。もう一つやっかいなのは学生の敵対的な態度である。

第二学校は労農学校から約四マイル離れていて、その間には尾根や渓谷がある。それは丘の急斜面上にあり、非常に人目につきにくい。筆者はそこへまっすぐ歩いて上がったが、敷地には低い泥壁や洞窟が並んでいて、見つけるのが難しかった。

第二学校の居住条件は食料や家具などの点で労農学校ほど良くない。環境も良好とはいえない。この居住条件の悪さは昨年開校という遅さから来ている。しかし八路軍が第二学校に供給している食料は八路軍自身の兵士や工作者よりはましである。第二学校の学生は労農学校の学生よりも石鹸やタバコを多く配給されているし、ましな服を着ている。第二学校の生産活動は来春には向上するだろう。労農学校と同じように、八路軍は学生が消費向けに生産する物質は全て購入するだろう。

学生のプログラム

労農学校でなされるのと同じスケジュールが第二学校でも実施されている。学習のコースはA学級のコースに比べて基礎的である。

尋問と処理

現在、第二学校には、確実にスパイが三人いる。彼らは日本軍でスパイ教育と訓練を受けた民間人一人と兵士二人である。学校で幹部が繰り返しスパイやその嫌疑のある者を質している。あるスパイは約二〇回尋問された。嫌疑を受けた者が手荒く扱われることはない。厚遇、仲間意識、政治教育が幹部の武器である。彼らはこのようにしてスパイを追いつめると確信している。強制的な説得は将来の教育に有害と見なされているのである。

一四　生産活動と課外活動

自給自足の計画は全ての八路軍の組織に貫徹している。各学校、さまざまな部門の政治工作者や軍の単位は全て自身に必要な物ないし商品を生産している。そこで生産された物は彼らの基礎的な必需品を得るために販売されたり、交換されたりしている。労農学校と病院は八路軍から配給を受け取る例外的な二つの機関である。

学校や山中に駐屯する八路軍兵士の生産隊は学校のために農産物を作り、家畜を育て、冬用の木炭を作り、学校の維持のためにあらゆる必要な労働を行う。これらの兵士には軍から給与が支払われ、生産の配分として、商品や貨幣で生産物の一部を受け取る。学校で消費されない他の余剰物質は全て軍が購入する。それ自身の生産物の他に、学校は軍から食品やその他の余剰品をもらう。

八路軍は全ての学生に必需品を供給する。軍は食品、衣服、学校用品、防空用品、家具調度品のような基本的な必需品を彼らに与える。各学生は小遣いとして五〇元、タバコ代として五〇〇元受け取る。* こうして学生は自分や学校を支えるための生産に従事する必要がなくなってくる。この配慮は八路軍が当面の生産よりも教育を緊急を要する重要なものと見なしているからである。日本人学生はなんの障害もない状態で学習に励むことが要請されており、植え付けや収穫時のみに約一週間、中国人労働者を手助けすればよい。

* インフレが相当進行した段階の話と思われるが、タバコ代が五〇〇元支給されたというような事実はなかった。日用品はすべて現物支給であった（前田光繁注）。

学校で学生は暇な時間、たとえば土曜日の夕方や日曜日に自分の生産活動を行う。この生産は厳密に言えば自主的なものである。収入をもたらす生産集団は六つある。その集団は農業、大工、紡績、玩具作り、宣伝用ビラ作り、『解放日報』への報道である。

生産活動からの収入は全て学生個人のものになる。したがって、もし農業集団が学校の消費用に野菜を作れば、八路軍が彼らに支払う。もし大工集団が学校用の机や椅子を作れば、軍がその労働に支払う。原綿から糸を作る紡績に携わる者はその糸巻き量で支払われる。その長さによるが、印刷されたパンフレット毎に学生は八〇〇から九〇〇元を受け取る。この内、作者が六〇〇元、ローマ字変換者（前線への無線送信のため）は一五〇元、筆耕者は五〇元受け取る。一九四四年四月までは、作者の受取額は八路軍が寄付した一九四二年日本兵代表者会議基金残高から払われていたが、その後は政治部が支払いをしている。『解放日報』掲載の短文記事は五〇〇元である。

玩具のような学生制作の小物は学校の生協店で売られる。学生は自分の金を生協に預けると、回転率は一〇ヶ月で一〇〇パーセントになる。最もたくさん預金をした学生は七〇、〇〇〇元で、平均は一五、〇〇〇元である。一九四四年（四月から一一月）の学校の個人トップ収入は大工で稼いだ二三〇、〇〇〇元であった。しかしこれは生産時間だけで稼いだものではない。暇な時間に生産に就いた学生は一〇、〇〇〇元から三三、〇〇〇元を得た。

昨年、労農学校にいるそれぞれの技術を持つものが八路軍の生協の日雇いとして働き、染色、ビスケット作り、木製小浴場の建築を教えた。一一人の学生が三月から九月まで働き、それぞれが三〇、〇〇〇元を稼いだ。

無償活動

学校の生徒や前線の宣伝工作者が遊撃隊、奉仕隊、他の宣伝工作者を教えるさまざまな活動に従事している。大山光義は元日本軍歩兵少尉であるが、日本軍の山岳砲兵術、トーチカ、円型トーチカの建設の五ヶ月コースを講義した。高木敏夫伍長は日本軍の手榴弾発射の一コースを、また別の伍長は前線の部隊にそのコースを教えた。ある銃剣に秀でた者は八路軍本部で銃剣術を教えた。こうして中国軍は捕獲武器の使用を学ぶ。

ある大工は八路軍公会堂の建設を行う中国人大工を監督し教授している。山田一郎は日本軍医療部隊の元少尉であるが、太行地区の平和病院の副院長であった。

宣伝工作者はとくに前線で中国人の兵士や宣伝工作者に日本語を教える。前線や延安の八路軍の役者、演劇学校の学生は、日本人の性格描写、演技、踊り、歌唱力を基準に優れた日本人学生から学ぶ。ときどき日本人学生は中国人とともに農民、兵士むけに宣伝したり、教育したりする。

一五　付録

高山　進　教務主任

高山[*]は二八年前に香川県の農家に生まれた。高等小学校(八年級)を卒業後、製塩工場で働いた。その後、腐食剤のソーダ工場に移る。一〇代後半に大阪ドックで荷役請負人を始め、海岸で働いていたところ、一九三八年一月に陸軍に召集された。

＊　本名川田好長。なお高山には春田好夫の別の名前もあった。反戦同盟記録編集委員会編『反戦兵士物語』に高山の名で「黄河のほとり」を執筆。『日中戦争下中国における日本人の反戦活動』にインタビュー記事がある。

彼はいかなる労働組織や自由集団にも属さなかった。多くの港湾労働者と同じく、自分の生活のために働き、自学自習もしなかった。共産主義、社会主義は彼には無関係であったし、「赤の脅威」になんらの関心を示さなかった。

一九三九年一月、華北に到着した九ヶ月後、彼は略奪遠征中に捕った。二〇日後に彼は杉本(現在政治幹事)に太行の八路軍野戦政治部で出会った。杉本は彼に読むようにと本とパンフレットを渡し、八路軍の捕虜の扱いや戦争目的について語り、彼に将来の夢を与えた。太行での一ヶ月の滞在で、彼は二回の座談会に参加した。

一ヶ月の教化を受け、高山は西安経由で延安へ送られた。

付き添った中国人の政治工作者は、延安には数人の日本人捕虜がいて、中国人の農民や兵士に日本語を教えたり、劇を作ったりしていると話した。ところが彼はまもなくそれとは違った出来事を見聞した。朝鮮人、台湾人を含む一二人の捕虜があれこれとトラブルを引き起こし、再教育は全く成功していないことが分かった。これらの兵士は日本人捕虜を必要としていた国民党軍にまもなく送られた。その一二人とは別に森〔健〕がいた。彼も捕虜であったが、中国人に日本語を教えていた。彼は他の者と引き離され、一九三九年一月から中国人に教えていた。高山は森の活動に参加し、二人で日本語を教え、同時にクラスの授業に出席した。講義は中国語でなされていたので、分かりにくかったが、教科書を読むことはできた。

高山は自分の思考が毛沢東の「持久戦を論ず」に強い影響を受けたと言った。毛の分析や予測は的確で、高山は太平洋戦争以前から日本の敗北を確信していたという。

一九四〇年六月、中国人学生は彼らの訓練を終了し、宣伝工作をするため前線に去った。高山と森は八路軍軍政学校に入り、政治科学、遊撃戦、弁証法、歴史的唯物論を学んだ。講義は中国語だったので、実際理解できなかった。さらにこれは彼にとってまったく新しい教育だったし、理論は彼の理解を超えていた。

この頃、高山、森や新しい捕虜の市川〔常夫〕は、三人の日本兵士反戦同盟員のことを知った。彼らは国民党軍のために反日宣伝工作に従事したときに、桂林地区で死亡した。これらの日本人は中国へ亡命した反ファシズム作家鹿地亘の指示で動いており、再教育された捕虜であった。[*] 高山と他の二人が一九四〇年七月に反戦同盟の延安支部を組織した。八路軍敵工部の支援で、三人は『兵士の友』(新聞)を組織の名前で刊行した。

＊ 鹿地亘の指導した反戦同盟西南支部の三名(松山速夫、鮎川誠二、大山邦男)が反戦活動で死亡したのは四〇年二月二日のこと。西南支部のある桂林と総本部のある重慶でそれぞれ「三烈士殉難追悼大会」が開かれた。

高山は労農学校における最初の学生の一人である。彼は宣伝工作を調査、研究するため前線に短期の旅行を行ったり、約六ヶ月続いた反日ラジオ番組の原稿書きをし、後には責任者として働いたりした。一九四四年五月、高山は教育幹事になったが、森が晋西北の分校を指揮するために去ると、高山が教務主任を引き継いだ。高山は一九四四年二月に学習のコースを終了した。そして教務主任の仕事をこなしながら、二回目のコースに入っている。

高山は解放連盟の他の幹部と同様に、八路軍に深い愛着を懐き、自分が受けた処遇や教育に感謝している。彼は今や日本の大学卒業者と同等の力があると感じている。

彼の原隊出身で後に捕虜になった者によれば、彼は日本軍で戦死として扱われ、上等兵から伍長に二階級特進したという。

高山は強力なリーダーではないが、経験を積んで良き調整係となり、有能な外交官となった。彼は他の幹部の支援を得て、学生、とくに最近来た大学卒業者やベテランの日本政府の職員を巧みに扱っている。(四人の新入生は傀儡組織新民会の顧問)。これらの学生は年齢が三〇歳代後半から五〇歳代で、はじめは反抗的であったが、次第に協調的になり、今では新しい教育に興味をもって学習している。)

沢田　淳*　日本問題調査主任

沢田は三八歳で、中農の家庭に生まれた。高等小学校(八年)を卒業後すぐに働き始めた。一九二九年、上京し、臨時の日雇い労働者として働き、独学で学びながら、左翼労働組合に参加。一九三〇年、プロレタリア文化連盟の書記になり、共産主義者青年同盟に参加した。一九三一年に共産党員になった。一九三三年に逮捕され、二年間、拘置所で判決を待ち、四年を監獄で過ごした。一九三九年に釈放されたが、警察の監視下にあった。彼は一年半を地下活動で過ごした。一九四三年に華北に到着した。

彼は学校で幹部であり、C学級で学習している。

* 沢田の本名は岡田文吉で、戦後は日本共産党資金部長になる。河本大作と親しく、彼の庇護で延安入りをしたとの説もある(川口忠篤『日僑秘録』太陽少年社、一九五三年参照)。

大山光義*　第二学校主任　元日本軍歩兵隊少尉

大山は二六歳、香川県に生まれた。彼は商業学校で五年間学んだ(就学年数は計一一年)。そして神戸の三菱造船所で働き始めた。一九三八年一月、兵役につき、二ヶ月後華北に到着。八月に帰国し、豊橋陸軍予備士官学校に入った。一九三九年四月に卒業し、華北へ戻った。彼はあるトーチカの指揮官であったが、一九四〇年九月、彼の部隊とともに八路軍に捕まった。

＊『反戦兵士物語』に「暗黒から光明へ」「華北日本兵士代表者大会」の二篇を執筆。

大山の部隊は八路軍の宣伝の呼びかけを受け、スローガンやメッセージを叫びつつトーチカに近づいてきた日本人宣伝工作者と話をしたことがあるという。彼は自分の部下を管理できなかったという。さらに兵卒から這い上がり、上官から辱めを受けていた彼自身は、日本軍将校を攻撃するパンフレットを歓迎していたと述べる。

大山は良きリーダーで、良心的な学生である。彼は労農学校のコースを修了したが、再び上級コースに挑戦したいと思っている。彼は共産主義者同盟員である。

梅田照文＊　教育幹事

梅田は農家生まれの三〇歳である。四国の徳島中学を出て、東京の国士館専門学校に入った(この学校の教育は武士道中心である)。彼は柔道に励み、五段になった。卒業の際、大阪警察部で指導者免許の三ヶ月コースを取った。柔道のインストラクターに指名されたが、まもなく兵役となった。

＊本名は香川孝志。前田光繁との共著『八路軍の日本兵たち』。『反戦兵士物語』には梅田の名で「労農学校の学習生活」「延安の思い出」の二篇を執筆。

梅田を再教育した古手の幹部によれば、彼は急速に変化したという。一九四〇年九月に八路軍に捕えられたときは伍長であった。一九四一年六月に延安に来る前は、前線で宣伝工作を活発に行った。彼は捕えられて数ヶ月で覚醒連盟に参加した。

梅田は岡野校長の方針に沿って学校の教師陣の中核にいる。彼はA学級とB学級で教えている。

杉本一夫＊　宣伝委員会主任

杉本は三〇歳、京都生まれ。商業学校(就学一〇年)を卒業後、生糸店の店員として働く。後に両親の染料工場で働いた。二一歳で海軍に入ったが、病気のため一年後に退役。一九三七年七月に関東軍調査部所属の軍属として満州へ渡った。その後満鉄で働き、一九三八年四月に華北に派遣された。三ヶ月後に彼は八路軍に捕まった。

＊本名は前田光繁。香川孝志との共著に『八路軍の日本兵たち』。『反戦兵士物語』に「覚醒連盟の誕生」を共同執筆。『日中戦争下中国における日本人の反戦活動』にインタビュー記事がある。

杉本と学校のもう一人の幹部である中林*は、八路軍の最古参の日本人宣伝工作者である。杉本は一九三八年一一月に太行で反戦同盟と解放連盟の前身である覚醒連盟を組織した。

＊「中林」は「中小路静夫」の誤りと思われる(前田光繁注)。中小路は『反戦兵士物語』に「延安の生活」「延安で迎えた終戦」の二篇を執筆。

現在、彼は政治幹事で、防諜手法を全て管理している。C学級を教える岡野校長を補佐している。

茂田江純　宣伝委員会主任

茂田江*は二六歳で、郵便局員の息子である。昼間は東京の私立商業学校で使い走りとして働き、夜学に通った。卒業後(一一年就学)、東京の官立軍需工場の事務員になった。一九四〇年一月、陸軍に入り、すぐに華北に送られた。掃討作戦の際、落伍者になって、八路軍に捕まった。

＊本名光江田清。

茂田江を再教育した幹部によれば、一九四〇年一二月に延安に来たとき、八路軍やその教育計画に賛成も反対も表明しなかった。一九四一年に学校の創立記念における朱徳将軍の演説*に深い印象を受けたという。その後態度を変え、熱心に勉強しだしたと、彼は語る。

＊本篇四三五頁を参照。

茂田江は学者タイプで、仲間のまとめ役である。学校の幹部では最も将来性のある幹部の一人であるが、幹部の集団批判では他人と歩調が取れないことをいつも批判されている。岡野は茂田江がリーダーとして大きな潜在能力を持っていると評価しているので、この欠点を改めさせるため、彼を実質的に学生の取りまとめ役を行う仕事に就かせる意向を持っている。

延安レポート　第四六号

捕虜の扱い方
——敵軍工作ハンドブック第五版

八路軍総政治部敵軍工作部編　一九四一年

配布先
ワシントン　二
昆明、ニューデリー、レド、オーストラリア、ホノルル、陸軍、フィリピン、OSS、スーズドルフ、ファイル　各一

内容

第一章　捕虜工作の重要性

敵軍工作全体の中で、捕虜工作は重要であるだけでなく、深い意味をもっている。現段階において、捕虜を扱う我々の目的は、彼らを明確な反戦意識を持つ兵士にすぐに転換させるのではなく、日本兵と中国兵の民族感情の橋渡し役をさせることである。日本帝国主義の欺瞞的な教育によって、日本軍の一般兵士全てが伝統的な偏狭な民族意識を持っている。それは強烈であるため、階級対立の意識が希薄になり、中国兵と日本兵の密接な関係の形成を妨げている。それを克服させるためには、彼らへの理解と接触がある程度必要である。そうすることによってようやく、政治的接近を行うことが可能となるのだ。

それ故、現段階では、我々は捕虜を釈放する基本方針をとっている。何故なら全ての日本人捕虜が日本人革命家や、反日活動のシンパになると期待するのは根拠に欠け、また無益だからである。逆に彼らが釈放され、原隊に帰れば、我々が彼らを処刑しないことや寛大に扱うという我々の方針が深く日本軍に浸透する。こうなれば捕虜釈放方針に対する日本兵の好感度が強まり、過去の誤解を解消し、我々の目的への彼らの認識が高まり、さらに日本軍国主義者や資本家が行う侵略戦争の本質に対する彼らの理解を速め、

戦争への彼らの不満を強める可能性があるからである。つまり我々は侵略者を擁護することから憎悪することへ、否定的な厭戦気分から積極的な反戦意識へといったように、彼らの頑なな意識、戦争観を変革する可能性に挑戦することになろう。

一方、機敏で優れた素質をもった日本兵が反日本軍の陣営に参加しようと努力していることを我々は見捨てるべきではない。それどころか彼らの政治認識を高揚させ、我々の共通の大義に向けての工作に参加させるように、彼らに適当な訓練を与えるべきである。これは我々の工作の前途に横たわる困難を減少させるだけでなく、我々の勝利と日本の革命にも重要である。

戦争勃発以来、我が部隊の多くが捕虜工作の正確な知識をいまだに欠いているため、この工作の方針がうまく実行されていない。その結果、前線において、とりわけ教育的な分野や日常生活の中でさまざまな悪い傾向が発生している。捕虜工作を正確に理解し、重視し、寛大な捕虜の扱いや釈放の方針をまじめに遂行し、捕虜を我が方に引き寄せるという運動を全軍に浸透させることが今日不可欠となっている。こうすれば敵軍への我々の工作の全てがスムーズに実行され、良い結果を生むことができるだろう。

第二章　前線での捕虜の扱い方

前線での捕虜は、捕まることを内心恥と考えている。捕まえられた後の銃殺を恐れているため、武器の引渡しに頑強な拒否反応を示す。彼らの多くは我々の親切な態度を受け入れることよりも、自殺したいと考えている。このような現象は今日も存在しているため、我々はそれを見過ごすわけにはゆかない。前線での捕虜の扱いには、以下の点に配慮すべきである。

一　完全に武装解除していない捕虜には、我が方が危害を受けないように注意深く近づかねばならない。そうしないと我が軍に損失や犠牲が起きるかもしれない。

二　軍事、政治的工作者のある者は、戦争につきものの残虐さや激怒、復讐という偏狭な心理から、捕虜を扱う面倒さを避け、彼らを処刑したり、逃走させたりする傾向があった。それゆえ、戦闘の前に、捕虜を扱う兵士をとくに指名しておくだけでなく、他の軍事、政治的工作者に戦場での規律を守らせ、必要なら捕虜を世話する責任を負わせることも必要である。

三　捕まった直後、日本兵は非常に緊張しているので、まず日本語の話せる者が彼らに話しかけた後、我が軍は捕虜を殺さないし、彼らを友人として扱うと説明し、さらに慰めの言葉を少しかけてやるのが良い。日本語を話せる者がいなければ、朱徳総司令や彭徳懐副総司令の捕虜寛大処遇命令書、その他のパンフレットや宣伝資料を彼らに見せてから、戦場を連れ出すのが良い。

四　負傷した捕虜を射殺したり、銃剣で刺したりといった誤った処置をしてはならない。そんなことをしなければ、我々の医療行為への感謝の気持ちが一層高まるからである。負傷捕虜が原隊に帰って処刑される可能性はそれほど大きくない。ともかく治癒後、工作のために原隊に帰らせることができる。そうすれば彼らは原隊に我々の影響力を広めることができる。したがって負傷捕虜を担架で前線から後方へ運び出し、医療隊の手で応急処置をとらねばならない。彼らが回復できないほどに重傷であっても、医療隊は薬を処方し、傷の手当てをし、宣伝ビラや敵司令官宛の手紙を速やかに持たせて、一番近い敵の駐屯部隊に送り届けるべきである。(手紙には「捕虜を処刑しない」方針を述べ、彼らを帰還させる理由を日本語か、日本語がだめなら中国語で記したものを持参させなければならない。) 戦況が急変し、我々が陣地を変えなければならなくなった時には、重傷者も軽傷者も一ヶ所に集め、懇切な説明と宣伝の材料を与え、敵が負傷兵を連れ帰るとき、一緒に持って帰らせるようにすべきである。

五　無傷の捕虜は我々の安全地帯に連れ戻すべきであるが、彼らが行かないと言い張れば、無理に連れて行くこともないし、殺すこともない。その場で釈放し、宣伝の材料を持たさせなければならない。

六　戦場の日本兵の死体を傷つけてはならない。捕虜の話によれば、最も憎むべき恐ろしいことは、日本兵の死体への侮辱行為である。将兵ともにその死体から持ち物を剝ぎ取ってはならない。逆に彼らを大事に葬り、墓標を立てるべきである。宣伝の材料をその上に置くべきだ。それを見た日本軍は深い感動を覚える。我が軍も住民もこの工作に注意を払うべきである。一時的な感情から日本兵の墓を冒瀆したり、死体から衣類を剝ぎ取ったりしてはならない。

七　日本兵を捕まえたら、彼らをすぐに安全地帯に送り、尋問を行わねばならない。(尋問の前に彼らにひとこと説明する。その尋問を公衆の面前で行ってはならない。公衆の目に曝されると、捕虜は侮辱されたと受け取るからである。）捕虜が携行してきた物は全て記録した後、政治組織に送らねばならない。武器、軍事文書、日記、手紙は没収すべきである。しかし衣服、時計、ペン、貨幣などは彼らに返還しなければならない。将兵がすでに没収した物も持ち主に返さねばならない。もしそれらがなくなったり、損傷したりしていれば、状況が許す限り賠償し、その理由を説明すべきである。これは釈放される捕虜の場合、特に大切である。オーバーコート、シャツといった私物、とりわけベルト、ポケット、短パン、帽子、靴などは入念に点検して返さねばならない。

八　「寛大な処遇」という言葉は捕虜との会話で使うべきではない。「寛大な処遇」は捕虜に誤解されやすい言葉であるからである。というのは、それはある目的を達成する手段であるとか、最良の物質的享楽が与えられると考えられやすいからだ。そうすると、ワインや鶏肉といったものを要求しても当然と誤解する。もし我々が彼らの要求を満足させないと、我々が彼らをだましていると見てしまう。それは、教育上の多くの問題を後々引き起こしかねない。

九　捕虜と会話している時はいつでも、温和な態度をとり、声の調子も和らげなければならない。しかし「ございます」のような丁寧な言葉は不要である。弱々しい、つつましやかな態度は彼らが我々を見下し、逆の結果が生じるので避けるべきである。

第三章　後方での捕虜の扱い方

一　前線から離れた後方で捕虜を扱う際、敵軍工作者には多くの忍耐が必要である。さまざまな説明と慰留を捕虜に対して行わなければならない。

1　彼らの感情を観察してから、説明と慰留を行うべきである。彼らが負傷していれば、痛がっていようがいまいが、傷はどうかと尋ねなさい。こうすると彼らは我々が非常に親切であると思い、自ら進んで情報を提供するし、容易に手なずけられる。

2　彼らの安全が保証されたこと、もし彼らが原隊に帰りたいのなら、安全に送り返してあげることを説明すること。我が軍に留まることを彼らに強制してはならない（しかし敵のスパイや諜報機関員は別である）。

3　我々が彼らを兄弟のように扱うことを説明すること。

そしてその扱いがどんなものかを述べなさい。しかしできないことを彼らに約束してはならない。そうしないと我々への信頼と尊敬は捕虜から消え、捕虜工作において後々多くのトラブルが発生する。

4　捕虜の進歩を促すために、後方での学習や生活状況について彼らに説明すべきである。しかし共産主義の学習、共産党への参加、日本への帰国と革命の準備といったできもしないことを告げてはならない。もし彼らが後方の学校に入った時、入党や帰国ができないことが分かると、彼らの失望は大きい。これが不安を引き起こし、学校に多くのトラブルを起こすもととなる。

二　生活の手当てが物事を左右する

1　物資の手当ては普段よりも一層よくする必要がある。なぜなら前線から到着したばかりの捕虜は、いくら説明しても、不安でいっぱいである。だからできるだけ扱いは良くすべきである。そうすれば、彼らの不安は減少したり、除去されたりする。各部隊はその戦闘地域に即して規則を定めるのが良い。処遇は贅沢すぎても、貧弱すぎてもいけない。いずれにせよ、捕虜が移送される時、部隊間の差異が大きすぎると、不満が高まる恐れが出る。

2　日本人は独自の習慣を持つ。捕虜の扱いでもこの点に注意すべきである。例えば皿、盆、食べ物は清潔にすること。食べ物は別々の皿に分けること。彼らが同じ皿のものをみんなでつついて食べることはほとんどない。その他、風呂や散髪の要求にはできるだけ応えなさい。こうすれば金をほとんど使わずに、不安やトラブルを減少させるだろう。

三　一人一人の処置

1　捕虜が安全地帯に移送されたら、まず彼らのプライバシーを守って登録を行う。将校、通訳、宣撫班員、諜報機関員のような最悪の分子や気性の激しい者は悪い影響を与えさせないために、一般の兵士と混在させない措置が必要である。登録の際、各捕虜に別名を与え、それをその後に使わせるようにするのが良い。

2　登録と尋問の前に、捕虜が互いに会話しないようにする。それは前線から後方に移る途中は特に注意すべきだ。会話や身振り手振りはいかなるものも捕虜には許されない。途中で彼らが持参してきた物を壊さないように警戒すべきである。そうしないと、我々の工作に多くの支障が生じ、彼らが集団逃走したり、我々の工作者の生命を害したりするかもしれない。

3　移動の途中で、良い捕虜と悪い捕虜を別々にすることができないならば、前者を使って後者を説得したり、あるいは脅したりすることがあっても良い。しかし用心を欠いたために、彼らが逃走すれば、大きな損害が生じるので、そのやり方に確信や過剰の期待を抱いたりすることは禁物である。人受けが良く、それほど頑固でない者は、他の者の管理を行う際に、我々を手助けさせるのが良いかもしれない。

4　捕虜抑留所へ行く途中、その数に関係なく、彼らが良い分子か悪い分子かどうかを判断し、彼らの逃走や我々工作員への危害の防止に細心の注意を払わねばならない。しかしながら、こうした注意が捕虜に気づかれてはならないし、我々が彼らの逃走を恐れていることを気づかせてはならない。ましてや彼らに銃を突きつけてはならない。彼らに我々の軍事状況を観察する機会を与えないように、大通りでなく、裏道を使って移動させねばならない。道すがら、農民を動員して、捕虜を歓迎させるのが良い。それは彼らの不安や逃走への意欲を軽減させせよう。

四　捕虜の尋問の形式と方法

1　捕虜が互いに相談し合う時間を与えないために、できるだけ早く尋問すべきである。彼らは我々の親切で寛大な扱いに感動して、多くの有用で信頼できることをしゃべるだろう。それゆえ日本語を話す工作者の所に捕虜を連れて行ったら、尋問はただちに開始しなければならない。日本語を話す工作者が戦場にいれば、前線から連れ出した後、ただちに捕虜に質問し、その後、得た情報や捕虜を上部に送る方が良い。

2　尋問は個人をベースで行うべきである。二、三人まとめて質問するとか、全員を一つに集めて質問することは避けよう。そのような場では、彼らは我々を喜ばせる情報をしゃべろうとしないだろう。というのは、そんなことをしたら、彼らは原隊に帰った後、仲間の捕虜から告発され、処罰されることを恐れるからである。

3　質問に先立って、朱総司令と彭副総司令の命令あるいはその他のパンフレットを捕虜に示し、彼らの安全が保証されていることを説明する必要がある。しかし、何らの疑いも説明中には起こさせてはならない。彼らの生命が危険から救われたと信じた時に、全員が深く心を動かされるはずである。そのような時に比較的信頼性の高い情報を容易に得ることができる。特に、負傷捕虜からは得やすい。

4　質問をするときの態度や質問の仕方に注意を払うべきだ。優しく穏やかに行い、不安を与えたり、いらついた態度をとったりしてはいけない。特に、犯罪的なことについて質問すべきではない。なぜなら、一般的に日本人の自尊心は非常に強いからである。彼らは捕虜になることが不運なことであり、不名誉なことであると感じている。もし質問時に彼らに敬意を払わなければ、彼らは全くしゃべらないだろう。質問の仕方に関していえば、第一に彼らと政治的なことをしゃべるべきではない。例えば、戦争の印象、日本軍国主義者の罪、日本人の労働状態の改善法、社会主義の問題等。そのような話は彼らに我々が遠い存在であると感じさせる。その結果、我々に接近して来なくなるかもしれない。まず始めに彼らと打ち解けた態度で会話し、彼らの中国や日本での生活について話し始め、それから政治的問題へと進んでいく。このようにすれば、彼らは自分たちの考えを吐露してくれるだろう。

5　もし情報を収集するために我々の上官が出てきたら、彼らの訪問は慰問のためと説明するのが良い。何故なら、日本人兵士は自分たちの上官をとても尊敬しており、上官に慰問と説明を受けたら、彼らは深く感動し、たやすく正直にしゃべるようになる。

6　調査の概要を確認するデータ収集の依頼が、参謀部と連携した敵工部から送られて来るかもしれない。しかし、暗にその概要を見せたり、それに沿って捕虜に質問したりすることは禁止されている。また、捕虜の前ではインタビュー結果を記録しないことになっている。これは捕虜に悪い印象を与えないためである。データは記憶するのが望ましい。もしそれが不可能であれば、その他の方策を工夫すべきである。

7　データ収集に先立って、尋問者は敵の情勢についてかなりの理解を必要とする。もしそうでなければ、データが間違っているのか、正しいのかを見分けることが難しい。もし日本軍の状況について質問者がまったく理解していないと捕虜に分かったら、彼らは嘘をついたり、誤った情報を提供したりするかもしれない。それは質問者を欺くだけでなく、政治的にも軍事的にも逆効果である。それ故、事前準備が必要であり、もし必要なら、質問者は馬鹿ではないぞという態度をほのめかし、嘘がつけない状況に置くべきである。もし捕虜がそれでも嘘をつくなら、注意するが良い。しかし、叱責などは必要ない。ちゃんと説明しながら、尋問者が彼らに対していつでも正直であるとの印象を与え、彼らの態度を変えていくべきである。

8　尋問中は具体的で正確な質問をすべきである。不明確な質問は決してしてはならない。そうでないと、どう答えていいか分らない状況に彼らを置くことになる。同時に注意すべきは、普通の日本兵はあまり知識を持っていないので、自分の知っていること全てを一度のインタビューで出すことができないことである。捕虜に対する態度は、彼らに対する尋問者の感情がどうであれ、敵軍工作員たる者は客観的であるべきである。

乱暴な者には、彼らが態度を改めるまで叱りつける。一方、他の敵軍工作員はその機会を利用して、自分達が捕虜たちを誠実に扱っているということを説明する。そうすれば、捕虜たちは自然に自分たちの過ちを改めるであろう。これは、いわゆる〝硬軟〟の手法である。

9　もちろん自発的にこちらに降伏してきた者については、我々は喜んで迎える。しかし、彼らの動機を見極める必要がある。彼らが本当に善良な者なのか、それとも敵の諜報員なのかを見極める必要がある。それ故、注意深く尋問し、集めたデータを細かく徹底的に調べる必要がある。そのような尋問ではきわめて慎重な態度をとるべきである。正当な投降者たちが不愉快さを感じないようにするためにも、またスパイの浸透を防ぐためにも。

10　政治的にかなりの進歩が見られる捕虜には、新しい捕虜の世話をさせるべきである。何故なら、彼らはみな日本人であり、互いに接近しやすく、遠慮なく話ができるからである。先輩捕虜を使えば、かなりの情報が入手でき、新来捕虜の状況が理解できるかもしれない。

第四章　捕虜の教育方法

捕虜の教育は短期、中期、長期の三期間に分けられる。もし約二〇人の捕虜がいれば、日本労農学校の地方支部ができるかもしれない。一般的に、短期、中期のふるい分けは前線で行うのがふさわしい。そのため、ここで最初の二点について検討しようと思う。

一　捕虜の短期教育（約一週間）

（A）目的　短期教育の目的は捕虜の政治的認識の向上、啓発とさまざまの感想の交換である。そうすれば、我々の教育と彼ら自身の個人的認識によって、彼らは日本軍国主義者が偽りの宣伝を行っていたことを理解することができる。教育期間中、釈放すべき者、中期教育を受けるべき者、後方部隊に移動させて長期教育を受けるべき者を決定する。

（B）教育内容　コースの目的に合わせて左翼的すぎてもいけないし、難しすぎてもいけない。彼らが次のような質問を理解すれば、充分である。

1　なぜ中国と日本の間で戦争が勃発したのか？　誰に責任があるのか？（日本人の支配階級の者が侵略戦争を起こしたため、中国人は自己防衛のために戦っていると説明する。）

2　だれかれに関係なく、全ての日本人は極限まで働かされているのに、なぜ金持ちがいつも利益を得、なぜ貧しい者は一定期間を前線に送られるのか？　なぜ上官が面白半分にビンタをするのか？（日本人兵士、労働者、小作農、インテリ、零細企業の社員の階級意識を啓発する。）

3　八路軍はどんな軍隊か？　なぜ彼らは捕虜を殺さないのか？　また、なぜ捕虜を友好に満ちた態度で扱うのか？（敵の逆宣伝のベールを取り払い、特権階級システムを取り除き、八路軍が労働者と小作農からなる軍隊であることを強調せよ。）

4　どのようにして戦争を停止するのか？　どうすれば平和な世界を作ることができるか？（中国領土からの日本人軍隊の退却が中国に自由と独立をもたらし、日本人兵士は自分の故郷に帰って初めて平和な生活を送れる。彼らに厭戦気分と反戦意識を煽動する。）

（C）教育のための材料　日本人兵士向けのパンフレットやビラのような宣伝物に出た材料を全て利用する。しかし理解のための手助けは必要である。

教育の方式

1　個人の教育では自由に会話させるべきである。教育が絶え間ない説教であってはならない。教師は生徒の知識の程度を理解し、たとえ知識が不足していても、浮かない顔をしてはいけない。逆に、教師は親切に忍耐強く捕虜たちの意見を聞き入れるべきである。また、捕虜個人の感じたことや自分の国の伝統を述べさせるとよい。捕虜の社会的な習慣を考慮に入れるべきである。

2　集団教育。これはどちらかといえば、かなり組織的な教育法である。授業や討論の時間は通常の仕方で行う。しかし、教師は日本語を理解する者に限定されるわけではない。大衆教育現場で充分な教育経験を持つ教師は、通訳を通して政治的な授業を行うことができる。

3　上述したように、日本軍兵士は頑なな階級観をもっている。彼らはみな上官を尊敬しているので、軍や政治の指導者の講義は彼らにとって受け入れられやすい。

4　進歩的な捕虜を活用し、遅れた者に影響を与えることができる。年長者は若者を教える。なぜなら、日本人と中国人の習慣と言葉の間には大きな違いがあるからである。その他に、新来捕虜は多かれ少なかれ、偏狭な国粋的偏見を持つ。そのため、同じ国の出身で、同じ言葉や習慣を持つ進歩的な捕虜が遅れた捕虜に近づくと、受け入れられやすい。

5　大衆と兵士の集会が開かれる際には、捕虜を出席させるのが良い。(これは前もって捕虜の同意を得る必要がある。そうすれば、公けの場では、彼らは誤解されたりすることはないし、侮辱されていると考えたりしなくなる。) これは一方で捕虜を、また他方で兵士や中国民衆を教育することになるかもしれない。この場合、もし内容が不完全なら、通訳が捕虜の話の内容を補足したり、削除したりできる。内容が不適切であれば、それを捕虜に説明すること。もしそれが不完全なら、補足すること。(しかし、間違ったことを言ってはいけない。) 前もって捕虜と打ち合わせておく方がよい。

6　捕虜を慰問するために民衆を動員すること。そして、捕虜に日常的に必要な物や食物を送ること。このようにすれば、捕虜は我々への認識を深め、我々の考えを一層受け入れるかもしれない。もし部隊のみで彼らを寛大に扱ったなら、捕虜は我々が彼らを何かの目的のために大事にしていると誤解し、我々の誠実さを信じないかもしれない。しかし、民衆の慰問は、そのような誤解や疑いを引き起こさせないであろう。そして、中日戦争が日本軍国主義者の煽動によって引き起こされたということと、中国人と日本人の間に悪い感情がないということを彼らに認識させやすくする。そして、戦争が無駄であることも。

7　将校や、宣撫、諜報の機関員のような、反動的で激しやすい捕虜はその他の者と分けるべきである。彼らが自分自身の理論を持つ限り、教育は彼らの理論の知識をよく知っている者によって実施されるべきである。

8　病気やけがで亡くなった者は、埋葬されるべきである(詳しいことは後に述べる)。そして、捕虜たちを葬式に呼ぶべきである。これは我々の宣伝教育を実践するまたとない機会である。

二　捕虜の中期教育(約六ヶ月間)

(A)目的　これは、釈放されないことがすでに決定している捕虜に対して行う教育である。(彼らは教育後、部隊外で働くか、後方部隊に長期教育のために送られる機会を待つことになろう。)この目的は捕虜の階級意識を啓発し、中国人が日本人と戦う意味と日本の革命問題を認識させ、さらに彼らに社会科学の知識を習得させることである。

(B)教育課程

1　富裕層と貧困層に違いがあるのはなぜか、資本主義とは何か?(常識的な社会科学)

2　社会に変化があるのはなぜか、未来社会とは何か、共産主義とは何か?(常識的な社会科学)

3　なぜ戦争が起きたのか、支那事変が起きた理由、意味、様相。(常識的な社会科学)

4　日本の未来はどうなるか?日本人労働者はどうすべきか?(常識的な社会科学)

5　時事問題(宣伝教育を実行する際に中心となるべき日本の最近の出来事)

6　中国語の授業(ローマ字による)

7　時間割は次の通り　一日二時間。もし必要なら、時間を延長すべきである。中国語を除き、合わせて二四〇時間になる。

(a)常識的な社会科学。合わせて八〇時間からなる四〇回授業

(b)常識的な日本の革命問題。合わせて四〇時間からなる二〇回授業

(c)時事問題。合わせて四〇時間からなる二〇回授業

(d)中国語の授業。合わせて四〇時間からなる四〇回授業

(C)教師　講義は啓発するような方法で行う必要がある。

新しい専門用語や無意味な決まり文句に満ちた専門的な説教のようなものではダメだ。教師も民衆教育に充分に経験を積んだ者の方が良い。もし彼らが日本語を知らなかったら、通訳を通じて教えることができる。なお、教師は広く日本の問題や状況を理解している必要がある。さもないと、講義が抽象的、理論的になりすぎて、生徒は興味を持たなくなる。

(D)教育の材料　日本語の本が前線では非常に不足している。そのため、中国語の本を使用することがある。それによって本不足の問題がある程度解決され、ついでに中国語を学ぶよい手助けとなる。次の本が参考文献として適当である。

一、政治経済学

(a)賃労働と資本　マルクス

(b)貧農に与える　レーニン

(c)政治経済学　レオンチェフ

二、社会科学

(a)社会科学の概要

(b)空想から科学へ　エンゲルス

(c)軍隊に対するプロレタリアの考え　第六回コミンテルンのテーマ

(d)スターリンと赤軍

(e)スターリン(伝記)

(f)日本帝国主義と日本革命の性格　クーシネン

(g)日本に対する見方　八路軍敵工部発行

(h)日本の革命的プロレタリアの現在の緊急課題　ハカワ　サンロ

(i)日本の最近の政治状況　八路軍総政治部敵工部日本問題部会

(j)戦争と国民のパンフレット* 松山一郎
(k)片山　潜　コミンテルン幹部会編

* 全五冊からなり、『日本人民反戦同盟資料』第九巻にその第一冊と第三冊の写真版が載っている。五冊の構成は、第一冊「「支那事変」と「日本国民の生活」」、第二冊「軍部の計画の破綻」、第三冊「わが国民の破滅を如何に食ひ止めるか?」」、第四冊「ソヴィエット同盟と日本」、第五冊「わが勤労国民大衆当面の使命」。これらは八路軍によって印刷刊行されたものと思われる。

(E)教育方法

1　短期教育は一般的用途に向けられる。中期との違いはそれが集団的になされることである。中期教育では、前述した時間と教室で組織的な講義が行われる。

2　彼らの理解と講義への意見を知るために、学習と討議の集いを作る必要がある。会議での討議は民主的でなくてはならない。敵工部の工作員は積極的に討議に加わり、捕虜たちと学習したり、客観的に説明したりする。また同時にさまざまな問題を日本と中国の実際の問題と関連付ける必要がある。こうした取り組みは諸問題への彼らの深い理解に役立つ。

3　学生の生活や他の組織(討論会、演説会、自己批判会、運動会、クラブ等)の管理では民主的な方法を全面的に採用する。なぜなら日本人労働者と小作農が民主的な生活を経験したことは全くなかったからである。特に軍ではそうであった。日本人兵士の大部分は民主主義や自治がどういうものかを理解していない。それゆえ彼らに適切な民主主義と自治を与えることは、彼らに自由と興奮を感じさせるだけでなく、様々な問題を深く学習させる契機となるのである。これは簡単な訓練であり、同時に彼らを歴史的な盲目的服従から脱却させると共に、自治に対する欲求を起こさせる。

4　進歩的な捕虜を学習グループの指導者にさせる。そうすることによって、他の捕虜への管理や教育がしやすくなる。しかし、一定期間を経てある程度の進歩が見られたら、彼らは自分たちで学習グループの指導者を選ぶこともできる。

5　「日本人反戦同盟支部」を進歩的捕虜の同意の上で結成させよう。これを通して我々は全メンバーを教育し、政治的認識を強めることができる。(もちろん、捕虜教育は反戦同盟の一つの任務に過ぎない。)

三　捕虜の長期教育（一〇ヶ月から一年）

一般的に、長期教育は次のような状況で行われなければならない。一ヶ所での生活、暴力を伴わない自己変革、適切な教師、充分な教育材料など。長期教育は、前述のような状態で十全な準備を整えられる全軍管区で実行できる。また、その学校は全体が学校教育部の管理下にある延安の日本労農学校の分校と見なされる。学校設立の前には、政治部の敵軍工作部に援助を要請するのがよい。

延安の日本労農学校について、次に簡単に紹介する。同校では様々な場所から選出された優秀な候補者を一年間教育し、その後さらに高度な教育を与える。それゆえ延安で教育を受ける捕虜は、次のような資格が必要である。*

(a)あまり反動的な考えを持たない日本人労働者、農民、インテリ(朝鮮人や台湾人は許可されない)

(b)三〇歳以下であること

(c)ある程度聡明であること

(d)健康であること

* 本リポート第四四号に日本人反戦同盟第一回大会で決議された「労農学校の入学資格」が載っているが、それには「スパイの疑いのないこと」という一項がある(四二一頁)。

第五章　捕虜の釈放の仕方

一　我々の側につきたがらない者については、できるだけ早く釈放すべきである。その際には、集団に公開して釈放するのがよかろう。そうすれば日本人の将校は彼らを簡単に殺せなくなるので、公開による釈放はとても効果的な方法である。しかもこれは宣伝の最上の方法である。一方、秘密裏に釈放して欲しいと望む者に対しては、道すがら、農民に危害を加えられたと説明するのが効果的であると教えてやる。そうすれば、たとえ彼らが原隊に何とか戻れたとしても、他の兵士の注意をひくことはないと思われる。もし、彼らが敵の将校や特務機関によって秘密裏に殺されたら、我々の釈放方針は意味がなくなる。しかし、特殊な状況下では、彼らをこっそりと釈放することができるのである。

二　捕虜が釈放される際には、我々の仲間を派遣し、敵地や敵の駐屯地の近くまで送り捕虜たちに帰還方法を教え、帰還させる。釈放の最適の場所は彼らの原隊近くである。なぜなら、直ちに自分の部隊に帰れるからである。他の隊に送るのはあまりいい方法ではない。特に憲兵隊、宣撫機関などには。なぜなら、もし釈放した捕虜が彼らの手に落ちたら、大部分は北京の軍事法廷に送られるか、暗殺されるからだ。そうなれば、彼らの中で、自分の軍に戻れる者はほとんどいなくなり、敵部隊に対して我々の影響を広げることはできないだろう。

三　深手を負った兵士には、薬を与え、公然と釈放させるべきである。日雇い労働者を使って負傷者を敵地に連れて行かせたり、傀儡機関に送り込んだ情報提供者に頼んで原隊に運びこんだりするのもよい。

四　特殊技能を持った者や情報機関員は例外であるが、捕えた日本人居留民の個人的な持ち物(武器を除く)は、身分に関係なく、無条件に没収すべきではない。親切に扱い、宣伝工作を行った後、釈放されるべきである。彼らが帰還の後、殺害される可能性は薄く、またもとの任務に戻る可能性もある。そうなれば、捕虜を殺さないという我々の方針が敵側に伝わる。彼らによるこうした宣伝はとても効果的である。

五　釈放前に、捕虜たちに民衆と集会を持たすべきである。そして、上官にスピーチを頼み民衆を動員して、軍、民衆合同の送別会を開く。もし民衆をこの会へ出席させれば、それはわが兵士や民衆の双方に対敵工作教育をするだけでなく、捕虜の帰隊後、我々の影響を敵側に広げる良い機会となる。

六　釈放の最適な時間は夜である(送別会は日中である)。そして、広い道ではなく、わき道を使う必要がある。さもなければ、彼らに我々の軍の秘密がばれ、無駄な損失を負ってしまう可能性があるからである。

七　もし可能なら、見送りの際に民衆を動員し、道沿いに並べる。これは捕虜に良い印象を与え、我々の影響を広げやすくなる。

八　負傷してない捕虜の釈放は一週間から一〇日以内に行われるべきである。もし、我々の側に長くいすぎたら、捕虜は帰還後おそらく殺害されるだろう。もちろん、この短期釈放が不可能なら、前述したような時間制限は無効である。日本人捕虜の釈放は日本人兵士に我々が捕虜を殺さないということを知らしめ、軍部の逆宣伝活動を打ち壊し、中国兵と日本兵の連帯の足がかりになるかもしれないことが目的である。帰還後、捕虜が殺されても殺されなくても、我々の捕虜を殺さない、また捕虜を大事にするという鉄のように固い真実は日本人兵士に良く知られるところとなる。

九　我々は精力的に敵の諜報部と宣撫機関のメンバーから情報を集めなければならない。そして、個人の力量に応じて特別待遇を与えてやらなければならない。

一〇　自発的に我々の捕虜になった者については、彼らが本当に自発的にそうしたのか、敵の諜報部員なのかどうかにかかわらず、釈放すべきでない。なぜなら、彼らは釈放しても我々の役にたたないからである。

一一　捕虜の釈放は宣伝活動の絶好の機会である。この機会を利用し、捕虜に宣伝の資料と司令官への我々の手紙を持って行かせ、その手紙の中で、捕虜を釈放した理由と彼らに我々と戦うことや、互いに殺し合うことをやめることなどを説明する。

一二　釈放後、その結果と効果を調査し、どんな些細な発見でも吸収すべきである。それは我々の将来の活動にとても有用なものとなるであろう。

第六章　捕虜の管理法

すでに第三章において、捕虜にいかに接近し、世話をし、管理するかを説明した。ここでは、補足のみを行う。

一　捕虜に対する態度は優しく、穏やかであるべきである。どんな逸脱も許されない。例えば、もし君たちが威張っていたら、彼らは君たちに近づいていかないだろう。もし、君たちが弱すぎたら、彼らは威張るようになり、我々の工作員を用務員のように思うようになるだろう。

二　我々は捕虜も彼らの持ち物も大切に扱っている。また、彼らにある程度の自由を与えている。しかし、政治的に決して注意を怠ってはならないし、また監視も怠ってはならない。その手段は明らかにすべきでない。それが分かれば彼らは警戒するだろう。便衣服〔民間人の格好〕の守衛と当番兵にもある程度の訓練を行うべきである。さもなければ、彼らは時には注意を怠り、捕虜に利用されるかもしれないからである。

三　自発的に捕虜となった者が、敵の諜報部員なのか否かを見分ける以前に、彼らと他の捕虜とを分けておくべきである。そして、隔離すべきである。当番兵はこの隔離を明らかにしないようにと命ぜられる。彼らから絶え間なく情報収集を行った後、彼らの行くべき教育機関を決定する。しばらくして彼らが潜入者(第五列)でないと判断されたら、彼らは他の捕虜たちと一緒になれる。そして、彼らが誤解されることのないことを彼らに説明する。しかし用心に越したことはない。なぜなら、敵の諜報部員は通常投降したふりをするものだからである。我々の信頼を得、長期に潜伏してから、我々の軍に危害を加えようとする。しかし我々は最初から最後まで彼等を親切に扱うべきである。例えば、敵によって送りこまれたある潜入者は我々の教育や親切な扱いによって心を動かされ、全てを自白したのである。

四　武器や文書は捕虜の身の回りや居住区に置くことは許されていない。また、彼らが我が指導者の居住区の近くに来ることも許されない。

五　捕虜の活動をよく観察する。もし何か普通と違うことがあったら、尋問し、彼らが説明する手続きを求めるなら、与えるようにする。

六　もし普通の兵士が捕虜となることを恥と思っていたり、また緊張しているならば、彼らは絶望感にさいなまされているかもしれないし、脱走のチャンスをうかがっているかもしれない。こうした精神的な緊張感を増さないように、彼らが望まないのであれば、写真を撮ったり、話しかけたり、反日的な歌や遊びを決して強要したりしてはならない。

七　普通の日本兵捕虜は他人が周りに群がったり、自分たちをじろじろ見るのを嫌う。そのため、民衆に彼らの周りで騒いだり、叫んだり、どなったりしないようにさせる必要がある。これは、彼らに悪い印象を与えないためである。もし、民衆が捕虜を見たいと望んだら、歓迎会を開くのがよい。

八　新来の捕虜には自分自身をうまく表現できる能力があるかどうかにかかわらず、仕事を与えるべきではない。一方で、我々は彼らをよく理解していないし、また他方で彼らはまだ不安を感じており、充分には働けないからである。それゆえ、見返りとして親切な扱いをするという約束で仕事を強要してはいけない。例えば、もし一生懸命働いたら、いい扱いを受けられるということを言ってはいけない。これは、彼らが我々を見下すようになるだけである。我々が彼らを充分に理解し、彼らが充分に進歩して初めて、彼らは働けるようになるのである。

九　負傷捕虜は親切に介抱し、もし病院や上級の施設に送る必要があれば、担架を準備し、日本語を話す職員一人を付き添わせるべきである。さもないと、悪い結果となるかもしれない。ある捕虜の報告によれば、彼が負傷し、そして捕虜となった後、とても親切な介護を我々の部隊から受けた。しかし、他の部隊に移されるとき、日本語を話す者がついて来てくれなかった。その時は雨が降っていて、農民が担架を運んだ。ところが、彼らは雨がやむまで避難所の外に担架を放置したまま出発を待っていた。彼らに話しかけたかったが、言葉がわからず、また起き上がることもできなかった。それゆえ彼はとても不愉快な思いをした。なぜなら、日本語を話せる者が付き添って来てくれなかったからである。我々はこうしたことを今後繰り返してはならない。

一〇　我々の所で死んでしまった者については、埋葬し、墓碑にその名前、享年、住所、階級、部隊、死因と死亡の状態、葬儀の日時と場所などを刻むべきである。また、捕虜を葬儀に呼び集める必要がある。しかし戦闘下ではこのような墓を作るのは不可能である。そこで、彼らを近い場所に葬り、墓標を立て、ビラをその上に置くのがよい。*

＊　一九四〇年には八路軍は「日本兵士の墓標を建てることについての指示」を出しており、碑銘の書き方を五通りのサンプルを示して具体的に指示している(山極晃『米戦時情報局の『延安報告』と日本人民解放連盟』四八頁)。

…………読者への通知

1　このパンフレットは我々の対敵軍工作員向けに編纂されたものである。連隊の敵工部より上の部隊に所属する敵工部の部員は、それぞれ一部ずつ所持することができる。

2　このパンフレットは機密文書である。全員が注意して扱うべきである。

3　上官の許可なくして、貸してはならない。

4　身に危険が及んだとき以外、これを処分してはならない。また、処分した場合は上官に報告すること。

5　もし紛失したら、上官に報告書を提出しなければならない。

延安リポート　第四七号

戦時情報局のビラに対する延安の批評
――(付)投降通行証の翻訳

配布先

ワシントン　二

昆明、ニューデリー、レド、オーストラリア、ホノルル、陸軍、フィリピン、スーズドルフ、ファイル保管用　各一

注　延安の通行証はレドで発行されている標準的な通行証を作り直したもので、我々の工作に対する彼らの批判を実用的な形で具体化したものである。その主な変更点は(一)説明を簡素化したこと、(二)より簡潔で日本兵の立場に立った言葉遣いに変更したこと、(三)投降条件を分かりやすく提示したことである。彼らは、レド通行証の一般的方針と形式を踏襲することで多少の譲歩はしているものの、例えば、自分たちの通行証にはいかなる説明も盛り込んでいない。それは、別のビラを作成する時にやれば良いことだと彼らは考えているのである。しかし、彼らがレドのような状態に直面し、レド型通行証を作成しようとするならば、おそらく彼らもこのようなやり方をするであろう。

第一部　投降通行証

(注　以下の情報は、一九四五年二月二八日に日本労農学校宣伝委員会委員一六名の出席の下に延安で開催された座談会で得られたものである。)

背景　八路軍の抗日宣伝委員会のメンバーは、投降通行証を必要なものとは考えておらず、華北では投降通行証をここ数年間使用していない。彼らは、いかなる通行証でもそれが与える最大の心理的効果は、投降を躊躇している日本兵士を投降へと踏み出させることだと考えている。また投降通行証の唯一の、そして実際的な目的は、抗日戦線を通じて日本兵の身柄の安全を確保してゆくことである。通行証は確かにそれなりの成果を上げてきたが、八路軍は別の方法で同じ成果を上げている。比較的安定している前線において八路軍は、投降を躊躇する日本兵に対し時間をかけ、粘り強く接するやり方を好んで用いている。彼らにはそうするだけの充分な余裕がある。八路軍は、戦争捕虜への厚遇政策を軍隊や市民に対し徹底教育することによって、投降してくる日本兵の身の安全を保証するという問題をほぼ解決したのである。

一九三九年から数年の間、八路軍は通行証を使用していた。通行証に書いてある文言は実に簡潔かつ率直であった。その一つ目の通行証には、「諸君が我々の側に来る際にこの通行証を携帯していれば諸君の生命の安全は守られ、厚遇される」と表記してあるだけである。そして、そこには八路軍兵士が日本兵と握手している絵が描かれている。二つ目の通行証は、単に元々朱徳の命令という形で八路軍支配地域に回覧されていた「捕虜への厚遇政策」に関する文言が記載してあるにすぎないものである。この通行証の全てに、総司令の命令の証として朱徳の印が実際に押印されている。最後の通行証の一つは、一九四二年に延安で開催された日本兵士代表者大会の時に発行されたものである。それは会議の招待状として作成されたもので、参加者が希望するならば会議終了後、自分が所属していた部隊へ安全に帰還させることを約束していた。

これらの通行証の全ては、ある程度の成功を収めていた。しかし八路軍が大成功を収めたのは、華北の日本兵たちが八路軍の友情と厚遇(そして将来への共通の希望を共有すること)の約束を真実だと確信するようになった時であった。

今でこそ日本兵は投降や脱走を考えるようになったが、それは彼らの心にこのような安心して飛び込んでゆける逃げ道ができたからであった。この道は、日本兵が八路軍の他の宣伝方針に屈服した時も常に彼らに開かれているのである。確かにこれらの方針をしっかりと頭に叩き込めば、日本兵は遅かれ早かれ投降するであろう。しかし彼らの決断を、投降通行証などに書いてある最後通牒的で高圧的な説明の仕方で強要する必要はまったくないのである。

さらに日本兵に対して限定的な投降条件を提示する必要もまったくない。その理由は、ひとつには八路軍の宣伝方法が友好的であること、ひとつには中国軍と農民たちが非常によく訓練され、規律を持って行動していること、ひとつには前線地域の戦況が比較的穏やかであったことなどに求められる。

華北の日本軍のほとんどは、武装した中国農民とその背後にいる八路軍正規兵に包囲され、孤立した状態にあるトーチカの駐屯地に駐留している。日本兵は懲罰や略奪目的で外出命令が出ない限り、これらのトーチカの暗闇の中に留まっている。そこには正式な戦線や戦闘地域は存在しないのである。

自発的に投降した日本人捕虜の大半はこれらの駐屯地からの脱走兵である。彼らの脱走は、予め計画されたものであった。彼らは自ら八路軍側に来たいからやって来たのであって、それに嘘偽りはなかった。大抵の場合、彼らは夜一人で抜け出し、最初に出会った農民に投降する。通行証などは必要ないのだ。農民は命令に従い、近くの八路軍基地に案内してくれる。

それに比べて戦闘中の自発的投降はかなり少ない。そもそも戦闘とは、懲罰のためにやって来た日本の縦隊と八路軍が交戦している状態、あるいは八路軍がトーチカを攻撃している場合をいう。大抵の場合、戦闘中の投降は双方が叫び合いながら交渉し、両者の間で投降する意思が確認された後になされるので通行証などは必要ないのである。(去年の五月、新四軍支配地域において、少尉と下士官を含む孤立した四〇名の日本軍小隊がこの方法で投降した。)

八路軍が投降通行証を使用しない最後の理由は、日本側が一定枚数の通行証を中国人にも広く配布したからである。このやり方はうまく機能しなかっただけでなく、広範囲に配布したことにより一般の日本兵は投降通行証を「見え透いたワナ」と見なすようになった、と八路軍側が考えるようになったのである。

理想的な投降通行証　八路軍の宣伝関係者は投降通行証を心理戦の武器として使用することを断念したものの、効果的な通行証の条件に関しては非常に明確な考えを持っている。それらは以下のようにまとめられるだろう。

一　内容について　内容はごく短く簡単にすること。通行証は生命の安全を守る小さな券であり、それ以外の何物でもない。投降証に記載してある主旨、説明、説得は投降を誘導する上できわめて重要なものではあるが、このような基本的な事柄は、それ以前の段階でビラ等を通じてやるべきことである。

(これは独断的な見解のように思えるかもしれない。しかし、これは戦時情報局がビラを作成する際に充分な説明なしにあまりにも多くの項目をビラに詰め込むことに対する延安側の批判に多少なりとも基づいている。この批判の矛先は、主として日本兵の投降理由をまとめた投降通行証そのものに向けられたのである。)

もし通行証を特定の戦術的状況下で使用する場合には、日本兵の窮状を手短かにまとめ、それを彼らに提供することはおそらく有効であろう。しかしその場合でも、すべての文言は一ページ以内に収め、通行証を切り離せるようにすべきである。

朱徳総司令が配下の軍隊に出した捕虜の待遇に関する命令は、現在も常に大きな影響を持っている。過去において延安では、八路軍による捕虜の「優遇政策」を説明した朱徳の命令を非常に重視していた。宣伝委員会は、戦区指揮官や作戦地区司令官によって合意された国際法の声明文は、有効に活用できると考えている。これらの声明文は署名入りにすべきである。しかし、総司令の署名は、多用し過ぎて署名価値が下がらないように留意しなければならない。

戦時情報局が作成した投降通行証(ならびにビラ)は、大抵の場合、捕虜にタバコや良い食事、そして砂糖菓子を与えることを強調している。これは悪いことではないが、日本兵にとってそれは一時的な関心事でしかない。人間はそのために投降するのではない。日本兵が知りたいことは、捕虜の生活はどのようなものか、自分たちにはどのような未来が待ち受けているのかという点である。つまり、彼らは我々の政策について明確な言葉を欲しているのである。しかし、これらは投降通行証に記載することではない。

二　語調について　相手の立場に立って同情的に書くこと。どんな提案や約束がなされようとも、そこで使われている表現が誠意を測る指標となる。戦時情報局のビラでは、「諸君は孤立し、包囲され、絶望的状況にある」、あるいは「諸君は犬死寸前だ」などの表現が散見される。こうした言葉遣いは、連合国軍が公言している捕虜に対する同情の思いを根底から否定してしまうものである。

「投降」という言葉は使うべきではない。「我々の側へやって来る」、「我々の方に参加した日本兵と合流する」、「我々の元で新しい人生を見つけた日本兵と一緒になる」などの表現が好ましいであろう。

また「捕虜」という言葉も避けるべきである。

三　条件について　日本兵に与える指示と投降条件は、できるだけ簡潔にする。指示や条件が複雑になればなる程、日本兵は正確かつ安全に従うことができなくなる。また、「ふんどし一枚になれ」など、兵士の面目を失わせるような条件は避けなければならない。日本人は面子を重んじるので、この種の命令にはほとんど反応しないだろうと延安では考えている。

たとえ夜間の投降を促すことができなくても、少なくともそれを諦めてはいけない。日本兵が部隊を抜け出すのは、昼間よりも夜間の方がはるかに容易であることを延安側は分かっているのだ。

延安同様に、アメリカ戦時情報局の自発的捕虜たちが我々の側に来たいという理由でやって来る場合、投降する準備ができた日本兵が叫ぶ、ごく簡単な英語の言い回しを決めておく必要があるだろう。

四　大きさと企画について　レドで発行された最初のNCAC通行証(デヴィッドソン紙の大きさの三分の一を二つ折りにした大きさ。全体で縦約五インチ、横四・五インチ)が理想的な大きさである。延安では、その半分の大きさのものを使い、一ページ目と二ページ目には本文を記載し、三ページ目と四ページ目は切り離し可能な通行証にするよう提案している。

延安では通行証は兵士が将校から隠せるくらい小さくすることが重要であると言っている。今日に至るまで、将校らは自分の兵士らが通行証を持っているかどうか、特に気にしていない様子であるが、「この宣伝の効果が出始めたら注意するようになる！」と延安は付け加えている。

写真は良い。カラー印刷は精緻で豪華だと延安では感銘を受けている。

戦時情報局の特定の投降通行証について

一　レド　現在使用されている通行証(赤、黄、黒の縞模様の表紙)は、その着想がレドの通行証の中では一番良い。延安としては、兵士たちの天皇に対する忠誠に疑問を投げかけることに反対であるが、通行証全体の内容は良い。(天皇は否応なく軍国主義者とつながっており、戦争を支持したと延安は信じている。)そして彼が命じた最後の墓穴となるであろうアッツ島の玉砕以来、天皇は益々その方向に傾いていると延安は思っている。我々の天皇に対する態度とは関係なく、一枚のビラの中で投降することは天皇への忠誠であると日本兵を説得するのは無理である。これは長い時間をかけて充分説明しなければならない課題である。

この通行証〔XJA―三九〕は極端に難解な文語体で書かれている。それはまるで将校に対する命令を読んでいるようなものである。これは連合軍司令官から日本軍将兵向けの威厳ある通達を意図したもので、委員会もこの方針を承認済みであるとの説明を受けている。しかし平均的な日本兵は小学校卒なのでこの文章を理解できなかったし、こうした威厳はもっと簡単に表現できると思われる。

特に、「戦局の帰趨」という表現は「勝敗は明らか」とした方が良い。「無辜」も難解な単語である。

レドの初期の通行証は、もっと明確で相手の立場に配慮した表現が使われていたように思う。特に投降条件については、あまり厳しい表現を使っていなかった。

英国の長距離突破団が作成した小さな通行証は、「我が軍の罠にかかり」という配慮を欠いた表現を除けば良くできている。

中国兵が捕虜にタバコをすすめている写真が表紙になっているNCACの最初の通行証も*「夏虫の如き無駄死を遂げて来た」、「之に耳を貸さゞるものは哀れな犬死に終わるだらう」などの配慮を欠いた表現を除くと良いようにと思われる。ちなみに、この写真は中国兵がライフル銃と銃剣で武装しているので非難を受けた。

＊ 第四二号のビラ「生きてこそ大和桜」(三五七頁)を指す。

この通行証は理想的な大きさだと思う。

二 J二〇八(南西太平洋)通行証　この通行証は内容が明確でない。委員会においても、その内容がどういう意味なのか、かなりの論議が交わされた。四、五、六行目は特に不明瞭である。(南西太平洋のビラは総じて遠まわしな言い方で、ターゲットにしている読者の理解を超えた、古めかしい言い回しを至る所で使っていると委員会では言っている。)* 本文の三行目は「神が人を救う」と延安では解釈したが奇妙で場違いである。

＊ 本リポート第一七号の『南西太平洋週報』についての論評と注(一三七頁)を参照。この通行証は、『秘録・謀略宣伝ビラ』収録のC・S・バビアが書いたという「日本軍将兵諸君」と筆跡が極めて似ている。毛筆を用いているところも共通している。

赤と青の面は、「るゝ」などいくつかの方言が混入している場合以外は、簡潔で明確である。戦時情報局の通行証の中では指示の扱い方が他のどの通行証よりも良くできている。

三 八一〇(南西太平洋)通行証　通行証の指示と条件に対して強い反対意見が出た。日本兵はこれらすべてに応じられる訳がない。またふんどし一枚になることなど彼らの自尊心が許さないであろう。

四 サイパンの通行証　日本語と朝鮮語で書かれている(番号がない)。大きすぎるし、説明も多すぎる。身の安全を保障する小さな印刷物で充分である。通行証の文言、特に第一段落の文章は日本兵を怒らせ反感を買うだろう。「侵略」という言葉を日本人は「agression（攻撃、侵害）」と言う最悪の意味で使っている。これは敵の行為を指すもので自分の行為を表す言葉ではない。

アディー・スーズドルフ
軍曹　コージ・アリヨシ

一九四五年三月六日

投降通行証の要約（注―日本語で約八〇〇字）

日本軍将兵諸君！

諸君は我が軍の優勢な武力によって、完全に包囲されているが、今日まで諸君は孤立した部隊で困難な戦闘を勇敢に戦ってきた。しかし諸君の勇ましい戦いはもはや無益となり、帰趨は決定した。

我々は最後まで勇敢に戦った諸君を潰滅しようとは望まない。それどころか我々は、諸君が抵抗を止め、今まで苦しんだ上にさらなる悲劇的な損失を被らないようにと切に願っている。

この戦争は軍首脳部と財閥が自らの利益を満足させるために始めたものである。連合軍の目的は、彼らを罰し、次期戦争から日本を守り、平和をもたらすことである。連合軍の目的は日本政府の宣伝とは異なり、日本人を抹殺したり、日本国民を抑圧することでは絶対にない。

日本政府が全員玉砕と宣伝しているサイパンに於いてさえも、アメリカ軍は一般市民一万五〇〇〇人と一七〇〇人の将兵の命を救った。これはサイパンに限ったことではない。ここ北ビルマ前線においても、すでに日本人諸君の同胞が我が軍によって救出されている。我が軍は彼らに敬意を払い、思いやりを持って接している。負傷兵には我が軍兵と同じ医療処置が行われている。

その結果、現在諸君の戦友たちは連合軍の戦争目的を理解し、我が軍に協力し、戦後の新興日本の建設に参加するという明るい展望を持って生活している。

諸君！　今ここで死ぬことは無駄死である。祖国に残してきた家族も諸君が無事帰還することを祈っている。無駄死は家族も願っていない。

諸君は「刀が折れ、矢が尽きるまで」戦った。これからは、真の日本人として歩むべき道は、我が軍にいる戦友と手を取りあって、戦後の新しい日本の再建に参加することである。

連合軍最高司令官

通行証(指示)

生きることは難く、死ぬことは易し！

我々は、諸君が家族や日本の将来のために、生きる決断をするよう願っている。本通行証を持ち、我々の側へやって来たまえ。

我々は諸君を温かく迎え、諸君の身の安全を絶対に保障する。

過失や誤解による事故を防ぐため、我々の側へ来る際に従うべき指示を以下に記す。

一　武器は携帯しないこと。昼間に来ること。

二　適切な手段で敵意のないことを示すこと。

連合軍兵士が合図したら、本通行証を見せ、彼らの手振りに従うこと。

………きりとりせん………

以下の英語および中国語の文面は、連合軍最高司令官によって発せられた命令である。

一　この日本兵は抵抗を止め、我々の側にやって来た。彼を礼儀正しく、丁重に扱い、司令部まで連れて来ること。

二　虐待、侮辱、暴行は絶対にしてはならない。彼に敬意を払うこと。

上記違反者は罰せられる。

連合軍最高司令官

ALLIED TROOPS The bearer of this pass is surrendering. He probably does not understand English but has been instructed to follow your signs. Treat him courteously and conduct him to headquarters.

By order of: The Commanding Officer

中國部隊注意

本證持有人係向我方投誠者雖或不諳華語惟己着其遵照手勢行動應即予優待並護送來部

安全通過證

SURRENDER

指揮部令

XJA-39 表

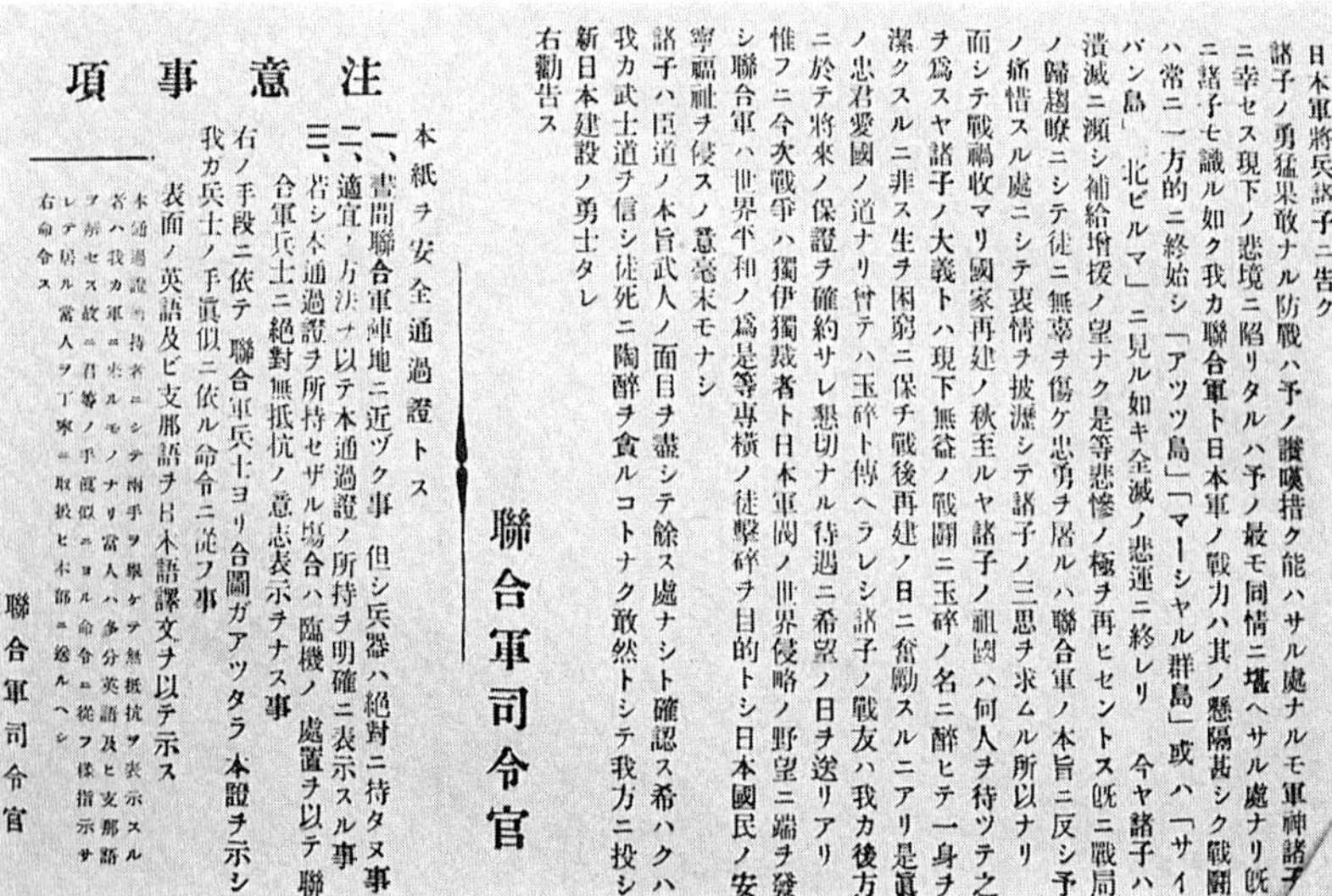

日本軍將兵諸子ニ告ク

諸子ノ勇猛果敢ナル防戰ハ予ノ讃嘆措ク能ハサル處ナルモ軍神諸子ニ幸セス現下ノ悲境ニ陷リタルハ予ノ最モ同情ニ堪ヘサル處ナリ既ニ諸子モ識ルカ如ク我カ聯合軍ト日本軍ノ戰力ハ其ノ懸隔甚シク戰闘ハ常ニ一方的ニ終始シ「アツツ島」「マーシャル群島」或ハ「サイパン島」「北ビルマ」ニ見ル如キ全滅ノ悲運ニ終レリ　今ヤ諸子ハ潰滅ニ瀕シ補給増援ノ望ナク是等悲慘ノ極ヲ再ヒセントス既ニ戰局ノ歸趨瞭ニシテ徒ニ無辜ヲ傷ケ忠勇ヲ屠ルハ聯合軍ノ本旨ニ反シ予ノ痛惜スル處ニシテ衷情ヲ披瀝シテ諸子ノ三思ヲ求ムル所以ナリ而シテ戰禍收マリ國家再建ノ秋至ルヤ諸子ノ祖國ハ何人ヲ待ツテ之ヲ爲スヤ諸子ノ大義トハ現下無益ノ戰闘ニ玉碎ノ名ニ醉ヒテ一身ヲ潔クスルニ非ス生ヲ困窮ニ保チ戰後再建ノ日ニ奮勵スルニアリ是眞ノ忠君愛國ノ道ナリ曾テハ玉碎ト傳ヘラレシ諸子ノ戰友ハ我カ後方ニ於テ將來ノ保證ヲ確約サレ懇切ナル待遇ニ希望ノ日ヲ送リアリ惟フニ今次戰爭ハ獨伊獨裁者ト日本軍閥ノ世界侵略ノ野望ニ端ヲ發シ聯合軍ハ世界平和ノ爲是等專横ノ徒擊碎ヲ目的トシ日本國民ノ安寧福祉ヲ侵スノ意毫末モナシ

諸子ハ臣道ノ本旨武人ノ面目ヲ盡シテ餘ス處ナシト確認ス希ハクハ我カ武士道ヲ信シ徒死ニ陶醉ヲ貪ルコトナク敢然トシテ我方ニ投シ新日本建設ノ勇士タレ

右勸告ス

聯合軍司令官

注意事項

本紙ヲ安全通過證トス

一、晝間聯合軍陣地ニ近ヅク事　但シ兵器ハ絶對ニ持タヌ事

二、適宜ノ方法ヲ以テ本通過證ノ所持ヲ明確ニ表示スル事

三、若シ本通過證ヲ所持セザル場合ハ臨機ノ處置ヲ以テ聯合軍兵士ニ絶對無抵抗ノ意志表示ヲナス事

右ノ手段ニ依テ聯合軍兵士ヨリ合圖ガアツタラ本證ヲ示シ我ガ兵士ノ手眞似ニ依ル命令ニ從フ事

表面ノ英語及ビ支那語ヲ日本語譯文ヲ以テ示ス

本通過證ヲ持者ニシテ兩手ヲ擧ゲテ無抵抗ヲ表示スル者ハ我カ軍ニ來ルモノナリ當人ハ多分英語及ヒ支那語ヲ解セス故ニ君等ノ手眞似ニヨル命令ニ從フ様指示サレテ居ル當人ヲ丁寧ニ取扱ヒ本部ニ送ルヘシ

右命令ス

聯合軍司令官

XJA-39 裏

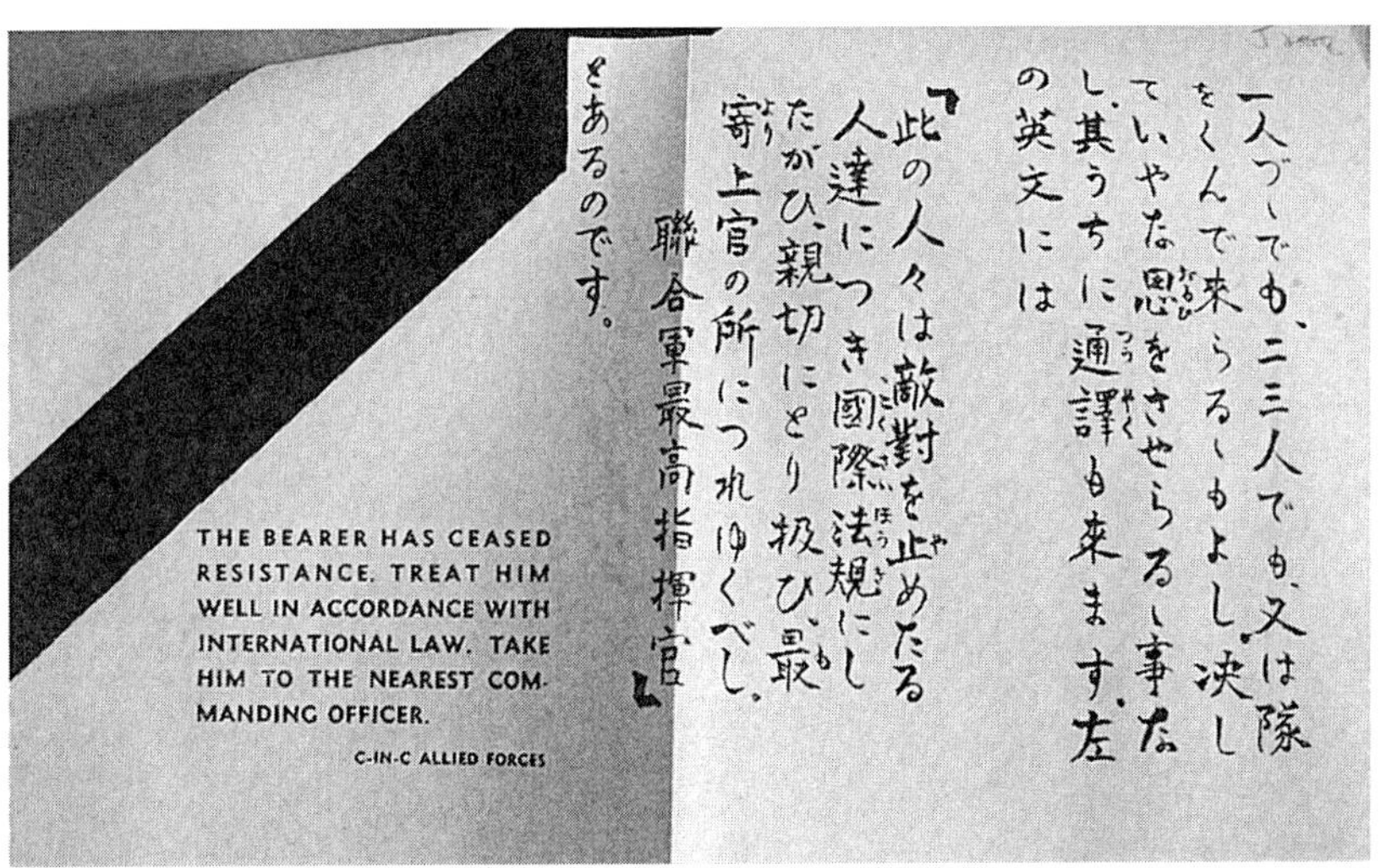
一人づゝでも、二三人でも、又は隊をくんで来らるゝもよし。決していやな思ひをさせらるゝ事なし。其うちに通譯も來ます。左の英文には
『此の人々は敵對を止めたる人達につき國際法規にしたがひ親切にとり扱ひ最寄上官の所につれゆくべし。
聯合軍最高指揮官』
とあるのです。
THE BEARER HAS CEASED RESISTANCE. TREAT HIM WELL IN ACCORDANCE WITH INTERNATIONAL LAW. TAKE HIM TO THE NEAREST COMMANDING OFFICER.
C-IN-C ALLIED FORCES

J208 表

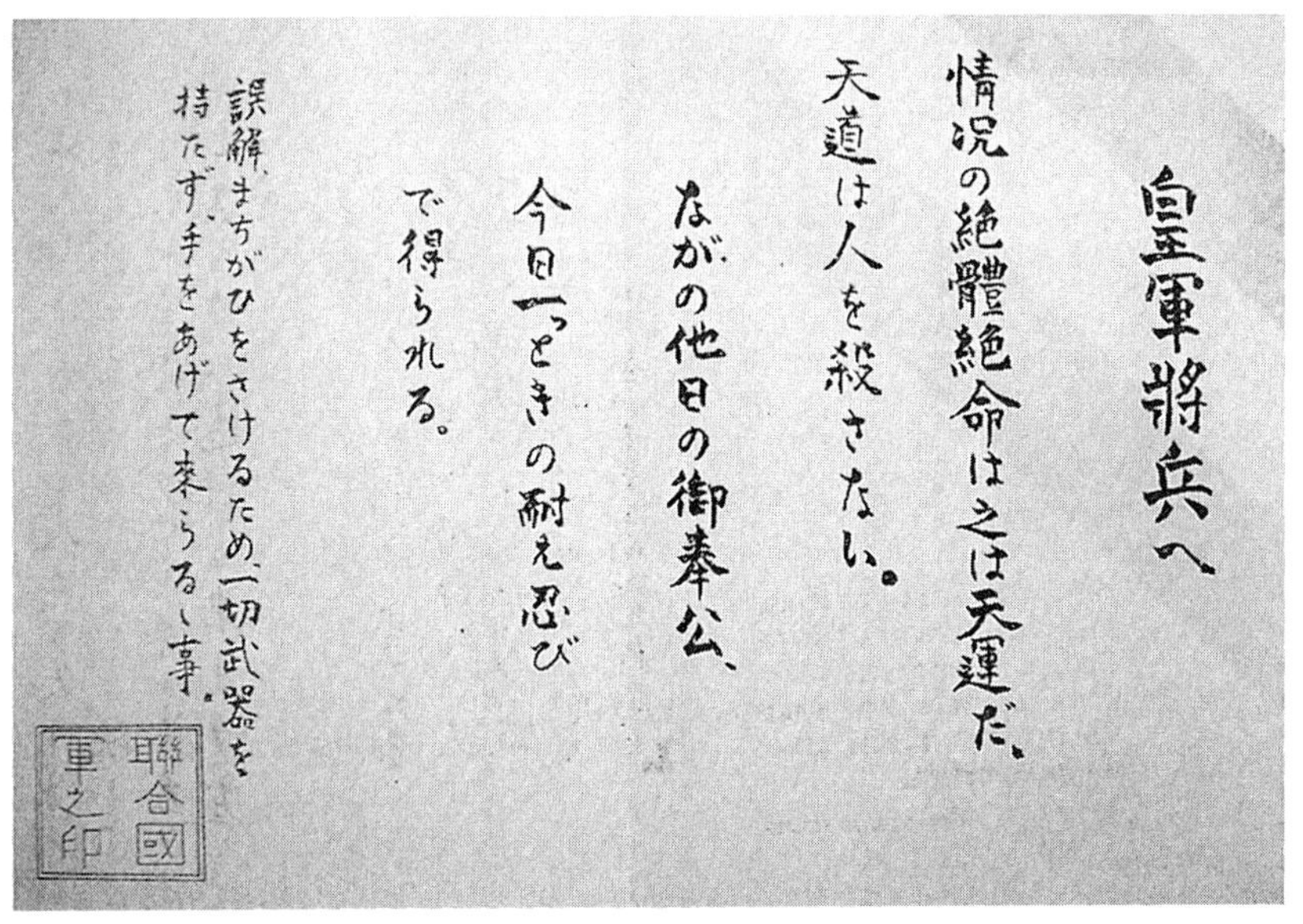
皇軍將兵へ
情況の絶體絶命は之は天運だ。
天道は人を殺さない。
ながの他日の御奉公、
今日一っときの耐え忍びで得られる。
誤解、まちがひをさけるため、一切武器を持たず手をあげて來らるゝ事。
聯合國軍之印

J208 裏

延安リポート　第四八号

八路軍部隊と民間人の捕虜教育法

配布先（中国局）　APO#八七九

ワシントン　二

昆明、ニューデリー、レド、オーストラリア、ホノルル、陸軍、フィリピン、戦略諜報局、スーズドルフ、ファイル保管用　各一

（覚書　以下の情報は、元八路軍敵軍工作部長李初梨、およびこの教育工作に関与した日本労農学校幹部から提供されたものである。）

一九三八年、八路軍は朱徳将軍の署名付き指令を発し、日本人捕虜を殺害せず、親切かつ丁重に扱うよう命令を出した。この命令は、八路軍が民衆の解放のために戦っているという主張に則ったものであった。それ故、彼らの敵は、民衆出身の日本兵ではなく、彼を強制的に兵役につかせ、彼とその家族を自らの目的のために利用し、抑圧している軍閥であった。日本の民衆が八路軍との戦闘に加担している限り、何ら容赦されることはない。しかし、一度、彼らが囚われの身になれば、客人あるいは友人として扱われるのである。

さらに八路軍の誠意の印として日本人捕虜は希望すれば、原隊に戻ることが許される。原隊への復帰を希望しない捕虜（現在では、ほぼ全員）は、工作と反軍国主義のための再教育を受けることになる。

この方針は、そう簡単には中国兵や農民の間に浸透しなかった。古参兵から構成された数少ない部隊では、国民党軍との戦争が始まった頃から日本人捕虜を一定期間拘束した後に釈放していたが、それは例外的なものであった。ほとんどの中国人にとって、日本人は冷酷な侵略者であり、彼らの日本人に対する敵意は強かった。中国の若者たちは、しばしば、ただ復讐のためだけに八路軍に参加した。そして日本人捕虜はほとんどの場合、殺害された。

一方、戦場から遠く離れた地域では、農民はこの闘争に対して無知であるか、無関心であった。

八路軍の課題は、日本の侵略に対する敵意を喚起し、それを維持することであり、ダマされて誤った行為に走り、彼らの支配下にいる侵略者に敵意を向けることではなかっ

た。

この問題を解決する方策の一つとして、敵軍工作部は日本人捕虜を前線に送り込み始めた。これらの捕虜たちは、かなり再教育が進み、八路軍の思想を充分に理解した者たちであった。八路軍の支援の下、政治部工作員によって準備された大衆集会が旅団司令部や師団司令部で開催され、捕虜たちはそこで話をした。同様に、農村でも農民向けの集会が、おそらく祝日や祭りの頃に開催された。

日本兵によるスピーチのテーマは、大抵の場合、「いかにして私は軍国主義者に騙されたか」というものであった。そして彼らは、通常、次のような話をした。日本人は平和を愛する人々である。日本兵は中国兵と同様に、礼儀正しく勤勉である。しかし彼らは、軍国主義者の命令で入隊させられ、軍国主義者の宣伝によって中国人を嫌悪するよう仕向けられ、中国人との戦争に駆り立てられたのである。軍閥の連中が自らの利益のために一般の人々を搾取していることに日本人が気づいた時、彼らは軍国主義を崩壊させるために中国人と共に闘うだろう。もし軍国主義者がこの戦争に勝利すれば、中国人も日本人も共に苦しむことになる。したがって、我々は、日本軍国主義を最終的に敗北させるという共通の目標に向かい、共に協力し合って行かねばならないのだ。(敵をより高次の目標――この場合は一般庶民を解放するための闘争――に向けて転向させることができるという前提を聴衆らが容認することが必要なため、社会的意識がこの種の宣伝手法の根本である、と李氏は語っていた。)

こうして一九四三年以降、日本兵が軍隊生活で経験した困難と苦しみをテーマにした非常に単純な劇が八路軍兵士や民間人向けに上演されるようになったのである。

この日本人捕虜たちも日本兵を捕虜にすることが利益になることを、身を以て示さなければならなくなった。そこで日本人捕虜たちは中国の農村に入り、農民と共に生活し、同じものを食べ、同じ時間だけ仕事をした。彼らは、作物を植え、収穫し、水を引き、あらゆる重労働を必要とあれば行った。彼らは、八路軍に対して日本語、日本軍式銃剣体操、その他さまざまな軍事訓練や戦術を教えた。さらに前線においては、日本軍トーチカの壁に反日スローガンを書いた。こうして日本人捕虜たちは、彼らが外部の人間であっても中国人と同等であり、仕事や娯楽においても中国人の良き友人にふさわしい存在であることを証明して見せた。その結果、彼らと接触した中国人たちは、自らこの「捕虜の優遇」政策を宣伝し始めたのである。

戦闘部隊のために、簡単な日本語で書かれたカードが用意され、捕虜の処遇に関する方針、概略、手続きを説明するためにパンフレットが出版された。日本語で書かれたパンフレットには、新来の捕虜のための方針が説明されている(延安リポート第二九号を参照せよ)。

現在、いくつかの地域では、八路軍部隊選りすぐりのグループが、この方針に従って三週間から六週間にわたり教育を受けている。一小隊から一名、もしくは一中隊から三名の割合で能力のある分隊長のみが選出される。このグループは敵軍工作班と呼ばれ、彼らの厳しい学習過程は、中国人政治工作員による講義ならびに転向した捕虜による日本語教育との半々から成り立っている。このグループは学習を終えるとすぐに自分の部隊に戻り、ここで学習した内容を周囲の人々に伝えてゆくよう期待されている。

現在では抵抗をやめた日本兵を殺害することは、ほとんど見られなくなった。この方針に違反した中国人兵士への「罰則」はあるが、それは公開批判と徹底した再教育という形をとっている。というのも、八路軍では監禁や肉体的刑罰は矯正法としては、ほとんど用いられていないからである。

戦時情報局への提案

これらの方法の中には多少の変更を加えることによって、戦時情報局による部隊用入門プログラムでうまく利用できるものもあるだろう。カードやパンフレット等いくつかのものは、すでに検討されている。

広い観点から見て、いかなる部隊用入門プログラムもアメリカ陸軍の実質的支援なくしては、当然のことながらうまく機能しない。将校級レベルの軍人だけでなく、尉官級レベルの軍人もこれを支援することで最良の結果を得ることができるのである。労農学校の幹部らは、将校から直接受けた、心のこもった待遇が新しい捕虜に大きな感銘を与えたことを特に強調していた。

アメリカ軍に対する何らかの教育は、レドにおいてすでに実施されている。その内容は主に、戦局のゆくえを多少なりとも有利にするための情報源としての捕虜の重要性に関するものである。李氏と労農学校の幹部たちは、このアプローチをさらに広い地域に拡大して行くことを提案した。

そこには、国家レベルあるいは戦区レベルにおける捕虜の取り扱い方針についての説明や、延安あるいは鹿地が重慶で進めている捕虜の転向についての説明も含まれることになろう。

日本人捕虜によるスピーチは、何よりも捕虜の再教育プログラムを前提に考えられたものだった。しかし、李氏はそれに留まらず、アメリカ軍向けの日本人捕虜によるスピーチは、次のような方向で進んで行くだろうとの考えを示した。すなわち、「なぜ日本人は、あなた方アメリカ人とこれ程必死になって戦うのだろうか。それは、恐怖と宣伝のためである。日本兵は、日本の指導者が言うように、アメリカ人は野蛮で残酷な人間だと信じている。しかし、もしアメリカ人はそのような人間ではないと日本兵を納得させることができるならば、彼らの捨て鉢の狂信的態度は弱まって行くだろう」。

話し手は、日本兵がアメリカ人について聞かされてきたこと、日本人将校が彼らに語ったこと、噂によって広まったこと、彼らが恐れていること等について具体的な例を引き合いに出しながら、スピーチを進めて行くであろう。つまり、ここで問題なのは、日本兵はアメリカ人について何を信じているかなのである。また、投降しようとしている時に射殺された日本兵についてもスピーチの中で語られるかもしれない。

話し手は、彼自身がアメリカ人に丁重な扱いを受けたおかげで、アメリカ人に対する態度が変わり始めたという点に触れてスピーチを締めくくるだろう。

日本人捕虜によるスピーチが実現できそうもない場合には、アメリカ人による入門授業の中に、少なくとも上記のような情報を含むべきであろう。幹部らは、日本と日本人に関するいくつかの議論を取り入れた、日系二世による入門授業がアメリカ人部隊の教育に役立つと考えている。

日本の宣伝に見る「敵愾心」への対抗策
——岡野進の見解

アメリカ軍が日本本土に接近するにつれ、日米の悲惨な戦いは激しさを増している。そうした悲惨な体験を通じて明らかになったのは、日本の兵士や国民の頭の中には軍部の宣伝——すなわち、連合国軍は日本を植民地化して日本人を奴隷化し、男性を去勢して女性を売春婦にし、日本人を拷問にかけ全滅させて日本を「抹殺」するというもの——がすり込まれていることである。サイパン、レイテそして現在の硫黄島の激戦を見ても、軍事的抵抗はより頑強になってきたことが分かる。これは、連合国軍が日本に上陸する際、さらに激しい抵抗に遭遇する前触れとなるものである。すなわち、我々が心理戦争を強化せず、国民の目前で軍部の信用を失墜させることができず、さらには、我々は人道的で植民地化や奴隷化などの悪しき計画は持っていないと日本国民に印象づけられなければ、彼らの激しい抵抗に遭遇することになるだろう。

日本国民にとって敗北は絶滅と同義であるため、単に彼らに日本は決定的な敗北を喫するであろうと分からせるだけでは充分ではない。

日本の宣伝工作関係者が意図するところは、国民に敗北の先には何もないと自覚させることである。その目的は、国民の心に恐怖心を植え付け、彼らの抵抗心をあおり、死ぬまで戦い抜く意志を衰えさせないようにすることなのである。

しかし、日本国内の思想的脆弱さは、すでに何ヶ月も前から顕著になっている。昨年の夏、軍部は打ち続く敗北によって国民の間に士気の低下と敗北感がより一層拡大してゆくことを恐れていた。またすでに国民は大本営発表を信用していないことを示す兆候も見られるようになっている。

サイパン島での敗北の発表が遅きに失したことで東条内閣に代わり小磯内閣が登場したが、新政権は戦況の実態を国民に知らせることを即座に約束した。九月上旬、臨時議会において天皇は詔勅を発し、議員らに「敵愾心を呼び醒ます」よう勅命を出した。新聞、雑誌、ラジオ放送局はこれを機に一斉に動き始め、宣伝工作関係者はそれ以後、組織的な運動を推進して、アメリカ軍は残虐な鬼畜であるとの印象を国民に植え付けようとしている。

今では雑誌の各号において、アングロサクソン人の残虐性が特集されている。漫画では、ルーズベルト(大統領)が人食い人種として描かれ、日本人の人肉を食べている様子や、テーブルには頭骨や骸骨が散乱している様子が描かれている。アメリカ兵は、日本刀を使い、日本人の骨で骨董品を彫っている。アメリカの婦人は、海外から帰還した恋人に、次回は大人の頭蓋骨ではなく、子供の頭蓋骨を持ってきて欲しいとおねだりしている。本の挿絵には、船が沈んで漂流している日本人をアメリカ人水兵が槍で突き、銃で撃っている様子が描かれている。新聞記事は、ガダルカナルやサイパン、その他の太平洋諸島で起きたと噂されている日本人捕虜の大虐殺について大げさに宣伝している。また日本人は、戦車やローラーで轢き殺されたと報じられている。「ジャップを殺せ」というルーズベルトの声明は、さまざまな解釈の仕方でしばしば引用されている。アメリカにおける日系人虐待、飛行士による病院船爆撃、黒人のリンチ、アメリカ女性がボクシングの試合を好むことを例にあげ、彼女たちの流血欲はアメリカの「残虐性」を語る共通のテーマであるとしている。

こうした宣伝と共に日本の宣伝工作関係者は、サイパンでアメリカ軍による拷問と強姦を避けるために自決した婦女や子供について口を極めて賞賛している。

特攻隊については、その様子があますところなく宣伝されている。新聞の第一面は、特攻隊員の英雄的行為に関する話と写真で埋め尽くされている。雑誌も彼らを宣伝している。英雄たちの妻や親は一夜にして有名になる。前線に向けて出征する特攻隊に送られた東久邇親王のお言葉は、兵士たちにとって名誉なことであり、広く宣伝された。日本国内の不満は、特攻隊員が作り出した犠牲話によってどこかにふっとんでしまった。工場、学校、会社では、これらの英雄たちが人々の見習うべき手本として紹介されている。

日本を「植民地化」しようという連合国の方針は、かなり古くから存在していたものだが、これは、連合国が発する「残虐性」のメッセージにとても良く合致している。日本では、ここ数ヶ月の間、奴隷化されたイタリア人とフィンランド人の話が何回も頻繁に使われている。イタリア人の苦難が浮き彫りにされ、それに信憑性を与えるため、米英の雑誌が引用されている。カイロ宣言とケベック会談*の内容は歪曲して報じられ、連合軍は日本を植民地化する意図があるとされている。さらにペリーの来日とその後の日米関係は、アメリカの最終的な日本植民地化計画の存在を証明するものだと分析されている。

＊ カイロ宣言については六〇頁の注参照。ケベック会談は、四三年八月一七日と四四年九月一一日の二度にわたる米英首脳会談。第一次の会談では、中国への支援続行、ビルマ方面での作戦が話しあわれ、第二次会談では、西太平洋上での作戦にイギリス海軍が参加することが話しあわれた。

こうした宣伝は、日本の思想的脆弱さを強化する上でどの程度役立っているのであろうか。占領地帯から国境地域に持ち込まれた最近の雑誌によると、政府当局はいまだに「誤った思想」が存在していると重大な懸念を表明していることが明らかになった。

一九四四年一一月の『青年読売』によると、中井良太郎中将*は、日本人の中には軍の指導者を信頼していない者がいると述べている。曰く、「私は今まで数多くの腹立たしい批判を聞いてきた。しかし最悪なのは、『我々は軍の指導者を信頼するように言われてきた。実際、我々は彼らを信用していたが、日本は次々と島を失っているではないか』という趣意の意見を言う者がいることである。これは本当に許しがたい意見である」。

＊ 中井良太郎。陸士二〇期、歩兵第十四旅団長、東部軍参謀長、東都防衛司令部付。著書に『軍政学大意』『軍政学綱要』がある。

橋本欣五郎大佐*は、揚子江でアメリカの砲艦パンジーの爆撃を砲兵中隊に命じた過激派の軍人である。彼は退役軍人として、また国会議員として、一九四四年一一月の『現代』で次のように語っている。

＊ 橋本欣五郎(一八九〇〜一九五七)が砲撃したのは、イギリスの軍艦レディバード号。日本軍が南京攻略を進めていた一九三七年一二月一二日のこと。同日の殆んど同時刻に、やはり揚子江上で日本の戦闘機がアメリカの哨戒艇パネー号を爆撃した(三三一頁の注参照)。

「私自身、時々戦争はこれでいいのかなと疑心暗鬼を生ずることがある。すると一箇月も経たずして、神前で必ず勝てるという確信を抱く。それから更に月余を経て、これはどうも怪しいという気が起こり、また神前に額ずく。こんなことを繰り返しているうちに、どうやら今日では、これは勝てるというところに落ち着いてきた」。

小野清一郎東京帝国大学教授は、キリスト教徒に多い思想的反抗者の反戦・反体制発言を厳しく非難した。小野は、共産主義者の活動、不敬罪、デマの流布、演説と出版に関する法律違反などは、現在の思想的犯罪であると述べている。

また、我々は、日本の出版物を通じて、闇市の実施が深刻な経済状況を作り出していることを知った。現在のインフレはそのほとんどが、闇取引きによって引き起こされたものである。これについて、不平を訴える人は非常に多い。

勤労動員と徴用は頑なに実施されているが、労働者の怠業について触れた記事をよく見かける。その大部分は、操業を続けるのに必要な物資を供給しなかった雇用者と戦争指導者の責任について言及している。さらに月初めには、労働者の絶え間ない怠業のせいで軍需工場はフル稼働できない状態にあると報じられている。

去年の中頃に内地を離れた日本人捕虜によると、怠業と常習的欠勤は日常的であるようだ。作業所によっては、夜勤の者が、幹部が帰宅する夜中を過ぎると寝込んでしまうこともあるようだ。そして日勤の者が出勤する前に機械を作動可能な状態にしておく。夜勤の者は、数時間猛スピードで働き、日勤の者が一日中安定した速度で働き続けて得た量と同じ位の仕事量をこなしている。

さらに日本国内と華北にいる日本人にとって、太平洋や南方地域送りになることは考えるだけでもゾッとすると言っていることを捕虜から教えられた。この地域に送られることは、「玉砕」することと見なされているのだ。

上記の事から、大衆向けの心理戦争を実施するには好ましい状況にあると判断する。彼らの間には、国内向け宣伝が強化され、厳重な思想統制が行われているにもかかわらず、懐疑的な考え、不満、士気の低下が見受けられる。

しかし、忘れてはいけないのは、これらの状況はまだそれ程一般的ではない点である。若い男女間——特に小中学校の生徒と二〇歳前後の若者の間では、依然として戦意は高揚している。思想統制とイデオロギー教育が強く言われ始めた一九三二年当時に小学校教育を受け始めた七歳の子供たちは現在二〇歳である。彼らの教育経験のすべては、軍国主義が台頭してきた後のことである。そして二〇歳から二二歳の青年を特攻隊に志願させているのは、彼らなのである。

工場内の作業所で病死した中学生が、死後、英雄になった記事を読んだ。劣悪な環境の下で、学生たちはそれでもなお勤勉に仕事に励んでおり、彼らの士気は高い。彼らはじつに実直であり、放縦だと言われている年配者層からは隔離された状態に置かれている。

我々の対抗宣伝工作

一　現在まで連合国側の対日宣伝は、特別な注意を持って特定の集団を選び出してはいない。特定の社会的、経済的集団にターゲットを絞り込み、集中的な宣伝を行うことが、現在、重要である。というのは、ある集団の士気は高いけれども、他の集団の士気は低いこともあるからである。

　軍国主義一辺倒の中で成長した青年男女向けの宣伝に、特に力を注がねばならない。前述したように、彼らは「大和魂」、「聖戦」、「アジアの解放」、「天皇崇拝」、「不滅の日本」などの精神をたたき込まれている。

　彼らに対する宣伝の内容は、現実の戦況、我々の戦争目的、資本主義者による搾取、年配者より低い学生の差別的賃金、強制貯金、工場や宿舎の劣悪な環境、強制徴用、「志願」などの日本国内の不健康な状況を伝えるべきである。大学生は、現在一ヶ月三〇円を受け取るだけで、残りの賃金は大学に貯金させられる。中学生はさらに少ない賃金しか貰えない。我々はこれらの集団が、賃金の全額支払、生活と労働状況の改善、勉強時間の確保、徴用ではなく自発的な勤労奉仕の選択などを要求するように働きかけるべきである。

二　我々が日本の植民地化を望んでいるとする敵の宣伝に反撃すべきである。というのは、戦況が日本に不利になればなるほど、この種の宣伝は、抵抗をより強固にするからである。たとえ日本の状況が絶望的であることを示す確かな証拠を本国へ持ち帰るのに成功したとしても、我々の戦争目的を明確にかつ確信を持って示さない限り、日本人の士気は低下しないであろう。

　カイロとクリミア会談の宣言*ならびに大西洋憲章**の解釈が、我々の日本国民へのアピールで主要なポイントとなるであろう。

*　クリミア会談はヤルタ会談のこと。四五年二月四日から開かれた米、英、ソ三国首脳会談。中心議題は第二次大戦後の戦後処理。会談のあと「解放欧州に関するヤルタ宣言」が出された。宣言は「あらゆる民主的要素を広く代表し、自由選挙を通じて人民の意志に応える諸政府の可及的速やかな建設を意図した臨時政府の樹立」を謳っている。

**　一九四一年八月一四日、米英首脳による会談で、第二次世界大戦に対する基本方針を協議し共同宣言を発表。領土の不拡大、民族自決権、武力行使の放棄、軍備縮小など八ヶ条から成る。基本方針にはソ連も支持を表明。後の国際連合憲章の基礎となった。

さらに連合国は、開戦の理由を真剣に宣伝すべきである。日本の自衛戦争と、「アジア解放戦争」は、軍閥による日本国民への欺きであることを暴露しなければならない。また合衆国は、最後まで日米戦争を回避しようと努力し、真珠湾攻撃は日本側が密かに行った奇襲攻撃であった事実をこの時期に大々的に強調すべきである。何故ならば、日本の政治評論家は、日本は平和を保つために最大限の努力をしたと主張しているからである。また彼らは、もし来栖と野村が何らかの計画を密かに準備していたとすれば、日本が真珠湾攻撃を仕掛ける前にアメリカが東京を攻撃していたであろうと語っているからである。ルーズベルトは鋭い洞察力の持ち主なので、少くともそのような罠は見破ることができると彼らは言っている。

解放されたヨーロッパ諸国の処遇をみても分かるように、連合国軍には日本を植民地化する意図がないことを示す具体的な論拠を我々は有している。しかし日本国民は、イタリアが植民地化され、日本もイタリアと同じかそれ以上の苦しみを味わうことになるだろうと聞かされている。それ故、我々は事実と写真を用いて、イタリア人や他のヨーロッパ諸国の人々が現在受けている援助や自治の実態について宣伝する必要がある。現在彼らが経験している経済的困窮が何であれ、その原因が戦争にあることを日本人に教えなければならない。しかし、国連救済復興会議とその他の機関が現在の困難な状況を改善するであろう。

（日本労農学校の学生は、戦時情報局の写真――解放されたフランス、アメリカ軍を歓迎する人々、フランスの学生が復学した様子を写した写真にかなり感銘を受けたそうだ。）

日本の自由主義的な諸集団について宣伝すべきである。そして正当な考えを持った日本人が新生日本の民主化のために活動することを日本国民に納得してもらうためにも、彼らの目的を明らかにする必要がある。もし日本が連合国の植民地にされるようなことがあれば、帝国主義やファシズムと常に戦ってきたこれらの人々は、連合国に協力しないであろうという議論を中核にすえるべきである。

三　アメリカの「残虐性」に関する日本の宣伝に反撃するため、捕えた捕虜は厚遇されていることを日本国民に分からせる必要がある。サイパン、テニアン、レイテなどで捕えられた軍人や民間人の捕虜は、厚遇されていることを宣伝すべきである。また写真を広く活用すべきである。アメリカ海軍に救助された日本軍の水兵と兵士の写真は絶大な効果がある。というのも、現在の日本の〔国内向け〕宣伝は、アメリカ軍は漂流している全ての日本人を槍で突き、オールで叩いたり銃撃すると国民に教えているからである。

捕虜の厚遇に関する情報には、二世兵士の手柄話や日系アメリカ人と在米日本人の日常の生活状況、そして特にハワイにおける状況も付け加えるべきである。この宣伝では、彼らが軍事上の必要性により強制収容されるに至った真相を明らかにし、さらに、頑強に抵抗する人々を強制隔離した事実を明らかにした時、その効果はよりいっそう大きくなるだろう。中途半端な実態の開示は、日本の宣伝工作者の思う壺となる。

対抗宣伝工作で活用すべきもう一つのテーマは、一九二三年に発生した関東大震災時の支援に関するものである。ただしアメリカは、将来を見据えて日本を支援したのではないと説明する必要がある。日本の宣伝工作者は国民に対し、アメリカ人は日本を味方に引き入れ、アメリカへの信頼と信用を高め、日本に対する悪しき計画の実行を容易にするために支援したのだと教えている。

我々は連合軍諸国の指導者の声明も活用すべきである。日本の宣伝工作者は「太平洋の野蛮人」という言葉をケベック会談宣言の中から引用し、大々的に活用している。ルーズベルトとチャーチルが使った「野蛮人」という言葉は、日本の軍部を指しているのであって、日本国民を指しているのではない点を少なくとも彼らに説明すべきである。

最後に、日本への爆撃は、日本人全滅をねらって行っているのではないことを日本の国民に説明しなければならない。連合国は日本の軍部と戦っているのであり、したがって、連合国は軍の戦争継続を手助けする軍需工場の爆撃をせざるを得ないのである。軍部が駆逐された暁には、日本国民は直ちに連合国の支援の下に民主的政府の樹立が可能であると我々は確約すべきである。

軍曹　コージ・アリヨシ

中国、延安にて

■岩波オンデマンドブックス■

延安リポート上 ──アメリカ戦時情報局の対日軍事工作

2006年2月24日　第1刷発行
2016年5月10日　オンデマンド版発行

編訳者　山本武利（やまもとたけとし）

訳　者　高杉忠明（たかすぎただあき）

発行者　岡本　厚

発行所　株式会社　岩波書店
〒101-8002　東京都千代田区一ツ橋2-5-5
電話案内　03-5210-4000
http://www.iwanami.co.jp/

印刷／製本・法令印刷

ISBN 978-4-00-730403-3　　Printed in Japan